만주의 마틴
폭풍 속의 횃불

숭실대학교 한국기독교문화연구원 번역총서 1

만주의 마틴
폭풍 속의 횃불

마가렛 마틴 무어 저
성신형·마은지·권요한 공역

간행사

    2025년은 대한민국 독립 80주년입니다. 만주에서 삼일운동 이후 간도참변이 일어나고 노루바위(장암동)학살 사건을 전 세계에 적극적으로 알려서 1968년 대한민국 건국훈장 독립장을 추서 받으신 스탠리 하빌랜드 마틴(Stanley H. Martin) 선교사 전기를 출간하게 되어 영광입니다.

    본 번역서는 마틴 선교사 부부(스탠리 마틴, 마가렛 로저스 마틴(Margaret Rogers Martin))의 삶을 그의 딸 마가렛 마틴 무어(Margaret M. Moore) 선교사님이 쓰신 전기입니다. 이 책을 저희 숭실대학교 한국기독교문화연구원이 번역하여 출간하게 되어서 매우 영광스럽게 생각합니다. 복음에 빚진 자로서 한국에 살아가고 있는 기독교인으로서 마틴 선교사 부부와 그 외의 많은 선교사의 헌신과 사랑에 깊은 감사를 드립니다. 의사와 간호사 부부로 만주에서 서울까지 많은 사람의 아픈 몸을 고쳐줌으로 예수의 길을 보여주었던 선배 기독교인의 모습에 저 자신이 부끄럽게 느껴지기도 합니다. 한편으로는 이렇게 마틴 선교사 전기 번역서를 발간하게 되어 이런 빚진 마음을 조금이나마 갚았다고 위안을 삼아 봅니다.

    이 책은 저자 마가렛 마틴 무어 가족의 도움과 관심 없이는 번역할 수 없었습니다. 권세열 선교사님의 후손인 권요한 교수님(서울여대)께서 이 책을 저희 대학에 처음 소개해 주셨고, 저희 숭실대학교 한국기독교문화연구원이 이 책을 번역·출간하기로 하고, 그 과정에서 후손들과 함께 소통한 기억은 저의 마음에 오래 간직될 것 같습니다. 특히 론 무어 선생님께서 계속 저희와 소통하시면서 관심을 보여주셨고, 다른 다섯 형제도 인사말을 보내주시고, 〈마틴과 만주선교〉 콜로키움에서는 먼 미국과 독일에서도 온라인으로 함께 참여하셔서 함께 토론하며 소통하였습니다. 그리고 본 연구원의 상임연구위원인 성신형 교수님이 번역 책임을 맡고, 역사학을 전공하신 마은지 박사님, 그리고 영문학을 전공하신 권요한 교수님께서 함께 참여하셔서 번역을 진행하였습니다. 이 지면을 빌어 성신형 교수님, 마은지 박사님, 권요한 교수님께 깊은 감사를 드립니다.

2024년 연말에 이 책의 번역본을 저희 연구원에서 번역·출간하도록 결정하신 장경남 부총장님(전 한국기독교문화연구원 원장)께 감사드립니다. 이 번역이 진행되는 과정에서 여러 가지로 신경을 쓰신 한국기독교문화연구원의 오지석 HK교수님께도 감사드립니다. 또한, 이 책을 번역하기 위해서 기초 작업을 도와준 본교 대학원 이준용(철학과), 유명현(철학과), 양예은(기독교학과) 선생님들께도 감사드립니다.

무엇보다도 꺼지지 않는 횃불로 만주, 서울, 캐나다, 그리고 미국에서 여전히 활활 타오르고 계시는 스탠리 하빌랜드 마틴 선교사님과 마가렛 로저스 마틴 선교사님 부부께 깊이 감사드립니다. 끝으로 부모님의 삶을 함께 살면서, 그분들의 길을 따라간 후손들, 특히 이 책을 쓰신 마가렛 마틴 무어 선교사님께 진심으로 감사드립니다.

2025년 8월 15일
숭실대학교 한국기독교문화연구원 원장
박삼열

저자 서문

이 책은 "선교에 관한 논문"이 아닙니다. 이 책은 그저 하나님께서 의료 선교사로 섬기라는 부르심에 순종한 한 남편과 아내의 이야기입니다.

이 책을 쓰게 된 영감은 어느 날 텔레비전 프로그램을 보다가 떠올랐습니다. 한 소녀가 남자친구와의 다양한 데이트를 주제로 한 책을 소개하는 프로그램이었습니다. 그녀는 그날 입었던 각 드레스의 스케치를 그렸고, 그 그림들이 텔레비전에 하나씩 보이고 있었습니다.

"와! 정말 대단한데!" 저는 생각했습니다. "세상에!" 만약 그녀가 그런 주제로 책을 쓸 수 있다면, 수술 도구 몇 개를 들고 만주 오지로 들어가 병원을 세운 젊은이에 대한 이야기는 어떨까? 도적, 호랑이, 전염병, 그리고 생명을 구한 일들이 떠올랐고, 저는 그의 모험을 기록해보기로 결심했습니다.

"폭풍 속의 횃불(Torch in the Storm)"이라는 제목은 사실 "폭풍 속의 횃불들(Torches in the Storm)"이 되어야 합니다. 왜냐하면, 제 아버지께서는 어머니 마가렛 로저스 마틴의 도움이 없었다면 그 일을 해낼 수 없었기 때문입니다. 그녀의 배경과 모험 속에서 그녀의 역할 또한 이 책에 포함되어 있습니다.

이 책의 정보 중 일부는 만주에서의 제 어린 시절, 가족 편지, 부모님의 이야기, 신문 기사, 그리고 저희 가족과 캐나다 연합교회 선교본부 간 교환된 서신에서 얻었습니다.

제 여동생 베티가 화재로 세상을 떠났을 때 많은 소중한 편지들이 소실되었습니다. 물론 제 여동생의 죽음은 훨씬 더 큰 상실이었습니다. 또한, 제 여동생 에드나와 저는 1950년 6월 25일 공산군의 침공 당시 한국 서울에서 선교사로 있었습니다. 저희는 몸에 지닌 것만 가지고 탈출했습니다. 저는 두 아들과 생후 2개월 반 된 아기 론을 포함하여 세 아들과 함께 있었습니다. 이때도 그 어떤 것과도 바꿀 수 없는 수많은 편지와 사진들이 유실되었습니다. 다른 정보는 아버지의 옛 환자들이나 만주에서의 경험을 이야기해 준 한국 교회 여성들로부터 얻었습니다.

저는 한국 독립선언서 서명자 중 한 분이신 이갑성 박사님으로부터 직접 이야기를 들을 수 있었고, 또한 1919년 3월 1일 독립운동에 참여했던 젊은 시절의 서명학 여사님으로부터도 이야기를 들을 수 있었던 행운을 누렸습니다. 그녀는 후에 이화여자고등학교 교장으로 재직했습니다.

이 박사님의 이야기는 그분 댁 저녁 식탁에서 들었습니다. 가족들은 나중에 "저희도 한 번도 들어본 적 없는 이야기를 어머니께 해주셨어요!"라고 말했습니다.

또 다른 날 밤에는 그분이 저희 집에서 너무 늦게까지 머무시는 바람에 가족들이 괜찮은지 확인하기 위해 전화하기도 했습니다. 그날 밤 그는 저희에게 감옥에서 엄지손가락으로 매달려 생겼다는 흉터가 있는 손을 보여주셨습니다.

저는 이 책을 제 가족, 친구들, 특히 그들의 역사에서 이 부분을 알지 못하는 한국 친구들을 위해 썼습니다.

인도 선교사 루스 시먼즈 여사는 제가 이 글을 쓰도록 격려해 준 첫 번째 사람 중 한 분이셨습니다. 저는 그녀의 격려와 지도를 항상 기억할 것입니다. 그녀는 자신의 책, "선교사 엄마(Missionary Mama)"로 잘 알려져 있습니다.

저는 오랫동안 감리교 목사이자 존더반(Zondervan) 출판사의 전 편집자였던 제 편집자 로버트 우드 목사님께 깊이 감사드립니다. 긴 시간 동안 제가 그에게 보낸 책의 챕터들이 우편으로 저에게 돌아왔고, 저는 계속 나아갈 용기를 얻었습니다.

한국어 번역은 한국 서울의 극단 가교(Kukdan Kakyo Drama Troupe)의 이사 겸 대표였던 이성규 선생님께서 해주셨습니다.[1] 번역에는 수년간의 노력이 필요했으며, 그에게 아무리 감사해도 부족합니다. 이 책의 제목은 그가 제안했습니다. 그의 아내 소야 씨도 도왔고, 사위 고영범 씨는 한국어 원고를 친절하게 검토해주었습니다.

제 아들 앨런은 저의 타이피스트였습니다. 그는 많은 챕터를 타이핑하고 재타이핑하는 가장 많은 일을 했습니다. 그가 없었다면 해낼 수 없었을 것입니다. 고맙다, 앨런! 또한 여러 챕터를 타이핑해 준 손녀 수잔 무어 타이겐에게도 감사드립니다. 아들 빌과 론은 귀중한 교정 작업을 해주고 제안을 해주었습니다. 론은 저와 함께 캐나다에 두 번 다녀왔는데, 자료 보관소와 토론토대학교 파고다 기념 공원 명패 헌정식을 위해서였습니다. 맏아들 데이비드는 격려를 해주었

---

[1] (역주) 이성규 선생님은 마가렛 무어 선교사님과 극단에서 활동하면서 함께 해오신 인연으로 처음으로 이 책을 번역하셨다. 숭실대학교 한국기독교문화연구원은 이성규 선생님의 번역을 출간하기 위해서 이 선생님의 번역 원고를 받아서 전문가 감수를 진행하였으나, 그 상태로는 출간하기 어렵다는 전문가의 의견에 따라, 이 책을 다시 번역하기로 결정하였다. 이에 마가렛 무어 선교사의 후손들에게 양해를 구하고, 번역자 이성규 선생님의 동의를 얻어서, 숭실대학교 한국기독교문화연구원의 선임연구원인 성신형 박사의 책임하에 마은지 박사와 권요한 박사가 함께 참여하여 새롭게 번역하여 출간하게 되었다.

고, 인쇄업에 종사하는 막내아들 케빈은 자신의 기술을 사용하여 검토를 위한 전문적으로 제본된 텍스트를 제작해주었으니, 이 책은 가족 프로젝트였습니다.

친구들은 첫 초고를 읽고 감사하는 마음으로 의견을 주었습니다. 구세군의 폴 레이더 장군과 케이 레이더 커미셔너, 애즈베리 신학대학원의 케네스 킹혼 박사, 한국 기독교 친구들의 하이디 린턴, 그리고 격려를 아끼지 않은 많은 분들께 감사드립니다. 린턴 여사는 "북한 사람들도 이 책을 읽어야 합니다."라고 말했습니다.

제 아들들, 조카들, 그리고 손주들이 그들의 가족 역사를 배우고 있다는 사실에 특히 기쁩니다. 마이클, 월터, 베스 해리슨, 데이비드 B. 무어가 그들 중 일부입니다.

제 처제인 버지니아 스티븐스 마틴은 그녀의 남편 제리(제럴드 마틴 박사)에 관한 중요한 자료를 "제리의 이야기" 챕터에 제공해 주었습니다.

마지막으로, 토론토에 보존된 캐나다 연합교회 아카이브(United Church of Canada Archives), 토론토에 보존된 제 부모님과 캐나다 연합교회 선교회 사이에서 오간 편지와 보고서의 전사본 출판을 허락해 주신 제너럴 카운슬 기록보관소의 니콜 본크(Nicole Vonk) 씨께 감사드립니다.

역자 서문

무엇보다도 광복 50주년을 맞이하여 이 책이 나오게 됨을 진심으로 감사하게 생각합니다. 만주 지역에서 의료 선교를 하시면서 만주 지역에서 벌어진 간도참변을 세계에 알리시면서 독립운동에 함께 참여하신 스탠리 H. 마틴 선교사님을 만나게 되었기 때문입니다.

이 책의 번역에 참여하면서 세 가지 점에서 깊은 울림을 경험했습니다. 첫째, 이 책의 번역 과정에서 마가렛 무어 선교사 후손들께서 보여주신 관심과 애정에 놀랐습니다. 그들의 삶의 자리가 여기에서 출발했기에 가지고 있는 관심으로 생각되어 더욱 인상이 깊었습니다. 둘째, 한국기독교의 뿌리가 선교사들의 사랑과 저항의 정신에서 비롯되었음을 확인하고 놀랐습니다. 최근 한국기독교의 신뢰도가 많이 떨어진 상황에서 이러한 사랑과 저항의 정신이 필요하리라 생각하였습니다. 셋째, 마틴 선교사의 한국 사랑을 보고 놀랐습니다. 그의 마지막 시간에도 그는 자신의 지병이 나으면 한국으로 돌아가겠다는 편지를 읽으면서 깊은 울림이 있었습니다. 마틴 선교사를 비롯한 많은 선교사가 사랑한 한국에 살고 있다는 것에 감사했습니다.

이 책은 크게 세 부분으로 구성되어 있습니다. 스탠리 마틴이 젊은 시절 고향인 캐나다 뉴펀들랜드에서 선교사로서 자신의 꿈을 키워갔던 이야기가 첫 번째 부분입니다. 성장 과정에서 그렌펠 의료 선교사를 만나서 선교사가 되겠다는 꿈을 키우고, 의학을 공부하면서, 평생 선교 사역을 같이 한 마가렛 마틴 간호사를 만난 이야기입니다. 다음

부분은 선교사로 파송되어 만주 용정 지역에 파송을 받아서 세창병원을 설립하고, 만주 지역에 큰 역사적인 시련의 사건이 벌어졌을 때, 민족의 아픔을 함께 감당했던 시기의 이야기입니다. 셋째 부분은 세브란스 병원으로 파송되어 의사와 교수로서 활동했던 시기입니다. 마틴 선교사는 학생들을 키워내면서 결핵퇴치를 위해서 헌신하셨으며, 안타깝게도 1941년 이른 나이에 심장병으로 생을 마감하였습니다. 마치 한 편의 영화를 보는 것처럼 감동적인 내용들을 번역해가면서 눈물을 지었던 기억이 생생합니다.

이 책의 번역은 공동 작업으로 진행했습니다. 신학을 공부한 저는 번역 책임자로 참여하였고, 역사 전공자이신 마은지 박사님은 역사적 사건을 확인하시면서 번역과 함께 내용을 검수해주셨습니다. 선교사후손이시면서 영문학을 전공하신 권요한 박사님은 선교사님 가족들과 소통하며 책의 내용을 확인하시면서 전체적인 교정을 해 주셨습니다. 이런 협력의 과정을 통해서 본 책이 나오게 된 것에 더 큰 의미가 있다고 생각합니다. 또한, 이 책을 번역하도록 애써주신 장경남 교수님, 박삼열 교수님, 오지석 교수님께 감사드립니다. 번역을 도와준 대학원생 양예은(기독교학과), 유명현(철학과), 이준용(철학과)에게도 감사드립니다. 혼자 하면 힘들었을 일을 함께 해주시니, 여러 가지 면에서 즐겁게 번역을 할 수 있었습니다. 또한, 이 책의 출간 시기가 광복 80주년이라는 점에서 그 뜻이 더 깊다는 생각을 합니다. 이 모든 것이 하나님의 인도하심이라 생각합니다. 감사합니다.

2025년 8월 15일
숭실대학교 한국기독교문화연구원 선임연구원
성신형

차례

간행사 … 5
저자 서문 … 7
역자 서문 … 11

다섯 아들이 전하는 인사 …………………………………… 15
프롤로그 ……………………………………………………… 31
제1장 _ 선교사 태동기 ……………………………………… 33
제2장 _ T 닥터 ……………………………………………… 41
제3장 _ 북쪽 아래 …………………………………………… 50
제4장 _ 하나님의 모자이크 ………………………………… 66
제5장 _ 긴 겨울 ……………………………………………… 80
제6장 _ 친절하고 멋있는 친구 ……………………………… 96
제7장 _ 새지평 ……………………………………………… 123
제8장 _ 정착 ………………………………………………… 150
제9장 _ 수문이 열리다 ……………………………………… 164
제10장 _ 가라! 조국을 위해 목숨을 바쳐라! ……………… 197
제11장 _ 삶은 계속된다 …………………………………… 214
제12장 _ 냄비가 끓어오르다 ……………………………… 227
제13장 _ 징벌 원정대 ……………………………………… 246

제14장 _ 여파 ··· 267

제15장 _ 첫 번째 안식년 ··· 296

제16장 _ 지체된 귀환 ··· 324

제17장 _ 중국에서의 마지막 날들 ·· 335

제18장 _ 변화의 바람 ··· 349

제19장 _ 그들이 죽지 않도록 ·· 360

제20장 _ 스탠의 안식년 ··· 374

제21장 _ 할아버지 ·· 396

제22장 _ 굴리엘모 마르코니 ··· 403

제23장 _ 실루에타 ·· 411

제24장 _ 몰려드는 구름 ··· 419

제25장 _ 인생의 황혼기 ··· 434

제26장 _ 마리포사호 철수 ·· 446

제27장 _ 빛나는 영광의 해안 ·· 462

에필로그 ··· 468

다섯 아들이 전하는 인사

독자 여러분께,

저희는 이 책의 저자인 마가렛 마틴 무어의 다섯 아들입니다. 저희 아버지 제임스 무어와 어머니 마가렛은 한국 서울에서 선교사로 활동하셨고, 저희 형제 중 두 명이 서울에서 태어났습니다.

만주와 한국에서 봉사하셨던 저희 의료 선교사 조부모님의 이야기를 전하고, 그 이야기를 한국어로 번역하는 것이 어머니의 꿈이었습니다. 이 번역본이 현실이 되어 이 꿈이 실현된 것에 저희는 '정말 감격스럽습니다.'

이 출판을 위해 숭실대학교 한국기독교문화연구원에 감사드립니다. 또한, 이 책의 한국어 번역이 나오도록 쉼 없이 헌신한 이성규 씨와 장종연 씨에게도 개인적으로 감사드리고 싶습니다. 저희는 스탠리 마틴 박사와 부인의 손자이자, 저희 친애하는 어머니 마가렛 마틴 무어께서 쓰신 이 책 『만주의 마틴: 폭풍 속의 횃불』 저자의 아들로서 저희 개인적인 경험을 담은 인사말을 써달라는 부탁을 받았습니다. 저희 모두는 이 책의 제작에 기꺼이 참여했습니다. 저희는 부모님과 조부모님의 삶에 겸허함을 느끼고 영감을 받았습니다.

마가렛과 제임스 무어는 1942년부터 1961년 사이에 다섯 아들을 두었습니다. 저희 부모님에게는 딸이 없었습니다. 말할 필요도 없이, 저희가 자라던 시절에는 남아 선호 사상이 강해서 어머니 마가렛이 한국인 친구, 여성 모임, 손님들을 초대하여 대접하실 때마다 재미있는 이야기들이 많이 오고 갔습니다. 저희는 "비결이 뭐예요?", "어떻게 그렇게 하셨어요?"라고 묻는 소리를 듣곤 했고, 그러면 방은 웃음으로 가득 찼습니다.

제임스와 마가렛 무어는 1947년에 감리교 선교사로 파송되었습니다. 저희 아버지 제임스는 1947년에 먼저 한국에 오셨고, 마가렛과 아들 데이비드, 빌이 1948년에 합류했습니다. 1950년 한국전쟁이 발발하자 미국 정부는 여성과 아이들을 먼저 인천항으로 대피시켰고, 그들은 노르웨이 화물선을 타고 일본으로 갔습니다. 제임스와 다른 민간인 남성들은 며칠 후 김포공항으로 가서 비행기로 일본으로 향했습니다. 전쟁 동안 짐과 마가렛은 1953년까지 필리핀에서 선교사로 봉사했습니다.

저희는 냉천동 선교사 사택에 살았고, 나중에는 마포 시석동(현, 신수동)으로 이사했습니다. 저희는 모두 연세대학교 캠퍼스 근처에 있는 서울외국인학교에서 고등학교를 다녔습니다. 초기에는 학교가 매우 작았고, 거친 운동장과 단순한 시멘트 블록 건물이 있었습니다. 저희 어머니 마가렛 무어도 서울외국인학교를 다니셨지만, 그것은 훨씬 전 러시아 대사관 근처 서울 시내에 있을 때였습니다. 오늘날 서울외국인학교는 많은 대형 건물, 최첨단 축구장, 대규모 교직원을 갖춘 대학 단지와 더 가깝습니다.

학생들은 주로 다른 선교사 자녀들과 일부 외교관 및 사업가 자녀들로 구성되었습니다. 미국, 캐나다, 한국, 중국, 터키, 독일, 호주 등 여러 나라 출신이었습니다. 이렇게 많은 국적을 가진 덕분에 저희는 미국 육군 고등학교와 경기를 할 때 멋진 축구경기를 할 수 있었습니다. 하지만 한국 고등학교들과 경기를 할 때는 매번 큰 점수 차로

졌습니다. 공을 거의 만져보지도 못한 것 같았습니다!

　1953년 전쟁이 끝난 직후 몇 년 동안, 온 나라는 세 번의 전선이 한반도를 휩쓸고 지나가 상당히 황폐했습니다. 저희 아버지 제임스 무어와 전쟁 전에도 한국에 계셨던 또 다른 감리교 선교사 칼 주디는 상황이 허락되자 서울로 돌아와 미국 교회들이 제공한 의류와 물품을 배급하는 데 도움을 주었습니다. 수많은 피난민, 노숙자, 고아, 그리고 실종된 가족들이 있었습니다. 비극적인 이야기들이 셀 수 없이 전해졌습니다.

　저희 가족은 1954년 서울에서 아버지 제임스, 어머니 마가렛, 그리고 다섯 형제 중 네 명인 데이비드, 빌, 론, 앨런과 함께 재회했고, 나중에 케빈이 태어났습니다.

　도처에 군대의 주둔이 눈에 띄었습니다. 유엔군, 한국군, 미군 차량, 탱크, 그리고 병사들이 도시 곳곳을 지나다니고 주차되어 있었습니다. 저희는 이런 배경 속에서 자랐고, 그 결과 놀이 시간의 일부는 직접 나무로 만든 총으로 "군인 놀이"를 하며 보냈습니다. 시장에 온갖 군복과 장비가 넘쳐나서 "군인"처럼 차려입는 것은 어렵지 않았습니다. 심지어 마당에 묻혀 있던 낡고 녹슨 수랭식 기관총을 발견하여 저희의 가짜 '무기고'에 추가하기도 했습니다.

　저희의 맏형 데이비드는 곧 군사 문제에 대해 상당히 박식해졌습니다. 이것은 그의 삶에 계속 남아, 나중에 미국 해병대에 입대하여 베트남에서 전투 소위로 복무했습니다. 어머니 마가렛은 어느 날 밤 늦게 꿈에서 아들 데이비드가 불길에 휩싸인 것을 보시고 잠에서 깨셨습니다. 그녀는 즉시 그의 안전을 위해 기도했습니다. 곧 편지들이 소식을 전해왔는데, 데이비드는 실제로 어머니의 꿈과 같은 시간에 논에서 총격전에 휘말렸던 것으로 밝혀졌습니다. 데이비드는 그 전투와 전쟁에서 살아남아 미국으로 돌아와 병원 행정가로 일했고, 해병대 중령으로 전역했으며, 감리교 목사로 안수받아 뉴햄프셔의 교회들을 섬겼습니다. 그는 네 자녀를 두었고, 수많은 손주들과 증손주들을 두었습니다.

둘째 아들은 빌 무어로, 전문적으로 음악을 연주했고, 신학교에 가서 안수받아 켄터키의 연합 감리교회들을 섬겼습니다. 빌과 샤론은 아들과 딸 두 자녀와 네 손주를 두었습니다. 셋째 아들 론은 서울에서 고등학교 시절부터 시작된 가수/작곡가/녹음 아티스트로서 전문 음악 경력을 이어갔습니다. 그는 또한 청소년 사역자였습니다. 론은 결혼하여 다섯 자녀와 네 손주를 두었습니다. 넷째 아들 앨런 또한 전문적으로 음악을 연주하고, 작곡하고, 녹음했으며, 밴드와 함께 투어했고, 상담과 컴퓨터 프로그래밍 학위를 받았으며, 켄터키대학교에서 일했습니다. 앨런과 그의 아내 캐시는 세 딸과 다섯 손주를 두었습니다. 막내 케빈도 결혼했으며, 음악을 작곡하고 녹음했고, 켄터키와 플로리다에서 그래픽 아티스트 및 인쇄업자로 경력을 쌓았습니다.

셋째 아들 론[1]으로부터:

저에게 인상 깊었던 어린 시절의 기억은, 어린 동생 앨런과 이웃 브렌트 버크홀더와 제가 서울 냉천동 감리교신학대학 아래 자갈이 깔린 진입로에서 농구를 하던 날이었습니다. 저희 아버지가 그곳에

---

1 론 무어: 서울 출생. 13년간 서울에서 살았으며, 서울외국인학고, 애즈베리대학에서 수학했다. 전문 음악가로 활동하면서, 컴패션, 월드비전, 해비타트 등에서 일하였다. 현재 독일 뮌헨에 거주하고 있다.)

서 수업을 가르치셨습니다. 좁은 농구 코트 한쪽에는 가파른 흙 언덕이 있었는데, 저희는 골대로 향할 때 종종 그 언덕을 뛰어 올라가곤 했습니다. 이런 과감한 움직임 중 한 번, 최고 속도로 달리던 중, 무엇인가가 발에 차여 흙 언덕에서 굴러떨어졌습니다. 돌멩이라고 생각하고 저희는 그것이 무엇인지 보려고 모여들었습니다. 놀랍게도 (솔직히 어린 소년들의 순수한 놀라움으로) 그것은 전쟁 때 쓰던 수류탄이었습니다. 안전핀이 아직 박혀 있었으니, 터질 수 있는 폭발물이라는 뜻이었습니다.

저희는 즐겁게, 그리고 신나게 수류탄을 주워들고 군사 전문가인 맏형 데이비드에게 가져가야 한다고 모두 동의했습니다. 저희 선교사 집은 그 언덕 아래로 약 200미터 떨어진 울퉁불퉁한 자갈과 돌로 된 길에 있었습니다. 우리는 재빨리 달려 내려가면서 누가 귀중한 발견물을 운반할 것인지 다투었습니다. 브렌트가 "자기가 찾았으니까!"라는 이유로 폭탄을 운반하는 영광을 안았습니다. 저희 셋은 데이비드를 찾으며 집으로 들이닥쳤습니다. "보여줄 게 있어! 뭔가 찾았어!"라고 저희 모두 외쳤습니다. 데이비드가 나타나더니, 한 번 보자마자 얼굴이 눈처럼 하얗게 변했습니다. "움직이지 … 마." 그가 말했습니다. 그는 조심스럽게 저희 손에서 폭발물을 꺼내어, 천천히, 조심스럽게 밖으로 나가 진입로에 있는 개방된 사각형 시멘트 배수로에 부드럽게 내려놓았습니다. 미 8군에 연락이 되었고, 곧 폭탄 제거반이 지프를 타고 저희 집에 도착했습니다. "어디 있습니까?" 그들이 물었습니다. 데이비드는 시멘트 배수로를 가리켰습니다. 군인들은 헬멧을 쓰고, 패딩과 테이프를 내린 후, 우리가 방금 무심코 울퉁불퉁한 길을 따라 손에 들고 달려왔던 그 치명적인 물체에 조심스럽게 천천히 다가갔습니다. 안전핀은 테이프로 수류탄에 고정되어 있었습니다. 폭발물은 패딩과 수건으로 싸여 조심스럽게 지프로 옮겨졌고, 그들은 차를 몰고 떠났습니다.

저희가 나이가 들면서, 그날 우리 모두 생명을 잃을 뻔했던 일임을 깨달았습니다. 비극적인 헤드라인은 "선교사 자녀 세 명, 놀다가 수류탄 폭발로 사망"으로 나왔을 것입니다. 천사들이 저희를 위해 바쁘고 조심스럽게 일했으며, 하나님께서 저희를 안전하게 지켜주신 것에 감사드립니다.

첫째 아들 데이비드[2]로부터:

저희는 조부모님이신 스탠리 마틴 박사와 부인에게서 큰 영감을 받았습니다.

젊은 서양인 부부는 호랑이, 강도, 그리고 일본 제국군과 맞서야 했습니다. 그들의 임무는 시베리아 국경 근처의 만주의 한 외딴 마을에 전기나 수도가 없는 곳에 48병상 병원을 짓는 것이었습니다. 그 해는 1914년이었습니다. 스탠리 마틴 박사와 그의 아내 마가렛 로저스 마틴 간호사는 만주 용정에 병원 전체를 설립하기 위한 물품을 소달구지에 싣고 여행했습니다.

이것은 1899년부터 1901년까지 의화단 봉기가 일어나 많은 외국인과 기독교인들이 반외세, 반기독교라는 구호 아래 중국 의화단에 의해 살해당한지 불과 13년 후였습니다.

---

2 데이비드 무어: 뉴저지 출생, 13년간 한국에서 살았으며, 서울외국인학교, 애즈베리대학, 발도스타대학에서 수학하였고, 고든코넬 신학교에서 목회학 석사 학위를 마친 목회자이다. 현재 뉴햄프셔에 거주하고 있다.

이 젊은 선교사들의 용기, 희생, 그리고 믿음은 아무리 강조해도 지나치지 않습니다.

둘째 아들 빌[3]로부터:

수년 동안 저는 어머니 마가렛 무어를 따라 한국 선교지에서 방문할 기회가 있었습니다. 어머니와 함께 서울 시내를 다니는 것은 놀라운 경험이었습니다. 어머니는 셰익스피어 연극을 번역하고 국립극장에서 연출하는 데 도움을 주셨기 때문에 택시 운전사들도 TV 인터뷰를 통해 어머니를 알아보곤 했습니다. 어머니는 훌륭하게 한국어를 구사하셨는데, 어머니는 어린 시절 일본 점령을 피해 고향을 떠나온 한국인 아이들과 만주 국경에서 놀면서 한국어를 처음 배우셨습니다. 이제 사랑하는 땅에서 평생을 사역하며 사셨기 때문에 성인이 되신 어머니는 한국어를 완벽하게 구사하셨습니다. 모든 계층의 사람들과 따뜻하게 소통하는 어머니의 능력은 놀라운 재능이었습니다. 어머니가 누군가에게 말을 걸면 (여성 단체 지도자, 그림자 연극 배우, 소년원 소녀들, 상인들, 심지어 한국 대통령 부부까지) 얼굴에 미소가 번지곤 했습니다. 교회협의회를 통해 어머니는 여러 교단의 교회에 종교극을 활용하는 방법을 가르치셨습니다. 어머니는 오랫동안 이화여자대학교 이사회에서 봉사하셨습니다. 여름에는 선교사 가족들이 모이는 대천 해변에서 천문학 수업을 가르치고 뮤지컬을 연

---

3 빌 무어: 뉴 헤이븐 출생. 서울에서 13년간 살았으며, 서울외국인학교, 애즈베리대학을 졸업하고 애즈베리 신학교에서 목회학 석사, 렉싱턴 신학교에서 목회학 박사 학위를 수여하였다. 감리교 목회자로 평생을 헌신하였다. 현재 켄터키에 거주하고 있다.

출하셨습니다. 어머니는 뛰어난 언어 능력과 한국인에 대한 깊은 이해를 바탕으로 한국인들에게 기독교 신앙을 증거하고, 사람들을 격려하며 준비시키는 일을 매우 효과적으로 수행하셨습니다.

넷째 아들 앨런[4]으로부터:

저는 1968년 1월 21일, 북한 특공대 31명이 남한 대통령 암살을 위해 비무장지대(DMZ)를 침투했던 것을 기억합니다. 그들은 대통령 관저 근처에서 경찰에 의해 저지되었습니다. 특공대 중 두 명을 제외하고는 모두 사살되었고, 한 명은 생포되었으며, 한 명은 북한으로 도주했습니다.

당시 서울에 살던 서울외국인학교(SFS) 신입생이었던 저는 그날 학교에 가야 해서 기분이 좋지 않았습니다. 교실에 앉아 있는데, 남한 순찰대원들이 북한 특공대원 중 한 명을 추격하며 무전기로 대화하는 소리가 들렸습니다. 저는 풀려난 간첩들이 특별히 무섭지는 않았고, 단지 그날 학교에 가지 않아도 되는 좋은 이유가 될 것이라고 생각했습니다. 성인이 된 지금은 그때 저희가 학교에 가야 했다는 사실에 놀라울 따름입니다. 하지만 그것은 서울에서는 일상적인 일이었습니다.

군사적 행동의 가능성은 끊임없는 위협이었고, 미군과 한국군 병력 및 차량의 모습은 매일 볼 수 있는 풍경이었습니다. 서울외국인학

---

4 앨런 무어: 필리핀 마닐라 출생. 서울에서 14년간 살았으며, 서울외국인학교, 테일러 대학을 졸업하고, 애즈베리 신학교에서 상담학 석사 학위를 마쳤다. 음악가, 상담가, 애널리스트로 활동하였으며, 현재 켄터키에 거주하고 있다.

교에는 북한이 남한을 침공할 경우 학생들을 곧바로 공항으로 수송하는 대피 계획이 마련되어 있었습니다.

막내 아들 케빈[5]으로부터:

저는 어린 시절 내내 할아버지 스탠리 마틴, 일본 점령기, 그리고 한국 전쟁에 대해 들으며 자랐습니다. 제가 자라면서 가장 두려워했던 것은 미국 아이들처럼 벽장 속에 숨어 있는 "악마"가 아니었습니다. 저는 밤에 북한이 다시 공격할까 봐 두려움에 떨며 잠 못 이루는 밤을 보내곤 했습니다.

어느 날 저녁, 서울외국인학교에 다닌 후 학교에 남아 있었습니다. 1977년이었던 것 같습니다. 저는 16살이었고, 몇몇 아이들과 함께 결성한 밴드에서 피아노를 연주하고 있었는데, 연희동에 있는 서울외국인학교 언덕 아래쪽 사업가 아이의 집에서 연습했습니다. 연습이 끝난 후, 마포에 있는 집으로 택시를 잡기 위해 분주한 밤거리로 나섰는데, 갑자기 공습 사이렌이 울리기 시작했습니다. 동시에 밤하늘은 시내 건물 몇 군데에 배치된 대공포에서 쏘아 올린 예광탄으로 가득 찼습니다. 서울외국인학교 위에 있는 새들백(저희는 론 트리라고 불렀습니다.) 산 정상에는 대공포대가 있었는데, 그것이 발포했습니다. 20mm 기관포탄 수백 발을 서울 상공에 뿜어내던 개틀링건의 "브르르르르르르르프" 소리를 저는 결코 잊지 못할 것입니다. 저는 "이

---

5 케빈 무어: 서울 출생, 서울에서 16년간 살았으며, 서울외국인학교, 애즈베리대학에서 수학하였다. 감리교 신학교에서 영어를 가르쳤고, 그래픽디자이너로 미국에서 활동하였다. 현재 플로리다에 거주하고 있다.

거다! 북한이 다시 공격하는구나!"라고 생각했습니다. 알고 보니 김포공항으로 향하던 항공기가 경로를 이탈하여 도시의 방공 시스템을 작동시킨 것이었습니다. 비행기는 맞지 않았지만, 대공포탄이 도시로 떨어져 여러 명이 사망했습니다.

오늘날까지도 그 사건은 제 인생에서 가장 무서웠던 순간으로 남아 있습니다.

한국에 대한 아들들의 기억

전쟁 시기—저희는 서울의 선교사 사택에 살았는데, 옆집에는 선교사 이웃인 칼과 마가렛 주디 부부가 살았습니다. 여름에는 창문을 열면 서로 이야기를 나눌 수 있을 정도로 가까웠습니다.

1950년 6월 25일 밤, 칼 주디가 창문을 통해 저희에게 "우리가 공격받고 있어요. '하이볼 작전'입니다."라고 말했습니다. '하이볼 작전'은 외국인들이 나라를 대피하기 위한 암호명이었습니다. "라디오를 켜세요." 아니나 다를까, 미군 라디오 방송 AFKN에서는 모든 미국 시민은 즉시 미국 대사관으로 집결하라고 발표하고 있었습니다.

저희 어머니는 이 소식을 듣고 너무 무서워서 침대에 누워 이를 부들부들 떨었습니다. 하지만 데이비드의 회상에 따르면, 어머니가 아이들에게 그날 밤 다른 곳에서 자야 한다고 말하러 오셨을 때는 매우 침착하셨다고 합니다. 어머니는 "얘들아, 일어나렴. 오늘 밤은 대사관에서 잘 거야."라고 말씀하셨습니다. 저희는 마치 매일 밤 한밤중에 이런 일을 해왔던 것처럼 일어났습니다. 불평도 울음도 없었고, 어머니는 완벽하게 평온하셨습니다.

모험을 하나 더 말씀드리자면, 데이비드는 그때 편도선 수술을 받아 거친 쿠키를 먹고 집을 나서기 직전에 피를 그릇에 뱉고 있었습니다.

부모님은 가능한 한 짐을 꾸렸습니다. 주로 기저귀 가방, 약간의 음식, 그리고 옷이었습니다. 여덟 살 데이비드는 자신의 물통을 가져왔는데, 어머니는 "그 낡은 걸 왜 가져가니?"라고 물으셨습니다. 알고 보니 그것은 앞으로 있을 긴 여정 동안 저희의 유일한 물이었습니다. 저희는 숙소를 떠나려할 때, 저희의 유모 겸 가정부(아주머니) 원자 씨의 집 앞에서 차를 멈췄습니다. 그녀는 차로 나와 두 달 된 아기 로니에게 입을 맞춰주었는데, 다시는 그를 볼 수 없을지도 모른다는 생각에 저희는 사랑하는 직원들을 끔찍한 전쟁이 빠르게 다가오는 상황에 남겨두고 떠나는 것에 가슴이 아팠습니다. 그들의 진심 어린 사랑과 헌신 덕분에 우리는 가족처럼 함께 지낼 수 있었습니다. 우리는 운 좋게도 탈출을 시도할 수 있었던 외국인이었지만, 수백만 명의 한국인들은 전쟁이 3년 동안 맹위를 떨치는 동안 공포와 상실을 견뎌야 했습니다. 여담으로, 전쟁이 끝난 후 저희는 원자 씨와 재회했고, 그녀는 은퇴할 때까지 저희와 함께 일했습니다. 저희 어머니 마가렛은 원자 씨가 돌아가실 때까지 재정적 지원을 계속하셨고, 저희는 서신 교환을 이어갔으며 가끔 그녀의 집을 방문하기도 했습니다.

미국 대사관에서는 "여성과 아이들 먼저"라는 원칙에 따라 가족들이 분리되어 인천항으로 가서 배로 대피하게 되었습니다. 남성들은 며칠 후 김포공항으로 가서 비행기를 타고 떠나게 되어 있었습니다.

인천에 도착하자 두 척의 배가 정박해 있었습니다. 하나는 멋진 객실과 식당을 갖춘 미국 대서양 횡단 유람선이었습니다. 다른 하나는 화학 비료 화물을 방금 내린 노르웨이 화물선이었습니다. 대피를 책임지고 있던 미군 장교는 미국 유람선에 연락하여 피난민들을 태워달라고 요청했습니다. 미국 선장은 승객을 태우려면 장교의 명령이 있어야만 가능하다고 답했습니다. 이 세부 사항은 미국 회사가 서비스에 대한 보상을 받고, 항해 중 문제가 발생할 경우 보험 적용에도 도움이 될 것이기 때문이었습니다. 미군 장교는 선장에게 공식적으로 요청을 승인할 위치에 있지 않다고 진술했습니다. 요청은 그 후 거절되었습니다. 한편, 노르웨이 화물선 선장에게 승객을 태워달라는 요청이 있었고, 즉시 허락을 받았습니다.

저희 가족은 어머니, 두 아들, 그리고 아기 한 명이었고, 많은 이들과 함께 부두에서 출발 소식을 기다리고 있었습니다.

저희는 작은 배를 타고 화물선으로 옮겨졌습니다. 처음 어머니와 아이들은 배의 시끄러운 경적 소리에 귀청이 찢어질 듯한 갑판에 있었습니다. 어머니의 여동생, 나누 이모는 겁에 질린 아기 론을 소음을 피하기 위해 갑판 아래 선실로 데려갔습니다. 나중에 그들은 모두 선원실에 머무를 수 있었습니다. 저희는 아버지의 안전한 여정을 기도하며 일본으로 항해했습니다.

저희 아버지 제임스 무어는 며칠 후 다른 남성들과 함께 트럭을 타고 김포공항으로 향했습니다. 길에서 북한군 YAK 전투기가 도로를 기관총으로 공격하고 있었습니다. 트럭 운전사는 차를 옆으로 대고, 모든 위험이 지나갈 때까지 도랑에 엎드려 있었습니다.

공항에 도착하자 저희 아버지와 다른 선교사들은 대기 장소 근처에 서 있던 사람들에게 차 열쇠를 던져주었는데, 그들이 차량을 사용하여 남쪽으로 탈출할 수 있기를 바랐기 때문이었습니다.

남성들은 C-47 군 수송기에 탑승했습니다. 공간을 최대화하기 위해 모든 좌석이 제거되어 있었습니다. 이륙 시, 무거운 짐 때문에 항공기는 활주로를 겨우 벗어났습니다.

비행기 안에서, 창밖으로 사랑스러운 한국의 푸른 언덕들이 지나가는 것을 보며, 저희 아버지는 옆에 있던 남자가 울고 있는 것을 알아차렸습니다. 아버지는 정중하게 물었습니다. "괜찮으세요? 사랑하는 사람을 잃으셨나요?" 남자는 "제 우표 수집품이요! 제 우표 수집품이요!"라고 대답했습니다. 아버지는 자신에게 남겨둔 것이 우표처럼 물질적인 가치가 아니라, 전쟁 전 3년 동안 함께 사역했던 기독교 형제자매들의 마음과 삶에 있는 영원한 가치였다고 생각했다고 저희에게 말씀해주셨습니다.

1953년 돌아온 후, 저희 부모님은 한국 기독교 교회의 놀라운 성장에 동참하셨습니다. 아버지는 KAVCO라는 사역을 개발하셨는데, 발전기, 영사기, 그리고 침대 시트로 만든 거대한 스크린을 시골 지역으로 가져가 "왕중왕(King of Kings)"과 "가장 위대한 이야기(The Greatest Story Ever Told)"와 같은 미국 영화를 상영했습니다. 그는 한국 배우들로 영화의 목소리를 다시 녹음하여 시골 사람들이 수백 명씩 생애 첫 영화를 보러 와서 예수님과 제자들, 그리고 여인들이 한국어로 말하는 것을 보고 들을 수 있도록 했습니다. 영화가 끝난 후에는 한국인 전도사가 나와 기독교인이 되는 방법을 설명했습니다.

저희 다섯 아들은 저희가 어린 시절을 보낸 한국에 "마음"이 있습니다. 저희는 한국 소식을 계속 접하고, 국가대표팀을 응원합니다. 한국 국가가 들려올 때마다 저희가 사랑했던 이 나라의 기억이 쏟아져 들어와 눈물이 맺힙니다.

사랑과 감사하는 마음으로,
마가렛, 데이빗, 빌, 론, 앨런, 케빈 무어 드림.

마가렛 마틴 무어 가족사진
(왼쪽부터 빌, 데이빗, 론, 앨런, 케빈)

헌사

나의 부모님께 사랑과 감사의 마음을 담아드립니다.

스탠리 하빌랜드 마틴(Stanley Haviland Martin)
1890~1941
세인트존스, 뉴펀들랜드

마가렛 로저스 마틴(Margaret Rogers Martin)
1887~1972
뉴 브리튼, 코네티컷

"그들이 수고를 그치고 쉬리니 이는 그들의 행한 일이 따름이라."
(계 14:13 하)

프롤로그

이 전기의 초기 배경이 뉴펀들랜드이기 때문에, 저는 이 나라의 배경과 일부 가족 구성원들이 그곳에 살게 된 경위를 포함했습니다.

뉴펀들랜드는 캐나다 서쪽 해안에 5천 년 역사의 인디언 정착지입니다. 사라진 베오툭족(Beothuks)은 초기 원주민이었고, 인근 래브라도에는 에스키모뿐만 아니라 아메리카 원주민도 있었습니다.

현재 부족 중에는 이누(Innus), 이누이트(Inuits), 미크맥족(Mikmaqs)이 있습니다. 2000년에 뉴펀들랜드는 레이프 에릭슨과 그의 바이킹 동료들이 뉴펀들랜드 북쪽 끝의 랑스 메도우즈(L'Anse Meadows)에 도착한 지 천 년이 되는 해를 기념했습니다.

수십 년간 영국 식민지였던 이 나라는 거의 한 세기 동안 영국 연방의 회원국이었습니다. 총독은 영국에서 파견되었지만, 세인트존스에 자체 총리와 의회를 가진 자치국이었습니다. 1949년에 캐나다로 편입되었습니다.

이 나라를 방문할 때 가장 깊은 인상을 주는 것은 바로 사람들입니다. 그들은 영국, 아일랜드, 스코틀랜드, 프랑스, 포르투갈, 스페인의 문화를 혼합하고 있습니다. 그들은 명랑하고 즐거움을 사랑하며, 재치 있는 답변이나 농담을 할 준비가 되어 있습니다. 어떤 사람들은 그들을 세계에서 가장 친절한 사람들이라고 부르기도 합니다. 물론 그들은 배경에 따라 다양한 억양으로 말합니다. 영국이 그들에게 가장 강한 영향을 미쳤습니다.

역사적인 세인트존스는 북미에서 가장 오래된 도시입니다. 1620년에 메이플라워호가 매사추세츠 플리머스에 도착했을 때, 이미 40척의 배가 그 훌륭한 항구에 정박해 있었습니다. 이 도시는 언덕으로 둘러싸인 항구를 내려다보고 있으며, "내로우스(Narrows)"를 통해 배가 들어올 수 있습니다.

스탠이 태어난 해인 1890년에는 많은 학교와 교회가 있었습니다. 대구 어업은 많은 사람을 고용했고 수년 동안 가장 큰 수입원이었습니다.

스탠리의 아버지, 영국 혈통의 아서 윌리엄 마틴(Arthur William Martin)은 처음에는 상인이었고 그 다음에는 중앙우체국 회계사였습니다. 스탠리의 어머니, 쌍둥이인 미니 컬타스 마틴(Minnie Coultas Martin)은 영국 그레이브젠드에 있는 영국 웨슬리안 회의의 성직자 윌리엄 컬타스(William Coultas) 목사의 손녀였습니다. 컬타스 목사의 큰 소망은 서인도 제도로 가는 것이었습니다. "제 마음에 강력한 인상이 새겨졌습니다. 저에게는 영국 교구가 없습니다. 저는 먼저 흑인들에게 복된 하나님의 복음을 전해야 합니다." 그는 1810년에 가족과 함께 서인도 제도로 항해하여 6년간 성공적으로 사역한 후 영국으로 돌아와 목회를 계속했습니다. 나중에 그의 아들, 즉 미니(Minnie)의 아버지는 의사가 되어 뉴펀들랜드로 가서 컨셉션 베이(Conception Bay)와 카보니어(Carbonear)에서 의료 활동을 했습니다. 그는 "사랑받는 의사"로 잘 알려져 있었습니다. 스탠의 아버지 쪽 조상 중에는 조지 벨레위스(George Bellewes) 목사와 그의 아들 세실 벨레위스(Cecil Bellewes) 목사 두 명의 목회자도 있었습니다.

제1장
선교사 태동기

　청년은 주위 상황을 둘러보기 위해 배의 무선실 밖으로 나왔다. 난간으로 걸어가자 신선한 바닷바람과 대구 비린내가 그의 얼굴을 때렸다. 병원선 스트라스코나(Strathcona)가 세인트존스로 들어가는 내로우스(Narrows) 만에 다가갈 때 유난히 큰 빙산이 눈부시게 푸른 바다 위에 떠 있었다. 그는 피곤했다. 그는 무선 통신원이었지만, 몹시 아픈 남자를 도와 그 옆에서 밤 보초 근무를 서고 있었다. 그가 서 있는 뒤로 의사가 다가왔다. "시그널 힐 기억하는가?" 그는 해협 위의 우뚝 솟은 언덕을 가리키며 물었다. "그 일이 일어났을 때 거기 있었다면서!" 스탠은 고개를 끄덕였고, 그의 고향이 서서히 눈에 들어오자 기억이 스쳐 지나갔다.
　1890년 7월 23일 뉴펀들랜드(Newfoundland) 세인트존스에서 태어난 스탠리 하빌랜드 마틴(Stanley Haviland Martin). 어린 시절 주변 환경의 영향을 많이 받으며 한 사람이 성장하듯이, 마틴도 뉴펀들랜드와 래브라도(Labrador) 환경의 영향을 받고 성장했다. 이 지역은 혹독한 겨울, 고통, 어부들과 바다표범 사냥꾼들의 비극으로 유명하다. 하지만 이곳은 생명력이 넘치는 바다로 둘러싸여 있는 투박하지만 아름다운 땅이다. 오로라, 즉 북극광은 많은 밤하늘을 아름답게 비추며 장관을 이룬다. 여름에는 장엄한 빙산과 북극과 그린란드에서 흘러내린 수만 년 된 담수 얼음 산이 넘실댄다.

1892년 봄, 두 가지 의미 있는 일이 일어났다. 세인트존스 마을에 불이 나서 마을이 거의 타버렸다. 바로 그때 윌프레드 토마슨 그렌펠(Wilfred Thomason Grenfell) 박사가 영국에서 알버트(Albert)호에 타고 있었다. 이 의사는 뉴펀들랜드와 래브라도 어부들의 필요를 파악하기 위해 처음 이곳을 방문했다. 박사와 배에 탄 동료들은 화재로 망연자실한 마을 사람들과 불길이 숲속으로 번져나가는 것을 보았다. 이들은 배가 정박하자마자 즉시 가져온 구호 의류를 나눠주고 화상을 입은 이재민들을 돌보기 시작했다. 이렇게 그렌펠은 자신의 세인트존스에 왔음을 알리게 되었다!

이 위대한 의사는 이후 스탠리 마틴의 삶에도 큰 영향을 미쳤다. 당시 스탠은 두 살이었고, 아마도 어머니 품에 안겨 불타는 마을을 바라보고 있었을 것이다. 기록에는 스탠의 집이 불에 탔는지는 나와 있지 않지만, 도시의 4분의 3이 파괴되었다.

그렌펠 박사는 할 수 있는 일을 다한 후, 래브라도 해안으로 향했다. 그곳에서 1892년 여름을 보내며 병자들을 돌보고 사역의 기초를 닦았다.

영국으로 돌아가는 길에 세인트존스를 방문했을 때는 그의 사역에 대한 소문이 퍼져있었다. 뉴펀들랜드 정부가 관심을 보였고, 한 부유한 상인이 래브라도 해안의 배틀 하버(Battle Harber)에 있는 그렌펠의 첫 번째 병원선 정박기지가 될 창고를 기증했다. 그렌펠은 큰 용기를 얻었다. 그 후 그는 영국으로 돌아와 뉴펀들랜드와 래브라도의 심해 선원들을 위한 향후 봉사 계획을 세우고 후원을 받기 시작했다. 세월이 흐르면서 세인트존스는 재건되었고 삶은 점차 정상으로 돌아왔다.

스탠의 가족에는 독실한 빅토리아 시대의 아버지와 온화한 어머니가 계셨다. 스탠에게는 메이블(Mabel), 거트루드(Gertrude), 에바(Eva)라는 세 누이와 윌리엄(William)이라는 남동생이 있었다. 스탠은 어린 시절에 다른 아이들도 걸리는 흔한 질병을 앓았다. 스탠은 어렸을 때 연쇄상구균 감염으로 류마티스 열을 일으켜 심장이 손상되었고, 그 결과 성인기에 심장 비대증으로 나타났다. 스탠은 자신과 남동생이 유행성 이하선염에 걸렸을 때 어머니가 따뜻한 구운 감자를 넣은 양말을 목에 묶어 주었다고 했다. 어머니가 보지 않을 때 그들은 감자를 먹었다. 카드놀이는 금지되었다. 가정교육이 엄격했기 때문에, 어렸을 때 윌리엄은 거리에서 카드놀이가 벌어지는 것을 보면 길 건너편으로 도망쳤다.

매년 3월이면 사냥꾼들이 수천 명씩 모여 연례 바다표범 사냥을 떠나기 위해 세인트존스에는 큰 흥분이 감돌았다. 스탠과 그의 남동생은 종종 부두로 내려가 사냥꾼들이 배에 식량과 장비를 싣는 모습을 지켜보곤 했다. 배에는 밀가루, 당밀, 옥수수가루 및 기타 식료품이 담긴 통이 실려 있었습니다. 수십 갤런의 물이 저장되었습니다. 나중에 배 밖으로 나가 숲속에서 얼음을 가져와 녹이고 끓여 물을 보충했다. 증기 기관을 위해 수 톤의 석탄이 배에 실려 있어야 했다. 증기 기관 엔진으로 강화된 범선이었다. 뱃머리와 측면은 얼음에 부딪쳐도 부서지지 않는 나무인 '그린하트'로 보강되었다.

드디어 출항 시간이 다가왔다. 스탠과 윌리엄은 붐비는 부두에서 흔들리는 깃발과 함께 뱃고동 소리를 내며 배들이 빠르게 출항하자 모두 환호성을 지르는 모습을 지켜보았다. 몇 주 후 소년들은 다시 군중과 함께 집으로 돌아오는 그들을 환영했다. 이번에는 갑판에 바다표범 가죽이 높이 쌓여 있었다. 소년들이 집으로 돌아오자 세인트존스는 눈보라, 난파선, 바다에서 길을 잃은 용감한 남자들에 대한 이야기로 떠들썩했다. 어린 소년 스탠은 언젠가 자신이 이런 거칠고 위험한 남자들의 삶과 밀접하게 연관될 것이라는 사실을 전혀 깨닫지 못했다.

아이들도 장난칠 시간이 찾아왔다. 그는 친구들에게 "우리는 어린 터키인이었어!"라고 말했다. 한번은 그와 친구들이 결혼식 파티가 열리고 있는 집의 굴뚝에 물건을 던졌다. 신랑, 신부와 하객들은 모두 연기를 마셨다!

한 번은 그가 집의 응접실에 있는 커다란 말총 소파 밑에 숨어 있다가 누나 거트루드의 "신사 친구"가 그녀에게 청혼하는 소리를 들었다.

존경받는 주일학교 부장 선생님인 그의 아버지는 약국에서 구입한 훌륭한 기침약을 추천하고 있었다. 그는 친구들에게 그 이야기를 했다. 하지만 화학에 관심이 많았던 스탠은 실험을 시도했다. 그는 성냥으로 시럽 한 숟가락에 불을 붙였다. 시럽이 파란 불꽃으로 타버리는 걸 보고 아버지가 놀라셨다! 아마도 알코올 성분을 섞은 약이었던 것 같다! 아버지는 추천을 중단했다.

그의 가족 생활은 1873년에 설립된 웨슬리안 감리교회, 현재 조지 스트리트 연합 감리교회로 알려진 교회를 중심으로 대부분 이루어졌다. 그의 아버지는 38년 동안 주일학교 부장으로 일했고, 어머니는 여선교회 회장으로 수십 년간 봉사했다. 그의 누이 거트루드는 1930년부터 1936년까지 이 교회에서 목사로 봉사한 아이라 커티스 목사와 결혼했다. (스탠이 청혼을 들은 신사가 바로 그다.)

교회 건물은 사우스사이드 힐즈(Southside Hills)의 뉴펀들랜드 석재로 세워졌다. 에드워드 선장의 바다표범 선원들은 바다표범선 넵

튠(Neptune)호를 타고 '얼음'을 향해 출발하기 전에 사우스사이드 채석장에서 무거운 마차에 돌을 싣고 교회부지까지 운반했다. 이 교회는 "배를 타고 바다로 내려가는 모든 사람"을 섬기기 위해 해안가 근처에 지어졌다. 교회는 또한 사역의 일환으로 해안가에 있는 사우스사이드 선교회를 후원했다.

스탠은 타인에 대한 봉사를 강조하는 교회의 가르침을 받으며 성장했다.

그의 아버지는 아래와 같이 그에게 편지를 썼다.

그는 당시 금요일 오후 4시에 앤드류 로버트슨 박사가 진행하는 '묵상 시간(The Quite Hour)'에 참석하는 소년 테일러 클루시턴(Taylor Clouston)과 짐 톰슨(Jim Tompson)의 단짝 친구였습니다. 그는 모팻(Moffat)과 리빙스턴(Livingston) 같은 선교사들과 아프리카 한가운데서 리빙스턴을 발견한 탐험가 스탠리(Stanley), 더프(Duff)와 모리슨(Morrison) 등 기독교 사역의 개척 영웅들에 대한 많은 이야기를 들려주었습니다. 스탠은 열정으로 가득 찬 열네 살 무렵 어느 날 저녁 집으로 돌아와 진지하게 '최초의 의료 선교사는 위대한 모범이 되신 하나님의 아들 예수'라고 말했습니다. 저의 마음을 움직였습니다. 그날 밤 기도회에서 우리는 '나의 최고의 의무는 남을 섬기는 것'이라는 삶의 좌우명을 따라 한 번 더 하나님을 섬기는 일에 헌신하고, 소년의 교육을 위한 길이 열리기를 기도했습니다. 그는 항상 노인들을 배려하고 도왔으며, 진입로가 얼음으로 덮여 있으면 물통에서 물을 떠다 주거나 힘이 약한 노인들을 위해 언덕 위로 나무를 나르기도 했습니다.

1901년 12월 12일, 바람이 매섭게 부는 날, 세인트존스 항구가 내려다보이는 시그널 힐(Signal Hill) 정상에서 스탠의 미래뿐만 아니라 전 세계의 미래에 영향을 미칠 실험이 이루어졌다.

그날 얼마 전부터 신문에서는 이탈리아의 발명가가 대서양을 건너 무선 신호를 수신하려고 온다는 보도가 나오고 있었다. 대서양에서 동쪽으로 멀리 떨어져 있기에 뉴펀들랜드가 선택되었다. 신호는 영국 남서쪽 끝에서 튀어나온 바위 위에 있는 폴두(Poldhu)라는 곳에서 발신될 예정이었다.

많은 사람이 회의적이었지만 잘생긴 발명가 굴리엘모 마르코니가 조수와 함께 부두에 내리는 모습을 본 세인트존스 사람들은 호기심에 가득 찼다. 12월 12일까지 모든 준비가 완료되자, 사람들은 무슨 일이 일어날지 보기 위해 가파른 시그널 힐로 걸어 올라갔다. 그중에는 11살의 스탠과 9살의 동생 윌리엄이 있었다.

그들은 오래된 막사 건물에 있는 악기들에 연결된 400피트 길이의 줄에 매달려 있는 커다란 연을 보았다. 마르코니와 그의 두 조수는 폴두에서 20킬로와트의 스파크가 발생하기를 기다렸다. 그들은 작은 망치에 주의를 집중하며 작은 유리관에 세 번의 딸깍 소리가 나는지 확인했다. 역사적인 순간은 1901년 12월 12일 정오 직후에 찾아왔다. 마르코니는 유리를 세 번 두드리는 소리와 함께 "S"라는 글자를 집어들었다! 성공을 의미하는 "S"! 전 세계에 새로운 통신 시스템의 시대가 열렸다! 이 얼마나 짜릿한 순간인가!

마르코니는 다음 날 다시 신호를 들었을 때 실험의 성공을 확신했다. 그리고 그는 무선 신호가 대서양을 건너왔다고 짧게 발표했다. 세상은 놀랐지만, 일부 사람들은 비웃었다. 그러자 토마스 에디슨은 "마르코니가 사실이라고 하면 사실입니다."라고 말했다. 마르코니는 이 격려에 감사했다.

수년에 걸쳐 마르코니에게 아낌없는 칭찬과 감사의 표현이 이어졌다. 나중에 다른 나라에서 그를 만나게 된 스탠은 마르코니에 대한 존경심을 이렇게 표현했다. "인류에게 그 유명한 SOS 호출을 가능하

의사 스탠리 H. 마틴(Stanley H. Martin)

게 한 사람과 다시 얼굴을 보고 이야기를 나누는 것은 결코 잊을 수 없는 시간입니다!"

1901년 12월 밤, 스탠과 그의 동생이 그날 있었던 일을 이야기하면서, 저녁 식사 테이블에서 흥분된 대화가 오갔다. 그 기억에 남는 날 대서양을 건너온 불꽃이 어린 스탠에게 닿았기 때문이다.

이후 몇 년 동안 스탠리 마틴이 고등학교를 졸업하면서 어떤 일이 일어났는지 잘 모른다. 하지만 그의 아버지는 "스탠은 독학으로 전보를 배웠다. 그는 케이프 레이(Cape Ray)에서 마르코니 통신사 견습생으로 근무했다. 그는 열일곱 살에 세인트로렌스(St. Lawrence)강 하구에 있는 안티코스티(Anticosti)섬의 운영자로 임명되었다. 이후 캐나다 뉴브런즈윅의 세인트 존에서 근무했다."고 썼다.

열여덟 살에 그는 놀라운 요청을 받았다. 고향의 모든 젊은이 중에서 뉴펀들랜드 북쪽 끝에 있는 세인트 앤서니(St. Anthony)로 와달라는 요청이었다. 유명한 윌프레드 그렌펠 박사의 무선 장비가 설치된 병원선 스트라스코나호의 무선신호기사가 되어 달라는 것이었다. 그는 새로운 세상의 문을 열고 새롭고 흥미진진한 인생의 장으로 걸어 들어가려던 참이었다.

제2장
T 닥터

1908년 6월, 세인트존스에 있는 감리교 대학에서 학업을 마친 스탠은 지루하게 하루하루를 보내고 있었다. 이 무렵, 무선 장비가 구입되었고, 스탠은 친구들과 작별 인사를 나누게 되었다. 마침내 세인트 앤서니로 떠날 시간이 되어 그는 해안 증기선 포고타(Fogota)호에 승선했다.

선실 아래에 몇 가지 소지품과 무선 장비를 안전하게 보관한 후, 그는 난간으로 돌아와 서서히 떠나가는 배 위에서 손을 흔들었다. 그의 가족과 친구들은 점점 더 작아져 거의 보이지 않게 되었다. 스탠은 그들이 자신을 자랑스러워하고 이 기회에 감격하고 있다는 것을 알았지만, 그들의 눈물도 기억하고 있었다. 그는 재킷 속 어머니가 넣어둔 물건을 만지작거렸다. 마침내 그는 배 안으로 돌아와 동료 승객들을 돌아보았다. 그들은 모두 거칠고 강인한 체격의 성인 남자들이었고, 오랜 야외 작업으로 피부는 검게 그을려 있었다. 아마 어부들일 거라고 생각하며 그는 배의 뱃머리로 향했다. 갑판에는 상자와 통이 높이 쌓여 있었다. 그는 뱃머리 바로 뒤 커다란 상자를 보고 그 위에 자리를 잡았다. 시원한 바람을 맞으며 그는 배의 운전대를 잡으면 어떨지 상상해 보았다. 곧 그들이 탄 배는 '내로우스(Narrows)' 만을 지나 넓은 바다로 나갔고 북쪽으로 방향을 틀었다. 그는 물을 뿜는 고래가 있나 찾아보았지만, 아무것도 보이지 않았다.

그는 자신에게 무슨 일이 일어나고 있는지 곰곰이 생각해 보았다. 모든 것이 꿈처럼 여겨졌다. 그가 기억할 수 있었던 것 중에는 그렌펠 박사의 사역에 대한 이야기도 있었다.

1908년 봄, 그렌펠 박사가 목숨을 잃을 뻔했다는 소문이 쫙 퍼졌다. 그가 환자를 진료하고 개썰매를 타고 얼어붙은 바다를 가로질러 돌아오던 중 얼음이 녹기 시작했다. 그는 구조되기 전까지 약 24시간 동안 개들과 함께 얼음판 위에서 표류했다. 그는 얼어 죽지 않기 위해 자신의 개 세 마리를 죽여 그 가죽을 뒤집어썼다. 이 두려운 모험이 널리 알려지면서 사람들은 그렌펠 박사의 놀라운 행적을 더 많이 알게 되었다.

스탠은 그와 함께 일하면 어떨지 궁금했다. 그는 지난 여름 열일곱 살의 무선 통신사 시절 받았던 SOS 전화와 메시지를 기억했다. 당시에는 폭풍우가 몰아쳐 배가 조난당했고, 생사가 달린 응급 상황도 있었다. 새 장비는 어떤 메시지를 수신할 수 있을까? 어떤 위험이 도사리고 있을까?

곧 그들은 파도가 절벽 위로 높이 치솟는 항구 쪽의 퀴디 비디(Quidi Vidi)를 지나고 있었다. 바다는 계속해서 넘실넘실 출렁이고 있었다. 그는 이 움직임에 몸을 맡겨 긴장을 풀며 좋아했다.

스탠은 주머니에 손을 넣어 어머니가 준 작은 물건을 꺼냈다. 티슈로 조심스럽게 싸서 파란색 리본으로 묶여 있었다. "물론이지." 그는 포장을 열고 혼자 웃으며 '휴대하기 편한 작은 신약성경'이라고 말했다. 그는 성경책을 펼쳐 어머니의 손글씨를 읽었다. "배들을 바다에 띄우며 큰 물에서 일을 하는 자는 여호와께서 행하신 일들과 그의 기이한 일들을 깊은 바다에서 보나니... 여호와께서 그들이 바라는 항구로 인도하시는도다(시편 107:23-24,30)."

어머니는 페이지 하단에 "너를 보호해주시도록 비는 엄마의 기도가 너와 늘 함께 할 거야. 너를 사랑하는 엄마가."라고 쓰여 있었다.

그는 이 작은 책을 가슴 앞주머니에 다시 넣었다. "모든 것이 잘 될 거야."라고 혼잣말을 하면서 큰 통에 지난 시간 동안 지친 몸을 기대어 잠이 들었다.

배의 종소리가 그를 깨웠다. 그는 뒤에서 사람들이 식당으로 통하는 통로를 향해 몰려드는 것을 보았다. 그는 곧 그들과 함께 앉아 정성껏 준비된 풍성한 음식을 먹었다. 그는 그곳에서 가장 나이가 어렸고 조용히 다른 선원들의 대화에 귀를 기울였다. 그들은 시종일관 농담과 웃음을 터뜨리며 쾌활한 분위기였다. 그는 이 식사 시간이 앞으로의 시간을 위한 소중한 준비가 될 것임을 깨달았다. 스탠은 이전에 어부들과 접촉한 적은 있었지만 이런 식은 처음이었다. 그들이 그의 임무에 대해 들었을 때, 어린 사람이 어떻게 무선 장비 설치를 맡았다고 하며 놀랐다. "티(T) 닥터[1]와 함께 일하게 되나요?" 한 사람이 물었다. 그렌펠 박사를 본 적이 있는 사람도 있었고, 그의 의료지원 덕분에 현재 살아 있는 친척이 있는 사람도 있었다. 그들은 한결같이 최북단 병원 스테이션에서 일하는 것에 대해 칭찬했다.

세인트 앤서니까지 300마일 정도의 거리였지만 가는 도중에 항구마다 우편물을 배달해야 했기 때문에 12일이 걸렸다.

식사 시간에 각자 나누는 이야기는 분위기를 침울하게 만들기도 했다. 한 사람은 폭풍우가 치던 어느 날 밤, 세 번이나 문을 두드리는

---

1 (역주) Wilfred Thomason Grenfell 의사를 'T(homason) 닥터'라고 부른 것으로 추정된다.

소리가 들렸다는 어느 어부의 아내에 대해 이야기했다. 문을 열 때마다 아무도 없었다. 네 번째 노크 소리가 들렸고 그녀가 문을 열자 어부의 친구들이 익사한 남편의 시신을 들고 들어왔다.

승객 중 가장 나이가 많은 제이크는 파이프에서 재를 털어내고 목소리를 가다듬고 거친 목소리로 "내가 들은 가장 이상한 이야기는 래브라도 해안에서 선장의 명령에 따라 배를 조종하던 한 사나이에 대한 이야기야. 갑자기 얼굴에 상처를 입은 한 남자가 옆으로 다가와 '배를 좌현으로 15도 돌려라'라고 한단 말이야. 조타실 항해사는 당황했지만, 선장이 보낸 명령이라 생각하고 따랐는데. 한 30분쯤 가고 있는데, 난파되어 바위에 좌초된 배를 발견했데. 놀라운 것은 조난당한 승객 중에는 얼굴에 상처를 입은 남자가 있었데! 모두 안전하게 구조되었다고 하네."라는 이야기를 들려주었다.

폭풍우 속에서도 구원을 얻는 놀라운 이야기 속에는 그들의 믿음이 빛을 발했다. 그들은 하나님께서 그들의 기도에 응답하셨다는 것을 알았다.

배가 들린 항구에서 며칠씩 머물곤 했다. 새로운 승객들이 배에 올랐다. 어떤 이들은 들것에 실려 있었고, 어떤 이들은 목발을 짚고 있었는데, 목적지는 모두 병원이었다.

드디어 어느 화창한 날 아침, 그들은 멀리 성 안토니(St. Anthony) 근처의 섬들을 보았고, 성 안토니가 눈앞에 나타났다. 언덕 아래에 마을이 자리하고 있었다. 몇 개의 큰 건물이 햇빛에 반짝이고 작은 집들이 흩어져 있습니다. 범선들이 가득히 정박한 항구에 두 교회가 서 있었다.

"어느 배가 스트라스코나(Strathcona)호죠?" 스탠은 더 잘 보려고 고개를 앞으로 기울이며 궁금해 했다. 그러던 중 굴뚝에 붉은 십자가

가 그려진 깔끔한 검은색 증기선이 눈에 띄었다. 한 돛대에 MDSF라고 쓰인 파란 깃발이 바람에 나부끼고 있었다. 그는 그것이 심해어부선교회(Mission to Deep Sea Fishermen)의 약자라는 것을 알았다. 기대로 부풀어 심장이 뛰었다.

배가 닻을 내리자 펀트(punt)라 불리는 작은 배들이 몰려와, 화물과 승객들을 작은 부두로 실어 날랐다.

스탠은 스트라스코나호로 옮겨질 때까지 무선 장비를 배에 그대로 두어야 한다고 요청했다.

그는 원형통 가방을 매고 펀트에서 뛰어내려 곧장 병원으로 향했다. 가면서 건물 위층에 큰 글씨로 쓰여진 "믿음, 소망, 사랑, 이 세 가지는 항상 있을 것인데 그중에 제일은 사랑이라."는 성경 구절을 읽었다.

출입문에 들어서자, 스탠은 수술실에서 하얀 옷을 입은 한 남자가 얼굴에서 외과 의사 마스크를 벗고 나오는 것을 보았다.

"그렌펠 박사님이신가요?" 스탠이 숨을 죽이며 물었다. "그렇네." 의사는 걸음을 멈추고 그를 바라보았다. "자네가 무선기사 스탠리 마틴인가?"

"네, 선생님." 의사는 환영의 뜻으로 스탠의 손을 잡았다. 오기 전에 스탠이 가졌던 막연한 불안감이나 경외감은 이 유명한 남자의 반짝이는 친절한 눈을 바라보는 순간 사라졌다. 의사의 말에는 영국 억양이 묻어났다.

"기다리고 있었네! 여행은 괜찮았나?"

"네, 선생님."

"잘 됐군. 통신 장비는 어디 있나?"

"아직 포고타 호에 있습니다."

"그건 나중에 보세. 점심이나 같이 하세."

그들은 복도를 따라 내려가 많은 사람이 앉아 있는 큰 식당으로 향했다. 일부는 긴 흰색 유니폼과 모자를 쓴 간호사였다. 일부는 의사였고, 짙은 색 스웨터와 헐렁한 바지를 입은 다른 이들은 마을 사람들이었다.

그렌펠 박사는 자신의 식탁에 서서 "신사 숙녀 여러분, 우리는 다시 세상과 연결되게 되었습니다! 세인트존스에서 온 스탠 마틴입니다. 그는 우리의 무선 장비를 가져왔고 스트라스코나호의 운영자가 될 것입니다."라고 유쾌하게 말했다.

자리에 앉은 사람들은 박수치며 환호했다. 스탠은 사람들의 반응에 놀랍고 기뻤으며, 스트라스코나를 통해 서비스를 받게 될 이들이 얼마나 절실하게 통신으로 연결되기를 원했는지를 알 수 있었다. 잠시 후 많은 사람이 다가와 진심으로 환영의 말을 전하며 악수를 청했다.

빵과 버터를 곁들인 생선 수프를 점심으로 대하고 비로소 그는 자신이 얼마나 배가 고팠는지 깨달았다. 그렌펠 박사는 김이 모락모락 올라오는 차를 마시며 그에게 말했다.

"우리는 아직도 스트라스코나에 보급품을 싣고 있는 중이네. 통신 장비가 설치되는 대로 래브라도로 떠날 계획이네. 바라기는 내 주쯤이면 좋겠네."

의사는 옆에 앉은 사람들과 이야기를 나누며 위층에 있는 중환자들의 소식을 물었다. 오전 시간을 수술실에서 보냈기에, 중환자실의 환자들이 궁금했던 것이다. 스탠은 그 이야기를 들으면서 마을 사람들의 그렌펠을 향한 존경과 사랑을 이해하기 시작했다.

그날 오후 마을 주민 몇 명이 스탠과 함께 대기 중인 증기선으로 이동하기로 했다. 곧 귀중한 장비 상자를 스트라스코나호로 옮겼다. 스탠은 사다리를 타고 상자를 따라 올라가 차트 룸에 조심스럽게 상자를 배치했다. 그는 열심히 공간 구석구석을 살폈다.

그는 이 배 이름이 기부자 스트라스코나 경의 이름을 따서 지어졌다는 것을 알고 있었다. 원래 이름은 도널드 스미스로 스코틀랜드 출신의 가난한 청년이었다. 그는 허드슨 베이 회사(Hudson Bay Company), 캐나다 태평양 철도(the Canadian Pacific Railroad), 몬트리올 은행(the Bank of Montreal)의 사장이 되었다. 그의 공로를 인정받아 영국 정부로부터 귀족 작위를 부여받았다. 젊은 시절 13년을 래브라도에서 보냈기에, 스트라스코나 경은 그렌펠의 업적에 깊은 관심을 보였다.

스탠은 기회가 닿는 대로 배를 둘러보았다. 함께 온 사람들은 그를 따라다니며 열심히 모든 것을 설명했습니다. 이 배는 "전장 97피트, 전폭 18피트, 배수량 130톤에 달합니다. 이 배 엔진은 150마력과 9노트의 속도를 낼 수 있습니다."[2] 스탠은 그들이 이 배를 얼마나 자랑스러워하는지 알 수 있었습니다.

그는 갑판 위 조타실과 해도실(chart room)을 둘러본 다음 아래로 내려갔다.

여기서 그는 "선원 숙소와 필요하면 예배실로 쓸 수 있는 넓은 방을 보았다. 특별히 고안된 흔들침대와 엑스레이 장비를 갖춘 병원을 위한 공간과 약을 조제하기 위한 공간도 있었다."[3] 이 모든 것은 그렌펠 박사의 고안에 따라 영국 야머스(Yarmouth)에서 제작되었다.

---

[2] Ronald Rompkey, *Grenfell of Labrador*, (Toronto: University of Toronto Press, 1992), 101.
[3] Ibid.

이 배는 1899년에 대서양을 건너 여기로 왔다.

　스탠이 배에서 돌아왔을 때, 병원의 직원들은 '신식' 장비에 대해 잘 알고 있던 젊은 십대를 위해 최선을 다해 도와주었다. 남성동 근처에 방을 배정받은 그는 곧 환자의 이름과 병명은 물론 의사, 간호사, 자원봉사자의 이름까지 모두 외웠다.

　매일 배로 나가 모든 것이 준비될 때까지 무선 장비 작업을 진행했다. 처음 수신 신호를 성공적으로 받았을 때 그는 흥분했다. 남쪽 해안에서 온 응급 구조 요청이었다. 그렌펠 박사는 "미안하지만 지금 래브라도로 떠나서 갈 수 없지만 가능하면 환자를 세인트 앤서니로 데려다 달라고 무전을 치게."라고 하며 슬프게 고개를 저었다. 늘 그랬던 것처럼 의사에겐 안타까운 생각이 들었다. 모든 환자를 도울 수는 없고 한계가 있다. 그리고 그는 래브라도 해안에 자신을 필요로 하는 수천 명의 어부와 그 가족들을 위해 마음과 마음을 다잡았다. 스탠 역시 "북쪽 아래"를 향한 새로운 모험을 열망하면서 자신의 역할을 다할 준비가 되어 있었다.

간호사 마가렛 로저스 마틴(Margaret Rogers Martin)

제3장
북쪽 아래

    1908년 6월의 어느 날 푸르고 황금빛 아침에 그렌펠 박사가 기관사에게 스트라스코나의 엔진 시동을 걸라고 소리쳤다. 스탠은 배의 난간에 서서 이제는 익숙한 세인트 앤서니 항구의 풍경을 바라보았다. 배는 경적을 울리며 움직이기 시작했다. 병원에 있던 사람들은 베란다로 몰려나와 이 광경을 바라보며 손을 흔들었다. 몇몇 간호사들은 어린이들을 안고 있었다. 이는 스트라스코나호가 또 다른 바쁜 여름을 위해 '북쪽 아래'로 향하는 연례행사였다.

    배의 항로는 뉴펀들랜드의 북쪽 끝으로 정해져 있었고, 이후 서쪽으로 방향을 틀었다. 바쁜 일정으로 일상이 흘러갔다. 한 사람은 방향을 확인하고, 항해사는 조타실에, 그렌펠 박사는 해도실에, 스탠은 무선 장치 옆에 있었다.

    식사는 정을 나누는 배움의 시간이었다. 선원 대부분은 오랜 경력을 가진 사람들이었지만 스탠과 엔지니어 중 한 명은 배에 처음 승선했기 때문에 그렌펠 박사는 자신의 많은 모험을 들려주었다.

    그는 세인트 앤서니 병원의 역사를 이야기하면서, 1899년 세인트 앤서니 사람들이 어떻게 병원을 지어달라고 요청했는지 들려주었다. "모든 일이 하나로 합쳐지는 과정은 놀라움 그 자체였어! 성 안토니 마을의 열성으로 넘치는 사람들이 모였고, 그중 40여 명의 남성이

자원하여 숲으로 가서 벌목장을 만들었지. 통나무를 끌기 위해 약 12개의 개 썰매팀이 준비되었네. 그들은 6피트의 눈이 쌓인 곳에서 숙소와 식당을 지었지. 가장 좋아하는 음식은 돼지고기 한 조각을 곁들인 도우보이[만두]였어. 가끔 새 수프를 먹기도 했지. 2주 후 그들은 개썰매를 타고 사방 36피트 넓이의 병원을 지을 수 있는 충분한 자재를 싣고 돌아왔다네. 6개월 후 병원은 완공되었지."[4]

대화는 종종 래브라도 해안에서 기대할 수 있었던 조건으로 바뀌었다. 그들은 뉴펀들랜드에 속하는 래브라도 지역이 세인트로렌스강 하구 근처에서 시작된다고 들었다. 그것은 대서양 연안에서 튀어나와 허드슨만 근처의 케이프 치들리(Cape Chidley)까지 올라가는 넓은 반도이다. 지형 때문에 대부분은 해안에 살았다. 사람들은 대부분 백인과 인디언 또는 백인과 이누이트(Inuit) 등 혼혈인이었다. 래브라도 인디언은 위대한 알곤퀸(Algonquin) 부족의 일부인 몬타그나이스(Montagnais) 부족이었다. 그들 대부분은 먼 내륙에 살았다. 그들 중 일부가 모피를 팔기 위해 해안으로 왔다. 모라비안(Moravian) 선교사들(독일 연합 형제회, German United Brethren)이 이누이트족을 위한 선교 사역을 시작했다. 이누이트는 그린란드의 에스키모와 매우 유사했다. 이맘때쯤이면 여름 가족들이 남쪽에서 모여듭니다. 약 3만 명의 백인 어부들이 여름철을 보냈습니다. 여성과 아이들은 대구를 쪼개고, 씻고, 소금에 절이고, 말리기 위해 깔끔하게 줄을 세우는 등 대구를 잡는 작업에서 중요한 역할을 담당했다.

북극 해류의 물살을 빠져나갈 때 공기가 눈에 띄게 차가워졌기

---

4 (역주) 책에는 일반적인 설명으로 기록되었는데, 내용을 고려해서 이야기하는 형식으로 번역하였다.

때문에 스트라스코나호는 북극해의 북서쪽으로 방향을 틀었다. 수평선 위로 첫 번째 어선이 보이기 시작했다. 여름이었지만 청록색 바다 위에 떠다니는 빙산이나 낮은 얼음판을 피하기 위해 항상 주의를 기울여야 했다.

그들은 먼저 그렌펠의 첫 번째 해안 오두막 병원인 배틀 하버로 향하고 있었다. 스탠은 한가할 때면 난간으로 나가 해안선을 바라보거나 고래의 숨소리나 돌고래가 햇살을 받으며 뛰어오르는 모습을 감상했다. 가끔 웅장한 빙산이 나타나면 그는 다른 사람들을 불러 "저것 좀 봐!"라고 감탄했다. 빙산은 다양한 모양을 하고 있었고 어떤 빙산은 아름다운 색을 띠고 있었지만 위험했다.

며칠이 더 지나면서 그렌펠 박사는 수년간의 여름 방문에서 경험한 이야기를 더 들려주었다. 의사는 일 년 내내 해안 근처에 머물면서, 어부로, 바다표범 사냥꾼으로 사는 "리베이예르스족(Liveyeres)"에 대해 들려주었다. 그들은 곧 남자들이 바다에 나가 있는 동안 여름철 선원들의 가족들이 살았던 해안 근처의 작은 판잣집인 "틸트(tilt)"를 보게 될 것이다. 그는 곡물 재배 기간이 짧아서 사람들의 식생활이 열악하다고 했다. 순무 이파리는 차라리 사치스러운 것이었다. 빵, 차, 당밀, 물고기, 산딸기가 주식이었다. 스탠은 그렌펠이 그곳 사람들을 진심 어린 마음으로 칭찬하는 것을 들었다.

스트라스코나가 앞으로 나아가는 동안 수평선에 어선의 수가 갑자기 증가했고 래브라도 해안이 시야에 들어왔다. 병원선이 어선들이 보이는 거리까지 다가오자 어부들은 열렬히 손을 흔들었습니다. 그들은 파란색 심해어부선교회(MDSF, Mission to Deep Sea Fisherman) 깃발이 달린 이 선박을 알아보았다. 배는 만의 초입을 지나고 있었고, 그렌펠 박사는 해도를 보며 해안선을 지켜보았다. 등대가 없었기 때문에 밤에는 안전한 항구를 찾았다.

마침내 어느 날 갑판에서 "전방 배틀 하버!"라는 외침이 울려 퍼졌다. 그들은 여름 첫 번째 목적지에 다가가고 있었다. 스탠에게는 이 모든 것이 매우 낯설었고 그는 모든 세부 사항을 꼼꼼히 지켜보았다. 이제 병원은 지나가는 모든 배가 이용할 수 있도록 전략적으로 눈앞에 보이도록 배치되었다. 세 척의 우편 증기선이 정박하는 항구이기도 했다.

배가 경적을 울리며 항구로 들어왔다. 스탠이 래브라도에서 그해 여름뿐 아니라 매해 여름 펼쳐질 드라마가 연출되었다.

이것은 스트라스코나의 첫 방문이었고 병원 직원들과 마을 주민들에게도 흥분되는 시간이었다. 주민들은 그들을 환영하기 위해 부두로 몰려들었다. 그들이 해변에 도착하자 병원장 존 그리브(John Grieve) 박사와 직원들은 새로 온 사람들을 맞이했고, 그들은 모두 병원으로 올라갔다. 간호사와 가정부가 문 앞에 서 있었다.

함께 온 아이들의 누더기, 맨발, 산딸기를 먹은 후 갈색으로 얼룩진 얼굴이 스탠의 눈에 들어왔다. 한 아이는 분명 담요로 만든 바지를 입고 있었다. 병원선이 오면 아이들은 언제나 신이 났다. 병동을 돌아보며 방문객들은 겨울에 있었던 일들을 들었다. 그리브 박사는 개썰매 여행과 바다가 얼어붙은 겨울을 이야기했다. 유난히도 혹독한 겨울이었다.

스탠의 머릿속에는 의사들의 발길을 바짝 쫓으면서 보았던 성 안토니 병원 평면도가 생생하게 남아 있다. 언젠가 병원 평면도가 머나먼 타국에서 그의 책상 위에 놓이게 될 줄은 꿈에도 몰랐다. 배틀 하버 병원은 20병상 규모의 병원으로 만원 상태였다. 스탠은 그렌펠 박사가 환자 한 명 한 명을 맞이하는 방식을 눈여겨보았다. 그리고 남자 병동, 여자 병동, 수술실 등 병실을 옮겨 다녔다. 여러 용도로 사용되는 큰 홀도 보았다. 그렌펠 박사는 그곳에서 종종 예배를 드렸다. 스탠은 환자들의 질병과 치료 절차가 논의되는 과정에 귀를 기울였다. 결핵이 가장 큰 문제였고, 영양실조로 인한 괴혈병과 이질도 큰 문제였다. 결핵이 빠르게 퍼진 이유 중 하나는 좁고 혼잡한 생활 공간 때문이었다.

그렌펠 박사는 중증 환자들에 대해 자세히 상담한 후 새로운 의약품과 책, 구호 의류를 배에서 가져올 것을 지시했다. 스탠은 책과 구호 의류를 담당했다. 책들은 다양한 연령대에 맞게 다양한 종류의 묶음으로 정성스럽게 포장되어 있었다. 그는 몇 명의 열성적인 10대 청소년이 강당으로 상자를 옮기는 일을 돕게 했다. 스트라스코나호에 더 급한 일이 더 멀리 북쪽에 있었기 때문에 거기에 오래 머물지는 못했다. 배를 숙소로 삼아 하룻밤을 보낸 후 닻을 올리고 떠났다. 작은 병원에 남겨진 이들은 새로운 용기를 내어서 미래를 맞이했다.

다음 여정에는 몇 군데의 기착지가 포함되었다. 첫 번째는 해안을 따라 작은 오두막들이 늘어선 작은 만이었다. 닻을 내리자마자 작은 노 젓는 배가 가까이 다가왔고 사람들이 배에 오르기 시작했다.

"의사 선생님, 우리가 데려오지 못한 아픈 사람들이 있어요. 잠시 뭍으로 오실 수 있을까요?"

그렌펠 박사는 배에 오른 사람들을 진료한 후 중환자들을 보기 위해 노를 저어 뭍으로 갔다. 그곳에서 그는 종종 도움을 받기에는 너무 늦은 가슴 아픈 환자들을 보았다. 비린내와 바다표범 기름 냄새가 진동하는 판잣집(tilt)은 보기에도 한심했다. 침상이 벽에 붙어 있고, 바닥은 흙으로 가득 차 있었다. 낡은 난로가 있었고 사람들은 의자 대신 침상에 앉았다.

의사가 판잣집을 옮겨 다니며 병자를 진료할 때면 약이 전부인 경우도 있었다. 어떤 때는 친구들이 낡은 돛을 들것으로 사용하고 환자를 업고 배로 노를 저어 수술을 받으러 가기도 했다. 문제는 환자가 오두막집에 머물러있는 경우 수술 후 누가 치료를 계속할 수 있느냐는 것이었다. 그러던 중 흔들리는 스트라스코나호를 타고 가장 가까운 그렌펠 병원으로 이동하기 시작했다. 이번에는 인디언 하버(Indian Harber)로 향했다. 배에 타고 있던 많은 중환자를 돌보느라 "모든 일손이 필요한 상황"이었다.

스탠은 의사를 돕는 데 타고난 재능이 있었다. 뉴펀들랜드 주민인 그는 강한 사투리로 말하는 환자들의 말을 특별한 방식으로 이해하는 것 같았다. 스탠은 비록 10대이지만, 밥을 먹이고, 이를 뽑고, 상처를 드레싱하고, 약을 투여하는 등 전문 간호사가 되어가고 있었다.

무전기는 종종 도움을 요청하는 메시지로 요란스러웠다. 그렌펠 박사는 위치를 메모하고 가능한 한 도움을 주기 위해 일정을 계획했다.

어느 늦은 오후, 그들은 어선들로 붐비는 인디언 하버에 도착했다. 이 항구의 이름은 인디언이 누워있는 것처럼 보이는 흥미로운 암석에서 유래했다. 패든 박사 부부와 세 명의 간호사가 부두에서 그들을 만나기 위해 내려왔다. 익숙하고 따뜻한 인사가 이어졌다. 선교사들은 자신들에게 꼭 필요한 일을 가능하게 해준 의사 그렌펠을 진심으로 존경하고 감사하는 마음으로 맞이했다. 이제 환자들을 내려서 병원으로 이송해야 했다. 큰 고통을 겪고 있던 10대의 환자존은 낯선 곳으로 이송되는 동안 스탠이 자신의 들것 옆에서 걸어주기를 간절히 바랐다. 스탠은 소년이 입원하고 목욕을 하고 깨끗한 병원 침대에 눕게 되기까지 그의 곁에 머물렀다. 스탠은 예쁜 간호사가 진통 주사를 놓으러 다가오자 소년의 어깨를 토닥이며 "운이 좋네!"라고 말했다. 스탠은 작별 인사를 하고 배에서 데려온 다른 사람들을 확인한 다음 재빨리 병원 구조를 관찰했다.

그는 세인트존스에서 이 건물이 먼저 지어졌고 다시 분해해서 증기선을 통해 우편으로 조각조각 보내져서 여기에 세워지게 된 과정을 들었다. 처음에는 겨우 9명의 환자만 수용할 정도의 혼잡스러운 곳이었지만, 지금은 32 평방 피트의 훌륭한 2층 건물이 되었다.

스트라스코나 선원들은 오랫동안 바다에서 지내다가, 이제 뭍에서 즐거운 식사 시간을 보내게 되었다. 이번에는 4일 동안 정박하면서, 그렌펠 박사가 대기 중인 많은 환자를 수술할 계획을 세웠다.

시간은 금세 지나갔고, 화창한 날씨와 함께 그들은 다시 닻을 올리고 많은 고마운 사람들을 남겨두고 출항했다. 이제 이누이트와 몽타그나이스 인디언 지역까지 항해하면서, 몇 주 동안 의료 서비스를 제공하게 될 것이다. 1908년 스탠이 래브라도 여름을 장식할 첫 위대한 모험이 눈앞에 다가왔다.

평소에는 응급 상황에 관한 일반적인 메시지를 무전으로 받았는데, 7월 28일 남쪽 섬 안티코스티(Anticosti)에서 이와는 다른 무선 메시지가 왔다. "허리케인일 가능성이 있는 폭풍우가 몰려오고 있음. 바다에 있는 모든 선박은 주의를 요함." 스탠은 작년에 자신이 무선 통신사로 일했던 곳에서 메시지를 받고 묘한 기분이 들었다. 그는 재빨리 "들었습니다. 고마워요. 스트라스코나의 스탠 마틴입니다."라고 응답했다.

폭풍우에 익숙한 그렌펠 박사는 기압계가 떨어지는 것을 주의 깊게 지켜보았다. 그들은 그날 저녁 인디언 하버에서 약 20마일 떨어진 안전하지 않은 한 항구에 정박했다. 하지만 바람이 거세지자 다시 배를 출발시켜 최적의 장소인 인디언 하버로 향했다. 그렌펠 박사는 나중에 이렇게 적었다: "이 무렵에는 바람이 너무 세게 불어서 소형 병원선 데릴(Daryl)호가 닻을 내린 채 해변으로 밀려났지만, 우리는 아직 바다에서 항해할 수 있었기에, 우리 배에 있는 강력한 윈치로 그 배에 줄을 연결하여 떠내려가지 않게 할 수 있었다. 날이 갈수록 바람은 더욱 거세졌다. 항구에 있던 모든 어선이 밀려오는 물살에 휩쓸려 가라앉았다. 폭풍이 거세지자 우리는 더 늦기 전에 증기 엔진을 켜서 엮어놓은 두 배를 해안선 가까이 끌고 와서 닻을 내려 두었다. 일요일이 되자 강풍은 완전히 사라졌고 월요일 아침은 화창한 햇살과 함께 바다는 잔잔해졌다..."[5]

해변에서 허리케인과 싸워 살아남은 것도 잊을 수 없는 일이었지만, 작은 증기선 안에서 그런 밤을 지내는 것은 더욱 잊을 수 없는 일이었다. 의심의 여지없이 그 배를 "용감한 낡은 병원선"이라고 부를 만했다. 어떤 이는 "살아서 그 이야기를 전한 용감한 승무원들이 여기 있소."라고 말하기도 했다.

스트라스코나호는 다사다난했던 여름을 지내며 래브라도 해안 전체를 따라 운항하며 활동한 후 세인트 앤서니로 돌아왔다.

스탠은 증기선을 타고 세인트존스로 돌아와 감리교 대학에서 다시 한 해를 보냈다. 르 마샹 로드 171번지에 있는 집으로 다시 들어갔을 때 그는 자신의 삶이 완전히 달라졌다는 것을 깨달았다. 그는 그 해 여름에 보았던 용감하고 쾌활하며 고통받는 사람들을 결코 잊지

---

[5] Wlifred T. Grenfell, *A Labrador Doctor*, (Cambridge: The Riverside Press, Houghton Mifflin Company, 1919), pp.316-317. (역주) 이 책은 그렌펠 박사의 자서전으로 1919년에 출간되어 현재까지 읽히고 있으며, 2005년 재출간되었다.

못할 것이다. 그는 이제 앞으로 어떤 고난도 이겨낼 준비가 되었다.

그는 가족들의 환영에 흥분했다. 동생 빌은 키가 훌쩍 자랐다. 그의 누이 메이블, 거트루드, 에바가 그의 곁을 맴돌았다. "예쁜 여자 만났어?" 여동생들이 물었다. 그는 벽난로 앞에 서서 낯익은 가구들을 흘깃 둘러보며 웃기만 했다. 밤이 되자 그의 침대는 밤새 흔들리지 않고 편안했다. 그는 집에 온 것이다. 특히 그는 여름 내내 맛보지 못했던 다양한 과일과 채소로 만든 어머니의 맛있는 요리를 즐겼다. 하지만 그는 "어머니, 당분간은 생선은 요리는 주지 마세요."라고 말했다. 어머니는 이해하며 미소를 지었다.

곧 그는 바쁜 대학 생활로 돌아가서, 하키를 즐기고, 끊임없이 공부하면서, 과학 과목에 대해 새로운 관심을 두게 되었다. 교회 사람들과 그의 친구들은 그의 모험담을 듣고 싶어 했다. 스탠은 진지한 표정을 지으며 그렌펠 박사가 절실히 도움이 필요한 사람들의 삶에 엄청난 변화를 가져온 이야기를 들려주었다. 그는 야외 찬송 합창, 바다 한가운데 스트라스코나호 선상에서 예배를 드린 이야기를 들려주었다. 그는 그렌펠 박사의 많은 메시지를 들으며 그의 삶의 철학을 이해하게 되었다. "저는 예수 그리스도의 복음이 제 주변 사람들의 일상에서 그대로 번역되어야 한다고 믿습니다. 다시 말해, 예수의 이름으로 내가 있는 곳에서 소매를 걷어붙이고 세상을 더 나은 곳으로 만들어야 합니다." 이 신조는 스탠의 미래를 위한 신조가 되었다.

1909년 대학 졸업 후, 스탠은 지난 여름 일했던 세인트 앤서니로 다시 돌아갔다. 그는 그 어느 때보다 바쁜 병원에서 담당 외과의사 존 M. 리틀(John M. Little) 박사를 만났다. 스트라스코나호는 대기 중이었고 스탠은 무선 장비를 점검했다. 그렌펠 박사의 향후 계획에 대한 흥미로운 소식이 들려왔다.

그렌펠 박사는 그해 가을 심해어부선교회(MDSF) 위원회에서 연례 보고를 하고 기금 마련을 위한 강연 투어를 위해 영국으로 출국할 예정이었다. 봄에 모레타니아(Mauretania)호를 타고 돌아오던 길에, 그는 젊은 여성 안나 엘리자베스 맥클라나한(Anna Elizabeth MacClanahan)을 만났다. 대서양을 건너는 4일 반의 여행 중, 뉴욕에 도착하기 전에 그는 그녀에게 청혼했다. "뭐라구요? 당신은 내 이름도 모르잖아요!" 그녀가 소리쳤다. 그는 그녀의 이름이 어떻게 될지에 더 관심을 기울이고 있다고 대답했다. 그는 시카고 인근 레이크 포레스트에 있는 그녀의 집을 방문해서 그녀의 동의와 함께 가족들의 승인을 얻어, 그해 11월 18일로 결혼 날짜를 정했다. 의사가 그녀의 집을 방문하는 동안 부부는 세인트 앤서니가 내려다보이는 아름다운 언덕에 지을 집을 계획을 세웠다. 하지만 래브라도 여름 일을 먼저 진행해야 했다. 수천 명의 사람이 그렌펠 박사를 기다리고 있었다. 모든 준비가 끝나자 스트라스코나호의 경적소리와 함께 그렌펠 박사와 일행은 다시 출발했다.

그렌펠 박사는 순회 일정의 윤곽을 잡았다: 오두막 병원, 해밀턴 인렛(Hamilton Inlet), 허드슨만 기점(Hudson Bay post), 몬타그나이스 인디언들이 모피를 가져와 판매하던 리고렛(Rigolet), 허리케인을 견뎌낸 인디언 하버(Indian Harbor), 그리고 호프데일(Hoptdale)과 터나빅 에스키모 땅(Turnavik Eskimo country). 시간과 날씨가 허락한다면 북쪽 나인 항(Nain)을 지나 케이프 머그포드(Cape Mugford) 근처의 오칵(Okak)까지 더 멀리 갈 계획이었다. 이번 항해에는 브라운대학교 출신 프랜시스 B. 세이어스(Francis B. Sayres)가 새로 합류했다. 그는 그렌펠 박사가 영입한 전형적인 WOPS(무급 근로, work without pay) 중 한 명으로 그렌펠 박사의 매력에 끌려 참여하게 되었다. 그는 박사의 비서가 될 예정이었다. 예상대로 그는 다른 팀원들과 함께 온갖 일을 했다. 나중에 우드로 윌슨(Woodrow Wilson) 대통령의 딸 제시 윌슨(Jessie Wilson)과 결혼했는데, 백악관에서 열린 그 결혼식에서 그렌펠 박사가 신랑 들러리로 참석했다.

스트라스코나호가 기항하면서 스탠과 동료들은 환자들이 다시 건강을 회복하고 어선으로 돌아가 열심히 일하는 모습을 보고 기뻤다. 병원 직원들도 오랜만에 만난 친구처럼 반갑게 맞아주었다. 비록 폭풍 몰아치고 안개가 드리운 날이 많았지만, 해안선은 익숙했고 병원선을 타고 다니며 일하는 동안 행복한 일상을 누렸다.

밤이 깊도록 선상에서는 진지한 대화가 이어졌고, 스탠은 동료 남성들과 깊은 우정을 나누면서 엄청난 양의 지식을 습득했다. 그의 여름 여행은 의약뿐만 아니라 천문학, 해양 생물, 항해술, 기상학에 대한 교육 시간이었다. 그들은 하루 쉬는 날이 되면, 해변으로 나가 언덕에 올라가 경치를 즐겼다. 몇 년 후 스탠은 만주에서 그렌펠에게 그해 여름에 대해 이렇게 편지를 보냈다. "래브라도 북쪽 세글렉 베이(Saglek Bay)에 있었던 어느 오후, 세이레와 당신, 그리고 제가 함께 베이 근처의 봉우리에 올랐던 때가 생각납니다. 래브라도의 장엄한 일몰과 황혼, 정상 근처의 작은 빙하의 색을 잊을 수 없습니다. 또 다른 해에는 빌과 함께 오래된 스트라스코나호를 타고 해변으로 달리던 날 밤이 기억납니다. 당시 우리는 거위와 크랜베리 소스를 먹고 있었는데 당신은 아내의 사진과 현금통을 들고 옆으로 갔었지요. 하! 하!"

그렌펠 박사는 거의 재앙에 가까운 사고와 배 바닥의 긁힌 자국을 이야기했다. 무려 52개나 되었다!

수백 명의 환자를 검사하고 치료하면서 여름은 빠르게 지나갔다.

8월 어느 날 기억에 남는 사건이 벌어졌는데, 인디언 하버 근처를 순항하던 중 특출나게 생긴 남자들이 배의 무선 장비를 사용하고 싶어서 배에 올라왔다. 그 그룹의 리더는 해리 휘트니(Harry Whitney)였다. 그는 극지 탐험을 마치고 돌아오는 걸프만 서쪽에서 로버트 쿡(Robert Cook) 박사를 만났다고 말했다. 그렌펠 박사도 쿡 박사를 여러 번 만났고 브루클린에 있는 그의 집에 머물렀다며 이들을 환영했다. 휘트니와 그의 일행은 쿡 박사가 북극을 발견했다고 굳게 믿었다. 또한, 그해 탐험가 피어리(Peary) 제독도 북극점에 도달했다고 주장하며 돌아왔다는 소식도 전해주었다. 사실 휘트니는 귀국하는 피어리 제독과 함께 여행했지만 다른 배로 갈아탔다.

며칠 후 스트라스코나호가 세인트로렌스 만을 순항할 때 스탠은 그렌펠 박사를 찾아가 "박사님, 피어리가 배틀 하버에 있는데, 크게 해가 될 것은 없어 보입니다. 그는 극지를 찾았다고 워싱턴에 전하고 있으며, 또한 자신의 위원회에 자신이 가지고 있는 엄청난 물자를 선교단에 기증해도 되는지, 아니면 당신에게 팔아도 되는지 묻고 있습니다."라고 말했다. 발신자가 자신의 위치를 알 수 없는 경우 무선 메시지의 출처를 알기가 쉽지 않다는 것을 알게 된 그렌펠 박사는 즉시 스탠에게 배틀 하버의 피어리에게 "물론 그들에게 전달하고 '워싱턴'이라고 서명하라"는 간단한 말을 무선으로 전하라고 했다. 그렌펠 박사는 사령관이 이 농담을 알아차릴 거라는 걸 알고 있었다.[6]

배틀 하버에 도착했을 때 피어리 제독의 함선 루즈벨트(Roosevelt)호는 부두에 정박해 있었다. 그곳은 신문기자로 가득 차 있었다.

"피어리는 자신이 북극점을 찾았다고 주장했을 뿐만 아니라 쿡이

---

6 Grenfell, *A Labrador Doctor*, p.341.

찾지 못했다고도 주장했는데, 그는 이 주장을 증명하는 것이 얼마나 어려운 일인지 깨닫고 있었습니다."[7] 격앙된 분위기에도 불구하고 스트라스코나 대원들은 탐험대원들을 즐겁게 맞이했다. 스탠이 찍은 피어리 사진은 나중에 그렌펠 박사의 자서전 『래브라도 의사 A Labrador Doctor』에 실렸다.

나중에 스탠은 가족에게 "1년 전에 북극을 발견했다는 쿡의 전보를 피어리에게 건네주었는데, 피어리가 매우 화를 냈습니다."라고 썼다. 이것은 작은 배 스트라스코나호가 아직 완전히 해결되지 않은 소용돌이치는 논쟁의 한 단면을 엿본 셈이었다.

그렌펠과 신나는 두 번째 여름을 보낸 후, 스탠은 세인트존스로 돌아와 조용한 대학 생활을 보냈다. 그럼에도 불구하고, 그는 모든 과목에서 우수한 성적을 거두었다. 의사가 되어야겠다는 생각이 머릿속에서 분명해지기 시작했다. 그렌펠 박사는 그가 래브라도 환자들과 함께 일하는 모습을 지켜보면서 그를 의사가 되도록 격려했다. 박사는 스트라스코나호에서 중증 폐렴 환자와 관련된 사건을 기록했다. "갑판에 시계를 두고 밤낮으로 시간을 보고 있는데, 우리 배는 북극 해류를 따라 남쪽으로 항해하며 순항하고 있었고, 어젯밤엔 위기가 찾아왔습니다. 시계는 존스 홉킨스의 의대 자원봉사 조교와 의료 선교사가 되길 희망하고 있는 무선기사가 보관하고 있습니다."[8]

스탠이 부모님에게 의대 이야기를 꺼냈을 때 아버지는 "학비는 어디서 구할 거니?"라고 물었다. 그의 어머니는 "하나님이 마련해 주실 겁니다."라고 조용하게 답했다.

---

7   Ibid.
8   *Deep Sea Fisherman*, July, 1910. 17.

하나님은 어머니의 믿음과 신뢰에 응답하셨고, 그렌펠과 두 번의 래브라도 여름을 더 보낸 후, 스탠은 온타리오주 킹스턴의 퀸스 의과대학(Queen's Medical School in Kingston, Ontario)에 등록하여 자신의 꿈과 하나님의 소명을 이루게 되었다. 여름 동안 벌어들인 수입과 그렌펠 박사의 아낌없는 후원 덕분이었다.

스탠은 많은 곳을 여행하며 낯선 사람들을 수도 없이 만났지만, 그날 온타리오주 킹스턴에 있는 퀸스 대학교의 아름다운 건물을 마주했을 때, 그 전율은 여전히 생생했다. 영어를 사용하는 점에서 같은 캐나다이지만, 고향과는 사뭇 다른 곳이었다. 거대한 입구에 다가가자 금빛과 주홍빛 단풍잎 사이로 햇살이 비치고 있었다. 몇몇 대학생들이 운동복을 입고 지나가고 있었고, 예쁜 여학생들이 이 신입생을 유심히 바라보고 있었다. 그는 정신을 가다듬고 건물 안으로 들어갔다. 그는 사무실에서 등록 서류를 제출했다. 등록 직원은 안경을 고쳐 쓰고 천천히 읽으면서 "뉴펀들랜드 세인트존스 출신이십니까?"라고 물었다.

"네, 선생님."

"음, 윌프레드 그렌펠 박사와 함께 일하셨나요?"

"네, 그의 병원선에서 여러 여름을 함께 보냈습니다."

"그렌펠 박사는 우리 캠퍼스를 방문해서 이곳에서 잘 알려져 있습니다. 그 이상으로 그는 캐나다 전역에서 잘 알려져 있습니다. 그와 함께 흥미로운 시간을 보냈겠군요." "네, 그랬습니다." 스탠은 친절한 대화에 감사했다. 스탠은 그가 힘들게 얻은 소중한 수익으로 첫 학기를 등록금을 납부했다. 그런 다음 그는 게시판으로 자리를 옮겨 하숙생을 받아줄 집의 주소 목록을 살펴보았다. 그는 학교에서 그리 멀지 않은 NR 100 Clergy West를 선택했다. 그는 원통형 가방을 가지고 있었고, 강변 선착장에 있는 트렁크를 옮기려면 마차가 필요하다는 점을 알게 되었다. 다행히 그가 선택한 집에는 빈방이 있었고 저녁 무렵 그는 가방과 짐을 편안한 방에 정리할 수 있었다.

곧 학교가 시작되었고 그는 첫 수업을 즐겼다. 해부학 수업이었다. 그는 그렌펠 박사가 준 해부학 책을 통해 이미 많은 내용을 알고 있었다. 동료 의대생들은 호기심 어린 눈빛으로 뉴펀들랜드 출신 젊은이를 바라보았고, 시간이 지나면서 그는 스포츠 프로그램에 참여했다. 나중에 그는 만돌린을 연주하고 사교 모임에도 참여해서 노래를 불렀다. 셰익스피어 연극에 출연자 모집 공고를 보고 드라마 클럽에 지원하여 바로 합격했다. 수업에서 교수와 학생들은 그렌펠 박사와 함께 일하며 직접 경험으로 배운 그의 의학 지식과 기술에 감명을 받았다.

그는 햄릿 역을 맡아 즐겁게 연기했고, 결투 장면에서 '소품' 담당자가 칼의 버튼을 누르는 것을 잊어버린 것에 안타까워했다. 그래서 그가 서둘러 친구에게 응급처치를 해주면서 막이 내렸다! 하지만 심각한 상황은 아니었다. 그냥 웃어넘길 수 있는 사건이었다.

그는 감리교 시든햄 세인트 교회에 매주 참석했다. 세인트존스 고등학교 시절부터 이어온 학생 자원봉사 그룹에 가입했다. 곧 그는 학생 자원봉사단의 열성적인 회장이 되었고, 해외 선교에 관심을 키웠다.

첫 학기가 빠르게 지나갔고 매년 여름 그는 성 안토니 병원으로 돌아갔다. 1912년 그는 보스턴 출신의 뛰어난 외과 의사 존 리틀 박사와 다시 함께 일했다. 1913년 여름, 그는 엑스레이 기술자로서 더 많은 책임을 맡게 되었다.

여름 업무를 위해 짐을 풀고 자리를 잡으면서 많은 새로운 얼굴들을 발견했다. 신입 간호사들과 "무급으로 일한다."는 뜻의 WOP(work without pay)라고 불리는 열성적인 남자 대학생들이었다. 그렌펠 박사는 미국 및 캐나다의 일부 의과대학과 병원에서 이들을 초청할 수 있었다. 세인트 앤서니는 여러 가지 활동으로 활기가 넘쳤다!

"THE HOSPITAL SHIP, STRATHCONA"

그렌펠 박사의 병원선, 스트라스코나(The Strathcona)호

제4장

하나님의 모자이크

뉴잉글랜드[9]의 그 추운 11월 아침에는 바람이 세차게 불었다. 하지만 새하얀 저택은 아늑하고 따뜻했다. 이 집은 독립 전쟁 이후 수많은 겨울 폭풍을 견딘 곳이다.

학구적인 신사 링컨 앨비언 로저스(Lincoln Albion Rogers)가 활활 타오르는 벽난로 앞에 앉아 조간신문을 다 읽은 참이었다. 그는 친구 헨리 워즈워스 롱펠로우(Henry Wadsworth Longfellow)가 브런스윅 집에서 멀지 않은 모교 보우도인 대학(Bowdoin College)에 다시 방문한다는 소식을 읽고 기뻐했다. 그는 잘됐다, 꼭 만나러 가야겠다고 생각했다. 그는 주머니에 있는 회중시계를 꺼내 시간을 확인했다. 우편물이 도착할 시간이 거의 되었다.

메인주 카탄스(Cathance)에 있는 집은 한적했지만, 크리스마스가 다가오면 로저스(Rogers)의 외동딸 마가렛(Margaret)이 곧 그곳에 올 것이었다. 이 생각에 그의 얼굴이 환해졌다. 그의 눈은 오래전 출산 중 사망한 아름다운 아내의 초상화로 향했다. 그는 항상 그 앞에 꽃을

---

[9] (역주) 17세기 초 스코틀랜드의 청교도가 미국으로 건너와 세운 식민지역으로 북동부의 대서양 연안 매사추세츠, 코네티컷, 로드아일랜드, 버몬트, 메인, 뉴햄프셔 등 6개 주로 이루어진 지역이다.

두었다. 지난 가을 끝 무렵 핀 꽃인 작은 분홍색 국화꽃이 마치 미소 짓는 것처럼 거기에 놓여 있었다. 그는 아내가 사망할 당시 여섯 살이었던 어린 딸을 메인주 홀튼(Houlton)에 있는 삼촌 프랜시스 반(Francis Barne)의 집으로 보내야 했던 일을 떠올렸다. 그는 아내의 오빠였다. 당시 링컨은 코네티컷주 뉴브리튼에 있는 뉴브리튼 신학교의 교장을 역임했고, 이후 뉴브리튼 고등학교의 과학부장을 맡았기 때문에, 집에서 그녀를 돌봐줄 사람이 아무도 없었다. 링컨은 딸의 외삼촌과 그의 가족이 공부며 피아노 레슨까지 시켜가며 딸을 잘 키워준 것에 대해 매우 감사했다. 사촌들은 나이가 많았지만, 그녀를 여동생처럼 사랑했다. 외삼촌 프란시스의 집에는 책과 음악이 있었으며, 1863년에 그가 설립한 제일침례교회에서 바쁜 교회 생활을 보냈다. 그는 초대 집사였으며 수년 동안 주일학교 부장으로 봉사했다. 그는 하버드대학교에 다녔으나 건강이 좋지 않아 일찍 귀국했다. 일요일마다 교회에 가던 어린 마가렛은 강단 오른쪽에서 커다란 지구본을 발견했다. 그때는 아도니람(Adoniram)과 앤 저드슨(Anne Judson)이 선교사로 미얀마에 갔던 시절이었고, 교회는 관심을 기울여 기도하면서 그들의 사역을 응원했다. 마가렛은 고등학교 시절 내내 전 세계 선교사 사역에 대해 끊임없이 들었다.

그녀는 뉴욕의 세인트 누가(St. Luke) 병원에서 간호사 교육을 받았던 시절 아버지를 방문한 적이 있었다. 이후 그녀는 보스턴의 뉴잉글랜드 침례교 병원(New England Baptist Hospital) 수련학교로 편입하여 1911년에 졸업했다. 이제 그녀의 아버지는 그녀가 더 자주 방문하기를 고대하고 있다.

그는 폭풍우를 견디기 위해 가장 따뜻한 코트와 모자를 옷장에서 꺼내어 쓰고 우편함으로 나갔다. 그가 삽으로 눈을 치웠기 때문에 길은 괜찮았지만, 양쪽에 쌓인 눈더미로부터 눈이 흩날리고 있었다. 편지? 그렇지. 청구서와 함께 마가렛이 보낸 편지가 있었다. 그는 기분이 들떠서 서둘러 따뜻한 벽난로 옆으로 왔다.

아닌 밤중에 홍두깨라더니, 그날 딸로부터 받은 편지는 그야말로 마른하늘에 날벼락 같은 소식이었다. 그 내용은 다음과 같았다.

1912년 11월 20일, 수요일

사랑하는 아빠에게

아빠에게 드릴 말씀이 있어요. 저는 뉴펀들랜드 북쪽에 있는 그렌펠 박사의 병원에서 1년 동안 일할 자리를 제안 받았고, 사실상 거기에 가기로 결정했어요. 제가 하고 싶었던 일이기에 준비가 안 된 상태에서 찾아온 기회는 아니에요. 월급은 얼마 안 되지만, 들어갈 비용은 없는 자리에요. 그렌펠 박사와 그의 아내, 아이들이 함께 올겨울 동안 직접 병원에서 일하게 될 예정이에요.

오늘 에디 이모(어머니의 여동생)를 만나서 이야기를 나눴어요. 이모도 동의했고, 제게는 일생일대의 기회라고 생각해요.

1년 동안 하게 될 수술 경험만으로도 큰 동기부여가 된답니다. 그곳을 경험하고 돌아온 간호사들은 대학원 과정만큼이나 좋다는 말을 들었어요. 두 명의 간호사가 일하고 있었는데, 한 명이 맹장염에 걸려서, 그렌펠 박사님이 어쩔 수 없이 그를 보내게 되었어요. 그리고 저에게 연락을 주셨어요. 아마도 제가 처음 일했던 보스턴의 더들리 세인트 교회에서 관심이 있으실 것 같아요. 저는 사적인 일에 어느 정도 불만이 있었어요. 왜냐하면, 그곳은 생활비도 많이 들고, 좋은 옷이며, 여러 가지 즐거움을 찾고 싶은 유혹이 들었는데, 그것은 마치 밑 빠진 독에 물 붓기처럼 느껴졌기 때문입니다. 일이 충분히 만족스러우셨기에, 아버지는 다른 곳에 가지 않으셨잖아요.

이제 그곳에서는 일하는 사람이 정말로 필요하고, 그곳에서 위대한 의료 선교사의 사역을 선교지에서 조금이나마 볼 수 있는 좋은 기회라고 생각합니다.

겨우 1년이라는 짧은 기간이지만 뉴욕에서 보낸 길고 외로운 시간에 비하면 그렇게 나쁘지는 않아요. 인도처럼 멀리 떨어져서 몇 년을 보내야 하는 곳도 아니잖아요.

간호사 협회의 담당자에게 물어봤더니, 젊은 간호사가 경험할 수 있는 훌륭한 일이라고 해요.

물론 날씨는 비록 춥겠지만, 우리는 홀튼(Houlton)에서도 40도 이하의 날씨도 경험했잖아요. 저는 추위에 대비해서 옷 입는 법도 알고 있는걸요.

병원은 뉴펀들랜드의 거의 북쪽 끝 지점 성 안토니에 있으며 수술실, 증기 난방 및 전기 시설이 잘 갖추어져 있어요. 안내장을 함께 보내드려요.

격주로 세인트존스에서 세인트 앤서니로 가는 배가 있는데, 저는 12월 11일 출발하는 배를 타려고 해요. 그렇게 하려면, 12월 6일 보스턴을 떠나 기차로 시드니, 케이프 브레튼, 뉴펀들랜드 해협을 지나 세인트존스까지 가려고 해요.

저는 금요일이나 토요일에 아빠를 만나서 이야기하려고 캐서던스에 가려고 해요. 이 일은 서두르고 후회할 그런 일은 아니에요. 저는 이런 기회를 얻기 위해 하나하나 계획을 짜고 있었는데, 이제 그런 기회가 왔어요. 저는 갈 준비가 되었답니다. 미국으로부터 멀리 떠나지도 않고 또 너무 오래 머물러 있지도 않을 것이기 때문에 오히려 좋아요. 저는 서부나 남부에서 국내 선교를 하려고 생각하고 있었어요.

이것은 제가 스스로 결정한 일이지만, 아빠의 전적인 승인과 동의하에 갈 수 있다면 더욱 좋겠어요. 또한, 이일은 석사과정의 한 부분이기도 하답니다. 금방 대답하시려고 서두르지 마시고 천천히 생각해주시기 바라요.

사랑하는,
딸 드림

링컨은 이 갑작스러운 소식에 마음이 가라앉을 때까지 한동안 조용히 앉아 있었다. 그는 편지를 바닥에 떨어뜨렸다. 그는 아찔했다. 잠시 후 그는 벽난로를 등지고 서서 방안을 둘러보았다. 앞으로 다가올 긴 겨울 생각이 먹구름처럼 가슴을 짓눌렀다. 방이 어두워졌다. 그는 가까이 사는 동생들의 가족을 생각했다. 서재 책장에는 선장 제복을 입은 동생 조지와 찰스의 사진이 환하게 웃고 있었다. 하지만 그들은 한 번에 몇 달씩 해외에 나가 있기에, 제수씨들과 조카들이 크리스마스를 그와 함께 보낼 수 있을 거라고 생각했다. 그리고 그는 딸로부터 온 이 소식을 조금 더 곱씹어 보았다.

마가렛은 마치 회오리바람처럼 지내다 갔다. 마가렛은 고무되어 있었고, 보스턴 스커트를 입고 검은 머릿결을 감아올린 헤어스타일도 매우 아름다웠다. 자세한 계획을 설명하는 그녀의 눈빛이 빛났다. 편지에 쓴 대로 그녀는 이미 마음의 준비가 돼 있었다. "자주 편지 쓸게요! 배가 항해할 수 있게 되면 2주에 한 번, 바다가 얼면 디어 레이크에서 개썰매가 우편물을 배달한다고 해요."

두 사람은 함께 커다란 지도를 들여다보았다. 점차 그녀의 행복한 모습을 지켜보면서 그는 피할 수 없는 이 일을 받아들였고, 마침내 승낙했다.

딸이 머무는 소중한 며칠 동안, 그는 그들이 가장 좋아하는 스테이크와 뉴잉글랜드 구운 콩, 보스턴 브라운 빵을 준비했다. 그는 훌륭한 요리사였다. 그녀는 그를 위해 피아노를 연주했다. "러브 올드 스위트 송(Loves Old Sweet Song)"과 그가 좋아했던 클래식과 찬송가를 연주했다. 그는 종종 불을 피우는 척하면서 큰 손수건으로 눈물을 닦았고, 다시 돌아와 앉아서 음악을 들었다. 때때로 두 사람은 손을 맞잡고 벽난로 속 춤추는 듯한 불꽃을 바라보았다.

그녀는 밤마다 방 위층에서 아빠가 준 엄마의 유품을 살펴보았다. 그녀는 새로운 모험을 시작하면서, 수놓은 손수건과 데이지가 달린 금 브로치를 가져가기로 했다.

마침내 사촌 알렉스가 마차로 브런즈윅 기차역까지 데려다 줄 날이 왔다. 배웅을 마치고 돌아온 링컨은 천천히 빈 집으로 들어가 불을 지피고 통나무를 하나 더 얹고 자신이 가장 좋아하는 의자에 앉았다.

뉴브런즈윅의 시드니에서 온 엽서와 세인트존스 뉴펀들랜드에서 온 엽서가 첫 번째로 전달된 소식이었다. 거의 6주 후 세인트 앤서니에서 딸의 첫 번째 편지가 왔다. 그의 처제로부터 전달된 편지였다. 1913년 1월 4일 링컨은 기다렸던 편지를 읽어 내려갔다.

프로스페로 선상
씰 코브
화이트 베이
1912년 12월 23일

사랑하는 애디 이모에게,

이런 여행은 처음이에요!

크리스마스까지 세인트 앤서니에 도착할 것 같아요. 지난번에 쓴 편지는 엑스플로이토에서 보냈고 이건 프로스페로호를 통해서 붙여요. 날씨가 좋으면 배는 세인트 앤서니까지 한 번 더 갈 것이고, 그렇지 않으면 개썰매가

디어 레이크까지 편지를 전달할 것이고, 그렇게 되면 5주 정도는 더 걸릴 거예요.

오늘 아침 처음으로 빙산을 보았는데, 바이 베르테(Baie Berte)의 만에 떠다니는 빙산이었어요. 연두색과 순백색의 아름다운 빙산이었어요. 이 해안의 바닷물은 놀라울 정도로 맑답니다. 프로스페로호에서 바닥이 훤히 보일 정도로 맑아요. 지난 토요일 포츈 하버에서 쇄빙하는 광경을 처음 보았어요. 그녀는 "S" 자 모양을 그리며 깊고 구불구불한 항구로 항해하면서, 얇은 얼음을 뚫고 부두까지 갔어요. 우리가 그 항구에 도착했을 때 언덕에 가려져 탁 트인 바다는 볼 수 없었어요. 입구 높은 바위 언덕에는 작은 등대가 있는데, 등대지기의 집에서 밧줄로 연결되어 등대까지 오르게 되어 있었어요.

우리가 등대를 지나자 선장이 배의 경적을 울렸고 해변에 있던 사람들은 국기를 낮추어 영국 황실 우편선에 경의를 표했어요.

날은 점점 더 추워지고, 창문에 성에가 하얗게 끼어요. 매일 선실 밖을 상당 시간 나가 있는데, 제가 준비한 두꺼운 스웨터와 검은색 코트는 충분히 따뜻해요. 부츠 안에 털신도 신고 있답니다.

토요일 저녁 우리는 필리스 섬에 도착했고, 블랙번 씨와 저는 해변으로 가서 병원에 있는 의사와 간호사를 만났어요. 마치 병원은 잡지의 사진처럼 헛간 같았지만, 내부에는 편안한 침대와 좋은 난로도 있고, 수술실과 조제실, 도서관 뿐 아니라 결핵 환자를 위한 격리 병동도 두 개나 있답니다.

1912년 12월 24일

어젯밤 항해는 순조롭게 진행되어, 우리는 오늘 아침 아침 식사 후 잉글리에서 1시간 이내에 도달할 수 있게 되었어요. 날은 아름답게 맑고, 남동쪽 태양이 낮게 드리워져 있고, 해안을 따라 푸른 바다와 하얀 언덕이 펼쳐져 있고, 멀리 배 한 척이 떠가고, 오른편에는 성 안토니에서 보이는 낮은 큰 섬들이 보입니다. 목적지이 성 안토니에 거의 다 온 셈이에요.

잉글리는 언덕으로 둘러싸인 넓은 만이에요. 그 위로 작은 교회의 하얀 첨탑도 보이구요. 안쪽 지점을 돌아서 항구로 들어가 두껍게 떠 있는 얼음을 밀치고 부두에 닿았어요. 얼어붙어 있는 어선에 밧줄을 던져 화물을 갑판 위에 내려놓았습니다. 우리는 여기에 오래 머물지 않고 세인트 앤서니로 가기 전 마지막 기착지인 콘체로 향했어요. 우리는 오늘 이른 저녁까지 그곳에 도착해야 해요.

거의 모든 항구에 도착하려면 얼음을 깨고 들어가야 해요. 작은 만 틸트(Tilt)를 지날 때는 밝은 달이 얼어붙은 폭포가 있는 검고 어두운 절벽 위에 떠 있었어요. 우리는 화물 때문에 오랫동안 그곳에 있었고 먼 언덕 안개 속 달빛은 기묘하게 보였어요. 작년에 그 언덕 중 하나에서 눈사태가 나서 여러 사람과 집이 파묻혔다고 해요.

니퍼스 항구는 매우 편안한 집들이 있는 또 하나의 그림 같은 장소였어요. 그곳 해안에서는 큰 통에 우유를 담아오는 소년을 만났습니다. 배에 신선한 버터도 실었습니다. 다시 부두의 맑고 짙은 녹색 물. 이곳의 조수 간만의 차는 4~5피트 정도에 불과하다고 들었어요.

허드슨 만 사람인 포드 씨와 이야기를 나누었는데, 허드슨 만 최남단 해안은 폭이 200마일 정도 되는데, 조수간만의 차이가 설명할 수 없을 정도로 커서 45피트나 된다고 해요. 한편 펀디 만의 조수는 60피트나 된다고 해요.

그렌펠 박사를 "떠다니는 얼음 조각"에서 구조한 조지 리드 씨를 배에서 만났어요. 리드 씨는 죽은 사람을 발견할 줄 알았다고 해요. 그는 망원경으로 보았을 때, 그가 'T 닥터'인줄 몰랐는데, 그날 아침 일찍 누군가 얼음 위를 건너는 것을 보았다고 해요. 하지만 누구든 구해야 할 생명이었기에 아들과 다른 젊은이들을 데리고 구조에 나섰다고 하네요.

우리는 어제 증기선을 마중하기 위해서 열두 척의 작은 배가 나오는 작은 항구를 몇 군데 방문했어요. 그때마다 제가 탄 배에서는 '왕립 우편물'을 작은 보트에 내려놓았어요.

우리는 좋은 날씨와 밝은 달 덕분에 밤낮으로 항해하고 있어요.

작년 12월 24일에는 제가 이모를 도와 칠면조 요리 준비했지요. 오늘도 그럴 수 있으면 얼마나 좋을까요. 대신 아침 내내 갑판에서 맑은 공기와 경치를 즐기고 있었어요. 7시 30분에 첫 종이 울릴 때 여전히 창문 너머로 큰 달이 빛나고 있었고, 8시에는 아침 식사를 하고, 프로스페로호는 프랑스령 해안을 따라 부드러운 '슬롭' 바다를 지나고 있었어요. "슬롭"은 매우 매끄러운 항해를 가능하게 합니다.[10]

일요일에 우리는 함께 노래를 불렀어요. 피아노 한 대가 있고 스무 명, 서른 명 정도의 사람들이 있었는데 대부분 지역 어부들이에요. 그리고 그들이 어찌나 노래를 좋아하는지, 오후에 다시 저에게 연주를 부탁했고, 저녁에 제가 갑판 꼭대기에 있을 때에도 더 연주해달라고 요청했어요! "생명줄 던져"가 가장 좋았고, "내 주를 가까이", "나와 함께 거하소서"를 연달아 불렀어요. "항구의 종소리"도 불렀구요. 그 덩치 큰 어부들의 노래를 들으니 정말 감동적이었어요. 그렌펠 선교회의 블랙번 씨와 저 외에 뉴펀들랜드에서 온 감리교 목사님, 스코틀랜드 사람인 성 안토니의 성공회 교구 목사, 프랑스 신부, 구세군 사람들이 타고 있었어요. 선장이 노래를 잘 부르는데, 조타실에서 내려와서 잠시 함께 했어요.

이제 파도는 잔잔하고, 바위는 온통 흰 얼음으로 덮여 있어요.
3시간 정도 더 가서 9시가 되면, 성 안토니에 도착할 거예요.

---

10 (역주) Slob(슬롭)은 부드러운 모래사장이나 갯벌을 의미한다. 그런데, 배가 모래사장 위를 지날 수는 없기 때문에, 모래처럼 깔려있는 살얼음을 의미하는 것으로 추측된다.

사랑을 다하여,
마가렛 드림

성 안토니에 도착한 마가렛으로부터 첫 소식을 받은 아버지는 크게 용기를 얻었다. 그녀는 무사히 도착했고, 그는 다음 소식을 기다릴 수 있게 되었다. 딸에 대한 자부심이 커지면서 긴 겨울날을 유쾌하게 보낼 수 있었다.

밤이 되어 배 안에서 마가렛은 편지를 다 쓴 후 얼른 갑판으로 올라갔다. 프로스페로호가 항구에 가까워지자 해안을 따라 늘어선 작은 집들로부터 따스한 노란 빛이 흘러나왔다. 이 빛은 램프나 촛불에서 나온 빛이었다. 병원과 주변 선교사 사택은 귀중한 전기로 더 밝게 빛나고 있었다. 그녀는 주변 작은 정착지의 깊은 어둠에 충격을 받았다. 프로스페로호가 부두에 도착할 수 있었던 것은 다행스러운 일이었다. 배가 정박하자 직원들이 그녀를 맞이하고 병원까지 가방을 들어다 주는 등 도움을 아끼지 않았다. 문이 열리자 그녀는 밝고 화려한 방으로 들어갔고, "어서 오세요! 잘 오셨어요!" 윌프레드 그렌펠 박사 부부가 문 앞에서 환영해주었다. 모두에게 소개 인사를 했다. 당시에는 신규 인력 채용 기간이 아니었기 때문에, 신입 간호사가 절실한 시기에 그녀가 새로 왔다.

크리스마스이브 공연이 한창 진행 중이었는데, 인근 고아원의 어린이들이 노래를 부르려던 참이었다. 마가렛은 아이들 근처에 앉아서 병원 거실을 둘러보았다. 거실은 반짝이와 빨간색과 초록색 종이 사슬로 장식되어 있었다. 구석에는 크리스마스트리가 서 있었다. 그녀는 노래를 부르는 아이들의 열띤 작은 얼굴도 바라보았다. 나중에 그녀는 그들 중 몇 명의 비극적인 배경에 대해 듣게 되었다.

아이들을 위한 선물과 영국에서 가져온 차와 통조림 쿠키가 다과로 준비되어 있었다. 쿠키가 아주 특별한 간식이었던 모양이었다. 그렌펠 박사는 이 쾌활하고 거침없는 무리에게 마가렛을 소개했고, 그는 함께 수다를 떨며 아이들을 계속 웃게 했다.

캐럴을 더 부른 후 파티는 끝났고, 마가렛은 자신의 방으로 안내되었다. 얼마 지나지 않아 그녀는 깊은 잠에 빠졌다. 그것은 긴 여행의 끝이었지만 그녀의 인생에서 가장 위대한 모험의 시작이기도 했다.

다음 날 아침 그녀는 간호복을 입고 모자를 쓴 후 서리가 낀 창문을 통해 항구의 눈과 얼음으로 반짝이는 주변 풍경을 바라보았다.

복도 아래에는 아침 식사가 준비되어 있었고 직원들은 한 번 더 그녀 곁에 앉아서 그녀를 환영해 주었다. 수간호사 캐논 양은 "아침 기도가 끝나면 근무 요령을 가르쳐줄게요."라고 말했다.

많은 질문이 새로 온 사람에게 쏟아졌다. 그들은 세상으로부터 떨어져 있었기 때문에 외부 소식에 굶주려 있었다. 특히 남극 탐험에 나선 스콧 선장과 그의 탐험대의 상황을 주시하고 있었다. 그녀는 그들이 말투를 듣고 국적이 다르다는 것을 알아차렸다. 간호사 중 매력적인 여성 브라이스(Bryce) 양은 스코틀랜드 출신이었다. 그녀는 마가렛의 가장 친한 친구 중 한 명이 되었다. 외과 의사 시모어 암스트롱(Seymour Armstrong) 박사는 영국인이었다. 뉴펀들랜드 출신의 한 사람은 마가렛이 배를 타고 해외에서 여기까지 이동한 이야기에 매료되었다.

다른 한 남자는 "당신은 여기서 인생에서 가장 추운 겨울을 맞이하게 될 겁니다. 우리를 방문한 허드슨 베이의 한 남성이 '뉴펀들랜드 북부는 허드슨 베이 지역보다 훨씬 더 춥다.'고 했거든요."라고 말했다. 그는 또한 "그렌펠이 순록을 몰기 위해 데려온 핀란드인들도 이렇게 추운 적은 처음이라고 불평했어요."라고 했다. 마가렛은 그저 웃으며 "괜찮을 거예요. 메인주도 춥거든요. 저는 추위에 익숙해요." 라고 대답했다.

성경 묵상과 기도를 마친 후, 그들은 바쁜 일과를 위해 각자의 임무로 흩어졌다. 캐논 양은 마가렛을 안내했다. 그녀는 먼저 병동을 둘러보았다. 새 간호사가 병상 사이를 이동하면서 환자들과 이동하는 모습을 호기심 어린 눈빛으로 다정스럽게 지켜보았다. 병동은 겨울 햇살을 받아 환했고, 벽에는 성경 구절이 붙어 있었다. 수술실에서는 그날 아침 8시 30분으로 예정된 수술을 준비하고 있었다. 그들은 언덕 위에 있는 '성'이라 불리는 그렌펠 박사의 집에서 그가 언제든 내려올 수 있으리라 기대했다.

시설을 둘러보고 장비가 어디에 보관되어 있는지 알아보는 데는 그리 오랜 시간이 걸리지 않았다. 마가렛은 야간 근무부터 시작해야 했기 때문에 그때까지 짐을 풀고 휴식을 취할 수 있었다.

병동에서의 첫날밤은 순조로웠다. 그녀는 이미 병원 일과에는 익숙해져 있었다. 그녀는 아빠에게 편지를 썼다. "야간 근무를 할 때는 저녁 식사 후 돌아다니며 체온을 재고, 약과 여분의 담요를 나눠주고, 환자들이 잠자리에 들 수 있도록 준비해주고 있어요. 어젯밤에는 암스트롱 박사가 여러 환자의 결핵 검사를 하고 있었는데, 소등 시간인 9시가 거의 다 되어 끝났답니다. 암스트롱 박사는 차와 영국 패션을 좋아하고, 은퇴를 앞두고 있답니다."

"모든 직원이 잠자리에 든 후 저는 간호사실에 앉아 책을 읽거나 글을 쓰거나 바느질을 하며 병동에서 찾는 소리를 기다린답니다. 지금은 집이 너무 조용해요. 하지만 여름날 병원이 만원일 때는 간호사가 부엉이처럼 날아다녀야 한답니다."

그녀는 배가 오고 가는 것에 큰 영향을 받는다는 것을 알았다. 더치스호에서 첫 번째로 그녀에게 편지를 가져다준 사람이 있었는데, 그는 프로펠러가 고장 난 채 절뚝거리며 마가렛에게 24통의 편지를 들고 왔다. 병원 직원들은 깜짝 놀랐다. 그녀의 아버지를 비롯해서 친가와 외가의 친척들이 편지를 보냈기 때문이었다.

프로스페로호는 폭풍우를 뚫고 1월 14일에 돌아왔고, 항구가 얼어 있어서 저 멀리 떨어져 정박해야 했다. 그마저도 밤이라 더 얼어붙어 버렸다. 환자 중 두 명이 이 배를 타고 집으로 돌아왔다. 한 명은 그렌펠 박사가 보트를 타기 위해 코마틱(썰매)을 손으로 끌고 물가에 데려다준 절름발이 소녀였다. 그리고 개썰매 선교팀은 멀리 떠났다.

그때, 큰 추위가 찾아왔고 항구에 고요가 찾아왔다. 그들은 겨울 동안 얼어붙었다. 새로운 상황은 서로 교제하면서, 감사를 나누는 사교 행사를 통해 기운을 북돋아 주는 새로운 상황이 필요했다. 주일 예배는 많은 마을 주민들이 참석한 가운데 병동에서 열렸다. 그렌펠 박사는 종종 예배를 인도했다. 마가렛이 참석한 첫 번째 주일에 그는 "다른 현자"를 읽었다. 다른 주일에는 감리교 목사 알렌비나 성공회 목사가 예배를 집례하며 설교했다. 환자들은 설교와 찬양, 그리고 방문객들이 있음에 감사했다.

마가렛과 다른 간호사들은 종종 저녁 식사나 다과회를 열거나, 게스트하우스나 고아원을 방문하기도 하고, 그렌펠 박사의 집으로 초대되어 식사를 대접받기도 했다. 때때로 어떤 한 가정에서는 "노래"를 부르기도 했다. 마가렛은 나중에 이렇게 썼다. "(고향에 있는) 모든 사람은 이곳이 활기가 없는 곳이라고 생각하는 것 같아요! 우리는 최대한 아늑하고 편안하며 도시 생활의 사치와 오락에 신경 쓸 시간이 없을 정도로 바빠서 우리가 가진 것, 음악, 야외 스포츠를 최대한 활용하고 있답니다. 이곳의 일출과 언덕, 눈과 바다가 끊임없이 변화하는 멋진 야외활동을 즐길 수 있는 완벽한 곳이에요."

항구를 가로질러 작은 가게로 넘어 얼음에 뚫린 깊은 구멍을 지나면서 그녀의 작은 세계는 더욱 확장되었다. 그녀는 바피란드 가죽신을 구입하고 에스키모 공주의 모피 의상, 이누이트 상아 장신구, 카약, 순록과 바다표범을 감탄하며 바라보게 되었다.

제5장

긴 겨울

도착하자마자 마가렛은 그렌펠 부인의 초대를 받아 "성(Castle)"이라 불리는 그렌펠 씨의 집에서 차를 마셨다. 그 집으로 오르는 언덕은 미끄러웠다. 그렌펠 부인은 마가렛을 넓은 거실로 안내했고, 두 사람은 벽난로 앞에서 차를 마셨다. 커다란 흰색 북극곰 깔개가 그들 앞에 펼쳐져 있었다. 어린 윌프레드 주니어를 돌보는 영국인 가정부 딘 양은 그들과 함께 차를 마셨고, 두 살배기 윌프레드는 그들 주위를 어슬렁거리며 쿠키를 달라고 졸랐다. 그렌펠 부인은 마가렛의 배경과 아버지가 그렌펠 부인의 고향인 레이크 포레스트에서 멀지 않은 시카고의 디어본 신학교에서 가르쳤다는 사실에 관심을 두게 되었다. 그녀는 마가렛에게 집안 곳곳을 보여주었는데, 특히 통유리로 된 멋진 앞쪽 공간에서 선교 단지와 항구가 한눈에 들어오는 멋진 풍경을 보여주었다. 총과 에스키모의 눈신발, 사슴과 순록의 머리가 벽을 장식하고 있었다. 그렌펠 박사가 빙판에 고립되었을 때 희생당했던 개들인 무디, 워치, 스파이를 기리는 명패가 세워져 있었다. 그렌펠 박사는 그들의 가죽 덕분에 목숨을 구할 수 있었기 때문이다.

두 여성은 거의 비극이 될 뻔했던 그 기억을 떠올리며 엄숙하게 그 앞에 섰다. 마가렛은 "아이스 팬에 있는 박사를 처음 발견하고 구조하러 갔던 리드 씨가 지난달 우리가 세인트 앤서니로 갈 때 함께 배에 타고 있었어요. 그가 제게 얘기해줬어요. 참으로 대단한 이야기에요!"

마가렛에게 그렌펠 집은 그녀의 미래를 위한 오아시스 같은 곳이 되었다.

1월 24일 그녀는 아버지에게 편지를 보냈다.

어제는 두 건의 수술이 있었고, 우린 온종일 바빴어요. 오후 4시 30분이 되어서야 병동 소독이 겨우 끝났답니다. 그렌펠 박사는 소독을 마친 후 병원에서 우리와 함께 저녁 식사를 했어요. 그는 식탁에서 제일 재밌답니다. 상상해보세요. 모든 이야기가 독창적이고 정말 재미있답니다. 오후에는 영하 10도의 날씨에 10마일 떨어진 그릭켓으로 버튼(우리 의대생)을 개썰매를 태워서 보내 아픈 환자를 치료하고 환자를 돌보도록 했어요. 그는 오늘 돌아올 예정이었어요. 하지만, 눈발이 날리고 강풍이 부는 '더러운' 날씨에 기온은 영하 18도까지 떨어졌어요. 그래서 그는 아직 나타나지 않았답니다. 폐결핵 환자는 없지만 뼈와 관절 결핵균을 가지고 있는 환자가 많이 있어요.

여름에는 티하우스가 있는 폭스 팜 언덕 옆에 결핵 환자를 위한 임시 결핵 요양소를 차렸어요. 저는 지난주에 티하우스를 두 번 방문했답니다. 거기 풍경은 처음 제가 왔을 때와는 사뭇 달랐어요. 북극에서 얼음 덩어리가 화이트 베이까지 내려왔기 때문이에요. 수평선은 푸르지 않고 흰색이었어요.

저녁에는 애플턴 양이 보름달 빛이 환하니 다시 언덕에 올라가 보자고 했어요. 완벽한 밤이었답니다. 온도계는 영하 4도. 가죽 부츠, 스웨터, 앞가슴 가리개 등 적당한 복장을 갖추고 언덕을 오르니 추운 줄 몰랐어요.

우리의 작은 감리교회는 정방형 건물로 뾰족한 첨탑과 좋은 윤곽을 가진 건물이에요. 이 교회는 멀리 바다를 바라볼 수 있는 곳에 서 있답니다. 오른쪽으로는 피싱 포인트(Fishing Point)의 험준한 절벽이 솟아 있고, 항구

얼음 위로 반짝이는 큰 달이 비춰 보인답니다. 예술가라면 감탄할 만한 장소랍니다!

오늘 밤 이곳에 온 지 한 달이 지났답니다! 제가 여기에 있다는 것을 잊고 살고 있답니다.

내일 고아원에 저녁 식사 초대를 받았는데, 반짓고리를 가져가서 옷수선을 도와야겠어요. 스토르 양과 스팔딩 양, 두 영국인 여성이 책임자예요.

처음 왔을 때 창밖으로 고아원 아이들이 엘프 같은 의상을 입고 눈 속에서 뛰어노는 재미있는 장면을 바라보곤 했어요. 마치 동화 속 나라 같았어요.

지금 병원에는 소년 세 명, 소녀 한 명, 총 네 명의 아이가 있답니다. 가장 어린 에블린은 저와 함께 보트를 탔어요. 불쌍한 토미는 다리에 심한 농양이 생겨 수술을 받았지만, 회복이 더뎌서 몇 주 동안 침대에 누워있답니다. 토미는 힘없는 다리를 곧게 펴기 위해서 어깨부터 발까지 무거운 보조기를 착용하고 있어야 한답니다. 그는 병원에 입원한 지 거의 1년이 되었어요. 그의 아버지는 이번 주에 케이프 노먼에서 그를 보러 내려왔는데, 그 또한 지금 류머티즘 치료를 받고 있답니다. 그는 억센 어부예요. 토미도 건강하게 되면 많은 물고기를 잡을 수 있을 거예요.

한쪽 발을 잃고 극심한 고통을 겪고 있는 또 다른 어부가 있어요. 그는 다른 쪽 고관절에 깊은 뼈 농양이 있습니다. 그는 오랫동안 앓고 있는데, 오래 견딜 수 없을 것 같습니다. 그렇지만, 그는 통증에서 벗어나는 주문을 외울 때면 밝고 쾌활해 진답니다. 얼마 전에는 병 매듭을 가르쳐 주셨는데, 꽤 복잡한 매듭이었지만 돛대 머리 매듭에 비하면 "별 것 아니"라고 하셨답니다. 그는 글을 읽지 못하며 어법도 이상한데, 그렌펠 박사의 이야기에는 이렇게 나와 있답니다. "뜨거운 벽돌 좀 줄래요? 얘[벽돌]는 이제 차가워요."

추위로 인해 게스트하우스의 배관이 망가졌어요. 지금 물이 나오는 곳은 병원과 그렌펠 박사님의 "성"뿐입니다. 얼마 전 고아원의 수도관이 얼어붙어 남자아이들은 개울에서 물을 길어와야 했어요.

다음 날 마가렛은 반짓고리를 들고 저녁 식사를 위해 고아원으로 향했다. 아이들은 '손님'이 오니까 특별한 음식을 먹을 수 있다는 생각에 신이 나 있었다! 친절한 스토르 양과 스팔딩 양이 그녀를 맞이하자 아이들이 주위에 모여들었다. 그녀는 어린이들과 인사를 나누었다.

이곳저곳 둘러보는 중, 특히 아기 세 명이 아기 침대에 누워있고 두 명의 유아가 육아의자(highchair)에서 수유를 하는 보육실이 마가렛의 눈에 들어왔다. 마을에서 온 볼이 붉은 10대 소녀 마사가 젖을 먹이고 있었다. 스토르 양은 금발의 작은 소녀를 가리키며 "저기 있는 수지는 얼마 전에 도착했는데, 미망인인 어머니가 돌아가셨고 이웃들이 마침 아이를 발견해 굶주림에서 구해줬어요. 다른 아이들은 지난 여름 래브라도 해안에서 모여 스트라스코나호를 타고 왔어요."라고 설명했다.

아이들은 왁자지껄 떠들면서 식사했다. 특별한 디저트로 건포도를 곁들인 라이스 푸딩이 나왔다! 아이들은 "미스 로저스 간호사"가 피아노를 잘 친다는 말을 듣고, 그녀의 연주를 듣고 싶어 안달했다. 믿기 어렵겠지만, 거실 한구석에 피아노가 있었다.

저녁 식사 후 마가렛은 그들을 위해 연주했다. 마가렛은 아이들이 아는 주일학교 찬송가로 시작하여 함께 부를 수 있게 했고, "모기 행진곡"으로 연주를 마무리했다. 앉아서 듣기만 하는 아이는 아무도 없었고, 모두 마가렛 주위로 몰려들어 그녀의 연주를 지켜보았다. 연주가 끝나자 아이들은 환호성을 질렀다.

아이들을 위해서 집안일을 할 시간이 되자, 마가렛은 스팔딩 양과 함께 재봉실로 향했다. 옷을 꿰매고 수선하는 동안 백발의 영국 여인이 낮은 톤으로 말했다. 그녀는 난파선과 익사 사건, 어린이들의 영양실조, 술 취한 아버지, '유행성 독감'에 대한 이야기를 펼쳐놓았다. 그녀는 이 아이들이 제때 발견되었다는 사실에 감사했다. 이제 여기 아이들의 미래는 밝을 것이다. 아이들은 잘 먹고 교육을 받았으며, 일부는 바깥세상에서 직업을 갖거나 선교부의 훌륭한 일꾼으로 고용될 예정이었다.

병원에서 몇 주가 지난 후, 마침내 마가렛은 처음으로 선교부 밖으로 나가게 되었다. 그녀는 집으로 편지를 보냈다.

1913년 2월 12일,

세인트 앤서니, 뉴펀들랜드
[3월 28일 메인주 홀튼, 6주 후 도착]

애디 이모에게,

오늘 제 전보를 받으셨기를 바라요. 이틀 전 10일에 보냈거든요. 전보를 보시면 대략 아실 것 같아서 마지막 편지는 쓰지 않았어요.

저는 출장 중이었는데, 두 번의 수술 중 한 번은 큰 절단 수술이었어요. 우리가 얼마나 바빴는지 아시겠죠!

에스키모 썰매(komatik)를 타고 10마일 떨어진 그릭켓으로 가서 아픈 아기를 데려오고, 돌아오는 도중에 여러 환자에게 약을 운반하는 여행이었어요. 그 무엇과도 바꿀 수 없는 경험이었으며, 앞으로도 이런 경험을 더 많이 하고 싶어요. 버튼 씨와 캐논 양이 병원에서 야간 근무를 분담했어요.

저와 간호사 브라이스가 교대로 밤 근무를 하면서 폐렴이 위독한 순록 목동인 환자가 있었어요.

점심 식사를 마친 늦은 오후 마침 비번이었는데, 버튼 씨가 와서 그렌펠 박사님이 아기를 데리러 가고 싶은지 알고 싶다고 하셨어요. 저는 출장 가게 된 것이 기뻐 얼른 준비했답니다. 북극 의상을 입으려면 시간이 걸립니다. 가지고 있는 스타킹을 있는 대로 끼어 신고, 가죽 부츠, 스웨터 세장, 캔버스 셔츠, 털모자와 후드까지 입어야 해요.

그리고 주문한 물품과 여러 가지 약을 챙긴 후 얼음으로 내려가니, 그곳에 개썰매 팀이 기다리고 있었어요. 이 팀은 그릭켓에서 그렌펠 박사를 한 시간 반 만에 모셔온 팀인데, 저는 두 시간 만에 다시 그곳으로 갔답니다. 에스키모 개썰매를 타려면 두꺼운 담요로 몸을 감고, 줄을 꼭 잡아야 해요. 훌륭한 뉴펀들랜드 썰매몰이꾼은 썰매가 뒤집히지 않도록 잘 몰아서 아주 크게 감탄했어요.

개썰매는 거의 터보건(toboggan, 바닥이 평평한 경주용 썰매)처럼 길고 낮아서 넘어질 가능성은 거의 없답니다. 저는 한 번도 굴러 넘어진 적이 없답니다.

우리는 항구를 가로질러 바람부는 언덕 위로 올라갔다가 반대편 항구 마을의 불빛을 바라보며 다시 내려갔어요. 아주 가파른 언덕에서는 "발리케이터"라 불리는 거친 얼음 더미가 너무 많아서 썰매를 타고 내려가기가 어려워서 썰매에서 내려 미끄러져 내려갔답니다. 그런 다음 오른쪽에는 하얗게 얼어붙은 바다가 있고 뒤에는 피싱 포인트(Fishing Point)가 있는 매끄러운 얼음을 가로질러 올라갔어요.

사슴 캠프를 향해 다시 올라갔습니다. 멀리서 아름다운 사슴 무리를 보았어요. 그리고 다음 날 돌아오는 길에 저희는 약 20~30마리를 따라갔습니다. 개들이 얼마나 잘 달렸는지!

호수를 건너서 박진감 넘치는 해안을 따라 다시 해수면까지 내려가 세인트 루먼 만을 돌아서 몇 마일을 갔는데, 해안을 따라 파랗고 하얗고 예쁜 얼음 길이 펼쳐졌답니다. 세인트 루먼에서 우리는 몸을 따뜻하게 하려고 한 개 썰매 몰이꾼의 집에 들렀고, 거기에서 그의 여동생을 보았습니다. 이 나라에는 예쁜 여성들이 놀라울 정도로 많답니다. 하지만 여성들은 매우 빨리 늙습니다. 어려운 삶이 그렇게 만드는 것 같아요.

안타깝게도, 저는 세인트 루먼에 남겨뒀어야 할 약을 그릭켓으로 가져가고 말았답니다. 목이 아픈 여자아이를 찾아 약을 줬어요. 그렌펠 박사가 진료한 폐렴 걸린 소년도 살펴보았어요. 그리고는 아기를 데리고 돌아오기로 한 케네스 아담스 댁을 찾아갔어요. 이렇게 황폐하고 더러운 곳은 처음 봤어요. 저는 비누와 물이 담긴 대야를 들고 아기를 목욕시키는 방법을 아버지에게 보여줬어요. 그는 비누를 가지고 있었어요!

다섯 아이가 아래층에 있었는데, 14살과 15살의 착하고 예쁜 두 소녀는 귀머거리였고, 어린 지미는 오랫동안 우리 병원의 환자였어요. 아버지 '켄' 아담스 씨는 낙천적인 노인으로 친절한 사람이었는데 흔쾌히 저와 의약품을 그의 개썰매에 태워 4 마일 떨어진 세인트 루맨에 데려다 줄 것이며, 10시까지는 그릭켓에 도착할 수 있을 것이라고 말했어요. 날이 어두워지기 시작했으나 눈에 반사된 빛 때문에 그런대로 길이 보였고, 애덤스 씨가 원체 길을 잘 알아 크게 걱정되지 않았답니다. 그래서 우린 시원하고 달콤한 공기 속을 달렸어요.

다시 언덕을 넘어가던 중, 우리는 폐렴에 걸린 할머니 한 분을 발견했는데, 다른 집과 대조적으로 "아주 깨끗하게" 정리된 작은 집에서 살고 계셨어요. 그 할머니와 '선장' 둘만 살고 있었어요. 그녀는 리틀 박사가 어느 날 밤, 비에 흠뻑 젖은 채로 그곳에 왔던 일과 그를 위해 세 시까지 일하며 그의 물건을 말려주었던 일을 이야기해주었어요. 그리고 그녀는 '선장'이 차를 마실 하얀 식탁보를 깔아주지 않아서 두려웠다고 말했어요! 그녀가 분당 50번씩 숨을 쉬면서 이 모든 이야기를 들려주었답니다. 그 후 그 노인이 회복되었다는 소식을 들었어요.

누군가 개썰매로 와서 박사(그렌펠)를 위해 땔감을 나르라는 메시지가 전달받았어요. 각기병 환자들을 위한 약 한 상자가 더 도착했고, 생각보다 빨리 그릭켓으로 돌아갈 수 있었어요. 하지만 여전히 더 많은 환자가 진료를 요청했지만 약이 다 떨어지고 말았어요. 정기적으로 감기와 폐렴이 유행했어요. 그 후 그렌펠 박사, 버튼 씨, 브라이스 양은 일주일 동안 그릭켓을 여섯 번이나 방문했답니다. 아픈 사람이 너무 많았어요.

그날 밤 나는 그릭켓에서 가장 편안하고 깨끗한 에소 힐러 씨의 집에 머물렀습니다. 젊은 아내는 맛있는 크래커와 치즈, 그리고 "베이크-애플(bake-apple)" 음료를 주었어요. "베이크-애플"은 작고 하얀 베리를 채취해 청을 담아서 만든 음료로, 구운 사과와 비슷한 맛이 난답니다. 아침에는 폐렴 환자 두 명을 방문해서 치료했답니다. 돌아왔을 때 "코치 박스" 또는 여성 박스(이 상자는 더 편안하고 따뜻한 여행을 위해 개썰매에 설치하는 장치)가 아기를 돌보러 가기 위해 저를 기다리고 있었답니다. 또 다른 호출로 두 세 명의 환자를 더 진료하고 아기를 안고 돌아왔을 때는 11시가 되어 버렸답니다.

영하를 약간 밑도는 맑고 화창한 날이었어요. 우리는 "브라훗(Brahut)"에 들러 따뜻한 "차를 마시며" 아기에게 젖을 먹이는 즐거운 시간을 가졌어요. 우리는 3시 30분쯤 성 안토니에 도착했답니다. 등대와 피싱 포인트를 보니 무척 반가웠답니다. 아기 걱정을 제외하면 힘든 여정은 아니었어요. 아기를 따뜻하게 해주기 위해 난로 뚜껑 두 개를 준비했어요. 아기는 며칠 밖에 더 살지 못했어요. 우리가 아기의 생명을 구하기에는 너무 늦게 아이를 받았답니다. 아이는 지난 일요일 예배 직후에 하늘로 돌아갔어요. 너무 슬펐어요.

성공회 목사 달(Dahl) 씨는 병원에서 봉사하면서, 가끔 우리와 차를 마시며 시간을 보내곤 한답니다. 분(Boone) 부인과 저는 저녁에 교회에 가서 [그렌펠] 박사의 사순절 설교를 들었어요. 그릭켓에서 전날 밤을 세웠기 때문에, 너무 피곤했을 텐데도, 그의 설교는 여전히 훌륭했답니다.

화요일에 아미티지 박사와 캐논 양이 한 달 만에 복귀했어요. 그들은 케이프 노먼까지 올라갔다가, 웨스트 코스트, 플라워 코브, 전염병 수두가 번졌던 브리그 베이까지 돌아서 왔답니다.

암스트롱 박사는 폐렴에서 회복된 후 "포르토슈아(Port-au-Choix)"로 불리는 지역에 갔어요. 이런 여행들은 모두 피곤하긴 해도, 최악의 상황은 아니랍니다. 얼어 죽을 정도만 아니라면, 야외활동하는 것이 영광스럽게 여겨지는 나라랍니다. 손가락, 발가락, 코가 아주 쉽게 "동상"에 걸린답니다. 이 편지를 뉴욕과 홀튼에게 전해주세요.

사랑을 듬뿍 담아서,
마가렛 드림

성 안토니, 뉴펀들랜드
1913년 3월 27일 오전 3:00

친애하는 애디 이모,

어젯밤에 3주 만에 편지를 받았어요. 우리는 암스트롱 박사와 버튼 씨가 편지를 분류하고 있는 온실방으로 몰려갔어요. "붙들지 말아요!" 버튼이 말했어요. 그도 그럴 것이 우편물이 오면 서로 엉켜 넘어질 뻔하기 일쑤거든요. 이모가 썰매를 타는 사진을 보았을 때, 얼마나 즐거웠는지 몰라요!

바다표범 고기에 대해 쓰셨더군요. 저는 먹어본 적은 없지만, 대부분의 집과 가죽 장화에서 그런 냄새가 나는데, 처음에는 역했지만, 지금은 익숙하답니다. 브라이스 양이 그릭켓에 갔을 때 바다표범 고기를 먹어보았는데, 비린내가 났다고 하더군요. 순록 고기는 기름기가 적고 담백해요. 때때로 우리가 야생 오리도 먹었는데, 역시 비린 맛이 났어요. 토끼를 많이 먹는데, 맛있답니다. 이런 이야기로 편지를 시작할 생각은 아니었는데!

그렌펠 부인은 사람들이 자신에게 이리석은 질문을 많이 한다고 해요. 한 교육 수준이 높은 여성은 북극에서 밤을 지내고 나면 눈이 아프지 않냐고 물어봤대요! 여기는 런던에서 남쪽으로 몇 마일 떨어진 위도 70도에 위치한답니다!

프로스페로호는 5월 7일 세인트존스를 떠나 15일에 이곳에 도착할 예정입니다. 여기에서 6주 정도 더 고립되어 있어야 해요.

주변 환경에 대해 더 알고 싶다고 하셨죠? 제가 가장 좋아하는 곳은 폭스팜 언덕(Fox Farm Hill)이에요. 여우 우리에서 여우들을 키우고 있어요. 하지만, 직접 여우를 본 적은 없어요. 처음 잡혔을 때는 쉽게 겁을 먹어서 너무 많은 사람이 가까이 가면 죽는다고 해요. 여기 여우 중 세 마리나 죽었어요.

화요일에 항구 밖에 물개 사냥을 하는 증기선이 들어 왔다고 하더군요. 저는 아직 못 봤어요. 지금이 그들이 떠나는 시기예요. 프로스페로호의 케인 선장이 스테파노(Stephano)호를 타고 빙산 지역으로 향합니다. 스테파노호는 정말 아름다워요. 저도 배를 타봤어요. 그 배가 얼음 있는 데로 갈 때 특실과 일등석에는 아무도 태우지 않고 출발한다고 해요. 물개 사냥꾼들의 더러움과 난폭함은 이루 다 말로 할 수 없다고 해요!

환자들은 마리아가 보낸 부활절 카드를 매우 기뻐했어요. 부활절 아침에 나눠줬어요. 환자들은 엽서와 만화책을 특히 좋아했어요. 글을 읽지 못하는 어른들도 있답니다.

스콧 선장의 기사가 실린 뉴욕 타임즈(N.Y. Times)를 여러 부 받았어요. 정말 안타깝네요! 그가 이룬 성취는 매혹적인 것이었지만, 그런 악천후 속에서 벌어지는 일을 잘 이해할 수 있답니다. [남극을 발견한 후 스콧 선장

과 그의 일행은 돌아오는 길에 모두 사망했습니다.]

알렌비 목사가 설교한 성 금요일 저녁 예배에 참석했어요. 저는 부활절 예배에 도움을 주었답니다. 성가대가 부활절 성가를 연습할 때 반주를 해주었는데, "그리스도는 부활하셨네! 할렐루야!"가 최고로 인기가 있었는데, 이 찬송으로 예배를 시작했답니다. 애플턴 양의 학교 아이들은 찬송가 두 곡을 부르고 성경 한 장을 반복해서 읽었어요. 참석자도 꽤 많았답니다.

우편 마감시간에 쫓기며,
마가렛 드림

1913년 4월 6일, 아빠에게.

남쪽으로 가는 길의 눈과 얼음이 녹기 시작해서 개썰매 우편배달은 한 번만 더 있다고 해요.

병원 밖에서 온 참석자들과 함께 병동에서 주일 예배를 드렸어요. 그렌펠 박사가 예배를 인도했습니다. 그는 시편 23편을 읽고 스콧 선장과 그의 대원들의 영웅적인 자기희생에 대해 설교하셨답니다.

암스트롱 박사의 온도계가 고장 나서 이곳 기온을 정확하게 말씀드릴 수 없지만, 얼마 전 어딘가에서 영하 30도라는 보고가 있었어요. 눈이 쌓인 표면이 단단할 때는 즐겁답니다. 하지만 눈이 녹으면! 눈이 녹아 질척질척한 눈에 발목까지 잠긴 채로 지난 며칠을 지내고 있답니다.

증기선 바다표범 사냥배가 지난주에 도착했어요. 지난 1월 1일 프로스페로 호가 다녀간 뒤로 이 배가 왔답니다. 이 배는 얼어있는 바다 언저리까지 와서 정박해 있어요. 적어도 백 명 이상의 사람들이 뭍으로 왔고, 선장과 배의 의사를 포함한 대부분이 병원으로 왔답니다.

그중 한 명의 이전 우리 병원 환자였고, 몇몇은 이곳의 환자를 알고 있는 사람들이었어요. 이 배의 이름은 나라스코픽(Narrascopic)인데, 35,100마리의 바다표범을 잡았답니다! 마음 좋은 선장 케인은 전에 37,000마리, 약 6만 달러 가치의 물개를 잡았었어요.

얼마 전 무어의 부두에서 몸통은 빼고 가죽만 들어있는 바다표범 몇 마리를 봤는데, 무게는 각각 150파운드 정도의 검은색과 흰색이 반반 섞인 하프(Harp) 바다표범이었어요.

저는 12월 말까지 여기에서 일하게 되어 있는데, 아빠가 허락하신다면 6개월 더 머물고 싶어요.

우리는 부활절 다음 날 즐거운 스포츠 페스티벌을 보냈고, 애플턴 양이 사진을 찍어주었답니다.

개썰매 경주는 항구 끝에서 시작하여 바다 가운데 얼어붙은 어선을 돌아 다시 선교회가 있는 부두로 돌아오는 코스였습니다. 개는 다섯 마리로 제한되었는데, 세 마리가 끄는 팀이 2등으로 들어왔답니다. 상은 밀가루 한 통이에요. 그 외에도 도끼, 스웨터, 장갑 등 푸짐한 상품이 주어졌답니다. 이 나라에서는 장갑을 '커프스'라고 한답니다.

아이들의 사탕 줍기 놀이는 정말 귀여웠어요. 개썰매를 탄 캐논 양이 얼음 위를 달리며 사탕을 한 줌씩 던졌고 아이들은 사탕을 향해 달려들었답니다. 얼어있는 바다 위에는 눈이 두껍게 덮여 있어서 그렇게 미끄럽지 않답니다.

젊은이들을 위한 8마일 마라톤 대회가 있었고, 저는 못 봤지만, 그렌펠 박사를 비롯한 모든 남성이 자루 안에 들어가서 하는 자루 싸움도 있었답니다. 체육대회는 이틀 동안 계속되었습니다. 프로그램을 보내드릴게요.

1913년 5월 26~27일 밤 아빠에게,

오늘 밤 전보를 받았습니다. "프로스페로호가 정오에 씰 코브를 떠났다"고 했으니 오늘 오전 일찍 이곳에 도착할 것 같습니다. 지난번에는 세인트 앤서니에 들리지 않아서 여간 실망이 크지 않았답니다. 요즘은 증기선도 개썰매 우편도 오지 않아서, 겨울보다도 더 고립되어 지낸 것처럼 느껴져요. 그러나 우리는 식량과 물품이 풍부하기에 별 고생은 하지 않고 지낸답니다.

항구 사람들은 보급품이 부족하고 괴혈병 환자가 두세 명 보였어요.

지금은 눈이 거의 다 녹았고, 언덕의 관목은 회색 바위와 녹색 터가모어(tuckamore) 나무와 더불어 부드러운 적갈색을 띠었어요. 빙산 하나가 세인트 앤서니로 떠내려와 낮은 물에 걸렸고, 항구의 얼음이 빠르게 깨지고 있답니다. 지난 크리스마스이브에 우리가 상륙했던 곳은 다시 맑은 물로 변했어요. 얼어붙었던 어선들도 부두로 인양되었고, 더할 나위 없이 푸른 물에는 하얀 얼음 덩어리가 떠다니고 있답니다. 의사들은 배를 타고 여러 차례 왕진을 다녀왔답니다.

브라이스 양과 캐논 양은 배틀 하버에 새 병원을 개원하고, 저는 당분간 이곳에 머물기로 했어요.

존스 홉킨스의 수간호사 출신 브라운 양이 외과의사 리틀 박사와 함께 온다고 해요. 지금부터 여름 간호사들이 올 때까지 무척 바쁠 거예요. 저희는 세 명밖에 없으니까요. 저는 한 달째 밤 근무를 하고 있는데, 배틀 하버에 있는 브라이스 양은 더 심할 거예요. 그렌펠 선생님이 브라이스 양이 한 달 후에 돌아오면, 여름쯤에는 야간 근무를 더 안 해도 될 거라고 약속하셨어요. 스코틀랜드 출신 브라이스 양은 제가 만나 본 중에 가장 매력적인 여성 중 한 분이랍니다.

어제 그들은 완치된 환자 다섯 명을 집으로 보냈고, 지금 병원에는 12명만

남았답니다. 오늘 밤 배가 도착하면 30명이 될 거예요! 에블린 분과 그녀의 어머니를 포함해 세 명이 더 떠날 예정이에요. 얼마 동안 깁스를 하고 있어야 하겠지만, 에블린의 엉덩이는 지금 상태가 좋은 편이랍니다.

이만 줄입니다.

사랑을 다하여,
마가렛 드림

마가렛의 일기장에 적힌 글들이 봄이 오고 있음을 말해주었다. 1913년 4월 25일 - "많은 물줄기를 쏟아내는" 시냇물 소리를 들음. 눈이 빠르게 녹아내리고 있음. 4월 26일 - 새가 노래하는 소리를 들음. 4월 28일 - 오전에 올해 처음으로 나온 새싹을 봄. 겨울 코트가 덥게 느껴짐. 한 달째 귀여운 새의 노래 소리를 들음.

이사 퍼트남 반스 외숙모님께 (프랜시스 삼촌의 아내)
5월 28일

지금 편지를 쓰면 열흘 안에 편지가 도착할 수 있다고 하니 안심이 됩니다. 이 편지는 프로스페로호 편으로 갈 겁니다. 이 배는 어제 오후에 왔는데 저희는 반가워서 거의 울 뻔했습니다! 온다는 전보를 받고 우린 종일 기다렸어요. 드디어 아직도 환한 8시 30분에 배가 언덕 너머로 연기를 뿜으며 나타나더니 재빨리 얼음덩이들을 부수고 곧바로 선교회가 있는 부두에 도착했어요.

저는 밤 근무였어요. 어린 토미가 배 들어오는 걸 보고 싶다고 해서 저는 그 애를 담요로 싸서 창문을 통해 볼 수 있는 앞 병동으로 갔습니다. 둥근 현창으로부터 빛이 새어 나와 배가 아름답게 보였으며, 옆쪽 돛대 꼭대기에 등이 흔들리고 있었으며, 배가 더욱 아름다워 보였던 것은 집에서 오는 편지를 싣고 오기 때문이었습니다. 저에게 온 편지는 32통이었습니다.

바쁜 여름철이 곧 오면 매 1~2주마다 배가 옵니다. 많은 환자, 간호사, 그리고 여름 일을 하는 사람이 몰려옵니다.

사촌 안나가 편지에 이곳이 메인보다 계절이 한 달은 늦을 것이라고 써서 웃었습니다. 사실은 세 달이 늦거든요! 지금 6월인데, 아직도 만에는 얼음덩이가 떠다닌답니다.

1913년 7월 12일
아빠에게

오렌지맨 데이(Orangeman's Day)는 여기서 큰 명절이며 많은 화약이 소비된답니다. 미국 독립기념일 같아요. 두체스(Duchess)호는 지난밤 10시에 비를 맞으며 아빠의 편지를 싣고 왔습니다. 이 배는 또한 짧은 휴가로 집에 가는 친애하는 애플턴 양을 싣고 갔습니다.

지금 현재로는 집에 갈 생각을 포기했습니다. 애디 이모에게는 제가 필요 없는 것 같고, 그렇다면 개인적으로 환자를 돌봐야 하는데, 이런 생활은 너무 지루하고 재미없는 일이 될 거예요. 저는 지금 여기에 있고, 브라운 양의 지도를 잘 받아서 더 쓸모 있고 유능한 간호원이 되고 싶어요.

보우도인(Bowdoin) 졸업식에서 즐거운 시간을 보내셨다니 좋네요. 저는 아빠 생각을 자주 한답니다. 이렇게 멀리 떨어져 있어서 죄송하지만, 어쩔 수가 없네요. 항상 평화롭고 친근한 책으로 가득한 대학과 도서관이 있어서 다행이에요. 하이드(Hyde) 총장님은 뉴잉글랜드 그렌펠 협회 소속이시랍니다.

여기 있는 학생들을 다 알지는 못하지만, 병원에 의대생들이 몇 명 있어요. 한 명은 존스 홉킨스, 한 명은 캐나다 킹스턴의 퀸즈대학교 출신으로 스트라스코나호에서 그렌펠 박사의 무선 전신기사로 일하고 있어요. 먼저 말씀 드린 친구는 캘리포니아 출신이고, 무선전신기사 마틴은 뉴펀들랜드 출신으로 매우 다재다능한 친구랍니다. 그는 엑스레이 장비도 조작할 줄 알고, 간호사들에게 가장 친절하고 도움을 많이 준답니다. 홉킨스의 데이튼도 멋진 친구랍니다. 그는 이제 겨우 24살이고 의대 3학년을 마쳤어요. 마틴 씨는 23살이고 의대 2학년을 마쳤답니다.

오늘 밤엔 두체스호에 가서 이 편지를 붙여야겠네요.

사랑하는 딸 드림

제6장

친절하고 멋있는 친구

스탠은 따뜻한 벙크 침대에 몇 분 더 누워 휴식을 취한 후 옷을 입고 직원들의 아침 식사 자리로 달려갔다. 그는 그해 여름 성 앤서니로 돌아왔을 때 새로 부임한 간호사 마가렛 로저스를 생각하고 있었다. 언제 처음 그녀를 알아본 걸까? 첫날 그녀가 연주를 들었을 때였던가? 해가 잘 드는 병원 썬룸에서 누군가 피아노를 치고 있었는데, 고아들이 둘러앉아 목청껏 노래를 부르고 있었다. 그는 그 소리를 듣고 연주를 참 잘한다고 생각했다.

두 사람 눈이 마주친 때는 수술대를 사이에 두고 서로 일하던 때였던가? 수술용 마스크 위로 미소를 머금은 갈색 눈동자? 웃고 있었던가? 그녀는 그렌펠 박사의 끊임없는 유머에 반응하며 많이 웃었습니다. 그녀는 어디 출신일까? 그는 그녀의 말투에서 그녀가 미국인이라는 것을 알 수 있었다. 오늘 일 끝나고 차 한 잔 하자고 하면 그녀가 응해주겠지. 그는 침대에서 일어나 일과를 시작했다.

스탠은 아침 수술 후 보급실 앞에서 그녀를 만났다. 그녀는 붕대를 감고 있었다. 그는 흰 가운을 입고 문 앞에 서 있었다. "실례합니다, 미스 로저스?" 그녀는 고개를 들고 "네."라고 대답했다.

"전 스탠 마틴입니다. 이전에 수술실에서 뵈었습니다." 그는 잠시 멈칫하더니, "오늘 오후에 저와 함께 차 한 잔 하실 수 있나요?" "무슨 일인가요? 그러시죠." 그녀는 천천히 대답했다. 그녀가 일어설 때, 감았던 붕대가 바닥으로 굴러떨어졌다. 두 사람은 붕대를 주우려고 허둥지둥했고, 일어설 때, 그의 뺨에 그녀의 머리카락이 스쳤다. 당황한 그는 계속 말했다. "그럼 5시에 정문 앞에서 만날까요?" "알았어요." "좋습니다." 그리고 그는 사라졌다.

휘파람을 불며 병원 복도를 내려가면서, 그는 어렵지 않은 일이라고 생각했지만, 그의 심장은 두근거렸다.

5시가 되자 그들은 병원 가운이 아닌 다른 옷을 입고 정문에서 만났다. 언덕을 빠르게 걸어 올라가는 두 사람의 눈에는 일상에서 벗어난 해방감이 느껴졌다. 그녀는 크림색 블라우스와 긴 검은 스커트를 입고 있었다. 그녀의 밤색 머리는 햇빛에 반짝거렸다. 그는 자신이 좋아하는 파란색 스웨터와 헐렁한 갈색 바지를 입고 있었는데, 항구 남자들이 잘 입는 옷이었다. 그녀는 스웨터와 그의 눈동자를 바라보며 자신이 본 것 중 가장 푸른색인 차이나 블루라고 생각했다.

두 사람이 걷는 동안 일상적인 질문을 주고받았다. 그는 그녀가 뉴잉글랜드 출신이고, 메인주 홀튼과 보스턴에서 간호대학을 다녔다는 사실을 알게 되었다. 그녀는 가족, 특히 아버지에 관해서 이야기했다. "제가 외국에 있어서 아버지가 힘들어하시지만, 편지가 많은 도움이 됩니다."

스탠은 자신의 세인트존스 배경과 퀸즈대학교에서 최근 경험한 일들을 이야기했다.

그들은 아름다운 항구를 바라보며 차를 마시며 이야기를 나누었다. 6월임에도 불구하고 물속에는 얼음 조각이 떠있었지만, 물은 더욱 푸르게 넓어지고 있었다. 마가렛은 전에도 티하우스에 여러 번 왔었지만, 지금은 모든 것이 새롭고 흥미로웠다. 스탠에게는 그녀와 이야기를 나누고 그녀의 눈을 통해 경치를 보면서 힘이 솟는 것을 느꼈다. 그녀는 그가 하는 일을 거의 비슷하게 좋아했다.

언덕을 내려와 바쁜 일상으로 돌아가는 두 사람은 마치 오래전부터 친구였던 것처럼 보였다. 그들은 일터에서 매일 만났다. 스탠은 엑스레이 촬영을 위해 병동을 오가며 환자를 이송했다. 리틀 박사를 도와 함께 수술에 참여하기도 했다. 때로는 마가렛이 마취사가 되었고, 스탠이 수술 칼을 잡기도 했다. 스탠은 수술 과정을 꼼꼼하게 스케치하며 일기에 수술 과정을 기록했다.

쉬는 날이 되면 그들은 마가렛에겐 낯선 곳을 탐험하며 몇 마일을 걷곤 했다. 스탠은 배를 잘 다뤘기 때문에, 항구에 사는 친구의 배를 빌려 마가렛을 태워주기도 했다. 어떤 날 저녁 해 질 무렵 항해할 때였다. 잊을 수 없는 광경이 펼쳐졌는데, 진홍색과 금빛 하늘과 바다의 반사된 색이 모두 하나의 세계를 연출했다. 두 사람은 작은 배에 앉아 손을 잡고 그 색에 흠뻑 젖어들었다. 세인트 앤서니는 대도시의 불빛에서 멀기에, 밤하늘에는 별들이 눈부시게 빛났다. 스탠은 마가렛에게 별자리와 행성, 1등급 별을 가르쳐줄 수 있었다. 천문학에 대한 그의 사랑과 지식은 평생 그를 따라다녔다.

일요일이면 젊은 연인은 하얀 첨탑이 있는 작은 감리교회에 출석하며 병동에서 열리는 환자들을 위한 예배에 참석했다. 스탠은 테너로 노래를 불렀고, 마가렛이 여러 곳에서 노래를 연주할 때 종종 곁에 있었다. 두 사람은 같은 찬송가를 불렀고, 같은 기독교 가르침으로 성장했던 것이다.

어느 날, 스탠은 마가렛이 영적인 문제에서 많은 부분 자신과 비슷하다는 사실을 보고 마가렛에게 "해외 선교에 관심이 없으세요?"라고 물었다. 그녀는 이 질문이 청혼이 아닌가 싶어 고개를 떨구고 부드럽게 대답했다. "하나님께서 저를 사용하신다면요." 그는 주머니에서 작은 책 휘티어 시집을 꺼냈습니다. "자, 이걸 읽어보세요. 제가 가장 좋아하는 시 중 하나입니다." 스탠은 "선교사"라는 제목의 시를 펼쳤다. 마가렛은 스탠과 함께 바닷바람이 부는 풀밭에 앉아 바위에 기대어 시를 읽었다. 그곳은 그들이 가장 좋아하는 장소 중 하나인 피싱 포인트였다.

마가렛은 아빠에게 편지로 이 사실을 알렸다. 딸이 돌아올 날을 손꼽아 기다리고 있는 아버지를 낙심시키지 않게 하려고 조심스레 편지를 썼다. 그녀는 스탠과 함께 보낸 많은 시간이 있었지만, 이번에는 다른 마음으로 좀 더 구체적으로 적었다.

"저는 아빠가 제 친구 스탠 마틴을 좋아하실 거라는 걸 알아요! 모두가 그를 좋아한답니다. 저도요! 환자들은 그를 '친절하고 멋있는 친구'라고 말하며, 항구의 사람들은 '닥터 마틴'을 위해 무엇이든 할 것입니다. 그는 평범한 개인 의사로 만족할 사람이 아닙니다. 그렌펠 박사와 그의 오랜 인연을 생각하면 그럴 리가 없겠죠!"

스탠은 오로라가 찬란하게 빛나던 밤에 마가렛에게 청혼했다. 그녀는 이 기쁜 소식을 아버지에게 전했다.

"이 모든 것이 하나님의 뜻이라고 믿습니다. 저는 매우 행복합니다; 저의 생애는 주님께 참으로 봉사하게 될 것 같습니다. 저는 이 계획이 아빠에게 큰 충격을 줄 것을 알고 있지만, 아빠는 저를 너무 사랑하기 때문에 저의 행복을 기뻐해 주실 거라고 믿어요.

이 결정은 급하게 내린 것이 아니랍니다: 우리는 여름 내내 함께 지냈답니다. 우리가 마침내 하나님과 서로에게 약속한 것은 지난 일요일이에요. 이번 주는 제 인생에서 가장 행복한 한 주였어요. 우리는 이 모든 것이 주님께서 주관하시는 일이라는 것을 확실히 알고 있으며, 이 확신 속에서 안전함과 견고함을 느끼고 있습니다. 해결해야 할 문제들이 많지만 스탠은 충분한 능력과 좋은 머리를 가지고 있습니다. 그는 일류 전기 기술자이고, 12월에 보스턴에 있는 매사추세츠 종합병원에서 엑스레이에 관한 특별 기술을 익히러 갑니다. 그때 보스턴에 가셔서 스탠을 만나보시면 좋겠어요. 그는 전혀 속물적이지 않아요. 그의 집은 매우 소박하답니다. 리틀 박사의 아버지가 그를 손님으로 초대했어요. 리틀 박사는 병원에서 우리에게 정말 잘해줘요. 정말 친절하시답니다. 그는 찾아오는 불쌍한 환자들과 선교부의 직원들 모두에게 잘해주신답니다. 또한, 그의 여동생은 이곳 고아원을 확장하기 위해 1만 달러를 기부했답니다. 그들은 정말 멋진 가족이에요."

두 연인이 달력을 바라보며 스탠이 의과대학으로 돌아갈 날이 얼마 남지 않았음을 확인했다. 그들은 다가올 이별이 두려웠다. 여름 내내 해안 증기선은 더 많은 환자를 세인트 앤서니로 데려왔다. 8월 15일, 스탠은 짐을 쌌다. 프로스페로호는 마흔다섯 명의 환자를 싣고 들어왔다. 그날 밤 10시가 되어서야 입원 수속이 마무리되었다. 그의 일기에는 다음 날 세인트존스로 가는 배에 오르기 전 마지막 수술이 기록되어 있다.

이제 마가렛은 병원 베란다에서 작별의 손을 흔들었고, 스탠은 다시 시야에서 사라지고 있는 세인트 앤서니 항구를 바라보았다. 마가렛은 눈물을 흘리며 최대한 오래 바라보다가 환자들을 향해 돌아섰다. 하지만 곧 스탠의 가족을 만나기 위해 세인트존스로 여행을 떠날 계획을 생각하며, 그녀는 스스로를 위로했다. 그녀는 시간이 빨리 지나가기를 바라면서 그 시간이 될 때까지 병원 업무에 몰두하기로 결심했다.

스탠은 세인트존스 집에 들러 짐을 싸서 뉴브런즈윅주 시드니로 가는 배를 기다렸다. 그의 가족은, 그의 여름 이야기에, 특히 이제 그의 약혼자가 된 마가렛 로저스라는 멋진 소녀에 관한 이야기에 귀를 기울였다.

"그녀는 아름다워요! 갈색 머릿결에 상앗빛 피부가 사랑스러워요. 그녀의 피아노 연주를 들어보셔야 해요!! 무엇보다도 그녀는 사랑스럽고 유능한 간호사이고, 저를 사랑하고 있어요! 우리는 첫 데이트부터 우리의 관계가 특별할 것이라고 생각했어요."

그는 이누이트 의상을 입은 그녀의 사진과 간호복을 입고 동료들과 함께 찍은 사진을 보여주었다. 그의 부모님은 그녀가 스탠과 마찬가지로 선교 사역에 전적으로 헌신하겠다고 약속했다는 데에 만족하면서 하나님께서 스탠을 위해 준비시켜주신 배우자로 생각했다. 그들은 그녀의 방문을 간절히 기다렸다.

지난 9월 11일은 스탠이 캐나다로 떠나기 위한 고별인사를 하는 날이었다. 그의 일기장에는 이 여행에 대한 단상이 적혀 있었다.

밤이 늦도록 산피요로(Sanfyorro)호를 기다렸다. 잠시 잠자리에 들었다가 새벽 1시에 일어나 어둠을 뚫고 부두로 갔다. 유령 같은 밤이었다. 어둠 속에서 기다렸다. 새벽 2시에 배에 올라 4시간 동안 짐을 실었다. 배에 올랐더니 남자들은 포커를 치고 위스키를 마시고 있었다. 제 침대칸을 찾아 잠을 청했지만, 잠이 오지 않았다. 오후 5시 30분에 케이프 레이스를 지났다. 증기선 무베나(Mouvenna)호의 굴뚝에서 연기가 보였다. 마치 경주하는 것 같았다. 9월 13일 일요일. 천상처럼 황홀한 날. 맛있는 식사. 훌륭한 선장님. 모든 것이 고요하다! 마가렛에게 편지를 썼다. 무베나호 정오쯤 20마일 앞서갔다. 시드니에 도착하면 그 배를 다시 볼 것이다. 어제 케이프 레이스에서 생선을 좀 구했다. 위스키와 담배로 생선값을 지불했다. 오후 10시 30분에 시드니에 도착했다. 무베나호는 이미 우리 부두에 정박해 있었다. 14일 월요일. 아브라함센(Abrahamsen) 선장은 매우 친절했다. 아침을 먹었다. 길이가 500피트나 되는 스티클레스타트(Stiklestat)호가 석탄을 싣고 방금 몬트리올로 떠났다. 이민국 직원을 기다렸다. 아직도 기다리고 있다. 세관원은 친절했고, 몇 가지 서류를 작성하고 무베나호에 탑승했다. 눈부신 하루를 보냈다. 죽은 듯한 고요. 오전 11시에 시드니를 떠났다. 목요일 오전에 몬트리올에 도착할 예정이다. 배에서 일하고 있는 마르코니 무선 통신기사는 완벽한 신사임. 그는 시가 상자와 하키 스틱으로 활과 현악기를 만들어 멋진 음악을 연주했다. 음악은 단순하지만 탁월했다. "나는 당신이 나를 부르는 소리를 듣습니다(I Hear You Calling Me)." 등. 모두 감탄했다. 몬트리올에 도착, 안개 낀 강에서 뭍으로 올랐다 웨스턴 병원에 가서 친구 빌 프레이저를 만났다. 까다로운 무균 상태로 에테트를 사용하지 않는 두 번의 수술을 지켜보았다. 시내를 산책했다. 드레스에 신물남. [나는 화려한 드레스를 입은 여성들이 별로임]. 다음날 킹스턴에 도착한 나는 전에 살던 기숙사를 사용할 수 없게 된 것을 알고 친구 모슬리와 함께 스미스 기숙사에 방을 얻었다.

수업 시작 전 며칠 동안 친구들과 수영, 요트, 카누를 타며 시간을 보냈고, 그 이야기를 마가렛에게 편지로 들려주었다. 날씨는 점점 추워졌고 캠퍼스는 단풍으로 아름답게 물들었다. 그는 미래의 장인어른에게 편지를 쓸 때가 되었다고 생각했다. 그는 퀸즈대학교 사무용지에 깔끔한 필체로 편지를 써내려갔다.

의과대학
1913년 10월 15일

친애하는 로저스 씨에게,

마가렛의 당부도 있었고, 저도 인사드리고 싶어서 편지 드립니다.

세인트 안토니의 병원 업무를 정리하고 학교생활로 돌아가느라 조금 분주한 시간을 보냈습니다. 이곳에서 해외선교위원회의 후원으로 대학 간 대규모 컨퍼런스를 준비하고 있는데, 다른 대학에서 상당수의 대표단이 참석할 것으로 예상하고 있습니다. 저희 학교 학생이 2,000명 정도 되고, 토론토와 맥길대학교의 학생해외선교자원운동(Student Volunteers)[11] 학생들까지 합치면 많은 인원이 참가할 것으로 예상됩니다.

우리 졸업생의 대다수가 국내 선교(Home Missions) 사역에 종사하고 있고 저도 그것이 바람직하다고 생각합니다. 하지만 퀸즈대학교는 "만인을 위한 그리스도"라는 진정한 선교사 정신을 육성하는 데 독보적인 전통을 가지고 있습니다. 이곳의 학생해외선교자원운동의 학생은 20명에 불과하지만, 지난 10년간 평균 4명의 해외 봉사단을 파견해 왔습니다. 작년에 두 여학생은 중국으로, 한 여학생은 튀르키예로, 한 의사는 대만(Formosa)[12]으로 갔습니다.

서부는 부유한 지역이라 다수는 편한 길을 찾아서 본국에 머물러있습니다. 하지만 더 어려운 문제를 찾아서 해결하는 것이 좋아서 먼 나라로 가고자 하는 소수도 여전히 있습니다. 휘티어의 시 "선교사"를 읽어보시면 좋겠습니다. 그 시는 도전에 대해 잘 표현하고 있습니다. 마가렛도 자주 읽었고, 제가 가장 좋아하는 시입니다.

아시다시피 저는 캐나다의 마르코니 회사에서 무선 엔지니어로 일했고, 의대 3년 차인 지금도 그 일을 병행하고 있습니다. 그러나 저는 항상 더

---

11 (역주) 학생해외선교자원운동(SVM)은 1885~1886년 무디가 노스필스 마운트허몬에서 개최한 대학생 여름수련회 강사로 참여한 피어슨(Arthur T. Pierson) 목사가 학생회외선교자원운동의 발기인이 되었고 이후 무디와 고든, 스피어, 모트, 뮐러, 화이트, 포어맨 등과 함께 "이번 세대에 전 세계를 복음화하자."는 구호로 해외선교자원운동을 추진하였다. 이런 배경에서 그는 1888년부터 초교파 해외선교잡지 *The Missonary Review of the World* 편집인이 되어 별세할 때까지 발행하였다.

12 (역주) 포모사(Formosa)는 대만(Taiwan)의 예전 이름임.

넓은 영역에서 일하기를 갈망하고 있고, 또 스스로 도울 힘이 없는 사람들을 돕기 위해 더 나은 훈련을 받기를 열망합니다.

윌슨 대통령의 딸과 결혼한 프랭크 세이어(Frank Sayre)의 설교를 듣고 난 후, 그렌펠 박사님의 말씀을 듣고 최종적으로 저의 이상을 따르기로 했습니다. 저는 그렌펠 박사님과 함께 6번의 여름을 보냈고 제 인생에 대한 하나님의 계획을 받아들일 준비가 더욱 되었습니다. 제가 원하기도 했지만, 당신의 딸 마가렛의 마음 속 따뜻한 사랑의 정신이 제가 진정 하늘에 계신 아버지의 아들이라는 사실을 온전히 깨닫게 해주었으며, 그녀의 중보기도 덕분에 제가 하나님께 도달할 수 있었습니다. 마가렛과 저는 함께 성찬에 참여하면서 "하나님과 인류를 위해" 살기로 서약했습니다. 지난 편지에서 마가렛은 뉴펀들랜드 세인트존스의 저의 집에서 그녀에게 꼭 필요한 휴식을 취하고 있다고 들었습니다.

훈련받은 간호사인 제 여동생 에바가 집에서 마가렛과 함께 지내고 있습니다. 저희 고장에서 널리 이름이 알려진 제 아버지는 항상 어떤 식으로든 마가렛을 도와줄 마음의 준비가 되어 있습니다. "래브라도 미션(Labrador Mission)"이라는 글을 함께 보내드리니, 저희 병원의 사업이 얼마나 크게 성장하고 있는지 살펴보시기 바랍니다. 제가 떠나기 전에 찍은 엑스레이만 해도 두 달 동안 150건 가량 됩니다.

제가 어떤 사람인지 궁금하실 것 같아서 말씀을 드린 위의 내용이 혹시 저를 과시하는 것처럼 들리셨다면 죄송합니다.

함께 보내드린 종이장식 "페이퍼 커팅"은 마가렛이 이모에게 보내 달라고 부탁한 것입니다. 제 친구가 방금 차를 가지고 오는 소리가 들리니, 이제 줄여야겠습니다.

진심 어린 축복을 빕니다,
스탠 H. 마틴 드림

그 사이 마가렛은 스탠의 가족을 방문하기 위해 세인트존스로 여행을 떠났다. 그녀는 아버지에게 편지를 썼다.

세인트존스, 뉴펀들랜드
1913년 10월 16일,

사랑하는 아빠,

이 편지가 4일 만에 아빠에게 도착한다니 다행이네요. 리틀 박사가 10월 22일 프로스페로호가 출발할 때까지 일주일 더 휴가를 보내도 된다고 전보를 쳤어요.

스탠의 어머니 마틴 부인은 제가 푹 쉬고 나서 살이 오르는 걸 보고 정말 기뻐하셨어요! 일주일 전에 왔을 때와는 완전히 딴사람이 되었다고 하셨어요. 아빠, 그분은 마치 제가 친딸인 것처럼 저에게 너무 잘 해주세요. 정말 저는 좋은 사람들에게 좋은 대접을 받아서 감사해야 할 것이 많습니다. 오랜 병원 생활 후 편안한 가정의 맛을 조금 보는 것 같아 즐겁답니다.

우리는 아름다운 길을 걷기도 하고, 교외로 드라이브도 했답니다. 세인트존스는 그리 크지 않아서 걸어서도 외곽으로 나가 아름다운 시골길을 즐길 수 있답니다. 마치 "뾰족한 전나무의 고장"인 뉴잉글랜드 고향 마을의 농가와 목초지를 보는 것 같아요. 워터포드 강 계곡에는 연못과 시냇물, 폭포가 있는 작은 보링 공원(Bowring Park)이 있는데 규모는 작지만 메리 미팅(Merry Meeting)보다 더 아름답답니다. 언젠가 마틴 부인, 에바와 저는 그곳을 온종일 공원을 다 도는 드라이브를 했답니다.

에바와 저는 시그널 힐 기슭의 바다로 이어지는 절벽 위에 있는 배터리라고 불리는 곳에 두 번이나 산보를 했답니다. 이곳 좁은 해협 밑을 가로지르는 쇠사슬을 쳐서 프랑스 함선의 공격을 막았다고 해요. 이 오래된 요새는 이제는 순무 정원으로 바뀌어서 평화로운 쉼터로 사용되고 있답니다! 등대와 애머스트 요새는 내로우의 반대편 "남쪽"에 자리잡고 있습니다.

바깥 풍경은 거칠고 험준한 북뉴펀들랜드의 풍경과 같아서 내부의 평화로운 농경지와는 사뭇 대조적이에요.

편지에는 다 담을 수 없어요! 아빠, 제가 얼마나 달라졌는지, 저의 기쁨, 이별의 슬픔, 긴 겨울을 견디며 간직해온 믿음, 그리고 지나고 나면 다시 하나가 될 수 있다는 희망 등 이 모든 것을 아빠는 전부 이해하시기 어려울 것 같아요.

오늘 아침 10월 22일 출발하는 세인트 앤서니행 티켓을 샀어요. 제가 도착하면 바로 스탠에게 알려서 바로 전보할게요.

이만 줄입니다.

사랑하는 딸 드림

몇 주 후 아버지는 딸의 행복을 축복하며 기쁨을 표현했지만, 마음은 무거웠다. 마가렛은 세인트존스에서 성 안토니 병원으로 돌아왔고 곧 작은 마을에 다시 겨울이 찾아왔다. 그녀는 바다가 얼기 전 마지막 우편을 놓치지 않으려고 자주 아버지에게 편지를 썼다.

스탠과 제가 앞으로 무엇을 어디서 어떻게 할지는 하나님 아버지의 인도하심에 맡겨야 합니다. 하지만 제가 당장 아빠 곁을 떠나지는 않을 것 같아요. 아빠, 따뜻한 편지 고마워요, 정말 귀한 편지였어요, 왜냐하면 저의 생각에 아빠도 같이 해주신다는 걸 알게 되어 기뻤기 때문입니다. 아빠는 편지에서 숲이 우거진 해변 카탄스의 "사랑스런 벽난로"에 대해서 말씀하셨어요. 제 생각에 아빠는 홀로 책과 친근한 시냇물 사이에서 만족할 줄 아는 천성을 지니고 계신 것 같아요. 저는 아빠의 지난 몇 년간의 인생 말년을 조금 더 편하게 해드렸더라면 좋았을 텐데 하는 아쉬움이 남는답니다. 하지만 아빠는 아빠만의 소중한 추억을 가지고 있고, 저도 이제 진정으로 행복하게 사는 것이 무엇인지 배우고 있답니다.

그렌펠 박사는 영국 국왕, 캔터베리 대주교, 미국 대통령과도 똑같이 편안하고 즐겁게 대화하는 것처럼 여기 이 불쌍한 사람들과도 대화를 나눌 줄 안답니다. 백악관에서 거행된 결혼식을 꼭 봤어야 하는 건데 말이에요. 스탠리는 프랭크 세이어를 알지만, 그와 자리를 바꾸고 싶지는 않다고 했어요! 이상하죠!

스탠은 킹스턴에서 응급 구급차를 타고 운전자와 옆 조수석에 앉아 있었다고 썼다. 그들은 한 아이의 생명을 구하기 위해 과속을 하고 있었는데, 운전자가 급정거를 해야 했다. 두 사람은 앞 유리를 뚫고 나가 떨어졌지만, 가벼운 상처와 타박상만 입었다.

마가렛은 세인트 앤서니의 겨울 활동에 대해 다음과 같이 썼다.

1913년 12월 27일,

아빠에게

그렌펠 박사님은 현관문 옆에 얼음으로 둘러싼 아름다운 눈 아치를 만들었어요. 한쪽에는 영국 국기를 들고 있는 2피트 높이의 아주 영리한 작은 어부를 조각했어요. 다른 한쪽에는 멋지고 복슬복슬한 꼬리를 가진 아름다운 고양이를 만들고 그 옆에 미국 국기를 새겼어요. 그는 그렌펠 부인을 "푸스"라고 불렀고, 그가 고양이를 그리면 그건 항상 부인을 상징하는 것이었기 때문에, 이 두 조각은 가족을 상징한다고 생각해요.

병원 주변에서 개가 짖거나 울부짖는(howling) 소리를 자주 들을 수 있답니다. 대부분은 개썰매를 끌도록 훈련받은 개들이에요. 다른 개들은 마을 주민이나 직원의 애완동물입니다. 가장 유명한 개는 그렌펠 박사와 함께 얼음판 모험에서 살아남은 개들입니다. 제리, 닥, 수, 브림, 잭 등 다섯 마리가 남았어요. 잭이라는 이름의 블랙 스패니얼은 그렌펠 선생님이 가장 좋아하는 개 중 하나예요. 이 개는 선생님이 책상에서 일할 때 그 옆에서 자는 것을 좋아해요.

한 번은 어느 날 불쌍한 잭이 덫에 걸려 우리는 그를 잃은 줄 알았어요. 하지만 누군가 그를 데려왔는데, 발가락 두 개가 동상에 걸려 있었어요. 어제 제가 토미[앞서 언급한 환자 중 한 명]에게 붕대를 감아주려고 시도했던 것처럼, 잭에게 붕대가 감겨 있었어요. 그 위에 스타킹까지 신겨있지 뭐예요! 제가 바늘과 실로 붕대를 꿰매도록 박사님이 꼭 붙들고 있었는데, 그는 아주 얌전하게 앉아 있었어요.

오늘 오후에 의사 선생님께 차를 마시러 갔어요. 그의 작업실이자 휴식처에서 차를 마셨어요. 그렌펠 부인은 찻집에 쓸 커튼을 만들고 있었고 선생님은 자서전에 들어갈 새로운 이야기에 넣을 수채화 삽화를 그리고 있었어요.

우편 마감 시간 때문에 이만 줄입니다.
아빠를 아주 많이 사랑하는 딸 드림

가을 학기가 순조롭게 진행되면서 스탠은 토론토 감리교 선교위원회에 지원서를 낼 때가 되었다고 생각했다. 1913년 12월 5일 그는 토론토의 J. 엔디콧(J. Endicott) 박사에게 편지를 보냈다.

친애하는 박사님

의대생으로서, 또한 5년 동안 의료 선교 사역을 해온 사람으로서 1915년 봄에 제가 해외로 파견될 수 있는 기회가 있는지 알고 싶습니다. 가급적 저의 소속 교단에서 저를 파송해 주셨으면 합니다.

하나님을 위해 살기를 바라는
S. H. 마틴

1914년 1월 9일에 J. H. 아눕(Arnup)으로부터 답장이 왔다.

친애하는 마틴 씨

제가 계속 사무실에 나가지 못해서 지난 12월 5일 엔디콧 박사님께 보낸 편지에 바로 답을 드리지 못한 점을 양해 바랍니다. 후보자를 확보하는 일을 맡은 책임자로서 생애를 바쳐 봉사하겠다는 젊은이와 인생의 계획에 대해 의논할 수 있어서 큰 영광입니다.

1915년 봄에 해외 파견될 수 있느냐는 귀하의 질문에 대한 답변으로, 그해 10월이나 11월 이전에는 해외 파견이 불가능합니다.

다만, 1915년 한두 명의 의사가 추가로 필요할 것 같으니, 동봉한 양식에 답장을 보내주시고, 해외 파견에 필요한 자격을 판단하는 데 참고가 될 만한 귀하의 삶에 관련된 내용도 되도록 상세히 적어 보내주시면 감사하겠습니다.

당신의 회신을 기다리면서, 귀하가 가장 효과적으로 봉사를 할 수 있는 곳으로 보내질 수 있기를 바라겠습니다.

진심어린 마음으로
J. H. 아눕 드림

스탠 다음날 바로 답장을 썼다.

친애하는 아놉 씨

이 모든 것이 제 평생의 사명과 관련이 있기에, 저는 자신과 선교회의 관계가 어떻게 될지에 더 마음이 쓰이고 있습니다. 우선, '저는 누구인지, 그리고? 어떤 자격을 갖추고 있는지?'에 대해서 말씀드리겠습니다.

저의 선조들은 대대로 감리교 목사나 선교사였습니다.

저는 그렌펠 박사와 함께 의료선교 사역을 하면서 래브라도 해안 2,000마일 전체를 여러 번 여행하면서 30개월 동안 병원과 순회 의료사역을 했습니다. 의료 선교 모든 분야를 공부했습니다. 최근 5년이 걸리는 엑스레이 수련을 마쳤습니다. 보스턴의 매사추세츠 종합병원에서 하루에 100건 가량의 케이스를 보았고 최고의 외과 의사들이 수술 작업을 참관하였습니다. 지난 세 번의 여름 동안 미국에서 가장 뛰어난 외과 의사 중 한 명과 함께 일을 했습니다. 저는 그리스도를 닮은 여성과 약혼했는데, 제 약혼자는 항상 해외 선교를 꿈꿔왔으며, 그녀의 이런 꿈은 더 넓은 안목과 필요에서 온 것입니다. 그녀는 세계 최고의 병원 중 한 곳에서 철저하게 훈련받은 간호사로, 현재 의료 선교 사역을 하고 있으며 저와 마찬가지로 가장 필요한 곳에서 우리의 인생의 일을 시작하기를 열망하며 저를 기다리고 있습니다. 저의 어머니는 감리교 여선교회 회장이시며, 아버지는 38년 동안 주일학교 부장으로 봉사하시고 계십니다.

저는 뼛속 깊이 감리교 소속이지만, 1915년 가을에 저는 저를 보낼 수 있는 곳만 있다면, 다른 교단에도 신청할 용의가 있습니다. 지금 그 이유를 다 일일이 설명할 수는 없지만, 저는 1915년 가을에 의사 실습을 시작해야만 합니다. 여러 가지 연구에 대한 요청, 그렌펠 박사와의 협력, 기타 병원 진료 등의 제안이 있지만, 현재 그 어떤 제안도 받아들일 생각이 없습니다. 제 약혼녀가 바라는 이야기는 분명하지만, 저는 우리 둘 중 누구도 자신의 방식에 너무 얽매이지 않으려고 합니다. 무슨 말인지 아시겠죠. 우선, 제가 알고 싶은 것은 제가 소속된 감리교가 1915년 가을에 저희를 파송할 수 있는가 하는 점입니다. 만약 그렇지 않다면 저는 장로교 선교위원회에 신청할 것입니다. 저는 이곳 시든햄 세인트 교회의 교인이고 8년 동안 학생 자원봉사자로 활동했으며 작년에는 악단의 회장을 맡고 있습니다. 만일 제가 어디로 가야 할지 안다면 훨씬 더 나은 계획을 세울 수 있겠습니다. 저는 이곳 병원과 대학에서 일하고 있습니다.

뉴펀들랜드(세인트존스)에서 태어나 래브라도에 사는 제가 열대 지방으로 간다면 그것은 어리석은 일이고 하나님의 뜻에도 맞지 않는 일일 것입니다. 어부들 사이에서 살아온 제 삶과 바다에 대한 저의 사랑은 저의 또 다른 모습입니다. 거의 모든 질병을 진단할 수 있는 엑스레이에 대한 저의 지식은 인류에게 큰 도움이 될 것입니다. 이런 일은 근처에 큰 병원이 있어야 가능할 것입니다. 그리고 제 약혼자는 간호사를 훈련시킬 능력이 있습니다. 이를 고려하면 선생님께서는 제가 가장 잘할 수 있는 곳이 어디인지 대략 짐작하실 수 있을 것입니다. 물론 하나님께서 선생님의 결정을 인도해 주실 것이라 믿습니다. 저에게 기회가 없을 수도 있겠지만, 저는 하나님께서 미래에 그 모든 질문에 답해 주실 것을 믿습니다. 현재 제가 이렇게 당신에게 편지를 쓰는 일도 저를 향한 하나님의 계획을 실현하는 것 중 하나라고 생각합니다.

만일 제가 충분히 준비되었다고 생각하셔서 다음 서류를 보내주신다면, 저는 당신이 보내는 모든 서류에 기꺼이 서명할 것입니다. 가능한 한 빨리 편지를 보내주시길 부탁드립니다.

진심을 다하여,
하나님을 섬기며,
S. H. 마틴 드림

스탠은 아눕 씨의 회신을 기다리는 동안 캐나다 장로교 해외선교위원회에도 지원했다. 아눕 씨의 편지는 거의 3주 후에 도착했다.

1914년 1월 29일 토론토
S. H. 마틴
퀸즈대학교
킹스턴, 온타리오

마틴(S. H. Martin) 씨에게

가족의 심각한 병으로 제가 장기간 사무실에 나가지 못해 부재중일 때 귀하의 편지가 도착했습니다. 편지에 "개인적인"이라고 표시되어 사무실 아무도 열지 않은 채 저에게 남겨져 있었습니다.

귀하께서 서중국으로 파송이 가능한지에 대해 확실한 정보를 원하시는 것은 지극히 당연한 일입니다. 저는 우리의 필요와 후보자, 합당한 체류비, 선교비 증액 가능성 등을 종합적으로 고려한 결과 1915년 가을에 귀하를 파견하는 데에는 큰 문제가 없다고 생각합니다. 물론 당신의 건강검진 등 모든 통상적인 절차가 충족되어야 하겠지요.

어떤 책임자도 거의 2년 전에 당신에게 어떤 특정 시점에 현장에 파견될 것이라고 확실하게 약속할 수 없다는 점은 당신도 잘 아실 것입니다. 국내외에서 어떤 일이 벌어질지 아무도 예측할 수 없습니다. 그러나 당신이 기뻐할 만한 사실은, 제가 전달할 당신에 관한 모든 정보가 당신이 항해할 준비가 된 시점에 맞춰 선교부 이사회가 당신을 임명하게 될 것이라고 제가 개인적으로 확신하고 있다는 점입니다.

사무 절차상 1915년 1월 또는 4월이 되어야 이사회 집행부에 의해 공식적으로 임명될 것이기 때문에 그때까지는 당신의 임명이 공식화되지는 않을 것입니다. 서로의 편의를 위해서 당신이 건강진단 결과를 동봉한 양식에 기입하여 보내주시기 바랍니다.

진심을 다하여,
J. H. 아눕 드림

마가렛은 선교위원회의 답신이 몹시 궁금했지만, 병원 일이 바빠서 신경 쓸 겨를이 없었다. 그녀는 아버지에게 "저는 지금 집에 돌아갈 생각을 모두 포기했습니다-1914년 6월 25일까지 머물 계획입니다."라고 써서 편지를 보냈다. 그녀는 자신이 마취사로 참여하였고, 그렌펠 박사가 집도한 손절단 수술에 관해 썼다. 그녀는 환자들을 위해 그들에게 인기가 있는 "노래"를 피아노로 연주하여 녹음한 빅트롤라[13] 콘서트에 대해서도 이야기했다. 스키도 배웠다. "오랜만에 신나게 보냈어요!"

마침내 1914년 봄이 왔지만, 혹독한 꽃샘추위가 몰아닥쳤다. 병원 직원들은 바다표범 사냥꾼들이 얼어붙은 바다에 있다는 사실을 알고 있었다. 어느 날 하늘에 먹구름이 몰려오더니 끔찍한 눈보라가 그 지역을 휩쓸었다. 낮인데도 하늘은 점점 더 어두워졌다. 마가렛은 이런 광경을 본 적이 없었다. 며칠 후 비극적인 소식이 들려왔다. 수백 명의 사냥꾼이 얼음에 갇혀 거의 모두 사망했다는 소식이었다. 살아서 구조된 사람마저도 심한 동상을 입었고 일부는 사지를 절단해야 했다. 많은 사람이 세인트존스 선원 병원으로 이송되었다. 온 나라가 비탄에 잠겼다. 캐나다에서 이 소식을 들은 마가렛과 스탠은 북쪽 사람들의 고통과 용기에 다시 한 번 깊게 감명받았다.

6월, 스탠은 여름 일을 위해 세인트 앤서니로 돌아왔고 마가렛은 메인에 있는 아버지에게 돌아가기 전에 그와 함께 몇 주 동안 더 머물며 소중한 시간을 보냈다.

스탠의 여름은 그 어느 때보다 많은 수술과 엑스레이 작업으로 빠르게 지나갔다. 전쟁의 먹구름이 몰려오고 있었고 스탠은 벨 아일

---

[13] (역주) 빅트놀라(victrola)는 박스형 축음기임.

제6장 _ 친절하고 멋있는 친구 113

(Bell Isle)에서 오는 전쟁 소식을 받기 위해 무선 송신기를 손질했다. 가을이 되자 의대 마지막 해를 보내기 위해 그는 퀸즈대학교로 돌아왔다. 보스턴과 킹스턴 사이를 오가는 우편 서비스는 빠르고 효율적이어서, 두 연인은 해안선을 오가는 느려터진 증기선이 배달해주는 우편을 기다릴 필요가 없게 되었다.

1915년 1월, 그는 놀라운 소식을 접하고 가족들에게 편지를 보냈다.

1915년 1월 17일
사랑하는 가족들에게

저의 요청을 장로교 해외선교위원회가 기꺼이 받아들여서, 올가을에 하나님의 뜻대로 떠난다는 소식을 제가 이미 전해 드렸습니다. 저는 특히 건강의 관점에서 볼 때 한국에 가는 것이 매우 큰 행운이라고 생각합니다. 그곳은 러시아 남부와 아주 가깝고 바다와 산악지대에 있어 뉴펀들랜드와 매우 비슷하다고 합니다. 일본인들은 한국을 빠르게 현대화시켜서 철도와 우편, 전신 시스템이 잘 갖춰져 있다고 합니다.

그곳에 사는 한국 사람들은 대부분 농부입니다. 기독교인들도 1,000여 명가량 된다고 합니다. 그들은 스스로 교회를 세우고 목회자와 학교를 지원하고 있다고 합니다. 저는 이런 소식을 제가 한국에 있는 선교사들의 편지에서 수집했습니다. 졸업 후 6개월 동안 무엇을 할지는 아직 결정하지 못했습니다. 병원 일을 해야 하는데, 벨 아일의 구베네티(Guvenneti) 박사가 월급여 100달러를 받고 자신의 진료를 맡아 달라고 합니다.

하지만 저는 미국 병원에 들어가서 6개월 동안 하루에 10건 정도 수술하는 과중한 병원 업무와 경험을 쌓고 싶어요. 여기에는 전쟁터에서 일할 전기 기사 등을 찾는 포스터가 붙어 있어요. 저는 곧 내려갈 예정인데, 만약 윌이 캐나다 기술자들과 함께 일하게 된다면, 좋은 대우와 보수를 받을 수 있을 것 같아요. 마가렛은 필라델피아에 있는 친구 베이커 박사에게 가서 한 달간 휴가를 보내고 있습니다. 그 후엔 알바니에서 사촌들과 한 달간 지내고 나서, 미국에서 개인적인 일을 처리하면서, 제 일을 해결하려 합니다. 어제 호수에서 멋진 스케이트를 탔어요. 매주 마가렛이 크리스마스 선물로 보내 준 미국 의학 저널(American Medical Journal)을 받고 있습니다. 저는 일주일 동안 매일 밤에 일하고 있습니다. 오늘 밤엔 맥렐랜드(McLellands) 부인 집에 차를 마시러 갈 거예요. 제가 한국에 간다고 다들 기뻐하는 것 같아요. 하지만 가족들은 서운하시겠지요. 제가 6년에 한 번씩 집에 온다는 거 잊지 마세요. 에바는 3년 후에 고향으로 돌아와서 이곳 뉴펀들랜드에 자리를 잡을 거예요. 6월 말쯤이면 이 전쟁이 완전히 끝날 거라고 믿어요.

이번주에 존 R. 모트가 선교에 관한 특별 회의를 위해 이곳에 와 있습니다.

어머니와 아버지, 진심어린 사랑을 전합니다.
스탠 드림

1915년 4월 15일, 스탠은 스물네 살의 나이에 퀸즈 의과대학을 우등으로 졸업했다. 그는 의학박사 학위와 외과 학위도 받았다. 과정을 마쳤을 때 그는 250달러의 빚을 지고 있었고 이 문제를 놓고 기도했다. 며칠 후 울프(Wolfe)섬에 있는 동안 그는 정확히 250달러의 수표가 든 편지를 받았다. 그는 나중에 자신을 후원하는 교회에서 "그것은 제가 기도에 직접 응답받은 수많은 사례 중 하나에 불과합니다."라고 간증했다.

스탠과 마가렛은 간절히 가을에 결혼식을 올리기를 바랐지만, 전쟁이 더욱 심각해져서 스탠은 영국 육군 부대에 의무병으로 자원했다. 이 새로운 상황은 그들의 삶에 갑작스러운 폭풍우처럼 몰아쳤다. 그는 군복을 입고 이집트 카이로로 가라는 명령을 받았다. 그러나 장로교 선교위원회는 극동 지역에서 일할 의사가 부족하다는 이유로

군 당국에 그를 파병에서 제외해 달라고 요청했다. 이 일에 적극적으로 나선 사람은 세인트존스 출신 앤드류 로버트슨(Andrew Robertson) 목사였다. 그는 이 뉴펀들랜드 출신 젊은이에게 큰 관심이 있었다. 실제로 그는 스탠이 젊은 시절에 참석했던 '묵상 시간'을 개최한 사람이었다.

군복무에서 제외된 스탠은 5월부터 10월까지 몬트리올의 웨스턴 병원에서 추가로 수련 경험을 쌓을 수 있었다. 두 사람의 결혼 날짜는 11월 3일로 정해졌다.

선교부로부터 주로 한국인들과 함께 일하게 될 것이라는 소식이 전해졌지만, 그들의 선교지는 중국 북부의 만주에 있는 선교부로 정해졌다. 한국인들은 이 마을을 용정이라 불렀다. 중국 이름은 룽칭췬으로 "용의 우물"이라는 뜻이다. 또한, 이사회는 온타리오주 오릴리아(Orillia) 장로교회가 후원할 예정이니, 선교지로 가는 길에 그 교회를 방문해 주면 감사하겠다고 했다.

그동안 마가렛은 결혼식을 준비하면서 해외에서의 새로운 삶을 위한 물품을 모았다.

그녀는 손에 목록을 들고 보스턴 애디 이모의 침실 앞에 서 있었다.[애디 이모는 어머니의 여동생이다.] 이모는 자신이 가장 좋아하는 흔들의자에 앉아 있었다. 마가렛은 시트, 수건, 식탁보, 침구, 은식기, 냄비와 프라이팬 등 여러 가지 품목을 적어 놓았다. 이런 물건들은 새 신부라면 챙겨야 할 목록이라고 생각했다.

"중국에 가서 몇 년 동안 돌아오지 목할 텐데 뭘 가져가야 하지? 애디 이모, 이 목록 좀 보세요. 이건 시작에 불과해요. 트렁크와 여행 가방을 더 있어야겠어요."

"어디 보자."

애디 이모는 안경을 고쳐 쓰고 종이를 들여다보았다.

"중국에는 차가 정말 많단다. 커피는 챙겼니? 음. 건포도, 베이킹 파우더, 효모... 왜 식료품을 차릴 참이냐!" 에디는 웃음을 터뜨렸다.

"글쎄요. 거기엔 좋은 생선과 닭고기, 소고기, 그리고 쌀도 많다고 들었어요. 여름 과일과 채소도 있고요. 오, 그렇군요! 통조림이 필요해요. 그것도 목록에 넣어야겠어요. 그들에게는 없는 우리만의 특별한 서양 식품들 말이에요. 음식이 너무 소박했던 성 안토니에 살아봐서, 스탠과 저는 잘 해낼 수 있을 거예요."

"아기 옷은 어떠냐? 몇 년 동안 있을 텐데."

"오, 애디 이모!" 마가렛은 웃으며 허리를 굽혀 이모를 껴안았다. "그것도 필요하게 되면 좋겠어요! 짐이 태평양을 건너려면 시간이 오래 걸리니 아기 옷 몇 개는 미리 챙기는 게 좋겠어요. 좋은 생각이네요."

목록에 있는 물건을 다 사기 전에 돈이 바닥났지만, 곧 튼튼한 트렁크 두 개와 나무 상자 네 개가 출항일을 기다리며 브리티시 컬럼비아의 빅토리아 항구로 배송될 준비를 마쳤다.

마가렛은 결혼식 전 마지막 며칠 동안 아버지와 함께 지내기 위해 메인주 브런즈윅으로 떠났다. 그곳에서 목수에게 "아이버스 엔 폰즈(Avers & Ponds)" 피아노를 넣을 무거운 나무 상자를 준비하게 시켰다. 피아노는 다른 무거운 짐과 함께 보스턴으로 보내졌다. 드디어 메인주 홀튼에서 열리는 결혼식에 갈 시간이 되었다.

스탠은 10월 웨스턴 병원에서 근무를 마치고 가족에게 작별 인사를 하기 위해 세인트존스 집으로 갔다. 그 역시 캐나다 서부 해안으로 보낼 트렁크를 포장하는 데 시간을 보냈다. 그 안에는 의학 서적과 따뜻한 옷, 그리고 그가 최대한 수집한 귀중한 의약품과 도구들이

들어 있었다. 그의 자랑이자 기쁨인 4인치 망원경도 로즈우드 상자 안에 싸서 보낼 준비를 했다.

짐을 싸면서 그는 자신과 마가렛에게 어떤 미래가 펼쳐질지 궁금했다. 미지의 세계였지만 그는 하나님의 강한 손길이 그와 함께함을 느꼈다. 조지 스트리트 감리교회와 세인트 앤드루스 장로교회에서 그에게 생필품을 보내주었다. 신문은 그가 떠난다는 소식을 전했고, 세인트 앤서니의 그렌펠 박사로부터 작별 편지가 도착했다.

그의 친구들이 다녀갔고, 매일 밤 부모님과 함께 특별한 기도의 시간을 가졌다. 마침내 떠날 날이 되었다. 스탠은 많은 인파에 둘러싸인 채 춥고 바람이 부는 부두에 서 있었다. 스탠은 눈물 고인 어머니의 눈을 바라보면서, 가늠하기 어려운 먼 거리로 떠나서, 오랫동안 만날 수 없다는 생각에 가슴이 먹먹해졌다. 그는 그녀를 꼭 껴안았다. 사람들과 악수를 나누었고, 사람들은 등을 토닥여주면서, 큰 소리로 "행운을 빈다!", "하나님의 축복이 함께 하길!"라고 작별인사를 했다. 그는 돌아서서 배에 올랐다.

스탠은 난간에서 몸을 돌리면서, 마가렛을 만나 가까워지고 결혼까지 하게 된 매 순간들, 앞으로 펼쳐질 위대한 모험을 그려보며 마음을 다잡았고, 사랑하는 세인트존스가 시야에서 멀어져갔다. 이제 친숙해진 보스턴에서 그는 기차를 타고 홀튼으로 향했고, 역에서 마가렛과 그녀의 아버지를 만나 기쁨의 재회를 했다. 그는 마을 어귀로 차를 몰고 가서 오래된 소나무로 둘러싸인 뉴잉글랜드의 저택으로 향했다. 뱅고 로드에 있는 반스 농장이었습니다. 마가렛은 이 집에서 여섯 살 때부터 살았다. 그는 "수십 명"이나 되는 마가렛의 친가(로저스)와 외가(반스)의 친척들과 마가렛을 키운 프란시스 외삼촌과 아이사 외숙모로부터 따뜻한 환영을 받았다. 그는 홀튼 도서관 사서였던 사촌 안나 반스도 만났다. 마가렛은 스탠에게 집을 구경시켜주었다.

파이와 케이크를 굽는 냄새가 부엌을 가득 채웠다. 침례교회 여성들이 다음 날 결혼식 만찬을 준비하고 있었다. 스탠은 거실과 서재 벽에 책이 빼곡히 꽂혀 있는 것을 보았다. 책상 위에는 외삼촌 프란시스의 하버드 명패가 놓여 있었다. 교회 청년 몇 명이 숲에서 가져온 향기로운 발삼 전나무 가지를 한 아름 들고 뒷문에 도착했다. 그들은 신랑과 신부가 결혼식 때 서 있을 식당과 거실 사이에 아치형 통로를 만들었다.

스탠은 결혼식 화동으로 정해진 금발의 사촌 마가렛 반스를 소개받았다. 그녀는 마가렛과 스탠을 따라 계단을 올라가 마가렛이 수년 간 사용하던 방으로 따라왔다. 거울에는 화사하고 행복한 신부의 모습이 비쳤고 스탠은 그 옆에 서 있었다. 어린 화동 소녀는 오랫동안 간직한 소중한 인형을 손에 들고 분주하게 움직였고, 새 부부는 기쁨을 억누르지 못하고, 빠르게 포옹을 나눴다.

저녁이 되자 손님들은 대부분 돌아갔다. 가장 가까운 가족들끼리 모여 친숙한 저녁 식사를 했다. 주 메뉴는 구운 콩이었다! 그 후 그들은 마가렛에게 피아노 연주를 부탁했고, 모두 모여 노래를 불렀다. 스탠은 아름다운 테너 목소리로 "장미의 시간"을 불렀고, 가족들은 자리에 앉아 마가렛과 스탠이 뉴펀들랜드와 래브라도에서 겪은 모험담을 들었다.

프랜시스 삼촌이 가족 앨범을 보여주어 스탠은 마가렛의 친척들에 대해 더 자세히 알게 되었다. 그는 그녀의 할아버지뻘 되는 나다니엘 버틀러 목사가 링컨 대통령의 첫 임기 동안 부통령을 역임한 한니발 햄린(Hannibal Hamlin)의 개인 비서였다는 사실을 알게 되었다. 그녀의 사촌이자 그의 아들인 나다니엘은 최근 메인주 워터빌에 있는 콜비대학의 총장을 지낸 바 있다.

그녀의 삼촌 피니어스 반스(Phineas Barnes)는 당시 피츠버그의 철강 회사에서 앤드류 카네기(Andrew Carnegie)와 함께 일하고 있었다. 그들은 젊은 부부에게 중국과 그곳의 상황에 대해 질문을 던졌다. 즐거운 저녁 시간이 막을 내렸다. 가족들은 따뜻한 포옹을 나누며 각자의 집으로 흩어졌다.

1915년 11월 3일 맑고 쾌청한 아침이 밝았다. 다시 한번 집안의 여성들은 긴 식탁을 차리고 초록색 초와 하얀 카네이션으로 장식하는 등 분주하게 움직였다. 메인주의 꽃은 서리로 인해 시들었지만, 플로리스트가 보스턴의 꽃 전시회에서 카네이션과 화려한 국화 부케를 준비해 왔다.

오후에 침례교 여성들이 돌아왔다. 이번에는 찜냄비요리, 머핀, 구운 닭요리를 준비했다. 이 여성 중 다수는 교회에서 마가렛이 성장하는 모습을 지켜본 분들이었다. 신앙심이 깊고 해외 선교에 관심이 많았던 그들은 마가렛이 선교사가 되는 것을 매우 자랑스럽게 생각했고, 가능한 모든 방법을 찾아서 돕고 싶어 했다. 마가렛은 그들에게 감사를 표하며 그들을 거실에 초대했다. 곧 다른 손님들이 도착했다.

5시가 거의 다 되었을 때, 마가렛은 그녀의 침실에 있었다. 애디 이모가 그녀를 돕기 위해 거기에 함께 있었다. 그녀는 아이보리 실크 웨딩드레스를 입는 것을 도와주고 면사포에 오렌지 꽃을 달아주었다. 어린 사촌 마가렛은 자신이 들고 갈 꽃바구니를 보고 눈이 휘둥그레졌다.

애디 이모는 신부 치장이 잘 되었나 보려고 미소를 지으며 뒤로 물러섰다.

"정말 사랑스럽구나! 네 어머니는 금발이었는데 넌 흑갈색이구나.

정말 닮았어! 사랑하는 내 언니가 지금 널 볼 수 있으면 얼마나 좋을까."

"틀림없이 하늘에서 보고 계실 거예요." 마가렛은 자신의 드레스 뒷모습이 잘 되었나 보고 싶어서 거울 앞에서 몸을 돌리며 말했다.

"눈물 흘릴 시간 없어." 애디가 레이스 손수건으로 재빨리 눈을 닦으며 말했다. "작은 마가렛, 내려가서 링컨 삼촌에게 준비됐다고 말씀드리고 행렬을 시작할 수 있도록 위층으로 올라오라고 해줄래? 꽃은 여기 잠시 두고 가도 돼."

문이 열리고 링컨 로저스는 잠시 서 있었다. 딸을 보자마자 벅차오르는 감동에 숨이 막혔으나, 자신을 잘 억제하면서 앞으로 나아가 딸의 볼에 키스했다. 그리고는 딸에게 팔을 내밀며 속삭였다.

"넌 정말 예쁘구나!" '내 모든 기운이 다 빠져나가는 것 같아. 하나님 저를 도와주세요!' 그는 계단으로 이동하면서 생각했다. 할아버지 시계가 다섯 시를 가리키자, 행진할 시간이 되었다. 작은 마가렛이 먼저 내려왔다. 신부가 어렸을 때부터 연주했던 결혼 행진곡이 연주되었다. 그녀는 수없이 오르내리던 계단 위에 아버지와 나란히 서 있었다. 이제 그녀는 새로운 삶, 그녀의 사랑, 남편을 향해 걸어가고 있었다. 스탠은 아치형 통로에 서서 그녀가 다가오자 미소를 지었다.

친절한 침례교 목사인 케네디(G. H. Kennedy) 목사가 친구와 가족들이 지켜보는 가운데 두 사람의 결혼을 집례했다. 거기에서 그들은 많은 촛불이 켜진 아름다운 식당으로 이동하여 테이블에 앉았다. 가운데에는 커다란 웨딩 케이크가 놓여 있었다.

하객이 너무 많아서 절반은 거실에서 교제를 하고, 절반은 저녁 식사를 했다. 그런 다음 그들은 장소를 바꿨다. 서두르는 사람은 아무도 없었다. 결혼 행진곡을 연주했던 교회 오르간 연주자가 피아노로 가서 사랑 노래를 연주했다.

마침내 애디 이모가 주의를 환기시키며 "마가렛, 스탠, 이제 웨딩 케이크를 잘라 주겠니?"라고 물었다. 젊은 부부는 케이크를 잘랐고, 하객들은 환호하며 박수를 쳤다. 모두 함께 하는 이 순간을 크게 기뻐했다. 하지만 이 부부가 먼 나라로 떠나야 한다는 슬픔도 느껴졌다. 특히, 마가렛의 아버지는 외동딸의 환한 얼굴을 바라보며 가슴이 먹먹해졌다. 스탠과 마가렛은 이렇게 새로운 인생의 장을 열었다. 하나님의 도움으로 미래의 모험이 펼쳐지게 될 것이다.

1915년 11월 결혼식, 마틴 부부와 어린 사촌 마가렛

제7장

새지평

그들은 후원 교회가 있는 캐나다 온타리오주 오릴리아에 가기 위해 기차를 탔다. 만주 여정의 시작이었다. 기차 플랫폼에는 마가렛의 아버지가 홀로 서 있었다. 마가렛은 아버지가 시야에서 사라질 때까지 창밖으로 손을 흔들다가 스탠 옆에서 털썩 주저앉아 흐느꼈다. 그녀는 스탠의 손수건을 눈물로 적셔놓고, 지난 며칠간의 여행 준비에 지쳐서 골아 떨어졌다.

스탠은 짐 목록을 살펴보고 있었지만, 그의 머릿속은 세인트존스의 부두에서 이별한 어머니와 아버지 생각으로 꽉 찼다. 그는 어머니의 눈물을 기억났다. 선교사 생활을 위해서 희생해야 할 단 한 가지, 그것은 바로 가족과 긴 이별이라고 그는 생각했다.

그는 목록을 검토했다. 식료품, 피아노, 귀중한 망원경 등 10가지 물건이 밴쿠버에서 기다리고 있었다. 네 개의 여행 가방을 기차 짐칸에 실었고, 열차 내에는 작은 가방을 들고 탔다. 그는 고개를 흔들었다. 오 주여, 그는 생각했다. 이 모든 것이 요긴할 텐데. 전부 무사히 도착할 수 있을까? 그는 작은 수술 도구가 들어있는 가방을 토닥거렸다.

그들은 오릴리아에서 담임목사인 앤더슨 목사(F. W. Anderson) 부부를 만나 목사관으로 갔다. 그 후 바쁜 한 주가 이어졌다. 주일 아침,

스탠은 한국에 파송되는 의료 선교사로 임명되었다.[당시에는 부부가 선교사로 나가도, 남자만 임명되었다.] 교회와 찬양, 그리고 열광적으로 환영하는 성도들의 모습이 더해진 아름다운 광경이 젊은 부부를 압도했다. 이런 느낌은 기도로 더욱 고조되었다. 이 예식은 장로교 해외선교위원회 총무였던 토론토의 맥케이(R. P. MacKay) 목사가 집례했다. 맥케이 목사는 스탠과 연락을 주고받던 사람 중 한 분이었다. 그는 그들에게 성경을 한 권 선물했다. 성서공회의 요청에 따라 그들에게 한글 성경도 선사되었다. 인근 마을 배리와 오로의 선교회에서 온 다른 장로교 임원들도 인사를 건넸다. 그 후 스탠과 마가렛은 오릴리아 교회의 교인이 되었다.

주중에 스탠은 장로교 장로로 안수를 받고 당회의 일원이 되었다. 리셉션이 이어졌고, 스탠과 마가렛이 열망하는 사람들에게 소감을 말할 기회가 주어졌다. 교회는 선교 기금에서 매년 1,200달러를 지원하기로 약속했다. 그리고 여행용 스팀 담요 두 장을 포함한 선물을 받았다. 마침내 떠날 시간이 되었다. 수하물에 선물로 가득 찬 또 다른 여행 가방이 추가되었다. 교회 신문은 이 이야기를 다음과 같이 전했다:

"오릴리아에 잠시 머무는 동안 그들은 회중의 마음을 완전히 사로잡았다. 수많은 성도들로부터 축복을 받았고, 그들의 목적에 공감하여 그들을 위해 함께 기도하는 지원을 받게 될 것을 알고 그들은 머나먼 선교지로 떠났다."

몇 주 후, 마가렛의 첫 번째 편지가 아버지 링컨 로저스에게 도착했다:

우리는 캐나다 태평양 철도를 타고 대륙을 지나 아름다운 로키산맥을 넘었답니다. 해발 1마일이 넘는 눈 덮인 산봉우리 위로 달빛이 비치고 있었어요. 다음 날 저녁 우리는 태평양 연안에 도착했고, 1915년 12월 4일 동방으로 출항하는 배에 탑승할 준비를 마쳤어요. 그 배는 일본 유센 카이샤 라인의 사도 마루(Sado Maru)호랍니다.

배가 밴쿠버를 떠날 때 그들은 갑판에 서서 사라져가는 해안선을 바라보았다. 12월의 찬 바람이 불고 있었고, 스탠은 자신의 팔로 마가렛의 어깨를 감싸 주었다. 이 결정적인 순간에 두 사람의 마음은 설레었다. 그들은 친구와 가족들이 보낸 '증기선 배달 우편물'을 읽기 위해 따뜻한 선실을 찾았다. 겨울 태평양 횡단은 험난한 일이었지만, 그들은 이미 충분한 항해 경험이 있었다. 스탠에게 흔들리는 배는 마치 고향 집 같은 곳이었다. 그들은 많은 시간을 할애해서 중국과 한국에 관한 역사책을 읽었다. 당시에는 이런 책이 상당히 드물었다.

스탠이 "만주 제국이 불과 7~8년 전에 멸망한 거 알고 있었어?"라고 물었다.

"아니, 정말이야?"

"응, 1908년 서태후가 죽었을 때였어. 음, 용정에는 어떤 정부가 들어설지 궁금하네."

마가렛은 그냥 고개를 끄떡였다.

동료 승객들과 즐거운 시간을 보내는 동안, 19일간의 여정이 순식간에 지나갔다. 배가 일본에 가까워지자 요코하마 항구는 멋진 광경을 선사했다. 눈 덮인 화산 후지산의 산봉우리가 바다 멀리까지 선명하게 보였다. 어떤 여행객은 일본을 여러 번 방문했지만 구름과 안개 때문에 후지산 광경을 볼 수 없었다고 말했다. 승객들은 이를 보기 위해 갑판 위로 몰려들었다. 이렇게 후지산은 이들이 동양에 도착한 것을 정말 멋지게 환영했다!

　일본에 도착한 날은 크리스마스이브였고, 배는 요코하마에 잠시 머물 예정이었기 때문에 그들은 경치를 보기 위해 해변으로 나섰다. 그들은 곧 기모노를 입은 사람이 많은 번화한 거리를 걸을 수 있었다. 조약돌로 포장된 거리 위로 일본 나무 신발 '게다'를 신고 걷는 소리가 유쾌하게 들렸다. 외국인 커플이 인파 사이로 천천히 걸어가는 모습을 신기한 듯 바라보는 시선도 있었다. 그들은 알록달록한 상품으로 가득 찬 작은 일본 상점들에 매료되었고, 음식점의 형언할 수 없는 냄새가 코를 찔렀다. 그들은 숯불 화로에서 김이 모락모락 나는 만두를 보고, 숯불에서 나는 냄새임을 알아챘다. 그들은 인력거를 타기로 했다. 마가렛은 이러한 이야기를 편지에 썼다:

> 두 바퀴가 달린 작은 인력거를 타보고 이상한 느낌이 들었어요. 그것은 사람이 다른 사람에게 값을 싸게 매겨서 "짐승처럼 부리는" 세계와 처음 접촉한 순간이었어요. 스탠은 이 이상한 운송수단에 저를 태우면서, "인력거꾼들은 심장이 망가지기에 오래 살지 못한데."라고 말했어요.
>
> 인력거를 타고 그림 같은 거리를 돌아본 후 우리는 걷기로 했어요. 그런데 길을 잃고 말았어요. 한 마디도 알아들을 수 없는 이상한 스타카토 언어를 사용해서 사람들이 우리에게 말하는 경험은 꽤 무서운 경험이었답니다.

　걸음을 멈추고 스탠은 마가렛을 내려다보았다. "자, 우린 길을 잃었는데, 방향을 물어볼 수도 없네. 우린 일본어를 한마디도 모르는데 어쩌지. 기억에 남은 눈에 띄는 건물을 생각해봅시다."

　"글쎄요." 마가렛이 대답했다. "한쪽 모퉁이에 중국 가게가 있었고, 과일 가게도 있었어요. 잠깐만요. 일본 말이 한마디 생각났어요!"

"그게 뭐에요?"

"마루-우리가 타고 온 배 사도 마루 말이에요!"

마가렛이 다가오는 한 일본 할머니에게 "마루? 배? 영어 할 줄 아세요?"라고 하면서 말을 걸었다.

외국인 여성이 말을 걸자 할머니는 깜짝 놀랐다. 그러고는 손을 얼굴 앞으로 내밀어서 저었는데, 이는 동양인들이 "모른다."는 의미로 사용하는 몸짓으로, 그녀는 미소를 짓고 고개를 숙인 후 옆으로 비켜나 계속 가던 길을 가버렸다. "글쎄, 잘 안 되네." 스탠은 "내가 한번 해 볼게."라고 말했다.

이번에는 학생으로 보이는 젊은 남자가 다가왔다. 스탠은 그에게 다가갔다. "실례합니다. 길을 잃었습니다. 영어 할 줄 아세요? 저희는 사도 마루를 타고 일본에 왔습니다. 마루-배. 배가 들어오는 부두가 어디죠?"

그 남자는 걸음을 멈추고 귀를 기울이며 머리를 긁적였다. "마루-마루? 아, 그렇군요! [알겠습니다."] 그는 웃으며 부부가 왔던 방향을 가리켰다. 그러더니 그는 왼쪽으로 도는 몸짓을 하더니, 다시 직진하는 시늉을 해서 갈 방향을 가르쳐주었다. "마루? 그래요! [네!] 보트-네!"

그는 금니를 드러내며 웃었다. 스탠은 감사의 뜻으로 그와 악수를 한 후 돌아갔고, 그 젊은이는 게다 소리를 내며 유쾌한 듯 자기 길을 갔다.

"글쎄요, 그의 말이 맞는지 한번 봅시다." 스탠이 발걸음을 되돌리며 말했다. 그 젊은이가 맞았다. 곧 그들은 정박해 있는 선박의 굴뚝을 보았다. 그들은 감사한 마음으로 영어를 쓸 수 있는 사도 마루호에

탔다. 배에서 이상한 일이 벌어지고 있었다. 마가렛의 편지는 계속되었다:

제가 결코 잊지 못할 그들의 또 다른 생활 방식은 여성들이 배에 석탄을 싣는, 끔찍하게 힘든 일을 하는 장면이었어요. 그들은 사다리로 통로를 연결한 후 줄을 지어 앉아 배 옆으로 석탄 바구니를 한 바구니, 또 한 바구니 담아서 옮겼어요.

요코하마에서 우리는 같은 배를 타고 고베로 향했어요. 그런 다음 우리는 수세기 동안 일본 천황의 대관식이 열렸던 교토의 구시가지를 둘러봤답니다. 우리는 황제와 황후가 앉았던 옥좌도 보았고, 왕자와 귀족들이 경의를 표하기 위해 모이는 궁전도 보았어요.

교토에는 교미쓰데라(Kyomitsudera) 또는 "정화수의 사원"이라고 불리는 큰 사원이 있어요. 우리가 그곳을 방문했을 때 사람들은 위가 격자 모양으로 뚫려있는 상자에 돈을 던져 넣고 손뼉을 치며 고개를 숙여 절을 하면서 기도하는 모습을 보았어요. 사람들이 거대한 이교도 사원에서 절하면서 나무와 돌로 만든 우상을 숭배하는 모습을 처음 본 이 순간을 잊지 못할 것 같아요.

한 어린 일본 소녀가 작은 신사에 가서 기도하는 모습을 봤어요. 신전에는 물이 흐르는 분수가 있었고 그 위에는 우상과 종들이 있었어요. 소녀는 먼저 종을 쳐서 신의 주의를 끌었어요. 그런 다음 그녀는 특별한 기모노를 입은 채로, 물줄기 아래에 섰어요. 그녀는 다시 손뼉을 치며 고뇌에 찬 기도를 했고, 조금 떨어진 곳에 조용히 앉아 있는 저희를 전혀 의식하지 않았어요. 제가 본 것 중 가장 불쌍한 모습이었어요.

1916년 1월 첫째 주에 그들은 대마도 해협을 건너 한국 부산으로 가는 여객선을 타기 위해 시모노세키로 향했다. 일본 여관에서 하룻밤을 묵고 정해진 시간에 맞춰 서둘러 선착장으로 향했다. 선착장에 도착했을 때 배와 부두 사이가 점점 더 멀어지고 있었다. 그들은 3분 차이로 배를 놓치고 말았다!

그들은 모든 짐을 둘러메고 그곳에 서 있었다. 스탠은 나중에 그 사건을 이렇게 회상했다. "그날은 일본 설날이었는데, 긴 칼을 든 군인이 이 외국인들이 처한 곤경을 보고 크게 웃었습니다. 그는 엄청나게 취해 있었죠."

안타깝게도 그들은 다시 수레를 끌던 사람들을 고용해 피아노 상자를 포함한 트렁크와 상자를 숙소로 옮겼다. 다음 날, 그들이 놓친 나룻배가 폭풍우로 침몰했다는 소식이 들려왔다!

"너희는 온 세상으로 가라. 내가 항상 너희와 함께 있으리라."는 말씀이 여관 다다미 방에 누워있는 그들에게 생생하게 떠올랐다. 만약 그들이 그 배를 탔더라면! 그것은 그들의 인생에서 일어날 수많은 중요한 사건의 첫 번째 시작이었다. 그들은 하나님의 강한 임재와 보호를 느꼈다.

폭풍우가 지나고 그들은 한국 부산으로 무사히 건너갔다. 5년 전 일본이 한국을 강점했기 때문에, 그들은 번잡한 항구에서 일본 세관 직원들의 심사를 받았다. 그들은 여기서 한국 돈을 조금 바꿨다.

기차역으로 가는 길에 그들은 또 다른 신세계를 보며 당혹스러워했다. 다행히 짐수레를 따라 멀리 갈 필요는 없었다. 걸어가고 있는데, 하얀 옷을 입은 한국인들이 그들을 둘러쌌다. 흰옷은 애도의 상징이며, 일본이 조국을 강점한 것에 대한 한국인들의 침묵의 항의임을 그들은 알고 있었다. 아기를 등에 업고 있거나 온갖 짐을 머리에 이고 있는 여성들도 있었다. 할아버지들은 이상한 굴뚝 모자를 쓰고 긴 곰방대를 물고 팔자걸음으로 위엄 있게 걸어가고 있었다. 눈망울이 초롱초롱한 어린아이들이 뛰어다니다가, 멈춰 서서 낯선 외국인들을 쳐다보기도 했다.

역에서 그들은 서울에 있는 동료 캐나다 선교사 에비슨(O. R. Avison) 박사에게 도착시간을 전보로 알렸다. 그들은 무거운 짐을 부치고 마침내 장거리 여행을 위해 만원 열차에 몸을 실었다.

"마치 현미경 아래 있는 것 같아요." 스탠이 책을 읽으려고 쭈그려 앉으며 말했다. 그들은 많은 사람의 시선을 받고 있었고, 그 눈빛은 친절했지만, 호기심이 많아 보였다.

기차가 북쪽으로 이동하는 동안 그들은 이 나라의 광경을 훑어보았다. 겨울 텅 빈 논이 끝없이 펼쳐져 있었고, 눈이 쌓여 있는 산들은 아름다웠다. 이 여행은 한반도의 반쯤을 올라가는 거리였다. 몇 시간 후 그들은 서울에 도착했다. 그들은 서울역이 유럽의 여느 아름다운 역 못지않은 웅장한 건축물이라는 사실에 놀랐다. 나중에 그들은 이 역이 독일 건축가에 의해 설계되었다는 사실을 알게 되었다.

에비슨 박사는 바쁜 와중에도 이들을 만나 서울역에서 다음 여정으로 가기 위한 수화물을 부치는 것을 도와주었다. 거기서부터 그는 그들을 병원으로 데려가 자신의 집으로 안내했다. 거대하고 역사가 깊은 이 도시에서 만화경 같은 사건들이 벌어졌다.

스탠과 마가렛은 에비슨 박사가 설립한 유명한 세브란스 병원을 구경했다. 스탠은 충분한 시간을 들여서 전문적인 엑스레이 작업을 보여주었다. 마가렛은 간호학교를 방문해 간호사들이 일하는 모습을 보았다. 한국 사람들을 개인적으로 만난 것은 처음이었다. 그들은 친절했고, 자신을 위해 무엇인가 베풀어 준 것에 대해 감사하는 한국인들의 모습에 마음이 따뜻해졌다.

그들은 또한 고궁을 방문했고, 고색창연한 남대문도 관람했다. 서울은 콜럼버스가 아메리카 대륙을 발견하기 100년 전에 만들어진 성벽으로 둘러싸인 도시였다.

저녁에는 몇 명의 서양인 커뮤니티 저녁 식사에 초대되어 초창기 시절의 재미있는 이야기를 들었다. 대부분의 이야기는 선교사들이 어떻게 한국말을 하려고 했다거나, 한국인들이 어떻게 영어를 연습했는지에 대한 것이었다.

한 선교사는 예수의 예루살렘 입성을 설교한 이야기를 들려주었다. 그는 한국어로 "예수님이 나비를 타고 오셨어요."라고 말했다. 그러자 회중이 예의를 갖추기 위해 소매에 얼굴을 숨기며 웃음을 터뜨렸고, 그는 그 이유가 궁금했다. 당나귀(donkey)를 뜻하는 단어 '나귀'와 '나비(butterfly)'를 헷갈렸던 것이다.

또 다른 이는 한 한국인이 친구의 사망 소식을 전하며 영어로 "그는 엑스파이, 그는 엑스파이, 그는 헌신적입니다! (He's expi - he's expi - he's dedicated!)"라고 말한 이야기도 들려주었다.

비슷한 이야기들이 이어지며 한참 동안 웃음이 끊이지 않았다. 그러자 스탠은 화제를 바꿔서 "아시다시피 우리는 만주로 갑니다. 그곳에 한국인이 너무 많아서 놀랐습니다. 그 이유를 아시나요?"

한 연로한 선교사가 대답했다. "네. 몇 가지 이유가 있습니다. 아마도 가장 중요한 이유는 애국심이 강한 한국인 중 상당수가 일본 치하에서 살지 않고 북쪽으로 도망쳤기 때문일 겁니다. 또 다른 이유는 정복자들에 의해 토지를 수탈당하거나 가장 좋은 농지를 손해를 보고 팔아야 했기 때문입니다. 기근이 발생해 일부 주민들은 고향을 떠나기도 했습니다. 현재 약 50만 명이 만주에 살고 있으며, 이들 중 상당수가 기독교인입니다. 때로는 마을 전체가 함께 이주하기도 했습니다. 땅이 비옥한 데다, 중국인 대부분은 그들을 환영하고 있습니다."

다시 떠나야 할 시간이 되었다. 이들은 기차를 타고 동해안 원산으로 떠났다. 원산에는 북캐나다 선교부가 있는데, 그들은 만주 용정으로 가기 전에 그곳을 들러야 했다. 그들은 그곳에서 알렉 롭(Alec Robb) 목사와 그의 아내 베시(Bessie)로부터 열렬한 환영을 받았다. 롭 박사는 드디어 북쪽 지역 사람을 돌보기 위해서 꼭 필요한 의사 선생님이 오셨다고 기뻐했다. 선교부 건물은 원산 항구를 내려다보고 있었다. 마가렛은 나중에 이곳에 대해, 한국인들이 자신의 나라를 "고요한 아침의 나라"라고 부르듯이, 그곳에서 바라본 풍경은 자신이 본 것 중 가장 아름다운 광경 중 하나라고 썼다.

두 사람은 선교부 사역을 보기 위해 이곳저곳 돌아보았다. 유명한 엘리자베스(Elizabeth)와 루이스 맥컬리(Louise McCully) 자매를 만났고, 여자아이들을 위한 미션스쿨과 여성 교회 일꾼을 양성하는 성서학원을 둘러보았다. 스탠은 감리교인들이 운영하는 작은 병원에 관심이 많았다. 가는 곳마다 미소와 인사, 보리차 한 잔으로 그들을 환영했다. 스탠은 북쪽의 많은 여성이 머리에 '수건'이라는 흰 천을 머리에 두르고 있는 것을 발견했다.

스탠은 많은 사람을 보면서 질병을 눈으로 관찰했다. 그는 갑상선종 환자, 눈병 환자, 기침하는 사람들, 목발을 짚고 절뚝거리는 사람들을 지켜보았다. 그러나 지금은 그가 일할 때가 아니었다.

맥컬리 자매는 집에서 시각장애 소녀를 돌보고 있었다. 그 소녀는 쓸모없게 생각되어 가족에게 버림받은 상태였다. 스탠과 마가렛이 그곳에 있는 동안 그들은 다른 시각장애 소녀를 더 데려왔다. 소문은 빠르게 퍼져나갔다. 문제는 이 소녀를 위해 무엇을 할 수 있을까 하는 것이었다. 시각장애인을 위한 특별한 집이 필요했다. 어디를 가든 시각장애인을 위한 집은 절실하게 필요했던 것이다. 마가렛은 아버지에게 편지를 써서 교회가 소녀에게 관심을 기울여주기를 바랐다.

다시 그들은 여행길에 올랐다. 이번에는 원산항에서 출발하는 연안 증기선을 탔다. 친구들과 작별 인사를 나눈 후, 수레와 지게(한국 남자들이 짐을 나르는 데 사용하던 A자형 도구)의 도움으로 모든 짐을 실었다. 귀중한 피아노도 배에 실었다. 잔잔한 바다는 하나님의 예비하심처럼 보였다. 왜냐하면, 짐을 작은 배로 노를 저어서 일렁이는 물 위에서 큰 배로 옮겨야 했기 때문이었다.

마가렛과 스탠은 뉴펀들랜드와 래브라도 해안을 여러 번 여행했던 기억을 떠올렸다. 여기에선 완전 다른 화물이 실리고 있었다. 그들은 꽥꽥거리는 돼지, 건어물 다발, 커다란 항아리, 쌀 포대 등이 배에 실리는 것을 지켜보았다.

그리고 3일 동안 해안을 따라 청진까지 항해하며 작고 예쁜 항구마다 들러서 꽤 오랜 시간 머물곤 했다.

작은 증기선이 북쪽으로 나아갈수록 날씨는 점점 추워졌다. 청진에서 그들은 자신의 물건들이 부두에서 옮겨지는 것을 지켜보았다. 그들은 짐을 실은 달구지를 따라 근처 여관으로 향했다.

다음날, 아침에 그들은 협궤 열차를 타고 만주 국경 근처의 선교부가 있는 회령으로 향했다. 얼마 안 가서, 짐과 승객들은 협궤 열차에서 더 넓은 다른 노선으로 갈아탔다. 이 노선은 두 나라를 가로지르는 두만강의 한국 쪽을 달렸다.

몇 시간 후 서쪽으로 이동해 회령역에 도착했다. 원산에서 온 전보가 맥도널드(D. A. Macdonald) 일행의 도착시간을 알려주었다. 날씨가 너무 추워서 그들은 엔진에서 구름처럼 뿜어져 나오는 증기 속에서 짐을 내리는 모습을 보며 몸을 녹이기 위해 발을 동동 구르기도 했다. 한국인들은 소리를 지르며 상자와 여행 가방을 내렸다.

"잠깐! 잠깐!" 스탠이 영어로 외쳤다. 그들은 다시금 완전히 무기력해졌다. 다음은 무엇일까? 선교사 숙소를 어디에서 찾을 수 있을까? 바로 그때, 군중들보다 머리 하나는 더 큰 키의 외국인이 환한 미소를 지으며 다가오는 것을 보았다. 이보다 더 행복할 수는 없었다. "D. A."라고 불리는 외국인이 젊은 부부를 환영했고, 마틴은 영어를 듣자, 안도했다.

"어서 오세요! 어서 오세요! 여행은 어땠어요?"

"좋았습니다. 좋았어요! 조금 길었지만 괜찮았어요. 아시겠지만, 저는 스탠이고 이쪽은 제 아내 마가렛입니다."

마가렛의 볼은 추위에 굳어서 웃으며 인사할 수 없었다.

"저희는 당신이 오기를 고대하고 있었어요. 잠깐만요, 제가 짐꾼을 데려올게요. 어디 보자. 적어도 세 대는 있어야겠네요. 큰 상자에는 뭐가 들어있죠?"

"내 피아노요. 여기까지 와서 다행이에요." 마가렛은 떨면서 말했다.

"오, 훌륭합니다! 한국인들은 음악을 사랑합니다. 물론 다음 여행을 위해 짐을 여기서 잘 확인하겠습니다! 작은 것들은 우리가 들고 가겠습니다."

저물녘에 그들은 선교사 숙소에 도착했고, 맥도널드 씨 집에서 부인 헤이즐(Hazel)과 두 아들 브루스(Bruce), 로스(Ross)를 만났다. 차가운 바람을 피할 수 있어서 정말 다행이었다! 마가렛은 달구지를 타고 오는 동안 추위에 몸이 얼어서 걷기조차 힘들었다. 헤이즐은 그들을 손님방으로 안내했다. 부엌을 지나자 닭고기인 듯한 맛있는 냄새가 났다. 헤이즐은 "곧 저녁이 준비될 거예요"라고 말했다. 그들은 머리에 하얀 수건을 쓴 한국 여성이 난로 옆에서 일하고 있는 모습을 볼 수 있었다.

"우리집 요리사 기뚝이 오마니를 소개할게요." 그 여성이 그들에게 다가와 미소를 지었다. 그녀는 한국어로 몇 마디 했다. 스탠과 마가렛은 그저 미소를 지으며 고개를 숙여 인사했다. 다음 몇 주 동안 그들은 수없이 미소 지으며 인사했다.

저녁 식탁에 앉아 소박한 방을 둘러보았다. 바깥의 음산한 바람 소리와 대조되어, 방 안 분위기는 오히려 즐거워 보였다. 곧 김이 모락모락 나는 밥과 닭고기, 그리고 채소 반찬이 들어왔다. 새로 온 사람들이 무사히 도착한 것을 뜨겁게 감사하는 은혜의 시간이었다. 어린 소년들은 맛있는 식사를 바로 먹기 시작했고, 스탠과 마가렛은 이보다 더 맛있는 음식은 없었다고 말했다.

이 대화는 디에이(D.A.)와 헤이즐의 선교 사역으로 이어졌다. 디에이는 목사로, 넓은 지역을 돌아다니며 작은 한인 교회를 돕고 격려하는 일을 담당하고 있다고 했다. 헤이즐은 집에서 두 아이를 돌보면서 회령교회 여성들과 함께 일했다. 그녀는 아이들을 일본이나 평양의 학교로 보내야 하는 시간이 오는 것을 두려워했다.

디에이는 음식을 나눠주며 말을 이어갔다. "회령은 보시다시피 국경에 있는 꽤 큰 도시입니다. 만주와의 무역 중심지이지요. 일본군이 이곳에 주둔하고 있습니다. 일본인들이 땅을 사들이고 있는데, 우리도 진료소와 세 가구가 살 집을 지을 두 필지의 땅을 구입할 수 있었답니다. 내일 보실 수 있을 겁니다. 이곳에 온 지 6년째 되었답니다. 당신은 여기보다 더 늦게 마련된 곳으로 갈 텐데, 그곳 용정의 땅은 4년 전에 매입했답니다. 용정 선교회는 중국과 영국 정부 간의 합의에 따라 치외법권이 있습니다. 정문에는 영국 국기가 게양되어 있습니다. 현재 아처 바커(Archer Barker) 목사와 그의 아내가 그곳에 있습니다. 우리는 모두 이 선교회의 개척자들이랍니다."

"바커를 많이 좋아하시게 될 겁니다. 그는 낙스대학교(Knox University) 출신 목사이고, 레베카(Rebecca)는 토론토대학교(Toronto University)를 졸업한 교사입니다."

스탠은 웃으며 "스포츠 라이벌이군요! 전 퀸즈대학교(Queens University) 출신이랍니다."라고 대답했다.

디에이는 "내일 전보를 보낼 거예요. 그는 기차 종착역인 삼봉에 마중 나와서 용정까지 안전하게 데려고 갈 겁니다. 그곳에는 또 다른 선교사 윌리엄 푸트(William Foote)[14] 박사가 있습니다. 그분도 저처럼 목사로 시골 교회 목회를 하고 있답니다. 그의 아내는 건강이 좋지 않아 캐나다에 머물고 있답니다. 그는 우리와 같은 개척자 중 한 명입니다."

그들은 이 아늑한 작은 집에서 시간을 보내면서, 신참자라는 자신들의 처지와 앞으로 벌어질 일들, 즉 고국에 대한 그리움, 고립감, 그리고 엄청나게 도전이 되는 일들 등에 대해서 깨닫게 되었다. 맨스필드(Mansfield) 박사가 잠시 진료소를 운영했지만, 원산으로 전출된 상태였다. 그래서 이제 그들은 의료진의 도움을 받지 못하고 있었다. 중병에 걸리면 원산까지 험난한 길을 내려가야 했다. 마침 그곳에 온 마틴 부부는 그들의 걱정을 함께 나눌 수 있었다. 하지만 스탠은 밝게 웃으며 "하지만 이제 용정이가 더 가까이 있잖아요. 제가 돌봐 드리겠습니다. 필요하면 제가 오겠습니다."라고 말했다.

헤이즐은 두 아이를 껴안으며 미소를 지었다. 그들은 모두 아이들

---

14 (역주) William Rufus Foote(한국명 부두일, 1969~1930). 캐나다 장로교 선교사로 원산과 함경도 강원도 일대에서 선교하였으며, 1914년 용정에 선교부를 개설하여 선교활동을 진행하였다. 1925년 평양장로교신학교 교수로 일하였으며, 1928년 딸의 병으로 귀국하여, 1930년 지병으로 소천하였다.

과 놀아주다가 곧 잠자리에 들었고, 스탠과 마가렛도 잠자리에 들었다. 그들은 지쳐 있었다.

밤에 그들은 이상한 동물 소리를 들었다. 선교부 숙소는 마을 가장자리에 있었다. 스탠은 침대에서 벌떡 일어나 앉으며 "저 소리는 래브라도에서 들었던 늑대 소리 같은데!"라고 말했다. 마가렛은 몸서리치며 듣다가, 곧 다시 잠이 들었다.

아침 식사 때 그들은 밤에 들었던 소리에 관해 물었다. 헤이즐이 "네. 늑대 소리를 들었을지도 몰라요. 여기 늑대가 있거든요. 그리고 저 멀리 산속에는 호랑이도 있답니다. 한국 호랑이에 대해 들어보셨을 거예요. 당신들은 지금 시베리아 호랑이 나라로 향하고 있는 거예요. 그래서 우리는 해가 지면 출입을 삼간답니다."라고 말했다.

마가렛은 침을 꿀꺽 삼켰다. 그녀는 어릴 적 메인주에서 곰 때문에 무서워 떨었던 기억이 났다. 그녀는 스탠에게 "당신 총은 어디 있어요?"라고 물었다.

"망원경을 넣어둔 상자에 있어요. 하지만 헤이즐의 말대로 낮에만 여행하면 괜찮을 거예요."

디에이는 스탠에게 윙크했다. 그는 호랑이 이야기를 많이 알고 있었지만, 지금은 그 이야기를 할 때가 아니라고 판단했다.

아침 식사 후, 헤이즐은 요리사와 함께 새로운 빵을 굽기 시작했다. 다음 날 마틴 부부가 여행을 떠날 때 넉넉하게 보내고 싶었기 때문이다. 마틴 부부가 다시 짐을 싸는 동안 디에이가 우체국에 가서 용정에 전보를 보냈다. 그 후, 디에이 선교사와 아이들은 이 손님들을 데리고 선교지를 보여주었다. 의사의 사택은 비어 있었고 진료소도 마찬가지였다. 스탠은 창문을 안으로 몇 가지 의료 장비들을 보았다. 세 번째 선교사 집은 에드나 맥클란(Edna AcClellan)의 집이었다.

디에이는 "미안하지만 지금 그녀는 자리를 비웠어요. 여성성서사경회 때문에 먼 마을에 갔거든요. 그녀는 매우 용감한 여성으로 소달구지를 타고 다닌답니다. 나중에 만나게 될 겁니다."라고 말했다.

그들은 옆 건물에 있는 아름다운 여학교를 방문했다. 뒷문을 열자 흰 저고리(자켓)와 검은 치마로 똑같이 차려입은 여학생 40여 명의 뒷모습이 보였다. 모두 검은 머리를 땋아 붉은 댕기로 묶고 있었다. 그들은 마치 예쁜 인형 같았다.

마침 예배 시간이어서, 그들은 서서 작고 감미로운 목소리로 찬송가를 불렀다. 마틴 부부가 한국인의 노래를 들은 것은 그때가 처음이었다. 구석엔 오르간이 있었지만, 맥클란 양이 자리를 비워 연주할 수 있는 사람이 없었다.

한국인 교장 선생님이 손님들을 발견하고 빠르게 다가왔다. 낯선 한국말이 젊은 부부의 귀를 때렸다. 교장 선생님은 진심 어린 인사를 한 후에, 방문객들을 앞으로 불러 소개했다.

학생들은 고개를 숙여 인사한 후 호기심 가득한 눈으로 바라보았다. 왜냐하면, 그들은 외국인을 거의 본 적이 없었기 때문이었다. 디에이는 학생들에게 "지금 새로 오신 이분들은 의사와 간호사 부부로 용정으로 가시는 길입니다."라고 말했다.

마가렛은 "제가 학생들을 위해 오르간으로 연주할 수 있을 것 같습니다."라고 말했다. 빠른 통역을 듣고 교장 선생님은 "좋습니다. 연주 부탁드립니다."라고 말했다.

마가렛은 여학생들이 부르던 찬송가를 선곡했다. 소녀들은 기쁨에 넘쳐 찬송에 동참하기 시작했다. 몇 번 더 미소를 지으며 인사를 나눈 후 손님들은 자리를 떠났지만, 문을 닫자마자 앞으로 새롭게 친구가 될 소녀들의 신나는 재잘거림이 들렸다. 마가렛이 선교지에서 자신의 음악을 들려준 것은 이번이 처음이었다. 음악-그것은 사람들의 마음을 잇는 다리이다.

그들은 갓 구운 빵 냄새가 나는 따뜻한 집으로 돌아왔다. 로스와 브루스는 시나몬 롤을 먹기 위해 부엌으로 달려갔다. 헤이즐은 "아처로부터 전보에 답장을 왔는지 알아보려고 이 서방을 우체국에 보냈는데, 여기 벌써 답장이 왔네요."

그녀는 스탠에게 메시지를 읽어주었다. "마틴 부부를 환영합니다. 삼봉 천안여관에서 만납시다. 아처 바커로부터."

헤이즐은 이어서 "그리고 두 분이 나가 있는 동안 이 서방을 보내서 삼봉까지 달구지를 타고 가시는 길에 쓸 수 있도록 보온병 두 개와 두꺼운 이불 두 채를 사오라고 했어요. 이것들이 없으면 정말 추울 거예요. 환영 선물로 생각하시고 받으세요."라고 하며 선물을 건넸다. 마틴 부부는 감사한 마음으로 선물을 받았다.

다음날 아침은 너무 빨리 찾아왔고 그들은 기차역으로 출발했다. 짐을 안전하게 옮기고 작별 인사를 나눈 후, 그들은 붐비는 기차 칸에 다시 몸을 실었다. 중국인과 한국인 승객들에게는 이 외국인들이 기내 수하물 외에 두 개의 이불 보따리를 들고 있는 것이 이상하게 보이지 않았다. 모두 큰 보따리를 가지고 탄 것 같았다. 심지어 발밑에는 닭장을 둔 사람도 있었다. 달걀 껍질과 사과 껍질이 바닥에 널려있었고, 헛기침을 하면서 바닥에 침을 뱉는 사람도 있었다. 스탠은 "결핵"이라 생각하고 고개를 다른 방향으로 돌렸다.

늘 그렇듯 외국인들은 호기심의 대상이었으며, 한국인과 중국인 승객들은 시간이 지나도 지칠 줄 모르고 그들을 쳐다보았다. 마틴 부부는 진한 파란색 옷을 입은 중국인들을 조용히 관찰하며 새로운 민족의 언어를 들었다.

열차 중앙에 연기나는 석탄 난로는 그다지 따뜻하지 않았지만, 사람들의 온기 덕분에 견딜 만했다. 실내 공기는 마늘 냄새로 탁했다. 스탠과 마가렛은 뉴펀들랜드의 겨울옷과 부츠를 입은 것을 다행으로 여겼다.

마침내 그들은 삼봉에 도착했다. 스탠은 열심인 달구지 몰이꾼들이 오면, 아는 한국어 단어 두 개만 사용하면 된다는 것을 이미 알고 있었다. "천안여관(Chonan Yokwan)."

"네, 네." 그들은 알아들었다. 얼마 지나지 않아, 마치 보이지 않는 손이 도와준 것처럼 모든 상자와 통, 커다란 피아노 상자가 천안여관 마당에 무사히 도착했다. 디에이는 달구지 몰이꾼들에게 수고비를 두둑이 주라고 조언했다. 그래서 스탠은 그들의 손에 돈을 쥐어주었다. 그들은 웃으며 손을 흔들며 떠난 걸 보니, 틀림없이 스탠이 잘 대우해 주었던 것이다.

스탠이 여관 마당에서 짐을 확인하고 있을 때는 이미 땅거미가 지고 있었다. 마가렛은 방 안 따뜻한 한국식 온돌 바닥에 누워 쉬었다. 스탠이 고개를 들어보니 놀랍게도 왠 부리부리한 서양인이 나귀를 타고 자신을 향해 다가오고 있었다. 나귀는 너무 작아서 높은 한국식 안장 위에 앉았음에도 불구하고 발이 땅에 닿을 정도였다.

"마틴 박사님?"

"네, 아처 바커 씨 맞습니까?"

"네!"

스탠은 그가 나귀에서 내리는 것을 도와준 후 처음 본 이 사람과 포옹하며 즉각적으로 우정을 나누었다. "와 주셔서 감사합니다." 스탠이 말했다. 서로 반가워했다. 광활하고 황량한 환경에서 다시 한번 스탠은 자신의 어깨를 어루만지시면서 안전하게 보살피고 계시는 하나님의 손길을 느꼈다. "마가렛. 나와보세요."

마가렛은 자리에서 일어나서 자신을 소개했고, 남자들은 따뜻한 바닥 그녀 옆에 앉았다. "저는 나귀를 타고 중국 쪽에서 왔어요. 내일 거기서 달구지를 타고 갈 거예요." 그리고 아치는 마가렛에게 "괜찮으세요?"라고 물었다. 그녀는 고개를 끄덕였다.

"제 아내 레베카가 당신을 보고 싶어 안달이 났어요. 디에이 맥도날드는 어떻던가요?"

"다들 잘 지내고 있었어요."

"에드나 맥클란은 만났나요?"

"아니요, 사경회 모임에 가고 없었어요."

"저녁 주문은 하셨나요?"

마가렛은 "아니요. 저희는 한국어를 할 줄 몰라 어떻게 주문하는지도 몰라요. 그냥 먹고 마시는 흉내만 냈답니다."라고 웃으며 대답했다.

"그렇군요. 제가 확인해볼게요."

곧 작은 낮은 테이블에 마틴 부부가 먹어본 것 중 가장 맛있는 한식이 차려졌다. 간장, 마늘, 참기름에 재운 소고기 구이(불고기)와 밥, 시금치, 그리고 물론 고추로 빨갛게 버무린 김치라는 피클이 나왔다. 그들은 원산에서 그것을 맛본 적이 있었다.

식사하면서 아처는 용정에서의 일에 대해 열심히 들려주었다. 특히 그는 이제 그곳에서 의료 사업을 할 수 있게 된 것을 기뻐했다. "절망적으로 아픈 사람들을 너무 자주 보면서도 아무것도 도와줄 수 없는 현실이 안타까웠답니다. 이제 여러분이 오셨으니 사정이 달라지겠죠."

"레베카와 저는 4년 전 6월에 그곳으로 옮겨왔습니다. 저는 선교사 사택 건축을 감독하는 동안 중국인 집에 세 들어 살았어요. 네 채의 집이 있는데, 정말 괜찮다고 말하고 싶습니다. 벽돌을 만들기에 좋은 등급의 점토가 있고 언덕에는 좋은 석재가 있습니다. 중국인들은 집을 잘 짓습니다."

"1912년 선교부가 500달러에 매입한 26에이커의 땅이 있습니다. 지금 우리가 사는 집, 푸트 목사가 사는 집, 그리고 독신 여성들의 집이 될 빈집이 하나 있습니다. 네 번째 집이 당신들을 기다리고 있습니다."

"아시다시피, 중국은 한국과 상당히 다릅니다. 서태후가 서거한 이후 상황이 매우 유동적입니다. 한국인 거주지역은 러시아 공산주의 볼셰비키로부터 어느 정도 보호를 받고 있습니다. 그곳의 주요 위험요소는 도적 떼를 거느린 중국 군벌, 모스크바에서 훈련받은 조선인과 중국인 볼셰비키, 한국 독립운동가 등입니다. 지금까지는 별다른 문제가 없었고, 우리는 대부분 한국인과 함께 일하고 있습니다. 한국인들은 세계에서 가장 훌륭한 사람들에 속합니다."

스탠과 마가렛은 동의하며 고개를 끄덕였다. "저희도 이미 알고 있습니다. 정말 감동받았어요."라고 마가렛이 대답했다.

그날 밤 아처는 마틴 부부의 방구석에 잠자리를 펴고 곧 코를 크게 골았다.

"개척자들." 마가렛이 스탠 옆에 자리를 잡으며 속삭였다. "개척자들. 벌써 처음 만난 사람과 방을 같이 쓰고 있네요. 이제 막 만났지만, 형제 같아요."

"맞아요." 스탠이 대답했다. "이런 지역에서 방이 하나라도 얻은 게 다행이지요."

그들은 여관 주변에 고비 사막에서 불어오는 음산한 바람 소리를 들으며 잠을 청했다.

　다음 날 아침, 따뜻한 밥과 미역국으로 한국식 아침 식사를 마치고, 아처는 뜨거운 물을 달라고 해서 보온병을 채우고, 짐을 실을 달구지를 가져오기 위해 나귀를 타고 밖으로 나갔다. 그는 이 달구지는 강 건너 세관까지만 갈 것이라고 설명했다. 그가 준비한 더 좋은 달구지는 한국인 몰이꾼과 함께 그곳에서 기다리고 있을 것이었다.

　마가렛은 밤새 따뜻한 바닥에서 헤이즐이 만들어준 빵을 해동해 두었다. 그녀는 맥도날드 씨 주방에서 작은 고기 분쇄기로 갈아서 준비해 고기로 땅콩버터 샌드위치를 만들었다. 기름기가 많았지만, 여행에서 환영받을 만한 음식이었다. 그녀는 집에서 가져온 귀한 영국산 차로 보온병을 가득 채웠다.

　아처가 돌아온 후, 그들은 짐을 싣고 그들은 강으로 걸어갔다. 살을 에는 추위에 마가렛은 스카프로 얼굴을 감싸서 눈만 내놓았다. 얼어붙은 두만강을 걸어서 건너는 동안 스탠은 마가렛이 미끄러지지 않도록 팔을 단단히 붙잡았다. 짐달구지가 옆에서 덜컹거렸다.

　"겨울에 도착해서 다행이네요. 저 강변의 배들이 피아노 상자를 실어 나를 수 있을지 의문이거든요." 스탠은 강둑에 세워진 좁은 회색 배를 흘끗 바라보며 말했다.

　"맞아요. 하나님께 이 두꺼운 얼음을 감사해야겠어요."

　이제 그들은 강을 건너 중국 땅에 닿았다. 하늘에서 울리는 팡파레 소리를 들었을까? '허다한 증인들'이 하늘 난간에서 그들을 지켜보고 있었을까? 한국인 짐꾼들이 보건 말건, 마가렛과 스탠은 멈춰 서서 서로를 껴안았다.

　"드디어 도착했다!"

　다시 한번 두 사람은 그들의 어깨로 하나님의 강한 손길을 느꼈다.

벌써 달라진 것이 있었다. 대부분이 솜을 넣은 남색 옷을 입고 있었다. 어떤 사람은 장대 양쪽 끝에 물통을 긴 장대에 달아서 어깨에 메고 균형 있게 걸어갔다. 마차도 많이 지나갔다.

"저기 만주 조랑말 좀 봐." 스탠이 외쳤다. 밝은색 굴레를 쓴 털이 덥수룩한 조랑말 한 무리가 지나갔다. 그들은 곧 세관 건물에 도착했다. 이곳은 중국이고 마틴 부부는 중국 비자를 가지고 있었지만, 출입국 및 세관 직원이 일본인이라는 사실에 놀랐다. 중국 정부가 얼마나 취약한지 알 수 있는 대목이었다. 일본 관리들은 신규 이민자의 목적지와 용무를 물었고, 가방과 짐은 특별한 조사 없이 통과시켜주었다. 관리 옆에서 통역하는 한국 사람에게 아처가 한국어로 말해주어 큰 도움이 되었다.

그날은 맑은 일요일이었으나 만주의 바람은 차가웠다. 마가렛은 감사한 마음으로 두꺼운 한국 이불과 뜨거운 보온병을 가지고 큰 러시아 마차에 올랐다. 마가렛은 이런 선물을 마련해 준 헤이즐이 고마웠으며, 마음속에 따뜻함을 느꼈다. 짐들은 두 개의 평평한 마차에 실었으며 피아노는 다른 한 마차에 올려놓고 끈으로 묶고, 위엄 있는 자세로 마차에 자리 잡고 앉았다. 말들은 보통 크기였으며 강해 보였고, 언 땅을 발로 차더니 콧김을 뿜었다.

마침내 스탠, 마가렛, 아처는 러시아 마차에 올라 바람을 맞지 않고 여행을 하게 되었다. 그들은 네 마부와 마차 삯을 가지고 옥신각신하며 흥정을 한 뒤에 출발했다!

그곳에서 용정까지는 23마일밖에 안 되었지만, 때로 마부들이 내려서 말 옆에서 걸어야 하기에 오랜 여행이 될 것이었다. 그들은 마을을 지나 북동쪽 비포장 길로 들어섰다. 날씨가 추워서 길은 굳어 있었다. 아마 비 오는 계절에 갔더라면 이 짐들을 가지고 통과하기가 어려웠을 것이다. 때때로 다른 마차가 지나가도록 비켜서야 했다.

산이 많은 한국과는 달리 이곳은 텅 빈 갈색 평지였고, 그 위로 바람이 세차게 불었다. 두 남자가 대화를 나누는 동안 마가렛은 잠이 들었다. (그때 길은 그다지 험하지 않았다.) 스탠은 궁금한 게 많아 계속 질문을 했다. 스탠은 아처가 집을 지은 경험이 있는 게 반가웠다. 빠른 시일 내에 병원을 지어야 할 것이기 때문이었다.

정오가 될 때 즈음해서 주위환경이 변하기 시작했다. 숲이 있는 지역을 지나게 되었는데, 멀리 가파른 고개가 있었다.

아처는 말했다. "저 고개 너머에 투토고라는 마을이 있지요. 그곳 길이 너무 험하면 우린 내려서 걸어야 할 겁니다. 짐이 너무 무거워서요."

고개 밑에 도달했을 때 마가렛이 마차를 세우라고 하더니 마차 밖으로 내렸다. 남자들도 내려서 험한 그 길을 마차 옆에서 걸어서 넘어갔다. 그들이 탔던 러시아 마차가 앞에 갔고, 세 대의 짐마차가 그 뒤를 따랐다.

피아노를 실은 마차는 맨 뒤에 따라왔다. 갑자기 나무가 부러지는 소리가 났다. 이어서 피아노를 실은 마차의 마부가 "아이구, 아구구, 참(Oh, my! Oh, my! Well, how about that!!!)" 하는 소리가 들렸다. 일행은 그 자리에 얼어붙은 채, 피아노를 실은 마차와 말의 연결 부분이 풀려서 마차가 기울어져 언덕 아래로 굴러가다가 다행히도 멈추는 것을 보았다.

마가렛은 눈물이 나올 정도로 기뻤다. "내 피아노! 무사하네요!"

아처와 스탠은 안도의 미소를 지었다. 아처는 "다행히 고개 너머에 마을이 있습니다. 그길로 계속 가면 마을에 중국 여관이 하나 있어요. 그곳에서 피아노를 실은 마차 마부에게 마차를 고칠 물품들을 마련해서 오도록 합시다. 그가 마차를 고쳐서 우릴 뒤따라오게 합시다."라고 말했다.

여관 앞까지 가서 모두 멈췄다. 아처가 여관으로 들어간 사이 스탠은 마가렛이 마차에서 내리는 걸 도왔다. 갑자기 흥분한 마을 사람들이 주위에 몰려들었다. 개는 짖고, 아이들은 뛰어다녔다. 중국인 여관주인과 온 가족들이 이방인들을 보러 나왔다.

한국 아이들과는 달리 밝은 색의 바지저고리를 입고 있는 한 작은 아이를 보고 마가렛은 미소 지었다. 그 소녀는 앞머리를 짧게 자르고 양쪽 귀 뒤로 머리를 갈라 빨간 끈으로 묶고 있었다. 어떤 애는 귀고리를 하고 있었다. 어린 남자아이들은 마치 밥그릇을 머리 위에 올려놓고 머리카락을 고르게 자른 듯 보였다. 아이들은 서로 수다를 떨며 마가렛의 옷을 만지려고 달려들었다.

문 앞에는 작은 백발의 할머니가 전족을 한 작은 발로 서 있었다. 마가렛은 자신이 본 광경이 무엇인지 알고는 기가 막혔다. 할머니는 아무렇지도 않은 듯 미소를 지으며 손님이 여관에 들어서자 발을 질질 끌며 여관 안으로 들어갔다. 그들이 안내받은 방은 온돌방이 있는 한국식 방이 아니라 벤치나 침상으로 사용할 수 있는 높은 단상이 있는 방이었다. 구석에는 연기가 자욱한 난로가 있었다. 아처는 몇 마디 중국어를 구사하며 마부를 포함한 일행 모두를 위한 식사를 주문했다. 그러던 중 피아노 마부는 한 한국 사람의 도움으로 마차를 고치는 용품이 있는 가게를 찾을 수 있었다. 그는 좋은 소식을 전하러 왔고, 스탠과 아처는 그가 언덕을 아래 굴러떨어진 피아노를 향해 질주하는 모습을 지켜보았다.

거의 두 시간이 지난 후 피아노를 실은 마차가 도착했다. 그들은 마부가 점심을 잘 먹었는지 확인한 다음 일행은 다시 길을 떠났다.

떠나는 그들을 향해 마을 사람들은 절을 하며 손을 흔들었다. 몇 시간이 지나자 땅콩버터 샌드위치는 다 먹어치웠고 보온병도 비어 있었다. 때때로 그들은 마차 밖으로 나와 걸었다. 마가렛은 점점 어두워지는 하늘을 바라보며 여행이 얼마나 더 걸릴지 궁금해했다. 그리고 도와주세요! 호랑이가 나오면 어떡하죠? 이제 길이 훨씬 더 험해져서 덜컹거렸고, 그녀는 완전히 지쳐서 떨고 있었다.

"거의 다 왔어요." 아처가 그녀가 지쳐가는 모습을 보며 말했다. 스탠이 그녀의 손을 다독여주었다.

그들은 작은 언덕을 올라갔고, 마침내 어둠 속에서 네 채의 큰 집이 어렴풋이 보이면서 용정 선교부 건물이 나타났다. 한 집은 희미하게 불이 켜져 있었다.

수레가 멈추자 아처는 뛰어내려 불이 켜진 집 현관에 서 있는 아내에게 달려갔다. 스탠과 마가렛이 뒤를 따라 들어갔고, 아처는 아내에게 이들을 소개했다. 그들은 익숙한 서양 음식의 향기가 가득한 따뜻한 집안으로 안내를 받으며 들어갔다.

스탠과 아처는 밖으로 나가 짐꾼들에게 네 번째 집에 짐을 풀도록 했다. 레베카와 마가렛은 서로를 바라보며 따뜻한 미소를 지으며 대화했다. "두 분이 오시게 되어 얼마나 기쁜지 모를 거예요. 며칠 동안 저희와 같이 식사를 하게 될 거예요. 짐을 풀 때까지 여기서 얼마든지 주무세요."

"정말 고마워요. 말로 표현할 수 없을 정도로 감사해요. 벌써 아처가 큰 도움이 되었는걸요." 마가렛은 커다란 안락의자에 몸을 던지며 말했다.

"잠깐만요. 소개할 사람이 있어요." 레베카가 부엌에 갔다가 한 젊은 한국 여성을 데리고 돌아오면서 말했다. 그녀는 북한식 흰 수건을 두르고 있었다. "이 사람은 내 요리사 김 씨예요. 그녀는 나의 보석이에요. 그녀 없이는 제가 가르치는 일을 할 수 없답니다."

그 젊은 여성이 마가렛에게 다가와 따뜻한 두 손으로 그녀의 손을 잡았다. 그녀는 부드러운 목소리로 말하며 미소를 지었다. 레베카는 "그녀는 당신을 환영하며, 제 친구로 서양 여성이 또 하나 생겨서 정말 기쁘다고 합니다."라고 말했다.

김 씨는 인사를 하고 자신의 일자리로 돌아갔다. "그녀는 우리 주일학교에서 가르치고 있어요. 그녀는 교육을 받은 몇 안 되는 여성 중 한 명이랍니다."

남자들이 돌아왔을 때, 스탠은 계단을 올라가 거실에 있는 아내와 레베카를 발견했다. "집이 정말 멋지네요, 마가렛. 당신도 좋아할 거예요! 일단 모든 짐을 큰 햇볕이 잘 드는 현관 앞에 내려놓았어요. 오늘 밤은 너무 어두워서 아무것도 보이지 않아요. 내일 아침에 둘러보도록 합시다."

스탠은 마가렛을 끌어 당겨 품에 안았다. "용정에 온 걸 환영합니다." 그러고는 잠시 멈칫했다. "여기까지 주님께서 우리를 도우셨습니다."

"아멘! 아멘!" 아처와 레베카는 모두 웃으며 맞장구를 치고 저녁 식탁으로 향했다. 김 씨가 부엌문에서 미소를 지었다.

윌리암 루퍼스 푸트 박사의 여행 안내와 문 앞에 서 있는 마틴 부부

제8장
정착

다음 날 아침 스탠과 마가렛이 잠에서 깨어났을 때 커피 냄새가 손님 방으로 퍼져나갔다.

"커피 냄새야! 커피를 마셔본 지 얼마 만인가!" 스탠이 자리에서 일어나 기지개를 켜며 말했다.

"여기까지 몇 마일이나 왔는지 생각해봐요."

"생각만 해도 피곤하네요."

"그건 그렇고, 우리 커피는 어딨지?"

"4번 상자에 있어요. 보스턴에서 포장했어요. 당신을 위해 차는 여행용 가방에 많이 가져왔는데, 커피는 무거운 짐 속에 들어있어요."

아침 식사를 하면서 레베카와 아처는 하루를 시작할 준비를 했다. 식당 안엔 햇살이 가득 했다. 레베카는 여학교 수업을 위해서 곧 나갈 참이고, 아처는 마틴 부부가 짐 푸는 일을 도울 계획이었다. 아침 식사는 커피와 토스트, 설탕과 희석한 연유, 그리고 노란 수수죽이었다. 레베카는 요리를 내놓으며 "여기에는 흥미로운 곡물 중 하나인 수수가 있어요. 엄청나게 많이 재배하죠. 맛있게 드셨으면 좋겠어요. 시리얼로 사용할 수 있는 다른 종류의 곡물도 있어요. 나중에 시장에 가서 보여드릴게요. 마가렛." 하고 말했다.

음식을 건네며 아처는 "박 서방을 새집으로 보내서 부엌 난로와 벽난로, 그리고 위층 안방 난로에 불을 피우라고 했으니 따뜻하게 일할 수 있을 거예요. 장작을 가져왔어요. 박 서방이 저기서 도와줄 겁니다."

"좋은 생각이에요. 고마워요." 스탠이 말했다.

아처는 "그는 어제 독[항아리]에 물도 채워두었어요."라고 덧붙였다. "얼지 않았으면 좋겠어요. 수도 시설이 없으면 생활이 불편하답니다. 여기 욕실에서 보셨듯이, 씻을 뜨거운 물 한 방울도 모두 부엌 난로에서 데워진 겁니다. 양동이와 대야가 필수적이죠."

마가렛은 수수를 맛보며 "모든 걸 배려하셨군요."라고 말했다. 그것은 꽤 괜찮았다.

"일요일에는 우리 교회 사람들을 만나게 될 거예요." 아처가 계속 말했다. "그들은 이곳 사역의 핵심입니다. 우리는 학교에 온 소년 소녀들과 그들의 부모님, 그리고 다른 사람들과 함께 꽤 큰 교회를 이루고 있습니다. 그들 중에서 당신들에게 한국말을 가르쳐줄 선생님을 찾아야 하겠습니다."

레베카가 자리에서 일어나자 마가렛은 "학교까지 얼마나 걸어가야 하나요?"라고 물었다.

"10분 정도밖에 안 되지만, 요즘처럼 추운 날에는 옷을 아주 따뜻하게 입어야 해요. 운동에 도움이 되니 나쁘진 않아요. 점심시간에 뵙겠습니다." 그녀는 코트를 입고 목도리로 얼굴을 감싸고 문을 나섰다.

"세인트 안토니 같아요." 마가렛이 스탠에게 웃으며 말했다.

아침 식사를 마친 아처와 스탠 부부는 서둘러 네 번째 집으로 향했다. 그들은 햇볕이 잘 드는 현관에 놓인 트렁크와 상자들을 지나 집 안으로 들어갔다. 박서방이 기다리고 있었다.

왼쪽으로 계단이 있고 오른쪽으로 작은 방이 있었다. 복도를 따라 가니 동남향의 밝은 거실이 나왔다. 벽난로는 활활 타오르고 있었다. 그리고 왼쪽으로 식당을 지나면 부엌과 작은 식품저장실이 있었다.

　　여기에는 약 3피트 높이의 물이 가득 담긴 두 개의 토기 항아리(독)가 있었다. 커다란 식탁과 서양식 철제 쿡 스토브가 있었다. 스토브 오른쪽 벽에는 선반이 있었다.

　　"이 집을 지을 때 캐나다에서 스토브를 주문했어요."라고 아처가 말했다. "특히 빵을 굽는 데 오븐이 필요하기에, 이것 없이는 살 수 없죠. 한국인들은 부엌에 설치된 커다란 철제 가마솥이나 작은 숯불 화로에서 음식을 조리합니다. 오븐은 없어요."

　　그들은 부엌에서 위층으로 올라가는 계단을 둘러보았는데, 특히 위층으로 물을 나르는 데 편리하게 되어 있었고, 부엌에서 지하실로 통하는 계단도 점검해 보았다.

　　"지하실은 창고로 쓰이고, 석탄을 보관하는 곳이기도 합니다. 바로 주문할 수 있도록 도와드리겠습니다."

　　위층에서 아처는 스탠과 마가렛이 감탄사를 연발하면서 방을 돌아다니는 모습을 지켜보았다. 안방에는 커다란 나무 침대가 있었다.

　　"우리는 당신들을 위해서 중국인 목수를 고용해서 침대를 만들었고, 레베카와 김씨가 매트리스를 만들었답니다. 볏짚으로 안을 채우고, 중국 사람들이 옷을 만들 때 쓰는 짙은 남색 천으로 밖을 덮었답니다. 나중에 더 좋은 것으로 바꿀 수 있어요." 스탠과 마가렛은 놀라움과 기쁨을 감추지 못했다.

　　그들이 집을 둘러보는 동안, 함석 연통이 창문을 통해 나가는 작은 프랭클린 난로가 따뜻함을 선사했다.

　　"이 위에 주전자를 놓아두시고, 데워진 물은 씻는 용도로 쓰시면

됩니다."

"좋은 생각이에요." 스탠이 창밖 넓은 벌판을 바라보며 대답했다. 멀리 첨탑이 있는 큰 교회 옆의 선교회로 들어오는 문이 보였다. 멀지 않은 곳에 우물가가 보였고, 한 남자가 물지게를 지고 물통 두 개를 나르는 모습이 보였다. 널찍한 평원이 있었기 때문에 중국식 회색 기와지붕을 얹은 작은 마을 용정은 멀리 떨어져 있는 것처럼 보였다. 북쪽 침실에서는 나무 한 그루 보이지 않고 초목이 드문드문 자란 언덕이 보였다. 선교회 한쪽 구석에는 작은 한옥 한 채가 있었고, 진흙과 높은 석탑도 있었다.

아처는 "저기가 김 씨와 남편 박 서방이 사는 곳이에요. 필요하다면, 당신들을 위해 저런 집을 한두 채 더 지을 수도 있습니다."

"저 탑은 무엇을 위한 건가요?" 스탠이 물었다.

아처는 "우리를 보호하기 위한 망루입니다. 가끔 중국 군인들이 이곳에 오기도 하지만 곧바로 떠나죠. 상징적인 겁니다."라고 설명했다.

탑을 지나 공동묘지로 이어지는 길이 있었고, 탑 건너편에는 완전히 벽으로 둘러싸인 지역이 있었다.

아처는 "영국 세관 관사가 있는 곳입니다."라고 말했다. 26에이커에 달하는 선교부 부지는 철조망 울타리만으로 둘러싸여 있었다.

그들은 고개를 돌려 황량한 갈색 언덕과 들판을 바라보면서 끊임없이 불어오는 바람 소리에 귀를 기울였다. 다른 두 개의 빈 침실이 있었는데, 그중 하나는 난간이 있는 현관으로 통하는 문이 있었다.

"저 베란다가 마음에 드실 거예요. 여름에는 물론 모기장을 치고 베란다에서 자기도 하죠. 믿기 어렵겠지만 7월과 8월에는 참을 수 없을 정도로 더워요."

짐을 풀 시간이 됐다. 아래층으로 내려가 가장 먼저 4번 짐궤짝을 꺼냈고, 네 사람은 식료품과 무거운 자루에 담긴 설탕과 밀가루를 한 아름씩 안고 부엌으로 날랐다. 그러다가 피아노 상자가 통로에 있어 방해되므로, 남자들은 피아노 상자를 열고 그 귀중한 악기를 복도를 지나 거실로 옮겼다. 마가렛은 벽난로 왼쪽에 피아노를 놓을 자리를 정했다. 그리고 서서 뚜껑을 열고 소리가 잘 나는지 확인하려고 몇 개의 코드를 쳐 보았다.

"나쁘지 않네요. 괜찮을 거예요." 마가렛이 말했고, 선 채로 짤막한 찬송가를 하나 연주했다. 스탠과 아처가 멈춰서서 듣고 있었고, 박서방이 가까이 와서 쳐다보았다. 그는 평생 피아노를 본 적이 없었다!

"피아노 의자를 찾아야겠군요. 그게 어디 있을까요?" 스탠이 현관으로 향하며 물었다.

마가렛이 "아빠가 준 물건과 함께 메인주에서 온 상자에 있어요."라고 대답했다. "6번인 것 같아요."

그녀는 라벨에 적힌 아버지의 글씨를 보고 갑자기 눈시울을 붉혔다. '언제쯤 첫 편지를 받을 수 있을까?' 그녀는 귀중품 포장을 풀면서 생각했다. 그것은 높이를 조절할 수 있는 동그랗고 검고 반짝이는 피아노 의자였다.

"적어도 가구는 하나 가져왔네요." 스탠은 의자를 피아노로 옮기면서 마가렛에게 말했다.

그들은 하던 일로 돌아갔고, 정오쯤 되었을 때 마가렛은 위층에 침구 정리를 마무리했고, 식료품은 부엌과 식료품 저장고에 보관했다.

스탠은 입구 근처에 있는 방을 서재로 정하고 소중한 망원경과 의학 서적, 소모품을 그곳에 두었다. 당분간은 그것들을 상자 안에 놔두어야 했다.

아처는 그들에게 필요한 것을 알고 있었다. "내일 중국인 목수를 보낼게요." 그가 말했다. "더 미리 준비할 수도 있었지만, 당신들에게 필요한 것이 무엇인지 확인하고 싶었어요. 그리고 작은 테이블 같은 몇 가지 가구들은 마을에서 살 수 있습니다."

마가렛은 "벤치도 의자로 사용할 수 있을 거예요."라고 말했다. "어제 중국 여관에서 벤치를 봤잖아요, 그렇죠?"

둘이 점심을 먹으러 바커의 집으로 돌아왔을 때, 레베카는 학교에서 돌아와 있었다.

레베카는 문 앞에서 그들을 만나, "여학생들이 너무 신나서 당신을 보고 싶어 해요."라고 말했다.

"우리도 아이들을 보고 싶어요." 마가렛이 말했다. "저는 우리 집이 정말 마음에 들어요. 우리가 꿈꿔왔던 것보다 훨씬 좋아요. 이삿짐도 많이 풀었어요."

"준비된 가구가 많지 않아서 미안해요. 현재 저의 집처럼 갖추려면 몇 년은 더 걸릴 거예요. 단순한 생활에 얼마나 빨리 적응하는지 놀라워요. 그래도 마음에 드신다니 다행이네요."

김 씨가 직접 끓인 꿩고기국, 맛있게 만든 빵, 그리고 레베카가 만든 애플소스를 함께 먹으며 왕족처럼 만찬을 즐기고 있다고 생각했다.

레베카는 "겨울에 꿩이 없으면 어떻게 살아야 할지 모르겠어요."라고 말했다. "요즘 같은 날씨에 닭을 키우기에는 너무 춥거든요. 봄을 기다려야 해요. 어떤 사냥꾼들은 때때로 바위처럼 딱딱하게 얼어붙은 꿩을 가져다주기도 한답니다. 뒷 현관에 걸어두었다가 필요할 때 씁니다. 하지만 사냥꾼이 쏜 산탄을 조심하세요. 그렇게 많지는 않지만 그래도 먹을 만큼은 충분해요."

"정말 맛있어요." 마가렛이 말했다. "우리가 뉴펀들랜드 북부의 세인트 앤서니 어촌 마을에서 먹었던 간단한 음식이 생각나요."

"맞아요." 스탠이 말했다. "대부분 생선이었죠."

일요일이 되었지만 스탠과 마가렛은 아직 짐을 많이 풀지 못했고, 중국인 목수는 바커 부부의 가구 샘플을 보고 본을 삼아 선반의 치수를 쟀다. 부부는 식당에 놓을 대형 테이블을 주문했다.

그들은 박 서방의 동생 상하를 '고용된 일꾼'으로 채용하기로 했고, 박 서방은 그에게 낯선 외국 난로에서 불을 피우는 방법을 가르쳐주었다.

레베카는 김 씨의 권유로 다비다(Tabitha)라는 기독교 이름을 가진 젊은 여성을 데려와 마가렛을 만났다. 두 사람은 즉시 서로에게 호감을 가지게 되었다. 마가렛은 레베카에게 통역을 부탁했다.

"저의 요리사가 되어 서양 요리를 배우지 않겠어요?"

다비다는 수줍게 "해보겠다."고 대답했다.

그렇게 그들은 몇 년 동안 지속될 깊은 우정을 쌓기 시작했다. 다비다와 남편은 준비가 되면 선교회 주택으로 이사 오기로 했다.

스탠과 마가렛은 며칠 더 바커 부부와 함께 식사했다. 마가렛은 "우리 집에서 첫 번째 빵을 굽게 되니, 이제야 본격적으로 생활할 수 있음을 알게 되었어요."라며 "제가 요리를 하고 다비다는 설거지와 빨래를 하면 돼요."라고 말했다.

레베카는 "필요하시다면 언제든 오셔서 식사하셔도 됩니다."라고 말했다. 이미 두 사람은 서로의 삶의 경험에 대해 긴 시간 동안 멋진 대화를 나눴다. 다른 여성과 영어로 대화하는 일은 레베카에게 새로운 활력을 북돋아 주었다.

일요일 아침, 그들은 모두 선교회 단지 문 옆 교회로 내려갔다. 교회는 꽉 찼다. 교인들은 신발을 벗고 양말을 신은 채로 광택이 나는 나무 바닥 위를 걸어가기 때문에, 교회 현관에는 한국 신발이 일렬로 놓여 있었다. 고무신과 짚신 옆으로 서양식 구두 네 켤레가 있는 것이 이상하게 보였다. 교회 안에는 사람들이 마루에 앉아 있었다. 여성과 소녀, 어린아이들이 오른쪽에, 남성과 소년들은 왼쪽에 강단을 바라보고 앉았다. 작은 오르간 의자가 레베카와 마가렛에게 제공되었다. 스탠과 아처는 남자들과 함께 바닥에 앉았다.

목사는 새로 온 의사와 그의 아내 간호사를 반갑게 맞이하며 교인들에게 그들을 소개했다. 스탠과 마가렛은 교복 입은 모습을 보고 미션스쿨의 남학생과 여학생들을 알아봤다. 여학생들은 거의 모두 하얀 수건을 머리에 두르고 하얀 옷을 입고 있었다. 기혼 여성들은 나무, 금, 은, 옥으로 만든 비녀를 머리에 꽂아 목덜미에서 고정시켰다. 소녀들은 땋은 머리를 뒤로 넘겼다. 그들 가운데 새로 온 외국인 여성 마가렛에 모든 사람들의 시선이 고정되었다.

레베카가 오르간을 연주했고, 사람들은 성숙한 그리스도인처럼 힘차고 진지한 태도로 찬송을 불렀다. 마가렛과 스탠에게 가사는 낯설었지만, 찬송가 곡조는 익숙했다. 많은 이들이 이미 만주에 오기 전부터 기독교인이었다. 그들은 기도하는 동안이나 성경을 읽는 동안 몸을 떨었고, 끝났을 때 일제히 큰 소리로 아멘을 외쳤다. 하나님의 강력한 임재가 그들 가운데 있었다.

예배가 끝나자 사람들은 새로 온 사람들을 맞이하기 위해 몰려들었다. 아처가 가까이 서있었다.

그는 "사람들이 여러분을 환영하고 있고, 몇몇은 아픈 친척에 대해 이야기하고 있습니다."라고 말했다. 그리고 스탠에게 "저는 그들에게 이분들은 먼저 언어를 배운 후에 병자를 돌보게 될 것이라고 말했습니다."라고 말했다.

오후까지 새로 온 선교사들은 매주 일요일의 일과가 어떻게 진행되는지 지켜보았다. 피아노가 있는 마틴 부부의 집에서 그들만의 영어 예배를 드렸다. 그들은 찬송가를 부르고 아처가 메시지를 전했으며, 모두 기도의 응답을 받은 간증을 나누었다. 마가렛은 피아노 의자에 앉았고 다른 사람들은 상자 위에 앉았다.

마틴 부부는 바커 부부의 집에서 저녁을 먹고 새집으로 와서 잠을 청했다. 다음 날 마가렛은 처음으로 시나몬롤 빵을 만들어 팬을 들고 바커 부부를 찾아갔다. 다비다는 빵을 만드는 모든 과정을 지켜보았고 반죽이 부풀어 오르는 것을 신기하게 쳐다보았다. 또한, 그녀는 처음으로 빵이라는 서양 음식을 맛보았다.

다음 장애물은 언어 공부였다. 선교위원회는 스탠에게 의료 활동을 시작하기 전 1년 동안 한국어를 공부하라고 엄격하게 권고했다. 아처에게 만날 때와 헤어질 때 하는 공손한 인사를 배운 후, 그들은 다른 것들도 모든 방법을 동원해서 최선을 다해 배웠다. 아처는 스탠에게 몇 시간 동안 수업을 해줄 수 있는 남학교 선생님을 추천했고, 마가렛은 부엌에서 다미다에게 "물, 난로, 접시, 숟가락, 밥" 등 한국어를 빠르게 배워나갔다. 그녀는 단어를 현장에서 즉시 사용했기 때문에 더 빨리 배웠다. 나중에 이 선생님을 추천해서 정식으로 공부할 수 있도록 했다. 서울에 있는 어학원 학생들이 배우는 문법이 잘 설명된 한글 교과서가 거기엔 없었다.

마가렛은 선생님과 함께 앉아 종이, 붓, 시계, 연필, 신발 등 생각나는 모든 것을 가리켰다. 그러자 선생님은 그 사물에 대한 한국어 단어를 알려주었다. 마가렛은 소리나는 대로 적으면서 어휘력을 키워나갔다. 한국어를 배우는 동안 많이 웃었다. 그녀는 한국인의 유머 감각을 알아가기 시작했다.

스탠은 의학 용어를 공부했는데, 아처는 영어 알파벳을 사용하여 단어를 소리 나는 대로 적는 로마자(Romanization) 체계로 의학 어휘, 신체 부위, 질문들을 적어주었다. "어디가 아파요?(Odee apumnika?)", 또는 "이 통증을 느낀 지 얼마나 되었나요?(Onjai su puta apoosichiyo?)" 스탠은 아처에게 질병을 진단하는 데 필요한 몇 가지 질문과 답변 목록을 알려주었다. 그는 간호사인 마가렛과 새로운 어휘를 공유했다.

두 사람은 마가렛은 식탁에서, 스탠은 서재에서 공부하는 시간이 즐거웠다. 두 선생님이 그들에게 초등 한국어 교과서를 가져와서 쓰는 법을 가르쳐주었다. 당시 한국인들은 위에서 아래로, 오른쪽에서 왼쪽으로 읽었다. 한국어 알파벳은 꽤 배우기 쉬웠다. 4시간 정도면 알파벳을 배워 읽을 수는 있지만, 어휘를 알기 전까지는 자신이 무엇을 읽고 있는지 알 수 없다. 그리고 한자가 한국인의 문헌 곳곳에 흩어져 있기에 나중에 한자도 공부하기로 했다. 마틴 부부는 빠르게 배워나갔다. 심한 추위와 끝없이 부는 바람 때문에 그들은 밖에 나가지 않고, 마치 겨울잠을 자는 것처럼 실내에서 공부할 수 있었다. 종종 바커씨 집을 방문하곤 했는데, 그 일은 언제나 그들의 삶을 즐겁게 해주었다.

어느 날 오후 마틴 부부가 바커네 집에서 차를 마시며 "겨울이 다 가기 전에 우리가 해야 할 중요한 일이 하나 더 있어요. 우리는 얼음을 저장해서 씁니다. 북쪽에 낮은 초가지붕을 보셨죠? 그게 우리 얼음 저장고예요. 사방 8피트 정도 되는 구덩이에요. 땅이 녹으면 당신들 것도 하나 만들어줄게요. 지금은 땅이 벽돌처럼 단단해요. 강에서 커다란 얼음 덩어리를 사각형으로 잘라서 가져와 톱밥이나 쌀겨와 함께 구덩이에 묻어둡니다. 그 위에 작은 지붕을 덮으면 여름 내내 아이스크림을 만들거나 아이스박스에 두고 쓸 수 있습니다. 당신들을 위한 구덩이가 준비되기 전까지 우리 것을 함께 쓰실 수 있습니다."

레베카는 "그리고 지금이 바로 봄에 심을 씨앗을 주문할 때입니다."라고 덧붙였다.

마가렛은 기대에 찬 미소를 지었다. 그녀는 아버지로부터 물려받은 정원 가꾸기 애호가였다.

"여기는 어떤 채소와 꽃이 잘 자라나요?"

레베카는 "온대 기후 식물이라면 뭐든 좋지만, 토론토나 메인처럼 계절이 짧아요. 거의 6월이 될 때까지는 많이 심을 수 없답니다. 옥수수, 순무, 토마토, 완두콩, 상추, 사탕무 등이 잘 됩니다. 한국 사람들이 우리의 달콤한 옥수수를 먹어보곤 굉장히 좋아했답니다. 우리는 그들과 씨앗을 나누었어요. 한국에도 토종 옥수수가 있지만 그다지 맛있지는 않아요."

아처는 "신선한 채소를 거둘 때면 일한 보람을 느낍니다. 농부가 소와 쟁기를 가져와서 우리 채소밭을 갈아준답니다."라고 덧붙였다.

마가렛은 기다림을 참지 못하고 아버지에게 편지를 써서 그들이 가장 좋아하는 버피의 가게에 씨앗을 주문했다.[15] 그녀는 씨앗이 도착하려면 오랜 시간이 필요함을 알고 있었다.

시간은 천천히 흘러갔다. 집에서 첫 편지가 도착했고, 모든 것이 자리 잡혀 갔다. 아빠도 힘든 겨울을 보내셨지만, 잘 지내시고 계셨다. 아빠는 첫 편지를 애타게 기다리고 있었다.

처마 끝 음산한 바람 소리도 이제는 익숙해져서 그다지 신경 쓰이지 않았다. 교회에서 그들은 새로 배운 문장으로 사람들에게 인사할

---

15 (역주) 버피는 1876년에 설립된 곡물회사이다(burpee.com).

수 있었다. 한국인들은 기뻐하며 스탠과 마가렛이 알아들을 수 없는 말을 쏟아냈지만, 그들은 미소로 그 모든 말에 답을 했다.

1916년 2월 15일, 여전히 매섭게 추웠던 날, 마틴 부부는 인생의 새로운 장을 맞이했다. 오후가 되자 누군가 다급하게 현관문을 두드리는 소리가 들렸다. 스탠은 한국어를 공부하다가 무슨 소리인가 하고 벌떡 일어났다. 상하와 한국어 선생님이 그 뒤를 따라 나왔다.

나가보니 소달구지에 한 청년이 처참한 모습으로 누워있었다. 청년은 멍석 위에 누워있었고 얼굴은 고통으로 일그러져 있었다. 그 옆에 서 있던 한 남자와 여자가 두 손을 꼭 쥐고 애원하는 어조로 말했다.

"우리 아들, 죽게 생겼어요!" 스탠은 한국말을 알아듣지 못했지만, 의사의 직감으로 무슨 일인지 알 수 있었다. 스탠은 신선한 공기 속에서도 살이 썩는 냄새를 맡을 수 있었다. 얇은 이불을 걷어내자 허벅지 위로 붉은 줄무늬가 선명하고 검게 썩어가는 다리가 드러났다. 그는 바커 부부의 집을 가리키며 "상하, 바커 목사를 빨리 '오라고 하세요. 빨리 빨리!(Sahng Ha, Barker Moksa, osipsiyo - Ba li, ba li!)"라고 말했다. 상하가 문밖으로 뛰어나갔다.

스탠은 한국어 선생에게 "제 아내를 데려오라."고 말했다. 그는 달구지로 가서 축쳐진 청년을 끌어안고 부엌 계단으로 데려가 긴 식탁 위에 눕혔다.

그는 곧바로 나타난 마가렛에게 그는 "나는 아처를 불러서 이 남자의 다리를 떼지 않으면 목숨을 잃을 거라고 설명하게 했어요. 그동안 당신은 서재에 있는 클로로포름, 모르핀, 수술 도구를 준비해주세요. 여기 이 테이블에서 수술할 겁니다."라고 말했다.

뉴펀들랜드 시절부터 응급 상황에 익숙한 마가렛은 곧바로 서재로 달려갔다.

아처는 서둘러 스탠의 집으로 갔고, 현관 앞 소달구지를 보고 당황했다. 마침 다행히도 그가 집에 있었다. 그는 사람들이 모여있는 부엌으로 달려갔다.

"아처, 오늘 다리를 절단하지 않으면 이 남자는 곧 죽을 거예요. 부모님께 설명해 주세요." 떨고 있는 불쌍한 가족들과 달구지를 몰고 온 사람까지 모두 부엌에 모여 있었다. "그리고 이건 매우 중요한 일인데, 모든 것이 잘되면 의족이라는 인공 다리를 달고 다시 걸을 수 있다고 말씀해주세요. 한국인들은 신체장애가 생기는 것을 극도로 두려워하는 것으로 알고 있습니다. 수술에 동의할 수 있도록 독려해 주세요."

부모는 엉엉 울고 있었다. 아처가 절박한 상황을 설명하자 그들은 고개를 끄덕였다. "네! 승낙하고 말고요. 할 수밖에 없소.(Halsoo pahkai opso.)" 다른 한국인들은 현관으로 가서 기다리게 했다.

마가렛은 즉시 모르핀 주사를 놓았고, 그 청년은 몇 달 만에 고통에서 자유롭게 되었다. 그는 일그러진 미소를 지어 보였다. 아처는 그에게 부드럽게 말을 걸며 이것이 그의 생명을 구할 수 있는 좋은 방법이라고 확인시켜주었다.

마가렛과 스탠이 서둘러 지혈대 등 필요한 물품 목록을 재점검했고, 몇 피트 떨어진 주방 스토브 위에는 기구를 소독하기 위한 뜨거운 물이 준비되었다. 마가렛은 이전에도 여러 번 해왔던 것처럼 환자의 맥박과 안색을 살피며 환자 마스크에 클로로포름 마취제를 방울방울 떨어뜨릴 참이었다.

모든 준비가 끝나자 스탠은 환자의 머리맡에 마가렛이 서 있는 것을 보았다. 그는 지금 함께 있다는 사실이 기뻤다.

"아처, 한국어로 기도해 주세요. 이 남자의 생명을 위해 기도해 주세요." 기도를 듣자 환자는 눈에 띄게 편안해졌다. 그러자 스탠은 다시 마가렛을 바라보면서 "지금, 마취를 시작하세요."라고 말했다.

환자가 마취되는 동안 스탠은 "이런 일을 위해서 우리가 이곳에 왔습니다."라는 생각이 분명하게 떠올랐다. 그리곤 곧 수술을 진행했다.

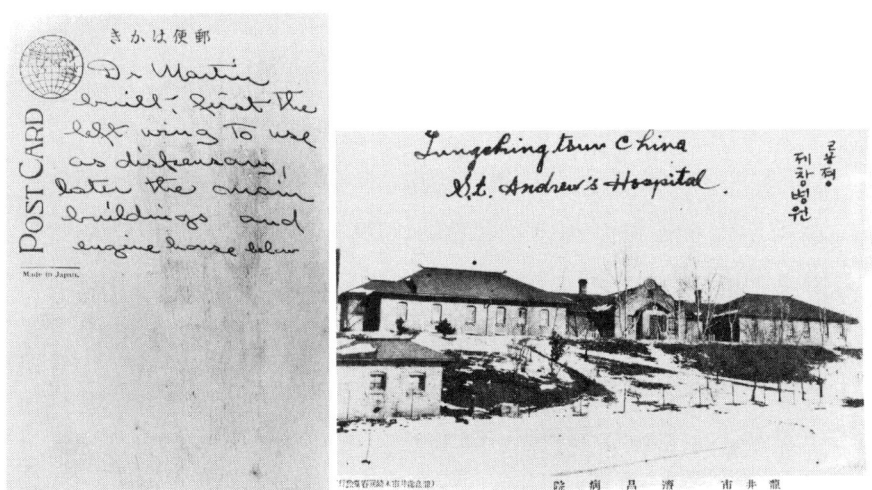
세인트 앤드류 병원(제창병원) 엽서

제9장
수문이 열리다

　스탠은 수술이 잘 끝났고 아들은 지금 안정적으로 있다는 소식을 전하려고 현관에서 몹시 걱정하면서 기다리고 있는 부모에게 갔다. 그때 함께 기다리고 있던 상하가 앞으로 나섰다.
　"존경하는 의사 선생님, 멀리 살고 계시니 환자가 회복하는 동안 제 따뜻한 방에 함께 지내고 싶습니다."라고 말했다. 상하 형네 집에 방이 있었다. 아처는 통역을 했고 스탠은 놀라움과 함께 크게 기뻐했다. 그는 그렇게까지 생각할 겨를이 없었다. 부모님은 다음 날부터 아들이 먹을 음식을 집에서 가져다주기로 약속했다.
　아처는 떠나면서 "함께 저녁을 먹읍시다. 레베카에게 말할게요. 그녀도 원할 거예요."라고 말했다.
　아직 마취 상태인 아들을 식탁에서 바라본 후, 부모는 눈물을 흘리며 집으로 돌아갔다.
　"고맙습니다(Ko mop sim nida)." 그들은 스탠의 팔과 손을 꼭 붙잡고 수차례 인사했다. 스탠은 그 정도의 한국어는 알아들었다.
　상하 씨의 도움으로 스탠과 마가렛은 걸레와 수세미를 들고 주방을 다시 청소했다. 강한 소독약 냄새가 집안을 가득 채웠다.
　그날 밤 일을 마무리하기 전, 스탠은 랜턴 불을 들고 환자 상태를 확인하고 모르핀을 투여하러 갔다. 다시 새벽 3시가 되자 그는 옷을 입고 어두운 밤길을 가로질러 작은 임시병원으로 가서 환자의 고통을 덜어주었다.

스탠이 다시 침대에 눕자, 마가렛은 "낮에는 내가 돌볼게요."라고 졸린 목소리로 말했다.

다음 날, 상하의 가족들은 이 젊은 외국 부인이 의사와 함께 환자에게 와서 주사를 놓고 능숙하게 붕대를 가는 모습을 지켜보았다. 그녀는 그가 남자 환자라는 사실에 전혀 개의치 않는 것 같았다. 그들은 놀랐다. 마가렛은 바닥에 무릎을 꿇고 일을 하면서 "병상 준비가 최우선 순위가 되겠구나, 이건 허리가 부러지는 일이야!"라고 생각했다.

스탠과 마가렛은 이번 절단 환자를 고친 일만 잘 끝나면, 자신들은 다시 일상으로 돌아갈 거라고 생각했지만, 현실은 그렇지 않았다. "발 없는 말이 천 리 간다."고 했다. 선교부의 서양인 의사가 죽어가는 한 남자의 다리를 절단하는 수술을 했는데, 그 남자가 잘 먹고 곧 집으로 돌아가게 될 것이라는 소문이 한국인, 중국인 모두에게 퍼졌다. "서양 의사의 약이 좋구나."

아픈 사람들이 스탠의 집으로 몰려오기 시작했다. 처음에는 한 번에 몇 명씩 왔다. 그곳 한국어 선생님은 인내심을 가지고 의사가 아직 그들을 도울 수 있는 형편이 아니라고 설명했다. 스탠이 더 이상 견딜 수 없을 때까지 계속되었다. 그가 진료를 본격적으로 시작하더라도 장소가 없다는 사실이 더 큰 문제였다. 그가 어떻게 해야 할까?

마침 푸트 목사가 순회 여행에서 돌아올 예정이었고, 스탠은 아처에게 "푸트 목사가 돌아오면 그와 상의해서 새로운 선교사가 올 때까지 빈 독신녀 숙소를 사용할 수 있도록 선교위원회에 긴급 요청을 보낼 수 있을까요?"라고 물었다.

아처는 기꺼이 허락했고, 푸트 목사가 돌아와서, 사람들이 소달구

지나 손수레(koorooma, 사람이 끄는 두 바퀴 수레)를 끌고 병자들을 스탠의 문 앞까지 운반하는 것을 보고 곧바로 동의했다. 어떤 불쌍한 환자는 남자 등에 업혀 실려오기도 했다. 허가가 떨어졌고, 이제 마틴 부부는 선교사 거주 공간에 작은 임시병원을 운영할 수 있게 되었다.

스탠과 마가렛은 서둘러 집을 둘러보았다. 평면도는 자신들의 집과 비슷했지만, 현관 입구가 건물 남쪽에 있었다. 그들은 부엌을 약을 준비하고 조제하는 제약실로, 식당을 수술실로 사용하기로 했다. 사람들이 몰려오는 현관이 있는 아래층 다른 방은 진료실과 대기실로, 위층 방은 병동으로 사용하기로 했다.

최소한의 장비를 준비하고 귀중한 의약품을 독신녀의 집으로 옮긴 후, 그들은 첫 환자를 진료하기 시작했다. 간호사 한 명과 의사 한 명. 그뿐이었다. 수돗물은 없었지만, 물독, 양동이, 대야가 그 역할을 대신했다. 부엌의 커다란 철제 스토브는 살균을 위해 쓸 수 있었다. 물과 나무를 나르고 불을 계속 지피기 위해 한 남자를 고용했다.

하나님께서 기도에 응답하시고 긴급한 필요를 채워주셨고, 많은 한국 젊은이들이 그 건물에서 무슨 일이 일어나고 있는지 관심을 기울이기 시작했다. 아처와 푸트 목사, 그리고 한국인 목사는 훈련을 받으면 그들을 도울 수 있는 성격이 밝고 유능한 사람들을 찾아보았다.

여기에서 마취를 할 수 있는 사람은 마가렛이 유일했고, 스탠이 첫 수술을 집도할 때 마가렛이 마취를 맡았다. 한편 한국 목사가 추천한 한 한국 청년이 옆에 서서 그 광경을 지켜보고 있었다. 그는 강력한 후보가 될 것 같았다. 한편, 교회 또 다른 청년 임 집사가 있는데, 그는 빨리 배우고 도움이 많이 되어, 스탠이 그를 조수로 훈련시키기 시작했다. 곧 그는 많은 일반적인 질병을 진단하고 치료하며 간단한 수술도 할 수 있게 되었다. 만주에는 의료 행위를 할 수 있는 정식 자격증이 없었다. 나중에 알렉산더라는 영어 이름을 가진 이춘철이라는 한국 청년이 돕겠다고 자원했다. 그는 하나님이 보내주신 사람 같았다. 왜냐하면, 중국어와 일본어, 약간의 영어를 구사할 수 있었기 때문이다. 이춘철은 곧 수술 후 뒤처리와 상처를 치료하는 법을 배웠다. 그의 영어 실력은 스탠이 중요한 지시를 내릴 때 생사를 가르는 역할을 하기도 했다. 중국인 환자들도 찾아왔고, 스탠은 일하면서 한국어뿐만 아니라 중국어도 익혔다.

마가렛은 몇몇 여성들에게 체온을 재고 환자를 목욕시키는 기초적인 간호 업무를 훈련시키기 시작했다. 부모들은 딸들이 그런 일을 하는 것을 허락하지 않았기 때문에, 그 여성들은 대부분 젊은 과부들이었다. 간호 업무는 그들에게는 완전히 다른 세계였다. 몇 년 전까지만 해도, 한국의 소녀들은 가족 외에 다른 남자들의 눈에 띄지 않았었다. 그들은 방 안에 갇혀 살았었다. 만일 처녀가 시골길을 걷다가 남자가 다가오면, 그들은 남자들이 지나갈 때까지 길에서 벗어나 등을 돌리고 서 있어야 했다. 1886년 감리교 선교사 스크랜튼 여사가 최초의 여학교를 세우면서 기독교가 비로소 이 문을 열게 되었다. 서울에 이화학당이 바로 그 학교였다.

수술은 낮에만 가능했지만, 밤에 위급한 상황이 발생하면 스탠은 콜맨(Coleman) 랜턴을 들고 옆집으로 가서 생명을 구했다.[16] 환자 수는 점점 늘어났다. 얼마 지나지 않아 열악한 조건에서 하루에 60여 명의 환자를 치료하게 되었다. 이 좋은 소식은 캐나다에 전해졌고 1,000달러의 보조금이 전달되어 선교회 정문 옆에 작은 진료소를 지을 수 있었다.

---

16 (역주) 콜맨은 세계적인 캠프용품 회사이다(coleman.com).

마가렛이 부탁한 버피사의 씨앗이 도착했고, 한국인 농부가 갈아준 밭에 조심스럽게 심었다. 그러던 중 가뭄이 찾아왔고, 하나의 우물에서 나오는 물이 너무 귀해서 농작물에 물을 주는 것을 제한하기 시작했다. 상하 씨는 옥수수와 토마토에만 물을 주었다.

1916년 6월 15일, 25살의 스탠은 선교위원회 서기에게 편지를 보냈다:

맥케이 씨에게:
우리가 여기서 한 일을 알려드리고자 합니다. 4개월 동안 치료받은 환자 2,885명이고, 그중 1/3이 중국인입니다. 마취 수술이 32건인데, 거기에는 개복수술도 포함되어 있습니다. 수술은 오릴리아 교회의 스콧 박사가 제공한 포켓용 수술 도구 세트로 진행했습니다. 우리는 360가정을 방문했습니다. 이곳에서 60마일 떨어진 한 마을에서 기독교인들 사이에 각기병이 유행했는데, 모두 통제가 되었습니다. 병에 걸린 100명 중 20명은 도움의 손길이 닿기 전에 사망했습니다. 가능한 한 빨리 시설이 갖춰진 병원이 필요합니다. 하루에 백 명의 환자를 쉽게 처리할 수 있습니다. 하나님은 우리에게 놀랍도록 선하신 분이셔서, 이제 작은 진료소의 기초가 완성될 수 있었습니다.

진료소가 지어지는 동안 초여름에 임시병원에서 의료 활동은 계속되었다. 마가렛과 스탠은 종종 해 질 녘에 내려가 작은 진료소가 어떻게 되어가고 있는지 진행 상황을 보곤 했다.

7월이 되자 견딜 수 없을 정도로 더워져, 아처의 제안대로 위층 베란다에서 잠을 잤다. 메인주에서 온 간호사와 뉴펀들랜드에서 온 의사에게 이곳의 더위는 견디기 어려웠다. 수술 도중에는 스탠의 얼굴에서 흐르는 땀을 누군가 계속 닦아줘야 했다. 겨울 동안 저장해

둔 얼음으로 차가운 음료를 만들거나, 아연 재질로 작은 아이스박스를 만들어 거기에 음식을 보존할 수 있는 것은 일종의 축복이었다.

다행히도 마침 북한 원산에서 캐나다 장로교 연례 선교대회가 열릴 때가 되었다. 그들은 더운 여름을 잠시나마 잊을 기회를 반겼고, 경험 많은 바커 부부와 함께 여행할 수 있다는 사실에 안도했다. 또한, 무거운 짐을 들고 다니지 않아도 된다는 사실이 행복했다. 두만강에 도착해서, 그들은 지난 겨울에 보았던 배를 타고 건너갔다. 즐거운 여행이었다.

그들은 전에 원산항을 본 적이 있었지만, 이제는 원산 해변에서 선교사들을 만나 그들과 시간을 보낼 수 있게 되었다. 선교사 가족들은 여러 선교지부와 여러 선교단체에서 왔다. 그들은 서울 친구들을 다시 만났다. 그들은 시원한 바람과 바닷가의 즐거움을 만끽했다. 필요한 사람이 사용할 수 있도록 작은 오두막집과 해변 하우스 호텔이 여러 개 있었다.

마가렛은 선교부 집회에서 작은 오르간을 연주해 달라는 요청을 받았다. 그녀는 동료 선교사들의 활기차고 쾌활한 성격을 알아차렸고, 조국을 멀리 떠나서도 찬송가와 캐나다 국가를 부르는 모습이 좋았다. 스탠은 자신과 마가렛의 의료 활동에 대한 첫 번째 보고를 했고, 선교사들은 선교사들의 긍정적인 반응에 고무되었다.

모래와 소나무로 이루어진 '명사십리'(빛나는 모래 십리라는 뜻)는 그곳 가족들에게 신체적 건강과 영적 재충전의 기회를 주었을 뿐 아니라, 한국 선교 사역에 매우 중요한 역할을 감당했다. 교파를 초월하여 함께 놀고 기도하고, 교제하면서 유대감을 형성했다. 생각했던 것보다 훨씬 시간이 빨리 지나가, 다시 북쪽 선교지로 돌아갈 시간이 되었다. 돌아가 보니, 모든 것이 잘 되어가고 있었다. 옥수수가 무럭무럭

자랐고, 텃밭에서 처음으로 수확한 채소도 맛볼 수 있었다. 마가렛은 토마토 통조림을 만들 수 있게 되어 매우 기뻤다. 무엇보다도 작은 진료소가 완공되어 몇 가지 물품을 서둘러 그곳으로 옮겼다.

곧바로 병자들이 몰려들었다. 새 진료소 건물이 선교사 사택보다 훨씬 작았기 때문에 얼마 지나지 않아 많은 환자가 벤치나 바닥에 누워야 했다. 작은 진료소에는 4개의 침상밖에 없었다. 훈련 중인 직원들은 점점 더 역량을 키워가고 있었고, 모두 최선을 다했다. 하지만 9월에 재앙이 닥쳤다.

스탠은 1916년 9월 2일 암스트롱 목사[17]에게 이렇게 편지를 보냈다.

---

17 (역주) 암스트롱(Allan Egbert Amston, 1877~1966), 캐나다장로회·캐나다연합교회 선교사, 목사, 해외선교위원회 총무. 캐나다 온타리오주 클레오몬트 출생, 1906~1925년 캐나다장로회 해외선교위원회 부총무 총무로 일했고, 1925~1949년 캐나다연합교회 해외선교위원회 총무로 활동하였다. 1918년 7월 캐나다장로회 해외선교위원회 부총무로 일본·한국·중국·대만 등 선교지역 방문하였다. 1919년 2월 12일 다시 내한하여 선교사들과 회합을 갖고 일본을 거쳐 귀국하기 위해 일본 요코하마에 머물고 있을 때, 1919년 3월 13일 서울의 세브란스병원장 에비슨(O. R. Avison) 박사의 전보를 받고 서울로 다시 돌아와 3·1독립운동에 대한 대책을 협의하는 선교사들 모임에 참석하여 서울의 3·1 독립운동 상황을 돌아보았다. 그는 캐나다로 귀국하여 1919년 4월 5일자로 "한국 독립 봉기에 대한 비망록(Notes on the Korean Uprising for Independence)"를 작성하여 한국의 3·1독립운동 상황을 해외에 알렸다. 4월 중순에는 미국 뉴욕에 가서 미국 북장로회 해외선교위원회 총무 브라운, 미국 북감리회 해외선교부 노드, 미국성서공회총무 해븐, 미국기독교연합회 동양관계위원회 등에 알리고 대책을 논의했다. 캐나다장로회 총회에도 보고하여 한국의 3·1독립운동을 지지하고 일제의 탄압에 항의하는 한국 문제에 대한 결의를 채택하게 하였다. 이런 소식에 동양관계위원회에서는 이 소식을 7월 중순에 발간한 『한국상황 The Korean Situation』에 실었다. 그 후 1922년대, 1934년, 1952년 한국을 방문하여 캐나다연합교회의 한국 선교사역지를 방문하고 격려하였다. 거제도 피난민과 포로수용소 방문하여 천막교회, 피난민의 집을 방문하였다. 부산에서는 피난 중인 이승만 대통령, 이화여대 총장 김활란 총장을 만나 협력방안을 논의했다.

우리 모두 잘 지내고 있다는 소식을 짧게 전합니다. 바커 목사님과 바커 부인은 연례 모임에서 돌아오지 않아 저희 부부만 선교부에 있습니다.

우리 진료소 건물이 완공되고 벽에 회반죽도 붙였는데, 태풍으로 기와지붕이 다 날아가 버렸고, 오늘 비가 와서 회반죽도 다 떨어졌습니다. 선장들이 자기 배에 애착을 갖는다는 얘기는 들어봤지만, 제가 이 건물에 쏟고 있는 관심만큼은 아닐 것입니다.

매일 오후 2시에 우리는 이 건물에서 아직 믿지 않는 사람들을 위한 예배를 드리는데, 제가 이보다 더 좋아하는 예배는 없을 것 같습니다. 지금까지 총 60건의 수술을 했고 매일 40~50명의 환자를 진료하고 있습니다. 저는 매일 아침 한국어를 공부합니다. 이 고장은 바다를 즐길 수 없다는 것만 빼고 래브라도와 비슷합니다.

올해는 가뭄으로 모든 농작물이 메말랐는데, 곡물이 거의 다 마른 이제야 비가 오니 너무 늦은 감이 있어 보입니다.

환자였던 사람이 교회에 새로 나오는 것을 보는 것도 흥미롭고, 심각한 환자가 꽤 좋아졌다는 소식을 듣는 것도 즐겁습니다.

바커 목사 내외는 휴식이 필요합니다. 다른 사람들은 행복합니다. 왜냐하면, 우리는 모두 바쁘게 보내고 있기 때문입니다.

최고의 존경을 당신과 맥케이 박사님께.

진심을 다하여,
S. H. 마틴 드림

최대한 빠르게 지붕을 교체하고 벽을 다시 칠했다. 삶은 다시 바쁜 일상으로 돌아갔다.

스탠과 마가렛은 매일 들을 지나 진료소로 걸어가면서 또 한 번의 혹독한 겨울이 다가오고 있음을 직감했다. 바람은 점점 더 차가워지고 있었다. 농작물 작황이 좋지 않아 모두에게 힘든 겨울이 될 것이었다. 중국 도적에 대한 두려움이 커지고 있는 것이 또 다른 걱정거리였다. 그들의 고약함에 대한 소문이 수시로 병원에 전해졌다. 이 무법 집단은 아무 잘못도 없는 마을로 휩쓸고 내려와 곡식을 훔치고 불을 지르고 약탈한 다음 산속 은신처로 숨어버리곤 했다. 환자 중 한 명인 투토고 출신의 한 여성은 한밤중에 말발굽 소리가 들리더니 한 무리의 도적이 마을을 휩쓸고 지나갔다고 말했다. 다행히도 그 무리는 그냥 지나가던 중이었다고 했다. 또 다른 뉴스는 중국 정부가 아편 거래를 단속하고 있으며, 적발된 거래자는 즉결 처형될 것이라고 했다.

마침 마가렛이 봄에 첫 아이를 출산할 예정이었기 때문에 이런 위험한 소식들이 더욱 걱정스러웠다. 다행히도 마가렛은 건강했고, 계속해서 간호사 훈련을 이어나갔다. 마취를 배우는 한국인 청년은 마가렛의 세심한 감독을 받으며 잘 해내고 있었다. 스탠과 마가렛의 한국말 실력은 일상에서 한국어를 들으면서 나날이 향상되고 있었다. 스탠이 편지를 쓸 시간은 거의 없었지만, 스탠은 1916년 11월 뉴펀들랜드에 있는 가족들에게 소식을 전했다. 조지 스트릿(George St.) 감리교회의 주일학교 부장이었던 그의 아버지는 서둘러 토론토의 암스트롱 목사에게 이 소식을 전했다.

접수 사무실
일반우체국
세인트존스, 뉴펀들랜드
1916년 11월 4일

존경하는 목사님께

스탠리에게 보낼 손전등과 책을 잘 보관하고 계시며, 선교사 편에 보내신다는 편지는 잘 받았으며, 그의 사역을 좋게 봐주셔서 감사드립니다. 마지막 보고 이후, 그는 유방절제술과 백내장 수술과 같은 매우 심각한 수술을 수행했다고 합니다. 수술 결과도 성공적이라고 합니다.

수종에 걸린 한 만주인의 복부에서 체액으로 가득 찬 여러 개의 혈관조직을 떼어내는 수술을 목격하는 것도 흥미로웠을 것입니다. 그는 수 마일을 가마를 타고 이동했으며, 2마일마다 릴레이로 가마꾼을 교체하며 이동했다고 합니다. 병원이 없어 큰 여관의 탁자 위에서 수술이 진행되었는데, 중국인들은 눈을 부릅뜨고 입을 벌린 채 "다음엔 어떻게 될까?" 하는 호기심 어린 눈으로 지켜보았다고 합니다.

그는 동료들을 많이 칭찬했습니다. 그는 항상 착한 아들입니다. 하나님께서 그를 인도하심을 잘 알고 있습니다. 내 평생의 친구, 본드 목사님의 감리교회가 그를 놓친 것이 안타깝습니다. 그래도 그것이 하나님의 뜻이라면, 그분의 인도하심을 따르는 것이 최선일 것입니다.

존경을 표하며,
아서 W. 마틴 드림

암스트롱 부총무가 1916년 11월 14일에 스탠에게 편지를 보냈다:

진료소 지붕이 날아간 일은 얼마나 큰 불행입니까! 마치 사랑하는 애완동물을 잃었을 때처럼, 당신의 심정이 이해가 됩니다.

나는 당신이 어떻게 그렇게 많이 진료하면서 동시에 언어를 공부하고 있는 당신의 모습이 잘 상상이 되지 않습니다. 이 일은 우리 선교위원회에는 당신이 하루 몇 시간씩 어학 공부를 하면서도 여러 가지 일을 수행하는 미스터리와 같은 형편을 알려주신다면 더욱 기쁠 것 같습니다. 하루에 겨우 4시간만 자고 일하는 에디슨이라면 모를까, 저는 여러분이 그렇게 비정상적인 생활하시고 계신다고 생각하지는 않습니다. 만일 잠을 자면서 언어를 깨우는 이상한 비법을 찾으셨다면, 새로운 언어를 배우기 위해서 긴장하면서 단조롭게 지내고 있는 많은 이들이 당신의 비법을 좋아하게 될 겁니다.

용정에 병원을 건축하도록 예산을 안건에 올려 투표를 진행했습니다만, 안타깝게도 98,000달러의 예산 계획 중 28,000달러만 의결되고 말았습니다. 비용 집행은 보수적으로 진행됨을 이해 부탁드립니다. 다만 전쟁이 빨리 끝나서, 사람들이 더 아낌없이 기부해 주기를 바랄 뿐입니다.

안부를 전하며,
A. E. 암스트롱 드림

부부의 첫 번째 크리스마스는 매우 소박했지만 기쁨이 넘쳤다. 크리스마스 아침 새벽, 그들은 집 밖에서 선교회의 학교 아이들이 매서운 추위 속에서도 달콤하고 행복한 목소리로 부르는 캐럴을 들었다. 그리고 진료소에서는 입원 환자와 직원들에게 한국 사탕을 나눠주고 교회에서는 성탄절 예배를 드렸다.

마가렛은 바커 부부와 함께 크리스마스 저녁 식사를 위해 향신료와 건포도를 넣은 민스파이[18]를 만들었고, 피아노 주변에 모여 캐럴을 부르며 즐거운 하루를 마무리했다.

1916년 12월 27일, 진료소는 너무나 많은 일로 폭파 일보 직전이

---

18 (역주) 민스파이(mince pie)는 영국에서 전통적으로 먹는 크리스마스 음식으로 다진 고기에 단맛을 내어 만든 동그란 파이이다.

었다. 이제 26살이 된 의사 마틴은 암스트롱 목사에게 다시 편지를 썼는데, 이제는 편지지에 '만주 캐나다 장로교 병원'이라고 적고 본인의 이름과 주소를 상단에 인쇄한 공식 편지지를 사용했다.

귀하께서 지난 11월 10일 자로 보내주신 편지는 잘 받았으며, 멘지스 박사가 이곳 병원에서 필요한 내용을 의논하기 위해 저와 의논하시고자 한다는 사실을 알았습니다.

저는 이 좋은 계획에 적극적으로 협력하도록 하겠습니다.

저는 7개월 동안 7,700명을 진료했습니다. (연례 선교사 모임에 갔을 때는 약 한 달 반을 문 닫았음.) 그중 120건은 마취수술이었습니다.

우리는 오늘 밤 1917년 한국 의사 한 명의 연봉에 해당하는 금액인 250달러로 1916년 한 해 동안 이곳에서 의료 활동했는데, 앞으로 이렇게 계속하는 것이 타당한 일인가를 토론했습니다.

<u>저희의 필요는 다음과 같습니다.</u>

지난달에 우리의 작은 진료소 남자 대기실에서 악성 장티푸스 환자가 발생했습니다. 여자 대기실에서는 두 명의 안과 수술 환자가 있었고, 다른 여섯 명의 환자(대부분 중국인)는 8×12피트 크기의 작은 방에 있었습니다. (이것은 매우 나쁜 의료 행위입니다.) 그리고 이 외에도 세 명의 환자를 단지 내 일꾼들의 집에 머물게 했습니다. 저희는 수술 후 환자를 입원시킬 곳이 필요합니다.

우리는 선교사들과 그들의 일꾼 중 약 7명의 부인과 환자가 발생했고, 앞으로 더 발생할 것으로 예상합니다. 응급 상황에 대비할 장비가 전혀 없습니다. 이것은 뜻을 가지고 이곳에 온 젊은 선교사나 그들의 조력자들에 대한 옳은 처사가 아닙니다. 이 진료소에는 입원 환자를 위한 제대로 된 시설도 없고, 운영비도 지원되지 않고 있습니다.

올 상반기에 저는 한국어 공부를 할 여력이 없었습니다만, 이제는 조수의 도움으로 적당한 시간을 내어서 한국어를 공부하고 있고, 다른 사람들과 함께 곧 첫 시험을 치를 수 있을 것으로 기대하고 있습니다.

이번 크리스마스에는 병원을 지을 수 없다는 소식에 낙담하고 있지만, 수술 환자를 수용할 수 있는 임시 건물이라도 마련할 수 있기를 바라고 있습니다. 이 일은 여기의 의료 사역이 계속될 수 있는지 여부가 달린 중요한 과제입니다. 이 진료소는 지역사회 전체에 큰 가치를 증명하고 있습니다. 선교회 안에는 회색 벽돌 건물 네 채가 있는데, 두 채만 사용하고 있고, 바커 부부가 떠나면 우리 부부만 남게 될 것인데, 이는 딱한 일이라 생각합니다. 무엇보다도 이 전쟁이 빨리 끝나기를 바랍니다. 왜냐하면, 의료 사역도 필요하지만, 더 많은 사역자와 여성들이 거기에 필요하기 때문입니다. 전쟁이 마무리되면 '추수할 곡식이 많은' 여기에도 도움의 손길이 펼쳐지길 바랍니다. 지금이 바로 50만 명에 달하는 사람들이 사는 이 거대한 지역에서 일할 때입니다.

지금은 한국인 조수가 있는데, 매일 아침 진료소를 관리하고 한국어를 공부할 수 있도록 시간을 내주고 있습니다. 서양 의사가 한 사람 더 있어서 그를 벗 삼아 심각한 케이스를 함께 의논할 수 있는 사람이 있으면 좋겠습니다. 하지만 이 선교지 전체에 선교사 의사가 겨우 세 명밖에 없는데, 제가 누군가를 더 원하는 것은 죄가 되겠지요.

멕케이 박사님께 존경을 담아,

진심을 다하여,
S. H. 마틴 드림

비록 전쟁이 일어난 지 한참 후에 편지와 신문이 도착했지만, 용정 선교사들은 유럽에서 전쟁이 진행되고 있다는 소식을 관심을 가지고 지켜보았다. 전쟁은 아시아 전역 선교 재정에 영향을 미쳤을 뿐만 아니라, 일부 남자 선교사들은 군 복무에 자원하기 위해 선교지를 떠나고 있었다. 장로교 선교위원회에서 "선교사들은 전쟁에 참여하기 위해 가족을 떠나서는 안 됩니다. 선교활동이 훨씬 더 중요합니다."는 지시를 선교지에 내렸다. 한때 제복을 입고 의료부대(RAMC) 일원으로 함께 이집트 파병을 지원했던 스탠도 이 소식을 접하고 불안했다.[19] 용정의 당면한 긴급 상황이 스탠을 일에 몰두하게 했고, 이에 마가렛은 마음을 놓을 수 있었다!

그는 50병상 규모의 병원 설계도를 선교위원회에 보내면서 세계 상황이 개선되기를 바라고 기도했다.

추운 겨울이 되면서 환자 수가 약간 줄어들자 스탠은 새롭고 이상한 경험에 대해 글을 쓸 여유가 생겼다. 한국어와 중국어에 대한 이해도가 높아지면서 그가 보고 들은 모든 것에 대한 이해도 확대되었다.

그는 대부분의 서양 의사들이 책으로만 접했던 질병들을 직접 접하게 되었다. 장티푸스, 발진티푸스, 나병, 디프테리아, 말라리아, 그리고 신체 각 부위에 영향을 미치는 여러 종류의 결핵 등이 그런 것들이었다. 민간 의료 시술로 인해 환자들에게 더 심각한 폐해가 발생하고 있고, 치료도 어렵다는 내용의 편지를 고향 뉴펀들랜드의 가족과 교회에 보냈다.

---

[19] (역주) RAMC는 영국 왕립 의료 부대(Royal Army Medical Corps)의 약자이다.

우리 선교회 뒤 언덕에 올라서면 높이 9천 피트에 달하는 백두산을 볼 수 있는데, 지금은 휴화산으로 분화구에는 큰 호수가 있습니다. 백두산 남쪽으로 "언제나 하얀 산맥"을 의미하는 장백산맥이 있는데, 늑대가 가끔 마을에 와서 돼지를 잡아먹고, 개를 죽이고, 때로는 마을 사람을 물기도 합니다. 일부 늑대는 광견병에 감염되어 있기도 합니다. 지난 3월에 처음으로 수포증 환자를 진료했습니다. 불쌍한 친구, 참으로 딱한 일이었습니다.

이 산기슭에서 최초의 만주족 족장이 태어났고, 그의 후손들은 서태후가 퇴위할 때까지 중국 전역을 통치했습니다.

만주는 인구가 약 2천만 명에 달하고 광물이 매우 풍부하며 상당량의 밀, 콩 등 곡물을 재배하여 일본을 비롯한 다른 나라로 수출하고 있습니다. 경찰의 감시에서 멀리 떨어진 곳에서 아편이 재배되며, 남색 옷의 염료인 쪽은 매우 풍부하여 중산층과 농민층의 중국인은 주로 쪽빛(남색)천으로 된 옷을 입습니다.

북만주에는 낙타가 많이 쓰이고 당나귀도 많이 있습니다. 제가 아처 바커라는 친구를 처음 봤을 때 그는 당나귀를 타고 있었습니다.

이 땅은 독특한 풍습으로 가득합니다. 예를 들어 젖소를 사려고 할 때 젖이 많이 나오는지 물어보고 젖을 짜는 모습을 보러 나갔더니, 소를 뉘어 놓고 네 다리를 묶은 뒤에 세 사나이가 그 불쌍한 짐승의 젖을 짜고 있는 것을 보았습니다. "확실히 중력을 무시한" 행위였습니다.

한국인들은 따뜻한 소죽을 쑤어 소를 먹입니다. 시골을 여행하다 보면, 집과 가까운 곳에서 말끼리 싸우는 소음 때문에 잠을 못 이루는 경우가 종종 있습니다.

무속은 한국의 종교 중 하나입니다. 이 종교는 사람들이 자신들 주변의 수많은 귀신을 두려워한 데서 나온 것입니다. 그들은 귀신을 화나게 하면 증오와 보복이 뒤따른다는 공포 속에 살고 있습니다. 귀신을 섬기는 사당이 도처에 있는데, 특히 두 길을 가로지르는 십자로에 많습니다.

하지만 상황이 빠르게 변하고 있습니다. 새로운 질서가 도래하고 있으며 더 밝고 더 높은 삶으로의 전환이 매우 빠르게 진행되고 있습니다.

저는 이들의 의료 행위에서 가장 이상한 것을 보았습니다. 환자의 통증을 치료하기 위해서 몸의 여러 곳에 뜨거운 침을 찔러 넣는 것입니다. '뜸'이라는 도구로 화상을 입어 큰 흉터가 생긴 환자들이 저에게 오는 경우가 많습니다. 아이러니하게도 이 상처는 통증을 완화하기 위해 아픈 부위에 화상을 입힌 것입니다. 종종 50센트짜리 동전만큼 크고 둥근 화상이 배 위에 나 있습니다. 특히 생후 몇 개월 된 아기에게 그렇게 했다면, 얼마나 아플지 상상이 되시나요. 우리는 이 무서운 치료를 받는 환자가 고통스러운 비명을 지르는 소리를 듣기도 했습니다.

저는 방금 더럽고 녹슨 끔찍한 침에 의해 복구할 수 없을 정도로 망가진, 정상적인 눈이 있던 자리에 넣을 인공 안구를 12개 받았습니다. 침을 시술하는 상투 튼 의원은 불쌍한 환자의 관절에 침을 꽂기 전에 상투 사이로 밀어 넣어 "살균?"을 합니다. 상투 튼 머리에 침을 꽂아 넣고 문지르는 과정이 살균입니다.

순회 전도 여행 중 한 번은 바커 목사님과 제가 완전히 황량한 시골을 달리다가 동쪽부터 불어오는 우박 폭풍을 만났습니다. 우리는 말들이 우박을 피할 곳을 마련하기 위해 낡고 더러운 여관으로 급하게 들어갔습니다. 곧 영국인 서양 의사가 왔다는 소식이 퍼지면서 환자들이 모여들기 시작했습니다. 폭풍이 잦아든 후, 꽤 먼 거리에서도 환자들을 데리고 왔습니다. 여행이 늦어져 반 밖에 가지 못해서 낙담하고 있었지만, 큰 종기가 난 불쌍한 소녀를 보고 충격을 받은 저희는 종기를 치료해 주고 소녀를 안심시켰습니다. 그제야 주님께서 우리를 그곳에 보내신 이유를 깨달았습니다.

우리는 눈도 많이 치료해야 합니다. 백내장과 안구 감염이 흔합니다. 태어날 때부터 왼쪽 눈이 보이지 않는 26세의 한 청각 장애인이 오른쪽 눈에 작은 문제가 생겨 한국 의원을 찾았습니다. 돌팔이가 눈꺼풀에 아주 강한 부식제를 발라 눈꺼풀이 부어오르고 화상을 입어 멀쩡하던 눈마저 못 보게 되어 완전히 앞을 볼 수 없게 되었습니다. 우리는 수술을 하고 새 눈꺼풀을 만들어주어서 지금은 볼 수 있게 되었습니다.

지난주에는 8년 동안 실명했던 한 남성이 치료를 받으러 왔습니다. 사연을 들어보니 곰의 간에서 얻은 담즙으로 오랫동안 눈을 치료해 왔다는 사실을 알게 되었죠.

또 한 번은 주삿바늘에 찔려 배에 염증이 생긴 40대 여성 환자를 보러 갔어요. 상태가 안 좋은 것을 발견하고 중국 술을 잘 마시는 남편에게 그 침을 놓는 의사를 멀리하라고 말했습니다! 남편은 그녀는 두 번째 아내인데, 이미 나이가 너무 많아서 죽어도 상관없다고 대답했습니다. 그러나 우리는 병원에서 훈련받은 기독교인 간호사들을 보내서 그녀를 제대로 돌보게 했습니다. 얼마 전 그녀가 진료실에 왔는데, 너무 좋아져서 알아볼 수가 없었습니다.

지난 9월 국자가의 교회에서 학식 있는 중국인 목사가 복음서의 한 사건을 자세히 설명하고 있었는데, 지나가는 장례식 행렬에서 백파이프와 같은 이상한 음악과 징과 쇠북을 요란하게 두드려서 엄숙함이 깨어지고 말았습니다. 이 특별한 장의 행렬은 몇 년 전에 돌아가신 조상을 위한 것이었습니다. 사람들은 들것을 들고 무덤으로 향하고 있었습니다. 들것에는 꽃이 장식되어 있었고, 살아있는 양, 오렌지를 다리에 끼워 넣은 죽은 돼지가 올려져 있었습니다. 이 동물들은 죽은 사람의 영혼을 위한 것이었습니다. 교회 예배가 재개되고 700명의 사람이 "오 나의 구주 나의 당신을 향한 나의 마음을 확정한 행복한 날"이라는 찬송을 부르는 모습은 감격스러웠습니다. 그들은 감격에 젖어 찬양했습니다. 기독교와 우상숭배가 마치 "밤의 배들이 지나가는 모습"처럼 서로 엇갈리는 모습을 지켜보는 것이 흥미로웠습니다.

중국 묘지를 지나가다 보면, 옛 환자의 관을 볼 수 있는데, 관은 4인치의 단단한 판자로 만들어졌고, 환자가 사망한 후 최대 1년 정도 땅 위에 놓아 둡니다.

한 사람은 잠을 자던 중 쇠파리가 콧구멍에 알을 낳았습니다. 알을 깐 구더기가 뇌로 파고 들어갔고, 우리가 그를 보러 간 직후, 그는 뇌수막염으로 사망했습니다. 이 남자의 관은 모두가 볼 수 있는 곳, 바로 우리 선교회 뒤에 있습니다. 의사들의 고충이 이만저만 아닙니다!

또 다른 특이한 사례는 두통이 심한 중국인 남성이었습니다. 어제 코를 살펴보니 커다란 (나비 같은) 벌레가 코에서 나왔고 통증이 즉시 멈췄습니다. 아마도 따뜻한 날씨에 그 남자가 잠을 자는 동안에 그 벌레가 알을 낳은 것 같았습니다.

사역자들과 함께 여행을 다니다 보면 아무 준비도 없는 상황에서 어려운 일을 종종 만납니다. 예를 들어 세 살짜리 어린 소년이 디프테리아에 걸렸는데 제가 도착했을 때는 거의 죽어가고 있었습니다. 저는 소독 기구를 기다릴 겨를도 없이, 왼손으로 더듬어 날카로운 주머니칼로 호흡기관을 열고 튜브를 삽입했습니다. 환자는 매우 가난한 사람이었지만 회복되어 정말 감사했습니다. 나중에 새 외투를 입은 그를 보았을 때 저는 그의 생명을 구했다는 사실에 기뻤습니다.

어느 날 말을 타고 집으로 돌아오던 중 무덤가에서 통한의 눈물을 흘리고 있는 듯한 여인을 발견했습니다. 우리는 말에서 내려 그녀에게 사과를 주며 그 여인을 위로했습니다. 3분 만에 그녀의 슬픔이 가셨습니다. 무엇이 문제냐고 물었더니 남편이 죽었다고 했습니다. 우리는 안타까워하며 남편이 언제 죽었는지 물었습니다. 그녀는 15년 전이라고 대답했습니다. 우리는 웃으며 길을 떠났습니다. 한국인들은 사람이 죽으면 장례식을 치르기 전에 돈을 주고 사람을 사서 장례식에 와서 통곡하게 합니다.

지난 4월 2일, 비기독교인 한국인들은 친척들의 무덤에 음식을 바쳤습니다. 무덤은 5피트 높이의 흙더미로 둘러싸여 있고 둘레를 도랑처럼 만들어 둡니다. 그곳에서 그들은 한 번에 약 20분 동안 통곡하면서 "아이 고! 아이 고!"라고 외치며 조상에게 음식을 바칩니다. 집으로 돌아오는 길에는 마치 나들이를 마치고 돌아오는 것처럼 즐거운 시간을 보냅니다. 일부 장례식은 밤에 열리며, 막노동꾼을 불러 죽은 자를 운반하게 합니다. 그들은 종종 궁핍하고 가난한 사람들로, 보수를 후하게 받습니다.

얼마 전 여행을 마치고 돌아오는 길에 무거운 수레에 치여 쓰러진 한 남자를 발견했습니다. 그는 제 병원으로 데려가 수술을 하기엔 너무 멀었습니다. 저는 그를 열 곳이나 되는 농가의 문을 두드려 보았지만, 그가 자기 집에서 죽으면 그 영혼이 평생 그들을 괴롭힐까 봐 두려워했습니다. 저는 하는 수 없이 사람들의 도움을 받아서 그를 샛길로 옮길 수밖에 없었습니다. 저는 그가 죽을 때까지 집에서 60마일 떨어진 곳에서 혼자 지냈어요. 제가 할 수 있는 일이라곤, 그에게 모르핀을 투여해서 편안하게 죽음을 맞이할 수 있도록 돕은 것뿐이었습니다. 나중에 들었는데, 그가 달리는 말을 멈추기 위해 목숨을 바치지 않았다면 캐나다인 두 명과 어린 아들이 60피트 깊이의 계곡으로 떨어졌을 거라고 합니다. 그들은 분명 죽었을 것입니다.

어제 한 소년이 러시아 국경을 넘어 집으로 돌아갔습니다. 다리뼈 중 하나가 7인치나 튀어나온 채 저희 병원으로 들어왔습니다. 그 상태로 지팡이를 짚고 절뚝거리며 100마일을 걸어서 왔습니다. 지금은 건강하게 돌아갔습니다.

진료소에 침대가 4개밖에 없어서 많은 환자가 벤치나 바닥에 누워있어야 합니다. 우리는 병원이 생길 날을 손꼽아 기다리고 있습니다.

현재 우리 직원들은 간호 감독인 저의 아내, 아내가 훈련시킨 세 명의 간호사, 간호보조, 환자 기록과 재정 업무를 담당하는 비서, 마취과 의사, 환자들을 돌보고 물을 가져다주는 일꾼이 각각 한 명씩 있습니다. 조만간 서울 세브란스 의대를 졸업한 보조 의사가 오기를 기대하고 있습니다.

작년에 천연두가 유행했지만 지금은 거의 다 퇴치되었습니다. 저는 하루에 60명, 일주일에 500명에게 백신을 접종했습니다. 사람들은 예방접종이 얼마나 중요한지 알아가고 있습니다. 지난 전염병 때 천연두가 사방으로 퍼지는 것을 막기 위해 사람들이 충분한 예방 조치를 취하지 않았고, 영아 콜레라 등 다른 질병 치료에서도 똑같은 무지와 부주의가 나타나고 있습니다.

우리가 병원을 짓고 나면, 현재의 진료소는 격리 병동으로 사용하려고 합니다. 지난 8월에 발표한 이전 12개월 동안의 진료 현황은 다음과 같습니다. 외래 환자: 총 10,341건, 진료 건수 6,882건, 수술 건수 3,459건. 입원환자: 마취 수술 231명, 퇴원 145명, 호전 50명, 불치 30명, 사망 6명. 총 치료 12,428건. 한국인 70%, 중국인 25%, 나머지는 영어, 러시아, 일본인.

저의 모교인 퀸즈 의과대학은 선교 사업을 위해 거액을 기부했는데, 그중 절반은 저에게, 나머지 반은 현재 인도에서 전염병과 싸우고 있는 친구에게 보냈습니다.

****

마가렛은 첫 아이를 출산할 시기가 가까워지자, 병원 일을 더 할 수 없어서, 제자 중 가장 뛰어난 세 명과 유능한 조수 두 명에게 간호 일을 넘겼다. 이 여성들은 자신들의 일의 결과로 많은 사람이 건강을 되찾은 모습에 감동을 받았다. 또한, 기독교 공동체의 지지와 격려도 큰 힘이 되었다.

봄이 다시 찾아왔고 마가렛은 언덕에서 들꽃을 발견했다. 보스턴의 꽃집에서 흔히 볼 수 있는 은방울꽃, 작은 야생 붓꽃, 씨앗을 맺을 때 흰 머리가 솜털처럼 덥수룩해 한국 사람들이 '할미꽃'이라고 부르는 파스크꽃이었다. 나중에 야생 원추리, 루고사 장미, 블루벨, 호랑이 백합도 발견했다. 파이와 잼을 만들기에 좋은 빨갛고 시큼한 열매를 맺는 체리 덤불은 그녀가 처음 보는 꽃이었다. 한국인들은 이 덤불을 '앵두'라고 불렀다. 그녀는 다시 씨앗을 주문했고, 한국인 농부가 채소 정원을 일구는 모습을 보며 올해는 풍작을 기원했다. 그는 과꽃, 한련화, 목서초 씨앗을 심기 위해 집 주변의 땅을 일궜다.

다비다의 도움으로 시장에서 흰 명주를 샀고, "코리"라 불리는 일본 상점에 들러서 아이 요람을 만들었다. 애디 이모의 충고를 따라 아기옷을 가져오기를 참 잘했다고 생각했다. 다행하게도 새 아기를 위해 외가인 반스네와 친가인 로저스가에서 보낸 귀한 선물 소포가 도착했다.

1917년 5월 3일 루시 앤(Ruth Ann)이 태어났고, 이 아이는 온 동네의 귀염둥이가 되었다. 루시 앤이 교회에 처음 출석한 날, 한국인들은 아이 주위로 몰려들었다. 서양인 아이를 처음 보는 순간이었다. 훗날 그녀의 어머니 마가렛은 "그 아이의 미소가 엄청난 선교 효과를 가져왔다."고 말했다.

그해 봄 그들에게 병원 건립을 위해 8,000달러가 약정되었다는 기쁜 소식이 전해졌다. 특히 스탠은 캐나다의 한 장로교 농부가 자신의 농장을 판 전 재산인 4,000달러를 기부했다는 소식을 듣고 큰 감동을 받았다. 나머지 4,000달러는 몬트리올에서 온 것이었다. 또 다른 선물은, 비록 작지만 엄청난 가치를 지닌 것으로, 이 프로젝트에 대해 들은 오릴리아 교회의 한 흑인이 보낸 100달러였다.

8월에 바커 부부가 휴가를 떠날 예정이었기 때문에 아처와 스탠은 저녁에 남는 시간마다 병원 설계도를 검토하는 데 시간을 썼다. 선교회 집을 지었던 중국인 건축업자가 다시 고용되었고, 스탠과 아처의 빈약한 중국어 실력과 알렉산더의 통역으로 병원 설립 계획이 세워졌다. 첫 돈이 들어오자 그들은 건축 자재를 주문하기 시작했고 기공식을 거행했다. 이 일은 교인들에게는 엄숙하면서도 즐거운 행사였기에, 교인들은 모두 공사장으로 몰려들었다. 의료 사업을 통해 많은 새 신자들이 주님을 영접했기에 그들은 이곳이 바로 자신들의 병원이라고 생각했다. 병원은 진료소 동쪽에 언덕 언저리의 아름다운 자리에 지어질 예정이었다. 뉴펀들랜드에 있는 스탠의 교회에 이 소식이 전해지자 그곳 사람들은 8천 달러로 병원을 지을 수 있다는 사실에 놀라움을 금치 못했다. 그들은 세인트존스에서는 그런 건물을 짓는 데 1만 6천 달러가 든다고 했다. 스탠은 인건비(하루 50센트)가 저렴하고 벽돌을 만들 수 있는 좋은 품질의 점토가 근처에 있고, 그다지 멀지 않은 언덕에 화강암과 기타 석재가 있어 건축비를 더 낮출 수 있었다고 설명했다.

1917년 8월, 스탠과 마가렛은 바커 부부가 마지막 짐을 마차에 싣고 안식년을 떠나기 위해 캐나다로 긴 여정을 시작하는 모습을 지켜보며 작별 인사를 건넸다. 스탠은 어린 루시를 안고 있었다. 다시 업무로 돌아오자 외로움이 그들을 휩쓸었다. 한국에서 새로 만난 친구들이 더 없이 귀중하게 느껴졌다. 그들은 이 친구들이 그리울 것이다. 새로운 한국인 친구들은 그들에게 어느 때보다 큰 의미가 되었다. 물론 두 번째 사택에는 푸트 목사가 있지만, 그는 대부분 자리를 비우고 있었다. 마가렛에게는 겨울을 대비해 귀한 과일과 채소를 통조림으로 만드는 시간이었다. 스탠은 오전 진료를 위해 진료소로 돌아왔다.

일반 진료, 수술, 어학 공부 외에도 스탠은 이사회와 후원 교회에 편지를 써야 하는 등 일이 많았다. 선교사들은 일본 우편 시스템을 이용해 서신 왕래를 했지만, 중국 우편 시스템을 이용하라는 권유를 받기도 했다. 때로는 편지가 분실되기도 했다. 한 편지는 캐나다 오릴리아 교회에서 병원 난방, 배관 및 수도 시스템을 위한 12,000달러를 헌금한다는 기쁜 소식을 전해주었다. 또 다른 편지는 마틴의 집 옆에 남자학교 건설이 승인되었다는 소식이었다. 윌리엄 푸트 박사는 이 중요한 프로젝트를 촉구했다. 작은 선교회가 점점 성장하고 있었기 때문이었다. 한 편지는 전쟁으로 인해 선교위원회 기금이 삭감되었다는 소식도 있었다. 장비 주문되었다는 소식, 지연되었다는 소식, 실망스러운 소식, 기쁜 소식 등 많은 서신이 오가고 있었다.

마침내 두 명의 목사와 그 가족인 스코트(Scott)와 프레이저(Fraser) 부부와 한 명의 간호사 모드 맥키넌(Maud Mackinnon)이 용정에 부임한다는 소식에 그들은 용기를 얻었다. 이들은 따뜻한 환영을 받으며, 가을에 도착했다. 스탠은 특히 모드 맥키넌이 병원에 합류하게 되어 기뻤다.

모두가 적응하는 동안 몇 주가 지나고 곧 다시 크리스마스가 되었다. 마가렛은 아버지에게 용정에서의 두 번째 크리스마스에 대해 편지를 보냈다. 그녀는 크리스마스이브에 러시아 친구 나다로프(Nadarov) 부부를 초대했다. 편지의 일부가 누락되었는데, 다음과 같이 시작한다.

> 완두콩과 토마토 수프로 시작해서 차와 사탕으로 마무리했습니다. 그때부터 6시까지 우리는 음악과 사교의 시간을 가졌습니다. 나다로프 부인이 피아노를 멋지게 연주해 주셨어요. 그리고 6시 반에 우리는 교회에서 열린 크리스마스 콘서트에 갔습니다. 추운 달밤인데도 800여 명의 많은 군중이 모였고, 그중에는 비신자들도 많았습니다.
>
> 주일학교의 어린이들이 크리스마스 이야기를 들려주고 노래할 때 고향 식

구들도 사람들도 보고 들었으면 좋겠다는 생각을 지울 수 없었습니다. 군중 속의 많은 비신자에게는 모든 것이 새롭고 낯설었습니다. 그리고 얼마나 아름다운 노래였던지! 감동적인 합창이었습니다. "천사찬송 하기를, 새로 나신 구주께!" 이국땅에 온 외국인으로 가장 인상적인 것 중 하나는 낯선 언어로 부르는 익숙한 찬송가를 듣는 것입니다. 그리고 어젯밤, 아직 한국어를 완벽하게 알아듣지는 못하지만, 한국 어린이들이 부르는 기쁨의 성탄 노래에 다시 한번 크게 감동받았습니다.

한 무리의 어린 소녀들이 상상의 구유를 둘러싸 무릎을 꿇고 아기 예수님을 향해 크리스마스 자장가를 부르며 "잘 자라. 잘 자라." 하는 노래를 들었습니다. 마치 제 아이가 바구니에서 평화롭게 자는 모습을 보는 듯했습니다.

몇몇 남자아이들이 크리스마스트리를 들고 와서 잠시 행진을 한 후 각자 트리 위에 무언가를 올려놓았습니다. 한 아이는 작은 천사를 올려놓고 이것은 크리스마스 메신저라고 설명했어요. 다른 아이는 별을 가지고 와서 동방의 별에 대해서 말했고, 또 다른 아이는 가난한 사람들을 위한 선물을 갖다 놓았어요. 이런 식으로 그들은 청중들에게 크리스마스트리의 의미를 보여주었습니다. 그 아이들이 가지고 온 것은 참으로 보잘것없는 것이었기에, 차라리 그 광경은 마음 아프게도 느껴졌습니다. 그러나 아이들은 그것을 매우 멋지게 생각했습니다. 의심할 여지없이 그곳 집에서 본 더 풍성한 트리만큼이나 이곳 트리에도 크리스마스의 진정한 정신이 담겨 있었습니다.

콘서트가 끝난 후에는 주일학교 어린이들을 위해 한국인들은 직접 선물과 사탕을 준비해서 나누었습니다. 새로운 외국인 목사 윌리엄 박사 콘서트를 위해 어린이들을 준비시켰는데, 매우 성공적이었습니다.

잘 시간입니다. 손녀 딸 루시가 할아버지에게 키스를 보냅니다.

사랑을 다하여,
마가렛 드림

이듬해 봄이 오자 병원 건축업자들은 다시 밖에서 일할 수 있게 되었고, 첫 번째 건축 재료가 현장에 도착하기 시작했다. 일꾼들이 두 바퀴 달린 수레를 끌고 큰 돌과 회색 벽돌 더미를 힘겹게 작은 언덕으로 날랐다. 또한, 판자와 대들보, 서까래를 만들 큰 통나무도 가져왔다. 통나무가 너무 커서 통나무의 한쪽 끝은 마차에 올려놓고 다른 쪽 끝은 땅에서 끌면서 언덕을 올라갔다. 이런 작업은 마틴 부부가 처음 보는 방식이었다. 통나무를 높은 나무 틀 위에 올려놓고 두 명의 남자가 양손 톱으로 작업했다. 위에 있는 남자는 톱을 위로 당기고 아래 남자는 톱을 아래로 당겨서 판자가 만들어질 때까지 앞뒤로 톱질했다. 그것은 느리고 지루하며 위험한 작업이었다.

스탠은 1918년 3월 27일 암스트롱 목사에게 다음과 같이 편지를 보냈다:

> 남학교를 짓기 위해 선교지부에서 3,000달러를 지원해 주신다는 소식은 기쁨으로 받았습니다. 바커 씨도 기뻐하셨을 것이라 확신합니다. 저는 다음 달에 병원 건축을 시작하여 11월 15일에는 새 병원 건물에서 일할 수 있게 되기를 고대하고 있습니다. 그동안 저는 현재 진료소와 새 건물에 필요한 장비를 모아 건물이 완공되면 바로 사용할 수 있도록 노력하고 있습니다. 운송비를 절감하기 위해서 침대, 집기 등은 대부분 일본에서 구입하는 것이 현명할 것 같습니다. 믿을 만한 집이 몇 군데 있고, 도쿄의 의료용품 회사와 거래하고 있어 미국산과 일본산 제품을 모두 구매하려고 합니다.
>
> 선교위원회 회계책임자에게 장비를 구입할 수 있는 비용을 프레이저 씨에게 송금하도록 말씀해주셔서 세면대, 변기 등 필요한 것을 건물이 완공되면 바로 설치해서 사용할 수 있도록 도와주시기 바랍니다. 올해는 수술비를 조금 더 높게 받으려고 합니다. 하루 수술비로 22위안을 받았는데, 수술비를 절감해서 침대 등 물품을 구입하려 합니다.

어제는 완전히 앞을 못 보던 소년이 시력을 되찾았고, 다리가 복합 골절된 50세 중국 남성에게 석고 깁스를 해주었고, 가장 전도유망한 설교자 아내의 복부 종양 두 개를 성공적으로 제거하였습니다.

진심을 다하여,
마틴 드림

4월, 땅이 녹기 시작하자 병원 기초를 위한 선이 표시되었고 땅을 파기 시작했다. 몇 시간 후, 일부 직원들은 낡은 중국 군복으로 갈아입고 땅을 파는 일을 도왔다. 순수한 기쁨 때문이기도 했지만, 육체노동이 천한 것이 아니라 고귀한 일이라는 것을 배우기 위해서이기도 했다.

여름 내내 스탠과 그의 직원들이 진료소에서 일하는 동안 밖에서는 건물 공사 소리가 들렸다. 병원은 점점 모습을 갖춰가고 있었고, 벽이 세워지자 건축업자들은 우기가 시작되기 전에 지붕을 올리기 위해 서둘렀다.

스탠은 편지에 병원 계획을 열심히 설명하고 스케치했다. "새 병원은 파빌리온 스타일이 될 것이며 기존 진료소와 연결될 것입니다.[20] 50개의 침대, 수술실, 탈의실, 간호사실 및 모든 필수품을 갖추게 될 것입니다."

가을에 마가렛은 실크 안감이 달린 작은 아기 바구니를 꺼내 1월 초에 예정된 둘째 아이 출산을 준비했다.

---

[20] (역주) 건축학에서 파빌리온 스타일이란, 본 건물 옆에 부속 건물로 임시로 지은 건물이라는 의미이다. 현대 건축에서는 공간의 효율성을 살려 융통성, 확장성 등을 추구하는 건축 양식을 파빌리온 양식이라고 한다.

그리고 11월 스탠과 직원들이 새 병원으로 이사하는 날이 왔다. 건물의 첫 번째 구역이 하나님을 섬기는 데 헌정되는 날이었기 때문에 큰 축하 행사가 열렸다. 스탠은 고국에 있는 교회를 기리기 위해, 그리고 예수의 제자 안드레가 "다른 사람들을 예수님께로 인도"했기 때문에 병원 이름을 성 앤드류 병원(St. Andrew's Hospital)으로 정했다.

1918년 11월 23일, 스탠은 3년 전 자신을 이곳에 파송한 맥케이 박사에게 편지를 보냈다.

10월 10일에 오릴리아의 특별 선물에 관한 소식을 전달해 주신 당신의 편지는 잘 받았습니다. 그리고 132달러를 기부한 여섯 분께도 이미 편지를 보냈습니다. 감사합니다. 우리 병원은 이제 모든 남자 병동이 완공되고 새 수술실은 이미 사용되고 있습니다. 환자 수가 늘어나면서 더 많은 보조 인력이 필요해졌습니다. 한 달에 60위안의 월급과 집세를 아끼기 위해 현지 의사를 고용하지 않고 있습니다. 우리는 모두 매우 바쁘고 그래서 행복합니다. 연료비가 너무 비싸서 올해는 작은 병동을 사용하고 있는데, 이 방은 몇 시간에 한 번만 연료를 넣으면 되는 러시아산 난로로 난방하고 있습니다.

스페인 독감이 우리 계곡을 휩쓸고 지나갔지만 이상하게도 우리 기독교인 중에는 사망자가 거의 없는 반면, 많은 불신자가 걸렸고, 그중 상당수는 복음을 한 마디도 듣지 못한 채로 가버리고 말았습니다.[21]

사망자 명부가 있는 병원이 제대로 작동하는 병원이라고 합니다. 우리는 "죽음이라는 이름을 가진 사신"과 힘겨운 싸움을 벌여 왔습니다. 이번 주에

---

21 (역주) 1918년 유럽에서 대유행한 인플루엔자로 사망률이 3~5%나 되는 무서운 독감이었고, 조선에도 '무오년 독감' 혹은 '서반아 감기'라는 이름으로 유행하였다.

는 세 명이 목숨을 잃을 뻔한 순간에 구해졌습니다. 아편 거래 혐의로 경찰이 쏜 총에 맞은 중국인 형제 세 명이 우리 병원에 입원했는데, 한 명은 폐에 총을 맞아 사망했습니다. 복부에 총상을 입은 두 번째 사람은 수술 후 사망했습니다. 세 번째는 폐에 총을 맞았지만, 아직 살아 있고 괜찮아질 것 같습니다. 그는 지금까지 기독교에 대해 호감을 가지고 있습니다. 그의 아버지는 두 아들이 총격으로 사망했다는 소식을 듣고 심장마비로 세상을 떠났습니다.

백내장 수술을 받은 지 1년이 넘은 70세의 한 남성은 두꺼운 안경을 쓰고 글을 읽고 집안일도 할 수 있게 되었습니다. 수술 후 그분의 첫마디는 "저 젊은이가 내 아들이다!"였습니다. 아들을 다시 보게 되었다는 기쁨에 가득 차 있던 환자 옆에 있었던 제 조사 임 집사님의 눈은 최근까지 앞을 보지 못했던 이 하나님의 아들에게 향했습니다.

이 외에도 많은 흥미로운 사례들이 많이 있지만, 시간과 지면 관계상 여기에서 그만 줄이겠습니다.

진심을 다하여,
S. H. 마틴 드림

스탠은 자신의 곁에서 일하는 기독교인 직원들에 대해 매일 하나님께 진심으로 감사했다. 그들의 기도와 기술이 환자들의 치유에 큰 도움이 되었다.

다음 달인 1918년 12월 5일, 차가운 겨울바람이 병원을 휩쓸고 지나갈 무렵 스탠은 캐나다 노바스코샤주 핼리팩스에 있는 스튜어트 박사에게 편지를 보냈다.

친애하는 의사 선생님,

우리 병원 장비를 위해 기부해 주신 여러 당신의 친구들과 선량한 분들께 저희의 진심 어린 감사의 마음을 전해주시기 바랍니다.

50병상을 갖춘 병원의 스냅사진을 함께 보내드립니다. 봄에 병동을 모두 개원하면 하루에 약 100명의 환자를 진료할 수 있을 것으로 예상합니다. 지금은 겨울이어서 하루에 40~50명 정도의 환자를 진료하고 있습니다. 이곳에서 저의 주된 목표는 저의 첨단 의료 기술을 통해 많은 이들을 그리스도께로 인도하는 것입니다. 특히 결핵이 뼈를 손상시킨 증상을 다루는 이상적인 기술을 개발하기 위해 노력하고 있습니다. 여기에는 알비의 척추 부목 등을 개선할 수 있는 몇 가지 케이스가 있습니다.[22] 여기에는 현재 원인을 알 수 없는 자연 괴저가 꽤 많이 있습니다. 저는 괜찮은 마이크로톰[현미경으로 검사할 수 있도록 유기 조직을 자르는 기구]을 살 수 있을 때까지 연구를 위해 많은 절단 부위의 표본을 보관하고 있습니다.

괴저는 내막염을 일으키는 특정 한국 약물 때문일 수 있습니다. 구리 가루를 먹는 것으로 알려져 있습니다. 얼마 전에 농양을 열었는데 수은이 많이 검출되었습니다.

저는 여기에서 수준 높은 수술을 하려고 합니다. 일본인들이 할 수 없는 일입니다.

오늘 저는 일곱 살짜리 소년의 괴저를 절단했습니다. 그의 아버지는 손을 잃느니 차라리 아들이 죽는 게 낫다고 말했습니다. "왼손이 없는 소년이 무슨 소용이 있겠어요, 차라리 죽는 게 낫죠." 우리는 의료적 도움과 함께 인간 생명의 가치와 장애인에 대한 관심과 사랑을 가르치려고 노력하고

---

22 (역주) 프레드릭 알비(Fredick H. Albee) 박사는 척추를 고정하는 부목 기술로 환자를 치료사는 도구를 개발하였다.

있습니다.

우리는 또한 한 남성을 위해 이중 백내장 수술을 해서 10+D 안경을 쓰고 성경을 다시 읽을 수 있게 되었습니다.

여러분 덕분에 정말 감사합니다,
하나님의 역사하심 가운데,
S. H. 마틴 드림

이렇게 뜻깊은 해가 다 지나가기 전에, 1차 세계대전이 끝났다는 반가운 소식이 용정 작은 마을에도 전해졌다. 마가렛은 메인주 홀튼에 있는 가족에게 다시 편지를 보냈다.

만주 용정
1918년 12월 8일
친애하는 애디 이모에게,

베이커 박사님이 돌아가셨다니 정말 안타깝습니다. [마가렛은 뉴펀들랜드에서 그녀와 함께 일했었다.] 저는 그 가족들에게 제가 할 수 있는 한 슬픔을 표현하여 즉시 편지를 보냈습니다.

우리는 이번 겨울을 잘 보냈고 10월에 잠깐 독감이 유행한 것을 제외하고는, 대체로 무사한 것에 대해 감사하고 있습니다. 매키넌 양은 병원에서 큰 도움을 주고 있지만, 건강이 조금 어려운 형편입니다. 남쪽에서 그녀를 많이 괴롭혔던 말라리아를 그녀가 잘 이겨내고 겨울 동안에 다시 일어설 수 있기를 바라고 있습니다.

모든 선교사 아기들은 잘 지내고 있습니다. 스콧 부인이 우리 집 주일 예배에 4개월 된 로니를 데리고 오셨답니다. 우리 루시(19개월)가 예배 중에 로니에게 뽀뽀하고 토닥이며 "아가야"라고 여러 번 말했어요.

밤에 잠에서 깨면 바로 일어나서 우유를 뜻하는 한국어 "소젖"하면서 우유를 달라고 합니다. 우유를 마시고 나면 "바이, 바이"라고 말하며 베개에 쓰러져 잠이 듭니다. 아이는 몸 상태가 괜찮으면, 잠을 잘 자서 저도 휴식을 취할 수 있답니다.

오늘은 강풍과 함께 영하의 날씨를 보이고 있습니다. 식당의 러시아 스토브는 아주 잘 작동합니다. 큰 이중문으로 식당을 막아서 거실을 아늑하고 따뜻하게 만들었답니다. 거실에는 스탠이 제 생일 선물로 준 재봉틀과 화분, 큰 의자, 그리고 소파가 놓여 있습니다.

계절에 대해 물어보셨는데요. 이곳은 12월에 첫 영하의 날씨가 찾아오는 뉴잉글랜드와 비슷하며, 보스턴보다는 다소 추운 편이고, 보통 겨울은 눈이 거의 내리지 않고 건조한 편이지만, 눈이 와서 산 정상에 쌓이면 그곳은 매우 춥기에 눈이 녹지 않고 오래 간답니다. 여기에서 서쪽인 호난 지역만큼은 아니지만, 이곳은 바람이 높고, 강은 얼어붙어 있고, 고비 사막으로부터 먼지가 불어온답니다.

우리는 지난주에 11월 23일에 있었던 독일 함대의 항복한 소식을 읽었습니다. 얼마나 큰 승리이며 동시에 굴욕인가요. 승리의 축포도 없이, 영국과 미군 함대는 깨끗이 비워진 갑판 위 절대 침묵 속에서 독일의 항복을 받았습니다.

우리 백인 러시아 친구 나다로프 부부는 평소와 다름없습니다. 그들은 조국의 참상으로 매우 슬퍼하고 있습니다. 콜레라와 볼셰비키 혁명이 격렬했던 7월 17일 이후 페트로그라드에 있는 친척들로부터 소식을 듣지 못하고 있습니다. 하지만 휴전이 선언된 이후 그들은 밝아 보였습니다.

며칠 전 휴전 소식을 듣고 축하하기 위해서 밤에 집 앞에서 모닥불 파티가 열렸고, 각국의 깃발이 종일 휘날리고, 밤에는 등불과 촛불이 병원과 집을 환하게 비췄습니다. 우리 외국인들은 모두 모여서 각 나라의 국가를 불렀습니다.

몇 주 동안 전국 순회 전도하고 있는 스콧 목사님은 "전쟁 소식"을 묻기 위해 편지를 보내셨습니다. 그는 아직 "평화의 기쁜 소식"을 듣지 못했습니다. 그는 성탄절쯤에 돌아오실 것입니다.

이제 긴 편지를 그만 줄이고 자야겠습니다. 처음으로 깎은 루시의 머리카락을 몇 올 보냅니다. 이제 약간 아이처럼 보입니다.

사랑을 담아서,
마가렛 드림

곧 크리스마스를 위한 준비가 시작되었다. 마가렛과 다비다는 병원 환자들을 위해 보리 막대 사탕, 참깨엿, 투명하고 동그란 사탕 등이 담긴 커다란 사탕 꾸러미를 만들었다. 마가렛은 다음 달 초에 둘째 아이를 출산할 예정이었기 때문에 교회 프로그램에는 참여하지 않았다.

크리스마스가 지나고 1919년 새해가 작은 용정 선교부에 밝아왔다. 아름다운 성 앤드류 병원은 마치 수많은 사람을 위한 희망과 치유의 등대처럼 마주 멀리서도 보일 것이다. 하나님의 계획은 다가올 중요한 사건에 맞춰 드러나게 될 것이다. 새해 넷째 날, 둘째 딸 마가렛 에반젤린(Margaret Evangeline)이 태어났다.

제창병원의 직원들, 마틴 박사와 레노라 암스트롱 간호사

제10장
가라! 조국을 위해 목숨을 바쳐라!

1905년 서울 근교의 작은 마을, 한 조선인 소년이 집 대문 앞 모퉁이에서 집안을 살짝 들여다보았다.[23] 하인인 옥순이가 마당에서 빨래하며, 빨래방망이로 젖은 옷을 두드리고 있었다. 어머니가 안에 계실까? 그는 더 잘 보려고 소심하게 앞으로 나갔다. 어머니는 우윳빛 비단 치마를 휘날리며 내실로 들어가는 문 옆에 조용히 앉아 계셨다. 부잣집의 굽은 기와지붕과 햇살에 황금빛으로 빛나는 은행나무가 어우러진 아름다운 풍경이었지만 갑성이의 가슴은 두려움으로 두근거렸다.

그는 어머니의 신호를 기다렸다. 그는 최근 며칠 동안 집으로 몰래 숨어 들어가서 어머니를 잠깐씩 만났다. 그의 아버지는 그가 마을 교회 주일학교에 다닌다는 이유로 그를 집에서 내쫓았다. 아버지가 그곳에 있다면 어머니는 오지 말라고 손으로 신호할 것이다. 아버지가 시장에 가고 없으면, 그녀는 손짓하여 그에게 오라고 할 것이었다.

---

[23] (역주) 이갑성(1886~1981)은 대구에서 태어났다. 한학을 공부하던 중 대구에서 활동하고 있던 선교사 샤록스의 전도를 받아 기독교인이 되어, 서울로 상경하여, 연동교회에 부목사로 활동하던 밀러 선교사 부부를 만났다. 삼일운동 민족지도자 33인 가운데 한 명이다. 1926년 YMCA 이사, 해방 후 독립촉성국민회 회장을 지내면서 김규식 등과 협력하여 대한민국 건국을 위해 노력했다. 1965년 광복회장을 역임했고, 1962년 건국훈장 대통령장을 받았다.

오늘도 그녀는 아이를 보았고, 한국식으로 손바닥을 아래로 내리는 손짓으로 그를 들어오게 했다. 그녀에게 달려간 아이가 그녀의 품에 안기자, 그녀는 아이를 어루만졌다.

"잘 지냈니? 사촌 순희가 밥은 잘 먹여주니?"

"네."

"사촌 용순이는 지금 학교에 가니?"

"네, 그런데 아무도 등록을 안 해줘서 저는 못 가요." 아이의 얼굴에는 눈물이 흘러내리고 있었다. 그녀는 그를 안고 좀 더 쓰다듬어 주었다.

"엄마, 나 이제 가야 할 것 같아요. 서울로 갈 거예요. 이 근처에 더 이상 머물러있을 수 없어요. 아버지한테 잡히면 어떡해요?"

어머니는 잠시 망설이더니, 결국 다른 방도가 없다는 것을 깨달았다. 무력감이 그녀를 덮쳤다. 그녀는 남편의 고집스럽고 독재적이며 잔인한 방식을 잘 알고 있었다. 그녀는 기독교인이 되었다는 이유로 자녀를 죽인 다른 아버지들에 대해 들어본 적이 있었다. 그녀는 잠시 침묵했다. 그녀 역시 위험하다고 생각했다.

"그래. 그럴 수밖에 없겠구나." 그녀는 치마 밑으로 손을 뻗어 자수가 놓인 비단 돈주머니를 꺼냈다.

"이거 가지고 가거라." 그녀는 갑성에게 10엔짜리 지폐를 주었다. 그가 평생 본 돈 중 가장 많은 돈이었다. 그는 쿵쿵거리며 그 지폐를 허리춤에 찬 작은 돈주머니에 넣었다.

"그래, 가거라. 하지만 네가 머물 수 있는 집이나 고아원 같은 곳을 찾으면 와서 어디에 있는지 알려줘야 한다." 그녀의 손이 아래로 떨어졌다.

그녀는 "할 수밖에 없소(Halsoo paki opso)."라고 말했다.

갑성이는 그녀를 껴안고 나서 문밖으로 달려갔다. 그는 좌우를 살피며 거리가 비어 있는지 확인한 후 손을 흔들고 돌아서서 사라졌다.

그날 오후 늦은 시간, 피곤하고 목이 마른 갑성이는 거대한 서울 서대문으로 갔다. 그는 사방에서 몰려든 사람들로 인해 어지러웠다. 그는 서대문 안으로 들어가 긴 언덕길을 천천히 걸어 올라갔고, 보이는 모든 것이 그를 어리둥절하게 했다. 그러던 중 바로 앞에서 한 외국인 남녀가 걸어오는 것을 보았다. 호기심이 발동한 그는 걸음을 재촉하여 바로 뒤까지 따라갔다. 그는 그들이 서로 웃고 떠드는 소리를 들었다. 이상하게도 그는 그들이 부부일지도 모른다고 생각했지만, 그렇게 서로 웃고 떠들며 즐거워하는 부부는 본 적이 없었다. 그 후 그는 "나도 결혼하면 아내와 저렇게 행복한 시간을 보내고 싶다."라고 혼잣말을 했다. 그들은 커다란 외국식 주택이 있는 대문에 가고 있었다. 갑자기 미행당하고 있다는 사실을 깨달은 부부는 어린 소년을 향해 물었다. "무슨 일이야?" 남자가 한국말로 물었다. 갑성이는 깜짝 놀랐지만 이렇게 말했다. "그냥 궁금해서요."

"그래!" 남자는 지친 소년을 내려다보았고, 뭔가 이상하게 끌렸다. "어디 가려던 중이니?"

"갈 곳이 없어요, 방금 집에서 도망쳤어요."

"뭐?"

"마실 거라도 좀 줍시다." 밀러 부인이 아이를 대문 안으로 데려가며 말했다.

"오늘은 너무 더워요."

몇 분 후 그는 서양 의자에 앉아 다리를 늘어뜨리고 시원한 차를 마시며 케이크를 먹게 되었다. 그가 의자에 앉아 본 것은 그때가 처음이었다.

부부는 그의 이름이 이갑성이라는 것을 알게 되었고, 그에게 자초지종을 들었다. 이 어린 친구가 기독교인이라는 이유로 집에서 쫓겨나 핍박을 받고 있다는 사실을 알게 된 부부는 감동하여 그에게 마음을 열었다. 그들은 어떻게 해야 할지 잠시 의논한 끝에 그를 집에 데리고 있기로 했다. 갑성도 갈 곳이 없었다. 그렇게 해서 장래 최고의 애국자 중 한 명 이갑성 박사가 될 아이를 돌보고 교육하는 계기가 마련되었다.

그날 그를 데려간 이들은 영국 및 해외성서공회(the Birtish and Foreign Bible Society) 소속 휴 밀러(Hugh Miller) 선교사 부부였다. 그들은 그를 학교에 보내주었고 교회 주일학교도 다시 즐겁게 다니게 되었다. 그는 딸기밭 잡초를 뽑고 설거지를 하는 등 집안일을 도왔다.

어느 날 설거지를 하던 중 큰 접시를 깨뜨렸는데, 그는 깨진 조각을 손에 들고 떨면서 밀러 부인에게 다가갔다. 그의 놀란 모습에 밀러 부인은 눈물을 흘렸다.

그녀는 여느 다른 아이라면 그 조각들을 그냥 숨겼겠다고 생각했다. 그녀는 그를 안아주며 "괜찮아"라고 말했다. 그녀는 이 아이가 하나님이 보내신 아주 특별한 청년이라고 생각했다.

그들은 그에게 영어 타자기를 사주었고 그는 열심히 타자를 배웠다. 그리고 그는 그곳에 사는 동안 영어를 배웠다. 그렇게 세월이 흘렀다.

그들은 그가 고등학교를 졸업하고 서울 세브란스 연합 의대를 졸업할 때까지 그를 계속 뒷바라지했다. 그는 공부도 잘했고 훌륭한 의사가 되었다.

그는 학창 시절 내내 일제 치하에서 우리 민족이 당한 굴욕을 잊지 않고 있었다. 그의 가슴 속에는 조국 독립의 꿈이 불타오르고 있었다.

1차 세계대전이 끝나고 1918년 11월 11일 정전 협정이 체결된 때였다. 파리에서는 평화 회의가 열리고 있었고, 곳곳에서 평화와 자유에 관한 이야기가 흘러나왔다. 한국인들은 우드로우 윌슨(Woodrow Wilson) 미국 대통령의 유명한 연설 "모든 민족은 자결권을 가져야 한다."는 말에 감격했다. 한국인들은 "바로 우리다! 우리 얘기다!"라고 외쳤다.

이에 고무된 33명의 열렬한 애국자들은 비밀리에 독립운동을 조직했다. 이갑성 박사도 이 단체의 일원이었다. 이들은 조선 전역에서 평화적인 시위를 벌여 자신들의 고통을 세계에 알리고, 일본으로부터 독립을 선언할 계획을 세웠다. 대규모로 모여 태극기를 흔들며 "대한독립 만세!"를 외치는 계획이었다.[24]

1919년 3월 1일 낮 12시, 33인의 애국지사들은 서울 한복판 파고다 공원에 모여 대한독립선언서를 낭독하기로 했다. 그 시각 모든 교회의 종소리가 울려 퍼지고 사람들은 계획대로 거리로 몰려나와 만세를 외치기로 했다.

그중 15명이 기독교인이었고, 그들의 담대함이 다른 사람들에게 용기를 주었습니다. 또 다른 15명은 천도교(동학과 관련된 토착 종교)의 지도자들이었고, 3명은 불교도였습니다.[25] "폭력은 없어야 한다."는

---

24 (역주) '만세'는 만년을 살라는 의미로 과거에는 황제나 왕을 위해서 외치는 구호였으나, 삼일운동 때에는 '대한민국'을 향해서 외치는 구호로 사용하였다.
25 (역주) 삼일운동에 참여한 33인 가운데 기독교인은 16명(이승훈, 박희도, 이갑성, 오화영, 최성모, 이필주, 김창준, 신석구, 박동완, 신홍식, 양전백, 이명룡, 길선주, 유여대, 김병조, 정춘수), 천도교 15명(손병희, 권동진, 오세창, 임예환, 나인협, 홍기조, 박준승, 양한묵, 권병덕, 김완규, 나용환, 이종훈, 홍병기, 이종일, 최린), 불교 2명(한용운, 백용성)으로 확인되었고, 대표로 천도교 손병희가 추대되었다. 본 전기의 이 부분은 수정

선언문이 낭독되었다. 수도가 중심이었지만, 각 지방과 도시, 읍, 면에 지부를 두고 있는 전국 단위의 조직이었다. 젊은이들은 삼일절을 비밀리에 다니면서 지침과 정보, 팸플릿을 나누어 주었다. 그중에는 여고생도 있었는데, 이들은 체포될 경우 일본 경찰의 '몸수색'에 대한 두려움이 매우 컸다. 마을에 접근하는 낯선 사람은 누구나 검문을 당하기 일쑤였다.

그 와중에도 이갑성 박사는 세브란스병원 1층에서 활발한 진료 활동을 펼쳤다. 종일 환자들이 드나들었다. 일제는 이 건물 지하에 독립운동 본부 중 하나가 있다는 사실을 전혀 알지 못했다. 이 박사는 그곳의 지도자였다.

그는 애국자 김구 선생과 이승만 선생이 이끄는 망명 대한민국 정부, 즉 상해 대한민국 임시정부와 연락을 주고받고 있었다. 독립운동의 필요와 관련된 전보 메시지를 마치 병원에 필요한 의료지원인 것처럼 위장해 서울과 상하이를 오가며 전보를 보냈다. 일제는 무슨 일이 벌어지고 있는지 몰랐다.

예를 들어 "약이 필요합니다. 약을 보내주세요."라고 전보했는데, 이는 "돈이 필요합니다. 돈을 보내주세요"라는 뜻이었다. 답장은 "약이 아직 준비되지 않았습니다." 또는 "2주 후에 도착할 것입니다."라는 등으로 보내졌다.

마침내 결정적인 시간이 다가왔다. 1919년 3월 1일 전날 밤이었다. 이 박사는 자신의 진료소 지하실에서 이 지역을 책임지는 20여 명의 젊은이와 함께 있었다. 그들은 모두 자정까지 그곳으로 돌아오기로 했다. 배달원 중 한 명인 여고생을 제외하고는 모두 무사히 돌

할 필요가 있다.

아왔다. 일행은 마루에 앉아 기다렸다. 이 박사는 문 옆에 서 있었다. 시계가 12시를 가리키기 직전에 갑자기 문이 열리더니 기다리던 여고생이 "임무 완수!"라고 외치며 들어와 바닥에 쓰러졌다. 그 후 그녀는 기절했다. 이 박사는 서둘러서 그녀의 맥박을 재어보았다. 그녀는 괜찮았다. 그녀가 회복되는 동안 그는 고개를 돌려 젊은 소년 소녀들의 얼굴을 내려다보았다. 그는 다음날이 어떻게 될지 모른다는 불안감에 가슴이 찢어질 듯했다.

"내가 죽을지도 모른다." 그가 말했다.

"너희 모두 죽을 수도 있어." 그는 잠시 멈칫했다.

갑자기 목소리가 울려 퍼졌습니다.

"우리가 백 번 죽으면? 그럼 어때요!!!"

한 여고생의 대답이었다. 그녀의 목소리는 너무나 강하고 자신감 넘쳤고, 분위기는 순식간에 바뀌었고 모두 용기를 되찾았다.

수년 후 이 박사는 그날 밤을 회상하면서 "한국 남성들은 여성과 여자아이들은 바느질을 배우고, 집안일을 하고, 아이들을 돌보되 중요한 직책을 맡기지 말아야 한다고 배웠어요. 하지만 독립운동에 참여한 여성과 소녀들은 세계에서 가장 강하고 용감한 여성이었다고 말하고 싶습니다! 저는 우리 소녀들과 여성들이 한 일에 대해 존경할 수밖에 없습니다!"라고 말했다.

"밤이 되어 그들은 일본 경비병들이 눈치채지 못하도록 한 명씩 간격을 두고 조심스럽게 자리를 떠서 집으로 갔다. 그들은 다음 날 정오에 태극기를 품고, 교회 종소리를 듣기 위해 지정된 장소에서 기다리기로 했다. 이 박사는 집으로 돌아와 잠을 못 이루었다. 그는 다음 날 다른 애국자들과 함께 독립선언서를 낭독하는 데 동참했다." [이 이야기는 이갑성 선생이 필자에게 들려준 것이다.]

그 사이 전국의 학교가 그랬던 것처럼 서울 감리교 이화여고 여학생들도 만세 시위를 준비하고 있었다. 같은 반 친구 중 몇몇이 연락원으로 활동했기 때문에 시위 계획을 알고 있었다. 또 보리 사탕(the barley-candy)을 파는 엿 장사 친구들에게서 만세 시위 소식을 전해 듣기도 했다.[26] 엿장수가 교문 근처에서 커다란 보리 사탕(엿)을 자르는 가위를 두드리면 한 명 이상의 소녀들이 교문으로 달려가 교문을 열고 그로부터 더 많은 정보를 얻었다.

1919년 3월 1일, 쌀쌀하지만 화창한 날이 밝았다. 이화의 학생들은 각 교실에 앉아 선생님의 말씀을 듣는 척하고 있었다. 여학생들은 작은 직사각형 종이에 사랑하는 태극기를 정성스레 그렸다. 작은 대나무 막대기에 붙인 다음 돌돌 말아 두툼한 저고리 소매에 감춰두었다.

훗날 이화여고 교장이 된 서명학은 그날 그 반 여학생 중 한 명이었다. 그녀는 다음의 이야기를 들려주었다:

> 1919년 3월 1일, 우리는 학교에 앉아 시간이 지나는 것에 집중하고 있었습니다. 결정적인 시간이 다가오자 모든 시선이 교실 벽에 걸린 커다란 시계에 쏠렸습니다. 선생님들이 우리를 지켜보고 있었습니다. 우리는 불안했습니다. 큰 바늘이 12시에 가까워지고 있었기 때문입니다. 12시가 되자 우리는 자리에서 벌떡 일어나 정문으로 달려갔습니다. 교장 선생님인 룰루 프레이 양이 우리를 쫓아왔습니다.
>
> 그 무렵 서울 전역에 함성이 울려 퍼졌고, 사람들은 소리쳤고, 인근 정동감

---

26 (역주) 외국인의 시각에 엿은 보리(곡물)를 익혀 엿기름으로 달여서 만드는 것이므로, 보리사탕(barley-candy)이라는 표현이 적절해 보인다.

리교회 종탑에서 종소리가 울려 퍼졌습니다. 프레이 양은 닫힌 문을 등지고 우리를 마주 보고 서 있었습니다.

"밖에 나가지 마!" 그녀가 소리쳤습니다. "너희는 죽게 될 거야! 너희 목숨이 소중해! 너희는 대한민국의 미래야!"

그녀는 울고 있었습니다. 우리는 그녀에 대한 강한 존경심 때문에 잠시 망설였습니다.

하지만 다른 생각이 떠올랐습니다.

"얘들아, 나를 따라 뒷담으로 가자!" 저는 돌아서서 달렸습니다. 깜짝 놀란 새떼처럼 모든 여학생이 저를 따라 왔습니다. 우리는 학교 운동장 뒤뜰에 도착했습니다. 저는 학교 담장 일부가 무너진 옛 성벽과 이어져 있는 통과할 수 있는 곳을 알고 있었습니다. 저는 시골 출신으로 덩치가 크고 건강했기 때문에, 허리를 굽히면서 아이들에게 말했습니다. "여기! 내 등에 올라타면 성벽을 뛰어넘을 수 있어!"라고 말했습니다. 친구들이 한 명씩 저를 밟고 뛰어넘는 사이, 저는 고무신의 무거운 압력은 느꼈지만, 고통은 느낄 수 없었습니다.

소녀들이 치마를 펄럭이며 6피트(180cm) 아래에 착지했을 때, 반장 중 한 명인 순희의 손에 커다란 빨간 천 조각이 들려 있었습니다. 그녀는 천 조각을 찢어서 뛰어내린 여학생들에게 한 장씩 나눠주고 있었습니다. 그녀는 소녀들에게 빨간 천 조각을 건네며 외쳤습니다.

"여기! 빨강!—피의 색! 가서 조국을 위해 죽자!"

저는 모여 있는 친구들 사이로 뛰어내려 그들과 합류했습니다. 어디로 달려가야 할지 몰랐지만 가장 큰 외침이 들리는 서대문 근처 거리로 향했습니다. 우리는 소매에 빨간 천 조각을 숨겨야 했지만, 그것을 어깨너머로 휘날리며 달렸습니다. 그때 우리는 잊을 수 없는 장면을 목격했습니다. 수백 명의 군중이 몰려들고 있었습니다. 그들은 "만세!"를 외치며 작은 깃발을 흔들고 있었고, 우리는 총소리와 함께 고통의 비명을 들었습니다. 우리 한국 남자들은 칼을 휘두르며 다가오는 일본군으로부터 여자들과 소녀들을 보호하기 위해 손을 맞잡고 주위를 둘러쌌습니다. 주부든 여학생이든 누구든 달려오는 사람이 있으면 남자들은 용감하게 붙잡아 뒤로 밀어붙였습니다. 우리는 모두 원 안으로 끌려 들어갔습니다. <u>무기를 들지 않은 남자들이 맨손으로 공격에 맞섰던 것입니다.</u>

이 장면은 전국적으로 반복되었습니다. 일본군, 경찰, 그리고 일본인들은 무고한 시위대를 공격했고, 수천 명이 손에 태극기를 든 채 죽어갔습니다. 수만 명이 투옥되었고 많은 이들이 처형당했습니다. 저는 그날 살아남았지만, 사람들이 많이 희생당했습니다.

평화로운 시위에 대한 일제의 폭력적인 대응은 이 땅을 검은 구름처럼 덮었다. 나중에 눈을 가린 채 커다란 나무 기둥 앞에 서서 처형을 기다리는 조선인들의 사진이 공개되었다. 그들의 죄는? 조국을 사랑한 죄. 오히려 그들은 운이 좋은 사람들이었다. 왜냐하면, 수천의 사람들이 감옥에서 고문을 당하고 있었기 때문이었다. 이갑성 박사와 다른 32명의 민족지도자도 감옥에 갇힌 사람 중 하나였다. 숙련된 의사였던 그의 손은 매달린 채로 고문을 당하면서 상처투성이가 되었다. 하지만 그는 살아서 그 이야기를 전했다. [이 박사가 필자에게 들려준 이야기.]

공포의 한가운데서 서울의 독립운동 지도자 중 일부는 만주에 있는 수천 명의 한국인은 아직 본토에 무슨 일이 일어났는지 모르고 있다는 사실을 알게 되었다. 당시에는 라디오도 없었고 신문도 거의 없었다. 두 명의 젊은 목사와 한 이화여고 학생이 이 소식을 전하기 위해 만주로 걸어가기로 자원했다. 여고생은 사람들이 결혼한 것으로 착각할 수 있도록 머리를 올려 묶고 북한식 수건을 머리에 썼다. 그들은 밤낮을 가리지 않고 북쪽으로 걸어가기 시작했다. 밤에는 때때로 그들을 쳐다보는 동물의 눈빛과 마주쳤다.

"그게 뭔지 알아요?" 남자 중 한 명이 소녀에게 물었다.

"네! 호-호-호랑이!" 그녀가 대답했습니다.

소녀의 말이 맞았다. 하지만 그들은 무사히 걸어서 배를 타고 두만강을 건너 한국인이 많이 사는 만주 용정에 도착했다. 그곳에서 그들은 소식을 전했다. 용정 주민들도 소식을 듣고 성 앤드류 병원 근처에서 시위를 벌이기로 했다. 1919년 3월 13일 정오 12시, 교회 종소리가 울리면 만세 시위를 하기로 했다. 자원한 젊은이들은 서둘러 인근 마을로 달려가 계획을 알렸다. 만세운동은 본토에서와 마찬가지로 사람들이 태극기를 들고 모여 만세를 외치는 방식으로 계획되었다. 역시 평화 시위였다.

일본 주둔군과 중국군이 군중이 마을로 들어오는 것을 의심하지 못하도록 장날을 택해 만세 행진 장소를 서둘러 결정했다. 교회와 학교는 준비했고 다른 개인들도 자발적으로 준비했다.

그날 사람들은 마치 시장에 가는 길처럼 개미처럼 줄지어 산길을 따라 내려왔다. 어떤 사람들은 머리나 어깨에 여러 가지 물건을 짊어지고 내려왔다. 모두 조용하고 평화로워 보였다.

3월 13일, 캐나다 미션스쿨 '명신' 여학교에서는 학생들이 작은 태극기를 소매 속에 숨긴 채 책상에 앉아 시계를 바라보고 있었다. 그리고 서울 이화여고에서와 똑같은 장면이 벌어졌다. 시계가 울리기 시작하자 여학생들은 자리에서 벌떡 일어나 교문으로 달려갔다. 캐나다인 선교사 선생님이 달려가 말렸지만, 소녀들은 학교 담을 넘어갔다. 그들은 학교 근처에 있던 많은 군중과 합류하기 위해 달려갔다. 생존자 중 한 명이 이야기를 들려주었다.

제 주변에는 주로 학생들이 있었지만, 남자, 여자, 아이들이 사방에서 소리를 지르며 깃발을 흔들고 있었습니다. 그때 반짝이는 총을 멘 중국군이 몰려왔습니다. 곧바로 총성이 울려 퍼졌고 저는 무릎을 꿇었습니다. "아이구머니! 나 죽겠네!" 저는 외쳤습니다. 피투성이가 되었어요. 저는 일어나려고 발버둥을 쳤는데, 느꼈고 전혀 다치지 않았다는 것을 깨달았습니다. 제 몸은 즉사한 같은 반 친구 복순이의 피에 흠뻑 젖어 있었어요. 그녀는 제 위에 쓰러져 있었어요.

며칠 전, 영국 언덕[27]의 선교사들은 한국에서 일어난 비극과 용정에서도 일어날 계획을 들었다. 그들은 무슨 일이 일어날지 궁금했다. 3월 13일 정오, 마가렛은 선교사 집 침실에서 생후 2개월 된 아기 마가렛 에반젤린을 안고 있었고, 루시는 그녀의 발치에서 놀고 있었다. 스탠은 직원들과 함께 병원에서 만일의 사태에 대비하고 있었다. 마가렛은 앉아서 몸을 흔들며 기도했다. 그때 교회 종소리와 함께 멀리서 함성이 들려왔다. 그녀는 아기를 품에 안고 서서 창밖을 내다보았지만 별다른 광경은 보이지 않았다. 그때 총소리가 들렸다. 스탠은 어디 있지? 무슨 일이 일어난 걸까? 가서 도와주고 싶은 간호사의 본능이 일어났지만, 아이들을 지키는 것이 우선이라고 생각했다. 그녀는 방을 서성이며 기다렸다. 부엌에서 소란스러운 소리가 들리자 상하가 계단을 따라 침실로 뛰어 올라갔다.

"부인! 부인! 군인들이 군중을 향해 총을 쏴서 부상자들을 병원

---

27 (역주) 용정 선교부에 영국 언덕(English Hill)이라고 지명이 있었다.

지하로 실어오고 있어요. 의사와 직원들이 치료를 위해 부상자들을 분리하고 있어요. 선생님이 부인께 말씀드리라고 해서 왔어요."

"돌아가서 의사 선생님께 우리 모두 무사하다고 말하고, 언제 가면 안전하게 도와줄 수 있는지 알려주세요."

상하는 고개 숙여 인사하고 계단을 내려와 병원으로 돌아갔다. 마가렛은 주방으로 내려가 다비다를 불러 따뜻한 차를 준비해 달라고 부탁한 후 간호복으로 갈아입었다. 그동안 간간이 들려오는 총소리에 그녀는 괴로워했다. 마침내 모든 것이 조용해졌다.

약 한 시간 후, 상하가 메시지를 들고 달려왔다.

"원장님이 이제 안전하니 지금 와서 도와달라고 하십니다."

마가렛은 다비다를 불러 아이들을 부탁했다. 그리고는 외투를 입고 식탁에 있던 보온병을 들고 상하와 함께 병원으로 달려갔다. 그곳에서 그녀는 곧장 지하실로 향했다.

하얀 가운이 피투성이가 된 스탠은 안도하는 표정으로 그녀를 쳐다보았다. 그와 다른 직원들은 상처를 봉합하고 있었다. 누워있는 남자들의 신음과 비명을 들렸다.

"저기 있는 여섯 명에게 모르핀 주사를 놔주세요. 다른 사람들은 죽었어요."

마가렛은 말 없는 시체들이 보이자 숨이 막혔다.

"장비는 뒤에 있는 테이블 위에 있어요. 주사를 다 놓으면 위층으로 올라가야 해요. 부상자 대부분은 위층에 있어요."

마가렛은 모르핀과 주사기를 가지러 피투성이가 된 시멘트 바닥을 걸어가면서 말을 잇지 못했다. 그녀는 피에 익숙했지만, 이것은 지금까지 본 적 없는 참상이었다.

잠시 후, 그녀는 위층에 있는 남자 병동으로 올라갔다. 침대마다 붕대를 감은 사람들이 누워있었다. 한국인 간호사들은 그녀를 보자마자 모든 격식을 제쳐두고 달려가 그녀를 껴안았다.

"오 부인! 끔찍한 일이 일어났어요! 어떻게 해야 하나요?!!"

마가렛은 주위를 둘러보며 침착하게 대답했다.

"당신은 이미 무엇을 해야 할지 알고 있고, 지금 하고 있잖아요."

그들은 마가렛이 오자 더 용기를 내어 함께 일하기 시작했다. 병동 맨 끝에 있던 모드 맥키넌 간호사가 침착한 표정으로 마가렛에게 다가왔다. 모드는 평소에도 밝고 쾌활한 성격이었다.

"믿기지 않아요. 악몽을 꾼 것 같아요. 아무 죄도 없는 사람들을..."

모드는 이어서 가장 심각한 부상자의 상태를 점검했다. 더 이상의 출혈을 막고, 깨어 있는 부상자들에게 혈액을 공급해주는 것이 가장 시급한 일이었다. 정맥 주사 장비가 없었다. 마지막 부상자들이 지하실에서 올라올 때 간호사들은 힘을 다해 도왔다. 스탠은 그들과 함께 올라와서 어떤 환자를 수술실로 옮겨야 하는지 알려주었다.

그 사이 한국인들은 친구와 가족들의 상태를 파악하기 위해 병원으로 몰려들고 있었다. 그래서 병원 문을 닫고 사태가 진정될 때까지 희생자들의 이름을 큰 종이에 급히 써서 붙여 놓았다.

스탠은 최대한 빨리 그날에 대해 편지를 썼다.

성 앤드류 병원
만주 용정
1919년 3월 30일

사랑하는 가족에게:

당신들은 제가 한동안 편지를 쓰지 못해서 소식이 궁금하셨을 것 같습니다. 병실을 한 바퀴 돌고 나서 이제야 (일요일) 당신들에게 편지를 씁니다.

아시다시피 한국인들이 일제 통치로부터 독립을 선언하고 한국과 만주 전역에서 수만 명이 시위를 벌이고 있습니다.

3월 13일, 우리 선교회가 위치한 마을 밖 동쪽 언덕 앞의 길고 넓은 계곡에 수천 명이 모였습니다. 그곳에서 그들은 차가운 만주 강풍 속에서도 긴장된 가운데, 지도자들의 심금을 울리는 연설에 귀를 기울였습니다. 우리 선교사들은 집안에서 성능이 좋은 쌍안경으로 상황을 지켜보았습니다.

중심부에 있던 한국인들은 시내에 들어가지 않기로 했지만, 군중 바깥에 있던 다른 사람들은 그 결정을 따르지 않고 남녀 학생들이 이끄는 대열을 따라서 시내로 전진했습니다. 일본군의 간접적인 통제를 받고 있는 거칠고 규율이 없는 군인들이 시위대를 향해서 총을 쏘았는데, 실제로는 중국 군인이었습니다.

10명 정도가 사망했는데, 일부는 양쪽 폐에 총을 맞았고, 사망자 대부분은 뇌에 총을 맞았습니다. 40명이 넘는 중상자가 발생했고, 이들은 모두 대충 만든 들것에 실려 병원으로 이송되었으며, 신속하게 팀을 나누어 상처를 소독하고 출혈을 막고 부러진 뼈를 치료하는 등 분주하게 움직였습니다. 각 환자는 모르핀을 투여 받고 대형 병동 침상에 입원시켰습니다.

뇌와 폐에 총상을 입은 사람은 한 시간 안에 사망했고, 다른 중요한 부위에 총상을 입은 사람도 얼마 지나지 않아 사망했습니다. 총알은 독일제 구형 마우저 45구경으로 뼈에 박히면 상처를 크게 벌어지게 하고, 두개골에 상처가 생겨 뇌의 일부가 튀어나와 사망하게 됩니다.

53세의 한 남성은 양쪽 허벅지 뼈에 총을 맞았고 병원으로 운송되는 중 갑작스러운 출혈로 사망했습니다. 교복을 입은 15세 소년은 직접 만든 태극기를 들고 심장에 정확히 총을 맞았는데, 미소를 머금은 채로 사망했습니다.

그래서 죽음이라는 이름의 사신이
　　날카로운 낫으로 무장한 채
터럭이 난 곡식과 옆에서 자라고 있는 꽃을
　　한숨에 모아 베어 버리니.

3월 13일, 14명이 희생당했고, 나중에 희생자가 더 나왔는데, 분명 그것은 무고한 학살이었습니다. 한국인들은 어떤 한순간도 그런 잔인한 일을 당할 만한 어떤 일도 하지 않았기 때문입니다.

1만 명가량 되는 시위대 중 무장한 한국인은 한 명도 없었음에도 불구하고, 일본인들이 한국인을 총으로 쏘고 칼로 팔을 자르는 등 매우 잔인하게 대했습니다. 그러나 한국인들은 결코 보복하지 않았습니다.

대부분 교육받은 계층에 속하는 기독교인들이 체포되었는데, 과연 일본이 정의의 시대인 지금 이 사람들을 고문할 만큼 어리석은지 지켜봐야 할 것입니다. 10년 전 영국과 미국의 반대로 잠시 멈칫했지만, 결국 2천만 조선을 불명예스럽게 병합한 것처럼 말입니다.

진심을 다하여,
스탠 드림

당시 용정에 있던 한국인 기독교 여성들은 이렇게 보고했다.

"22명의 사망자가 발생했고, 시신 중 5구는 마을로 옮겨져 묻혔지만 17구는 한꺼번에 묻혔습니다. 여성들은 관습에 따라 장례 의상을 준비할 시간이 필요했고, 참사 열흘 후인 1919년 3월 23일에야 장례식을 치를 수 있었습니다."

스탠은 일부 사실은 반복되었지만, 참사에 대한 소식을 더 많은 담은 또 다른 편지를 썼다. 그는 "그날 바로 사망한 사람들을 제외하고 다른 사람들은 치유되어 집으로 돌아갔으며, 선량한 기독교인들이었습니다."고 말했다. 그는 야외 장례식에 대해서도 썼다.

"우리 병원에서 치른 장례식에 수천의 사람이 모자를 쓰지 않고 장례식에 참여했는데, 그들 대부분은 처음으로 기독교식 장례 설교를 들었습니다. 사망자의 절반 이상이 비기독교인이었지만, 그들의 친구들은 모두 목사님과 장로님들께 기독교식 장례식 집례를 요청했습니다. 씨앗을 뿌리는 데 이보다 더 좋은 기회가 어디 있겠습니까?"

한국 기독교 여성들의 보고는 계속되었다:

"남성들의 어깨에 짊어진 긴 장의행렬은 병원 주변을 벗어나 20리(7마일) 떨어진 공동묘지까지 계속되었습니다. 약 10,000명의 사람이 행렬에 합류했습니다. 이들은 만세를 다시 외쳤습니다! 때로는 **"지금 여기보다 더 공평한 땅이 있네."** 를 부르기도 했습니다. 행렬 선두에는 유명한 작은 할머니가 북을 치며 행진했습니다. 이야기를 들려주던 한 여성은 "슬픔 속에서도 일본 기병대는 묘지까지 우리를 따라왔어요!"라고 씁쓸하게 말하며 이야기를 마무리했습니다.

제11장

삶은 계속된다

불안한 평화가 찾아왔다. 슬픔에 잠긴 친구와 가족들은 교회에서 사망자의 이름을 낭독하는 소리를 들었고, 사람들을 위로하기 위한 기도가 이어졌다. 교회와 병원은 고통받는 모든 이들에게 새로운 희망과 힘의 상징으로 의미를 갖게 되었다. 상해 대한민국 임시정부와 한국 국민은 만주 시위 소식을 듣게 되었다.

선교사들은 잔학 행위에 대한 전체 보고서를 캐나다 장로교회 해외선교위원회와 캐나다 정부에 보냈다. 1919년 8월 22일 암스트롱 박사는 뉴펀들랜드에 있는 스탠의 아버지에게 다음과 같이 편지를 보냈다:

영국에서는 한국의 상황에 대한 모든 여론이 유리하게 돌아가고 있다는 사실을 아신다면 아마도 당신은 기뻐하실 것 같습니다. 이 문제에 대해서 영국 하원에서 논의가 있었습니다. 영국 외무부도 모든 상황을 파악하고 있습니다. 서울의 게일(Gale) 박사는 현재 영국에 와있으며 브라이스(Bryce) 경의 친구입니다. 그는 3월에 브라이스 경에게 장문의 서한을 보냈습니다. 일본 연합 선교부 회의가 보고서를 내놓았습니다. 그중 일부는 "우리는 최근 봉기를 진압하는 과정에서 일본 정부가 한국 국민에게 저지른 비인도적인 잔인함과 분노의 만행에 관한 이야기가 너무나 믿기 힘든 사실이라는 것을 알았습니다. 우리는 이러한 보도들에 표현할 수 없는 충격을 받았고 놀라움을 금할 수 없었습니다. 우리는 이 보도가 상당 부분 사실이며, 한국 국민이 부당하고 불필요한 고통을 감내했다고 믿지 않을 수 없는 바입니다."

용정에서의 시위는 중국군에 의해 잔인하게 진압되었지만, 마가렛은 나중에 일본인들이 중국인들에게 "이 시위는 매우 위험하다. 뭔가 조치를 취하라."고 했다고 보고했다.

이제 일본인들은 만주 한인들의 독립에 대한 강한 열망을 그 어느 때보다 잘 알게 되었다. 끓어오르는 분노로 경계를 강화했고, 보복 계획을 세웠다. 그들은 "만주의 한국인은 우리 국민이며, 우리는 그들을 통제할 권리가 있다."고 선언했다.

그들은 이미 남만주 철도를 건설하고 그 노선을 따라 요지에 수비대를 배치했다. 한국인을 보호한다는 구실로 용정에 영사관을 설치했다. 용정에도 역시 수비대가 배치되었다. 일본인들은 일본인 학교를 세우고 한국인들을 강제로 학교에 다니게 했다.

선교사들이 항상 조선인 편을 드는 것 같아서 일본인들은 화가 났다. 한 번은 일본 장교가 스탠을 만나기 위해 약속을 잡고 방문했다. 그들은 스탠의 거실 벽난로 앞에 앉아 있었다. 그 장교는 무릎 사이에 큰 칼을 끼고 의사 맞은편 의자에 앉았다. 그는 손짓하며 한국인에 관한 어떤 문제점을 설명하려 했다.

스탠은 나중에 이렇게 말했다. "대등한 입장에서 대화를 계속하기 위해 저는 손잡이가 긴 옥수수 팝콘 팬을 가져와 무릎 사이에 끼고 대화를 진행했습니다. 아주 효과적이었습니다."

선교회의 사역은 계속되었다. 가르치고, 치료하고, 농촌 지역을 돕기 위해서 전도 여행을 했다. 스탠은 병원 시설을 개선하기 위해

골몰했다. 그는 다시 암스트롱 씨에게 편지를 보냈다:

가장 큰 문제는 난방 시설이 부족하다는 것입니다. 아시다시피, 바람이 너무 추운 이곳에서는 연중 8개월 동안 수술실에 난방이 필요합니다. 우리는 조금만 신경 쓰면 비용을 2,000달러 정도는 절약할 수 있습니다. 그래서 그 돈으로 난방 시설을 갖출 수 있도록 최대한 활용하면 좋겠습니다.

겨울철에만 남자와 여자 병동으로 나눠서 난방하려고 하는데, 정말 급할 때는 진료실과 여자 병동만 난방하려고 합니다. 만약 2,000달러가 충분하지 않다면 남자 병동은 난방하지 않고 여자 병동만 난방을 해야 할 것입니다. 겨울에는 환자 수가 훨씬 적습니다.

제가 평양과 송도(아이비) 선교병원을 방문해 난방 시설을 살펴본 적이 있습니다. 평양에 있는 팔웰(Falwell) 박사의 병원은 몽고메리 워드(Montgomery Ward)의 난방설비로 난방을 잘하고 있습니다. 송도 증기 설비도 매우 훌륭합니다. 이곳에서는 먼지가 많고 위험한 나무와 석탄 난로로 연료를 많이 사용합니다.

저는 증기를 선호합니다. 첫째, 건물 특히 수술실을 더 빨리 데워줍니다. 둘째 라디에이터마다 배관 하나만 연결하면 되기 때문에 설치비용이 저렴합니다. 셋째, 배관이 얼면 이 개별적으로 고립된 장소에서는 수리가 불가능합니다. 넷째, 보일러에서 나오는 증기로 살균할 수 있습니다. 다섯째, 따뜻한 물을 욕실 등에 사용할 수 있습니다.

스콧 씨와 우리 선교부에서는 이 계획을 보내서 전문가에게 검토를 의뢰하고 가능한 한 예산에 맞게 혹은 더 저렴하게 견적을 받아보라고 조언해 주셨습니다. 몽고메리 워드에서 견적을 받아주시고, 가능하다면 파이프를 적절한 길이로 잘라서 평양처럼 우리가 직접 설치할 수 있도록 해주시기를 부탁드립니다.

몽고메리 워드와 연락을 취하셔서 내년 가을이나 겨울까지 난방 시스템 전체 또는 일부가 설치될 수 있도록 도와주시길 부탁드립니다.

환자가 빠르게 증가하고 있으며, 그 결과로 기독교인이 되는 사람이 많습니다. 오늘 아침에도 40명을 진료하고 두 건의 수술을 진행했습니다.

돈이 충분하지 않다면 남자 병동에만 라디에이터 4대를 설치해 봄과 가을에 사용할 수 있도록 하고 싶습니다.

이 방향으로 일이 빨리 진행될 수 있도록 도와주시길 다시 한번 부탁드립니다. 우리는 너무 바쁘게 지내고 있습니다.

맥케이 박사님께 안부 전합니다.

진심을 다하여,
마틴 드림

그 모든 비극과 소동을 겪은 후, 연례 선교사 모임과 여름휴가를 떠날 수 있게 되어 스탠 가족은 한숨 돌리게 되었다. 마가렛은 이렇게 썼다:

1919년 6월 29일
한국 원산 해변

사랑하는 아빠,

여기 원산에 왔어요. 일주일 전 금요일에 집을 떠나 목요일 아침, 쏟아지는 비를 맞으며 이곳 원산에 도착했어요. 아기들(루시 두 살, 마가렛 다섯 달)은 여행에 긴 여행인데도, 전혀 아프지 않고 잘 왔어요. 우리는 이틀 동안 마차를 타고 회령까지 가서 선교부에서 하룻밤을 묵고 기차를 타고 청진으로 갔어요. 그곳에서는 일본 여관에서 하룻밤을 묵었답니다. 월요일, 화요일, 수요일에는 작은 해안 증기선을 탔는데 일등석을 타고 쾌적하게 여행했어요. 우리는 한국의 여러 작은 항구에 기항했고 오랫동안 정박했습니다. 푸트 목사는 원산에서 우리를 만나 해변으로 데려다주었습니다. 저는 리디아(한국인 가정부)를 데려와서 아기들을 돌보게 했습니다. 우리 오두막은 작은 상자처럼 생겼는데, 현관, 중간 방, 뒷문이 있고, 격자무늬의 부엌은 바깥에 있습니다. 매일 오후 다섯 시쯤이면 시원한 바람이 불어와서 한낮의 더위를 식힐 수 있었습니다. 아기는 바구니에서 발뒤꿈치를 차고 있고, 루시는 바닥에 깔린 매트리스에서 잠을 잡니다.

미국 선교위원회의 코넬리우스 패튼(Cornelius Patton) 목사님이 말씀을 주셨습니다. 그는 전쟁과 아르메니아와 성경의 땅 팔레스타인에서의 적십자 구호 활동을 특별히 언급하며 선교에 대한 새로운 세계관을 제시하셨습니다.

환경의 변화 덕분에 우리는 잘 지내고 있으며, 딸기, 신선한 과일 및 채소를 즐기고 있습니다. 저희는 비치 하우스에서 식사를 합니다.

일본인들은 여행 중에 우리를 방해하지 않았고 오히려 아주 친절했습니다.

사랑을 다하여,
마가렛 드림

그녀는 또한 애디 이모에게 해변 휴가에 대해 더 자세히 썼다:

우리는 아침에 한 시간씩 어학원에 참석하고, 다른 공부는 하지 않고 있어요. 한 주 더 어학 공부를 하고, 8월 4일부터 일본의 윌키 씨가 인도하는 성경 컨퍼런스가 참석하려고 해요. 8월 10일이나 14일쯤 집으로 돌아갈 예정입니다. 용정은 지난 열흘 동안 106도~112도였다고 들었어요.

매일 한두 시간씩 바닷물에서 놀고 있습니다. 그게 많은 도움이 되었어요. 루시도 바닷물에 왔다 갔다 하면서 모래 위에서 놀아요.

8월 7일. 부흥회 중입니다. 네, 선교사들도 참석해야 해요. 비록 성직을 감당하고 있지만, 그들도 자신을 일깨워 계속 일을 감당할 용기를 얻어야 하거든요! (저는 성직자는 아니랍니다!) 이 집회는 일본에서 25년 동안 사역하신 윌키 박사님이 인도하시는데, 그는 놀라운 지도자입니다. 그는 특히 젊은 선교사들에게 기도와 하나님의 능력으로 일본에서 일어난 기적에 가까운 회심 이야기를 들려주고 있습니다. 저는 이 사랑하는 선교사님들의 깊은 신앙적 체험을 모두 따라갈 수 없음을 고백하지 않을 수 없답니다. 그러나 그들은 분명히 이 땅에서 하나님의 일을 감당하는 성직자들입니다.

[마가렛이 선교사로 일한 시간은 약 3년 반이 지나고 있다.]

원산에서 돌아온 스탠은 암스트롱으로부터 답장을 받았다. 그는 몽고메리 워드에서 난방 시설을 주문해서 준비하고 있다고 했다. 할당된 금액을 초과한 300달러의 금액은 이사회가 부담하겠다고도 했다. 여기에는 포장, 운송 및 보험이 포함되었다. 스탠은 이 말을 듣고 안도했다. 스탠은 난방설비가 시급함을 거듭 강조하며 답장을 보냈다.

우리는 당신의 편지를 확인했고, 저의 병원 계획을 보시고 난방설비를 주문하셨다는 소식에 매우 기뻤습니다. 개복수술을 해야 하는 수술실에 난방이 얼마나 필요한지, 또 먼지가 많이 날리는 석탄 난로를 가동하면 수술실을 청결하게 유지할 수 없다는 점을 따져보셔서, 저희 병원에 난방이 얼마나 절실한지 판단하셨으리라 생각합니다.

하일튼 씨는 평양에 난방 시설을 설치하신 분 중 한 분입니다. 그는 영국 세관원이며 이곳의 캐나다 선교사 중 한 명과 결혼하여 우리 선교부에 머물고 있습니다. 그는 이 방면에 조예가 있으시기에, 우리를 기꺼이 도와주실 것입니다.

우리의 한 가지 큰 문제는 직원 부족입니다. 지난번 보고드린 대로 6개월 동안 7,000건이 넘는 환자를 진료했으며, 환자는 오전에만 진료할 수 있는 형편입니다.

저는 여전히 업무에 지쳐 있고 다른 간호사나 의사를 구할 때까지는 상태를 잘 유지하기 위해서는 일의 양을 조절해야 할 것 같습니다.

보시다시피 저는 이제 막 타이프치는 것을 배우고 있습니다.

당신과 맥케이 박사에게 행운을 빕니다.

진심을 다하여,
S. H. 마틴 드림

다른 날 스탠은 매우 피곤한 상태에서 다시 편지를 썼다:

다섯 번째 수술을 막 끝내고 지쳐 있습니다. 오후 6시입니다. 오늘은 100명이 넘는 환자를 진료했습니다. 오후에는 한 중국인 여성은 눈을 볼 수 있게 되었고, 어떤 나이 많은 분의 외아들인 한 소년은 브라이트병(신장염)에서 완치되어 집으로 돌아갔고, 15세 여학생이 폐렴에서 완치되어 집으로 돌아갔습니다.

이 지역의 영국 관세청장이 방금 방문했는데, "사람들을 행복하게 할 수 있다는 것은 분명 대단한 일입니다."라고 했습니다.

저는 록펠러 센터의 전기 엔지니어와 연락을 취하는 중입니다.

저의 선교회의 전등 조명에 관해 말씀드립니다. 현재 저희 병원에는 값싼 일본산 램프만 있는데, 이는 밤에 무책임한 환자들에게 큰 위험요소가 되고 있습니다. 지금 우리 병원은 꽤 가치 있는 곳인데, 이 병원이 연기가 나는 것을 보고 싶지 않습니다. 병원에 발전시설이 갖춰진다면, 남학교와 선교사 사택에도 불을 밝힐 수 있을 것 같습니다. 우리의 펌프와 수도 시스템은 매우 잘 작동합니다.

선교위원회 구성원 모든 분께 안부와 감사의 인사를 전합니다.

진심을 다하여,
S. H. 마틴 드림

추신. 1919년 3월 13일 상해 대한민국 임시정부는 마틴 씨, 매키넌 양, 저에게 45명의 부상자를 치료한 공로로 금메달을 수여했습니다.

겨울이 다가오면서 산적 떼와 아편 밀매상들의 활동이 활발해졌다는 소식이 들려왔다. 도적들은 용정 주변 평지의 마을을 습격했다. 주민들이 농작물을 지키려고 하면 집을 불 질렀다.

어느 날 병원에서 스탠은 진료실에 있다가 복도에서 큰 소동이 벌어져서 나가보았다. 환자, 직원, 방문객들이 순식간에 모여들었다. 모피 모자와 누더기 군복을 입고, 장화를 신은 중국 군인 한 무리가 서 있었고, 바닥에는 괴로워서 몸부림치는 두 남자가 있었다. 두 남자는 손이 등 뒤로 묶여 있었다. 그들의 얼굴은 긁히고 멍이 들었고, 옷 밖으로 피가 새어 나왔다.

중국 군인들은 스탠에게 급하게 인사했고, 한 사람이 중국말로 "민 다이 푸(존경하는 민 박사님), 이 사람들은 아편 밀매자들입니다. 범죄자들입니다. 처형해야 할 자들이지만 지금 부상이 심합니다. 당신들에게 맡기겠습니다. 잘 보살펴 주시면 나중에 다시 찾아뵙겠습니다."라고 했다.

처형하게 치료해달라는 그들의 논리가 터무니없어 보였지만 스탠은 망설임 없이 병사들에게 "제가 병원에 있는 동안 기꺼이 그들을 돌보겠습니다. 그들을 풀어주세요."라고 말했다.

병사들은 그렇게 하고 자리를 떠났다. 군중은 흩어졌고 남자들은 급히 들것에 실려 수술실로 옮겨졌다.

스탠은 끔찍한 부상자들에게 중국어로 말할 수 있어서 다행이었다. 그들은 총상을 입고 고통스러워했지만 다행히 급소는 아니었다. 곧 그들은 진정제를 맞고 출혈이 멈췄으며 병원 침대에서 휴식을 취하고 있었다.

며칠이 지났지만, 병사들이 병사들을 데리러 올 기미는 보이지 않았다. 어느 날 밤 스탠은 회진을 돌던 중 외래로 나와 침대에 앉아 있던 두 명의 중국인 환자에게 "신선한 공기와 운동을 권합니다."라고 말했다.

두 사람은 무슨 뜻인지 즉시 알아들었다.

다음 날 아침 두 사람은 탈출했지만, 그들의 침대에는 비단 한 벌과 일본에서 수입한 금처럼 귀한 냉동 귤이 선물로 놓여 있었다.

병사들이 병원으로 돌아와서 두 남자가 사라진 것을 발견했을 때 그들은 오히려 안도하는 눈치였다. 병원은 감옥도 아니었고 감시병도 배치되어 있지 않았기 때문이었다.

몇 달이 지나고 나서야 병원에 놀라운 소식이 들려왔다. 대규모 도적 떼가 북쪽 마을을 약탈하고 있었고, 다음에는 어디를 공격할지 알 수 없었다. 선교사들은 스콧 부부의 집에 모여 상황을 논의했다. 기도하며 기다리는 것 외에는 할 수 있는 일이 없었다. 신실한 한국인 친구들은 작은 소식이라도 있으면 전해주었다. 삶은 계속되어야 했고, 각 가족은 맡은 바 임무를 계속했다.

그러던 어느 날 오후, 술집에서 춤을 추던 기생들이 병원으로 몰려들었다. 그들은 겁에 질려 있었다. 스탠과 한국인 직원들이 무슨 일이냐고 묻자, 그들은 "우리를 구해주세요! 우리를 숨겨주세요! 도적들이 이쪽으로 오고 있다고 들었습니다!"라고 외쳤다.

스탠은 즉시 상황을 파악하고 "물론 여기 계셔도 됩니다."라고 말했다.

그는 간호사들에게 "지하실로 데려가세요. 거긴 안전할 겁니다. 그리고 요리사에게 많은 사람을 위해 국과 밥을 준비하라고 전해주세요."라고 말했다.

스탠은 병원에서 물지게꾼 정씨에게 "제 아내와 아이들과 독신 여성들에게 가서 모두 스콧의 집으로 모이라고 전하세요. 빨리! 빨리!"라고 말했다.

스탠은 다음에 벌어진 일에 대해 들려주었다.

나는 신실한 직원들과 함께 대문으로 내려가 무슨 일이 일어날지 살펴보았다. 우리는 영국의 보호를 상징하는 영국 국기가 있는 깃대 아래에 서 있었지만, 제 마음과 정신은 하나님의 더 큰 보호를 위해 기도하고 있었다. 아직 위험의 징후는 없었지만, 산적들은 기본적으로 도둑들이고, '외국 악마들'의 집을 약탈하려는 유혹이 크다는 것을 알고 있었다. 마가렛과 어린 딸들이 생각났다. 스콧 부부의 집 문과 자물쇠가 튼튼했으면 좋겠다고 생각했다. 그 가족들은 지금 무엇을 하고 있을지 궁금했다. 나처럼 틀림없이 기도하고 있을 것이다.

우리는 오래 기다릴 필요가 없었습니다. 병원 앞 평지 끝자락에서 40여 명의 남성으로 구성된 대규모 무리가 눈에 들어왔습니다. 그들은 우리를 향해 곧장 행진하고 있었습니다. 그들의 발걸음에 먼지가 일었고, 그들이 가까이 다가오자 중무장한 것을 볼 수 있었습니다. 몇몇은 총을 들고 있었고 어떤 이들은 허리에 탄창을 두세 개씩 차고 있었습니다. 솔직히 저희는 공포에 질려 얼어붙었습니다. 그들은 점점 더 가까이 다가왔습니다.

갑자기 한 남자가 대열을 깨고 리더로 보이는 한 남자에게 달려들었습니다. 그 남자는 소리를 지르며 문 앞에 있는 우리 일행을 가리키고 있었습니다. 멀리서 희미하게 '민 다이 푸, 민 다이 푸!'라고 외치는 소리가 들렸습니다. 그는 제 이름을 불렀습니다.

우리가 놀라고 있는 동안, 리더가 팔을 들어 행진을 중지시켰습니다. 잠시 멈춘 후 그는 사나운 표정과 어울리지 않게 우스꽝스러운 작은 양철 호루라기를 꺼내더니 병사들을 향해 불었습니다. 그가 호루라기를 불자 남자들은 돌아서서 이번에는 평원을 가로질러 마을에서 멀리 떨어진 곳으로 다시 행진하기 시작했습니다. 나중에 알게 된 사실이지만, 도적단의 우두머리를 설득해 우리 부대를 살려준 사람이 바로 제가 구해준 아편 밀매상 중 한 명이었다고 합니다.

다사다난했던 1919년 한 해를 마감하면서 스탠은 연례 보고서를 작성했다. 3월의 비극에 대한 소식 외에도 다음과 같이 덧붙였다:

뒤쪽 60피트의 여성 병동과 그 옆에 현지 의사의 집을 포함하여 총 길이 200피트의 새 병원 시설이 거의 완공되었으며, 우리 교회가 매우 자랑스러워할 만한 시설입니다. 입원 환자 수용 인원은 약 50개 병상입니다. 제가 여기에서 일한 이래로 가장 최고의 결과는 새로 지은 대형 수술실로 매우 실질적이며 이상적인 곳입니다.

이 해의 마지막 기간에 일한 것은 예년과 별로 다를 것이 없겠으나, 입원실이 더 효율적으로 정리되고 뒤쪽에 이어진 두 병동이 언제나 만원이었다는 점이 다르다 하겠습니다.

올해 800명 이상의 사람들에게 장티푸스, 콜레라, 천연두 예방접종을 실시하여 이러한 질병의 확산을 막는 데 도움을 주었습니다. 무서운 스페인 독감이 마침내 이곳까지 유행했고, 이미 거의 50건의 사례가 2차 폐렴이어서 치명적인 결과를 만들었습니다. 고립된 의료 선교사에게 이런 치명적이고 운명적인 사례를 다루어야 한다는 것만큼 실망스러운 일은 없습니다.

보고서의 목적은 읽는 이들에게 기쁨을 주는 것이겠으나, 진정한 보고서는 많은 실망스러운 일도 담겨 있어야 한다고 생각합니다. 그러나 때때로 "깨끗해진 나병 환자" 중 한 명이 감사하는 마음으로 돌아와 그리스도인이 되기도 합니다. 최근에는 한 남성이 찾아와 '병원비를 낼 돈은 없지만, 아내를 살려줘서 고맙다는 말을 전하기 위해 다시 찾아왔다.'고 했습니다.

병원이 문을 연 9개월 동안 12,089명의 환자를 진료했는데, 그중 6,935명이 불신자였으며, 이들에게 4,300권의 전도용 책자를 배포했고, 이 환자들과 함께 왔던 4,202명의 친구가 병원 전도사와 전도부인들로부터 복음을 들었습니다.

217건의 마취 수술이 진행되었으며, 그중 상당수는 심각한 상태였습니다. 1,181건의 외래 왕진이 있었습니다. 환자들이 병원에 입원해 있던 총 일수는 약 3,985일이며, 총 외과 치료 건수는 31,200건이었으며, 이 중 150명이 '기독교인의 삶'을 살기로 결심했습니다. 이 중 상당수는 전도부인들이 병든 사람들을 심방한 결과이며, 한 해 동안 90회 이상 심방이 이루어졌습니다. 캐나다 선교사 카스 양과 팔레소프도 시간이 허락하는 대로 병원에 있는 환자들을 찾아가 옛이야기를 들려주었습니다.

끝으로, 올해 저희는 기쁨과 슬픔을 함께 나누며, 배고프거나, 목마르거나, 아프거나, 한 잔의 시원한 물이 필요하거나, 부드러운 손길이 그리운 많은 사람을 찾아가 주었다고 믿습니다. 오직 우리는 주님의 지극히 작은 형제들을 잘 돕기 위해서 육체적으로나 영적으로 건강을 유지할 수 있기를 바랄 뿐입니다.

중국 용정 캐나다 선교회 단지에 걸려있던 영국기 - 치외법권이 있음을 의미함

제12장
냄비가 끓어오르다

　이듬해인 1920년, 많은 사람이 시위의 여파를 여전히 우려했다. 일제는 더 큰 소요가 일어날지 주시하고 있었다. 한국인들은 여전히 슬픔에 잠겨 있었지만, 한국 독립 만세 시위에는 변화가 찾아왔다. 평화 시위가 너무 잔인하게 진압된 탓에, 그들의 인내심은 분노로 바뀌었다. 이제 그들은 일제에 맞설 모든 기회를 노리게 되었다. 병원에 그들의 활동에 대해 소문이 돌기 시작했다. 어떤 청년 애국자는 고양이처럼 민첩하게 벽이나 건물을 뛰어넘을 수 있다는 소문도 있었다. 봄에 애국투사들은 용정에 있는 일본 영사관 건물을 불태웠다. 6월 말 스탠은 "여기서 멀지 않은 곳에서 일본인 300명이 한국인들의 매복에 기습당했다. 170명이 죽었고, 한국 독립군 중 사망하거나 부상당한 사람은 4명에 불과했다. 보복에 나선 일본인들은 마을과 학교에 기관총을 난사해 한국인 70명이 사망했는데, 대부분 여성과 어린이들이었다."라고 기록했다.

　긴장이 고조되었지만, 선교 사업은 계속되었다. 오릴리아 교회가 병원 수도 시스템과 위생 시설 등을 개선하기 위해 18,000달러를 모금했다는 소식이 들려왔다. 난방설비는 오는 중이었다. 전쟁 중에는 캐나다 장로교회 자금이 부족했지만, 정전 이후 재정 상황이 개선되었고 선교에 관심이 높아졌다. '전진 운동(The Forward Movement)'이라는 캠페인을 통해 선교에 대한 재정적 지원이 증가했다.

캐나다의 암스트롱은 런던의 하원의원 매켄지(F. A. Mackenzie)에게 보고했다:

1920년 1월 3일

만주에 파송된 우리 선교사들로부터 온 선교보고서를 보내드립니다. 수십만 명의 한국인들이 시베리아 횡단 철도를 통해 그곳에서 블라디보스토크까지 이주해서 30만 명 이상이 흩어져서 살고 있습니다. 우리는 그 지역에서 유일한 선교회입니다. 용정에는 제법 시설이 갖춰진 선교회와 함께 약 80개의 교회가 있습니다.

저는 토론토 글로브에 보낸 스콧 목사님의 성명서와 함께 토론토 신문의 기사 스크랩을 동봉합니다. 우리는 한국인에 대한 잔혹 행위와 처우에 대해 널리 알려야 한다고 생각합니다. 물론 정치적 논란에 휘말리지 않도록 하겠습니다. 오타와 주재 일본 영사와 간도(Kando)참변에 대해 흥미로운 서신을 주고받고 있습니다.[28] 치엔타오(Chientao)는 간도를 뜻하는 중국말입니다.

만주에서 일본군을 지휘하는 미즈마치(Midzumachi) 대령이 용정 선교부 책임자인 푸트 목사에게 선교회가 일본 정부에 반대하는 한국인들과 공모하고 있다고 항의하는 편지를 보내왔습니다. 오히려 이 서한은 우리에게 그 항의에 대해서 거부하고 군대가 무고한 사람들에게 총칼을 휘두를 때 강력하게 항의할 권리를 강조할 기회를 주었습니다.

---

[28] (역주) 삼일운동 이후 한국인은 만주 지역에서 무장독립투쟁을 전개하였다. 1920년 봉오동 전투, 청산리 전투에서 패하자, 일본은 독립군토벌작전에 실패하자, 만주 간도 지역에 군대를 파견하여 한국인 민간인 수십만 명을 학살하였다. 이 사건을 간도참변이라 부른다.

영일동맹 논의에 관한 소식을 전해주시기 바랍니다.

만주 사태에 대해서 일본, 캐나다, 영국 사이에 외교 서한이 빈번하게 오갔다. 한편, 스탠의 집에는 더 시급한 문제가 있었다. 마가렛은 아버지에게 이렇게 편지를 보냈다.

만주 용정
1920년 2월 11일

사랑하는 아버지,

생후 13개월 된 우리 불쌍한 아기 마가렛이 폐렴을 심하게 앓았어요. 지금은 회복되어 다시 놀기 시작했지만, 아직은 여의고 창백하답니다. 스탠과 저, 힐튼 부인, 한국인 간호사들이 밤낮으로 그녀와 함께 절망적인 시간을 보냈습니다. 일주일 동안 매일 우리는 그녀를 잃을지도 모른다고 생각했습니다. 하지만 멀리 있는 친한 친구들이 우리를 위해 기도해 주었고, 자비로운 하나님이 그녀를 살려주셔서 우리 눈의 빛이 되게 해주셨습니다. 그 애는 잘 견뎠고, 앞으로 필요한 치료를 계속할거예요.

그 고통의 일주일을 절대 잊지 못할 거예요! 해가 질 때마다 우리는 아침에 그 아이를 볼 수 있을지 걱정했습니다.

간호조무사 철 씨는 한국 엄마들이 아기를 업는 방식인 "포대기"으로 아이를 등에 업은 채로 많은 시간을 보냈습니다. 이렇게 해서 어린 마가렛의 폐를 똑바로 세우는 데 도움이 되었습니다.

새로운 선교사, 스코틀랜드에서 훈련받은 간호사 제시 화이트로우(Jessie Whitelaw) 양이 함께 하게 되었습니다. 그녀는 우연히 회령에 방문했다가 우리를 돕기 위해 올라와서 한동안 머물 예정입니다. 병원에 있게 될지도 몰라요. 여기 있는 게 마음에 드나 봐요.

그녀가 온 이후로 계속 누워있었는데, 그녀가 저를 돌봐주고 있답니다 [7월에 셋째 아이를 출산할 예정이었어요].

나는 그러한 긴장 후 오는 일반적인 기진맥진함과 약간의 "급성" 류마티즘 열이 있는 것 같습니다. 한동안 그곳에서 먹었는지 잠을 잤는지 거의 알지 못했습니다. 충분한 휴식을 취하면 괜찮아질 것입니다.

올해는 꼭 오실 수 있기를 바라요. 지금은 편지를 쓸 수 없으니 이 편지로 가족들에게 소식을 전해주세요.

힘내시고 걱정하지 마세요. 살아 있음에, 행복한 아기를 갖게 되었음에, 그리고 다른 일은 신경 쓰지 않고 아기만 돌볼 수 있다는 사실에 감사하고 있답니다.

루시와 스탠은 잘 지내고 있습니다.

사랑을 다하여,
마가렛 드림

추신. 스탠의 작년 기록은 외래 환자를 포함해 22,000명이었습니다. 중국의 다른 지역과는 달리 여기엔 기근은 없답니다. 이곳 시장에는 쌀과 곡물 더미가 쌓여 있습니다. 우리의 겨울은 온화했습니다. 눈도 내리지 않았구요.

20년 3월 15일, 스탠은 암스트롱에게 편지를 보냈다.

저는 록펠러 재단 사람들이 만든 병원을 둘러보고 그들을 만나 협의하기 위해서 북경을 방문하고 지금 막 돌아왔습니다. 저는 중국의 많은 우상 숭배자들을 보고, 두 명의 의사가 일할 가능성이 있는 호난(Honan)으로 보내달라고 요청하고 싶었습니다.[29] 하지만 돌아오고 나니 한국 간호사들을 감독할 간호 선교사도 없고 또 과로에 시달리고 있지만, 저는 여기 용정에서 한국인들 곁을 지키는 것은 제 몫이라는 것을 알았습니다.

난방 시설이 들어오면 설치해야 하고, 병원에 상수도 설비도 주문하고 싶습니다. 또한, 정화조를 설치하고, 침대를 더 구입하고, 남자 병동을 새로 열려고 합니다.

만스필스(Mansfield) 박사는 서울 세브란스병원에 가서 머물고 있고, 지금은 회령에서 올라온 화이트로 간호원이 키스(Kieth)라는 아들을 낳은 스콧 부인을 도와주고 있습니다. 화이트로 양은 이번 달 말에 서울로 돌아갈 예정입니다. 세브란스에 우리 선교사 의사가 두 명이나 있으니 그녀는 여기에서 일하게 해달라고 임원진에게 부탁했습니다.

성진병원[30]은 좋은 장비들이 녹슬고 창문이 깨지는 등 내부가 엉망진창입니다. 지난 일요일에 난방이나 조명, 수도 시설이 전혀 사용되지 않는 것을 보고, 그것을 이곳에서 활용할 수 있을지 생각했습니다. 그래도 성진 외곽의 진료소가 개선되고 있다는 소식을 들으니 다행입니다.

지금은 선교활동에 중대한 국면을 맞고 있습니다. 일본인들이 마을에 있는 우리 소년학교를 폐쇄했습니다. 소년들은 다시 "만세"를 외쳤습니다. 그러나 사립학교에서 성경 교육과 한국말 사용이 다시 허용되었습니다. 스캇 씨는 휴가를 마치고 돌아오면 서울로 갈 것입니다. 로저 선생님의 심장이 더 안 좋아져서 곧 안식년을 얻어 집으로 돌아가야 할 것 같습니다. 맥래스(McRaes) 가족은 집으로 돌아가시는데, 스코필드(Schofield) 박사님이 다시 나올 수 있을지 의문입니다.

---

29 (역주) 본 전기에는 호난(Honan)으로 기록되어 있는데, 그 지명이 명확하지 않다. 194쪽에 용정에서 서쪽 지역이라고 한 것으로 미뤄보아, 만주의 한 지역 이름으로 보인다.
30 (역주) 함경북도 성진에 캐나다 선교사 그리어슨(Robert G. Greierson)이 세운 제동병원을 말하는 것으로 보인다.

의료 회의에서 저는 너무 넓게 분산된 소규모 진료소 운영을 중지하고, 한국 전역을 아우르는 강력한 의료 센터를 만들고 인력을 잘 배치하여 효율적으로 운영되기를 희망한다는 결의가 필요함을 역설했습니다. 사람들은 집으로 돌아가고 다시는 나오지 않습니다.

창밖 언덕을 보내 열다섯 명이 진료소로 오고 있습니다. 오늘 아침에도 벌써 56명을 진찰했습니다.

일본, 중국, 한국의 정부 병원 세 곳과의 경쟁도 치열해지고 있습니다. 현지 의사도 세 명 있습니다만, 올해 특히 한국에서 이민을 많이 와서, 할 일이 더 많습니다.

의사 한 분을 더 파송해주시기 바랍니다. 토론토 웨스턴 병원에 있는 제 친구 셀러리(Sellery)에게 같이 일하라고 부탁해 주세요. 간호사나 여성 사무원도 필요합니다.

전진 운동(Forward Movement)가 수도와 난방 시설을 설치하는 데 도움이 되길 바랍니다.

이만 줄입니다.
존경을 다하여,
마틴 드림

다음 달 4월에 스탠은 다시 편지를 보냈다.

친애하는 암스트롱 씨,

모든 것이 아주 잘 진행되고 있습니다. 이번 달에는 2000건 이상의 진료가 있었고, 하루에 500위안 이상의 수익을 올렸습니다. 외래 환자가 120명이었고 모든 병상이 꽉 차서 20개의 새 병상을 주문했습니다.

지난주에 우리는 30살이 된 기독교인 남성의 탈장 수술을 해서 교회로 돌려보냈습니다. 지난 일요일에는 이 목사님의 설교를 들었습니다. 그는 간도 최고의 설교자로 꼽히는 사람으로 영혼 구원에 힘쓰고 있습니다. 그는 자신이 병원을 통해 어떻게 죽음에서 구해졌는지에 대해 이야기했습니다. 그는 급성 신장염을 앓고 있었습니다. 우리는 이 중국 소년의 방광에서 결석을 성공적으로 제거했습니다. 무게는 무려 37그램이었습니다. 이 소년은 열세 살이었고 8년 동안 이 돌을 키우고 있었습니다. 이제 그는 저를 "아버지"라고 부릅니다.

저는 매일 아침 8시부터 9시까지 중국어를 공부합니다. 얼마 전 한 마을에서 중국인 환자를 진료할 때 지금까지 배운 중국어로 꽤 소통이 잘 될 수 있다는 것을 알았습니다. 한국어보다 훨씬 쉬운 것 같습니다. 북경어학원의 교재를 사용하고 있고 좋은 선생님을 만나고 있어요. 3월 15일 이후로 단 한 번만 결석했습니다. 그 선생님이 영어를 잘합니다.

두 아들을 둔 한 여성이 병원에 왔습니다. 그녀의 아들 중 한 명은 단독에 걸렸는데 지금은 회복되었습니다.[31] 이제 세 사람 모두 신자가 되었습니다. 또한, 한 남성으로부터 퇴원하면서 믿기로 결심하고 근처 교회에 다니고 있다는 편지를 받았습니다.

아시다시피 올가을에 난방과 수도 시스템을 함께 설치하기를 바라고 있습니다. 저는 완전한 온수 및 냉수 시스템을 주문했고, 선교회의 승인을 받았습니다. 엔진과 펌프는 주택에 물을 공급하고 소화전 용도로 쓸 수 있을 만큼 강력할 것입니다. 올해 안에 병원에서 집까지 호스 수도꼭지를 연결할 계획입니다.

우리 집 바로 건너편에 소년학고(은진)을 새로 짓고 있습니다. 비용은

---

[31] (역주) 단독(丹毒)은 피부에 발진이 생기는 급성감염병이다.

30,000위안이 소요될 것입니다.

재무회계 담당자에게 오리리아 기부금 14,000달러를 공제해 달라고 부탁해 주십시오:

1. 보일러
2. 상수도 시스템
3. 전화기 두 대와 [응급 상황을 위해 병원과 마틴 집 사이에 전화 서비스를 계획했습니다] 블라인드 등.
4. 수술실 장비
5. 브램홀 딘(Bramhall Dean) 소독기

용정 마을은 성장하고 있습니다. 20만 위안짜리 은행이 들어설 예정이고, 거대한 동양개발유한공사 건물과 수백 채의 한국 및 중국 주택이 새로 지어지고 있습니다. 그래서 미래가 밝아 보입니다.

안식년을 떠나기 전에 병원 시설을 완비해서 돌아와서 바로 사용할 수 있도록 하는 것이 목표입니다. 올해 휴가 때에는 난방 시설을 설치될 것입니다. 정말 즐거운 일이 될 것입니다. 만나는 의사들에게 "남의 병원에서 좋은 점만 따다가 당신의 병원을 짓는 일은 분명 재미있는 일"이라고 전해주세요.

맥케이 박사님께 안부를 전하고 당신의 계속되는 선의에 감사를 담아, 마틴 드림

                                              1920년 6월 13일

사랑하는 아빠에게,

제 버피 씨앗은 5월 25일까지 도착하지 않아서, 도착 즉시 심도록 서두를 수밖에 없었답니다. 28일에는 씨앗이 도착해서, 두 번째 뿌릴 씨앗만 남겨두고 모두 심었어요. 아기 마가렛은 다시 건강해졌고 주로 한국말을 하며 뛰어다니고 있어요. 어제부터 루시의 이름을 부르기 시작했는데, "배드 부

티!"가 최고의 발음이에요. "배드"는 서로를 매우 좋아하기 때문에 특별한 의미가 없지만, 이웃집 꼬마 데이비드 힐튼이 "배드 빌리(개이름), 마가렛이 그걸 잡았어"라고 하는 말을 흉내내는 거랍니다.

스탠은 일요일 내내 회령에 가야 했습니다. 거기 선교 단지에 천연두 환자가 발생했거든요. 저는 어제 6월 12일에 즐거운 생일을 보냈는데, 스탠이 떠나있으면서 대신 축전을 보냈어요. 캐스 양, 팔레소프 양, 화이트로 양이 루시와 저를 자기 집 저녁 식사에 초대했고, 힐튼 부인이 생일 케이크를 만들어 주었어요. 우리 모두 함께 저녁을 먹었답니다. 푸트 목사님까지 여섯 명이 있었습니다. 힐튼은 집을 비웠고 스콧 부부는 캐나다로 떠났어요. 저의 3년 차 언어 시험은 그다지 어려울 것 같지 않아요. 필독서를 다 읽을 시간이 있었다면 좋겠지만, 그럴 시간이 없을 것 같아요! 그래서 지금은 모든 생각을 접었답니다.

너무 오랫동안 편지를 쓰지 못해 죄송합니다. 바느질, 집 청소 및 정원 가꾸기로 바쁜 봄을 보냈습니다.

벽난로 위에 야생 장미, 노란 백합, 야생 모란을 한 다발로 꽂아두었습니다. 언덕에는 아름다운 계곡의 백합이 피었습니다. 아카시아가 꽃을 피웠고 나팔꽃, 완두콩, 양배추, 순무, 무, 리마 콩이 반가운 비를 맞고 싹을 틔웠습니다. 아직 그다지 덥지는 않습니다.

우리 식당 창문 바로 너머에 새로운 소년학교의 기초가 잘 올라가고 있습니다. 바커 씨는 안식년 중에도 기금을 마련하는 데 큰 역할을 했습니다. 병원 난방 시설은 오는 중입니다. 우리 집에도 하나 있었으면 좋겠어요.

아기가 깨어났어요,
사랑을 다하여,
마가렛 드림
[마가렛은 바로 다음 달에 아이를 출산할 예정이지만 언급하지 않았다.]

스탠은 1920년 5월 7일 암스트롱에게 편지를 보냈다:

만주의 마틴 친애하는 암스트롱 씨,

플로렌스 머레이(Florence Murray) 박사가 우리 선교회에 온다는 고무적인 소식을 담은 3월 18일자 편지를 받기 직전, 저는 "이대로는 안 되겠다. 조금 더 도움이 요청하든지 아니면 포기해야겠다."고 혼자 생각했습니다. 아마도 피곤해서 그런 것 같지만, 오늘은 문제가 더 많았습니다.

1. 일본인이 회령에서 내 난방 시설 20상자를 옮기는데, 200위안을 더 달라고 하는데 너무 비쌉니다.
2. 큰 결석을 제거한 방광 환자가 복막염이 생겼습니다.
3. 개인 병실에 천연두 환자가 생겼습니다. 안 좋아 보입니다.
4. 스페인 독감에 걸린 여성 환자가 있습니다.
5. 아주 심한 패혈성 인후염으로 치료받은 심장이 나쁜 아기가 오늘 아침에 색전증[32]으로 예기치 않게 사망했습니다.
6. 어젯밤에 온 한 남자가 숨을 거의 쉬지 못하고 물을 삼킬 수 없습니다. 디프테리아에 걸렸는데 더 이상 백신이 없습니다. 있는 백신은 한국인 간호사를 위해 사용했는데 택배가 중단되었습니다.
7. 아내가 몸이 좋지 않고, 딸 루시는 고열이 납니다.

우리 모두 작은 어려움이 있지만, 저는 지금까지 감염되지 않아서 다행입니다.

저는 한국 사람들에게 말하고 설교하는 데 아무런 문제가 없습니다. 설교할 때 어휘는 좀 부족하긴 합니다.

---

32 (역주) 기포 등으로 혈전이 막히는 병.

저의 걱정과 책임에 대해서 누군가 도와줄 거라는 가능성이 눈앞에 어른거리기만 하는 것을 보고 있자니 괴롭습니다. 여기 푸트 목사는 플로렌스 머레이 박사의 아버지인 머레이 목사의 절친한 친구입니다. 제가 말씀드릴 수 있는 건, 의사나 간호사라면 누구나 곧 바쁘게 될 거라는 겁니다. 제시 화이트로 양은 이곳에 온 지 한 달밖에 되지 않았는데, 고민 있는 여성들이 많이 찾아오고 있습니다.

저는 연례 보고서와 "장로교 기록"에 사용할 수 있고, 또 친절한 친구들의 도움에 감사하고 그들이 보내주신 선교 기금을 사용하여 어떤 위대한 결과가 있었는지를 보여드리기 위해 사진 한 세트를 보내드립니다.

저희 선교회 직원들은 여러분들의 실질적인 사랑과 지속적인 친절에 대해 말로 다 표현할 수 없을 정도로 감사하고 있습니다.

하나님의 일하심 안에서,
스탠 H. 마틴 드림

1920년 6월 12일 스탠은 암스트롱에게 다시 편지를 보냈다.

당신의 편지는 5월 25일에 도착했고, 당신이 보내주신 슬라이드 "그리스도의 일생"을 보고 다시 한번 감사를 드립니다. 정말 아름다웠습니다.

선교 단지에 천연두 환자가 생겨서 회령에 와 있습니다. 외국인들은 모두 괜찮습니다.

보일러 문을 제외한 모든 난방설비가 도착했습니다. 일부가 부서져서 즉시 새 부품을 주문했습니다. 프레이저에게 새로운 격리 병동, 기계실 등을 위한 기금이 들어올 수 있도록 알려주시고, 병원에 대한 청구서가 어떤 것들이 지불되었는지 알려주시길 부탁드립니다.

용정 중국인 교회에 새로운 중국인 목사가 부임했고, 지난 일요일에 60명의 기독교인이 참석했습니다. 그곳 유일한 불신자는 10년 동안 앞을 보지 못했던 교육을 잘 받은 남자였습니다. 그는 우리 병원에서 수술을 받고 이제 앞을 볼 수 있게 되었습니다.

중국인 목사님의 아들이 묵덴(Mukden)[33] 병원에서 공부한 훌륭한 크리스천인데 지금 우리 조수 중 한 명입니다.

지난주에 한 여성에게서 30파운드의 종양을 제거했습니다(조심스럽게 무게를 잰 결과). 마을 사람들이 종양을 보러 왔어요. 그 여성과 그녀의 남편은 신자가 되었으며, 그들이 사는 마을 전체가 기독교인이 될 가능성이 높습니다.

존경을 다하여,
S. H. 마틴 드림

용정으로 돌아와서 그는 다시 편지를 썼다.

지난주일, 이곳에 새로 시작된 교회에서 당신이 보내주신 "그리스도의 일생"이라는 멋진 슬라이드를 사용했습니다. 교회는 사람들로 붐볐고, 어두워진 후 사람들은 밖에서 건물 안을 들여다보았습니다. 이 교회의 한국인들은 저에게 다음 주일에 설교해 달라고 요청했습니다. 저는 두 주일 전 회령에서 첫 설교를 했습니다. 저는 캐나다에 사는 한 남자가 우리 환자 중 한 명의 의족을 위해 10달러를 보내온 이야기를 했습니다. 그 10달러는 그해 사과 농사가 흉작이었는데, 그 사과를 팔아서 모은 돈이었습니다.

지난 6개월 동안 외래 환자 9,561명, 마취 수술 215건, 입원 환자 199명

---

[33] (역주) 지금의 선양.

이 있었습니다. 이는 작년의 거의 두 배에 달하는 수치이며, 외래 환자 중 그리스도를 믿기로 결정한 사람이 196명이나 되었습니다. 더 중요한 것은 이 중 절반 이상이 122개 교회에 출석하고 있다는 점입니다. 지역 교회에서는 거의 매주 일요일마다 병원을 통해 온 새 신자가 생깁니다. 이 마을에는 두 개의 정부 병원(일본 병원과 중국 병원)과 한 개의 한국 병원이 있는데, 우리 병원만 제대로 돌아가고 있습니다.

저는 올해 선교사 연례 모임에 참석하지 않습니다. 첫째, 의사나 간호사 없이 의료 활동을 해야 하기 때문입니다. 둘째, 학교와 격리 병동 건물 신축을 감독하고 있기 때문입니다. 셋째, 제 아내와 힐튼 부인이 곧 아기를 낳을 예정이기 때문입니다. 또한, 서울에서 전문가의 도움을 받으려면 비용이 너무 많이 들기 때문에 병원 난방 시설을 우리 직원들이 직접 관리해야 합니다.

일본인들은 지금처럼 우리 학교의 일부를 폐쇄하거나, 120명의 새로운 일본 경찰(경찰 제복을 입은 군인)을 데려오거나, 두만강의 중국 쪽에서 영국 여권을 검사할 권리가 없습니다.

어제 우리는 시베리아에서 걸어서 온 한 남자를 수술했습니다. 그는 암에 걸렸습니다. 암을 완전히 제거하는 데 4시간이 걸렸습니다. 우리는 수술을 원하지 않았지만, 그는 "선교사 의사가 치료하지 못하면 죽을 것이 분명하다."며 자살하겠다고 했습니다.

우리 병원에는 중국어로 "이 병원의 원장은 예수 그리스도입니다."라는 표지판을 걸어두었습니다.

우리를 위해 해주신 모든 일에 감사를 담아,
S. H. 마틴 드림

5월에 스탠은 자신이 지금까지 감염되지 않아서 운이 좋았다고 썼었다. 하지만 안타깝게도 셋째 딸이 태어나기 직전에 손가락 하나가 심하게 감염되었다. 항생제가 없던 시절에는 매우 심각한 상황이었다. 그는 손에 손은 붕대를 많이 감고 있었기 때문에, 그의 조수인 임 집사가 7월 13일 아버지 스탠이 지켜보는 가운데, 셋째 딸 에드나 캐슬린(Edna Kathleen)을 세상으로 맞이했다. 에드나는 어린 시절 언니 마가렛이 지어준 '나누'라는 이름으로 불리게 되었다. 모든 것이 순조로웠고 여름은 평화롭게 지나갔다. 마가렛은 애디 이모에게 편지를 보냈다. "저의 가정부 역할을 하시면서 병원에서 간호사로 일하는 분이 여름 동안 아기들을 돌봐주셨어요. 그녀는 지난 겨울부터 원산 여성성경학교에서 공부하고 있으며, 언젠가는 전도부인이 될 계획입니다. 그녀는 지금 저보다 성경을 더 잘 알고 있는데, 5년 동안 공부해야 한답니다! 폭우와 폭염이 번갈아 가며 더운 날들이 이어졌습니다."

9월에는 아빠에게 편지를 썼다.

잘 여물어서 아름답게 보이는 토마토 통조림을 만들고 아기를 목욕시키는 중에 몇 자 적습니다. (루시 3세, 마기 20개월, 에드나 3개월) 루시는 고막이 다쳐서 열흘 동안 치료를 받았는데, 지금은 좋아졌어요. 이것은 이 불쌍한 아이에게 큰 안도감을 주고 있답니다. 아이가 그것 때문에 너무 아팠는데, 무슨 이유인지 알 수가 없었습니다. 스탠은 원산에서 3주간의 휴가를 마치고 돌아왔어요. 우리는 그를 매우 그리워했습니다.

에드나 캐슬린은 7주째에 몸무게가 10파운드가 늘었고, 저도 몸무게가 늘고 있습니다.

지난주에는 한국인 음악가 김 씨가 외국인들의 도움을 받아 교회에서 "음악회"(!)를 열었습니다. 그는 밴드와 바이올린을 연주하는 소년들을 훈련시켜서 여러 밴드 곡과 현악 4중주를 발표했습니다. 우리는 소녀 합창단을 훈련시켜 영어 찬송가를 부르게 했답니다. 화이트로 양은 스코틀랜드 전통 의상인 킬트 스커트를 입고 빵모자 쓰고 나와서 "나의 조국"을 불렀어요. 정말 감미로웠고 우리 중 일부는 울 뻔했답니다. 그리고 김 씨는 바이올린 솔로곡을 정말 잘 연주했어요. 그중 하나는 여러분이 좋아하는 '금혼식(La Cinquantaine)' 이었습니다.[34] 잘 훈련된 맑고 감미로운 바리톤 목소리로 노래를 불렀어요. 우리 간도 지방에서 이런 종류의 행사는 처음이었는데 모두가 즐거워하는 것 같았어요.

저는 쇼팽의 "야상곡 5번(Fifth Nocturne)"을 연주하고 "장미꽃"을 불렀어요. 사람들이 앙코르를 요청할 정도로 좋아했답니다. 입장료를 받아서 300엔(150달러)을 모았는데, 일요일 오후 거리의 아이들을 가르치는 '비신자를 위한 주일학교'에 기부하려고 합니다. 올여름에는 600명이 참석할 때도 있었답니다.

어린 에드나를 포함한 모든 아기, 가정부와 요리사 모두 가고 싶다고 해서 함께 콘서트에 참석했답니다. 밴드 소음을 조금 무서워한 것을 빼고 아이들은 매우 즐거워했어요!

모두의 사랑을 전합니다. 루시가 "이모-할아버지의 편지예요?"라고 묻네요.

사랑을 다하여,
마가렛 드림

같은 달 원산의 동료 선교사 프레이저(E. J. O. Fraser)[35]로부터 9월

---

[34] (역주) La Cinquantaine은 50주년을 의미하는 프랑스어이다. 금혼식을 말한다.
[35] (역주) Edward J. O. Fraser(한국명 배례사, 1887~1977), 캐나다 루넨버그 출생. 1914년 파일신학교 졸업하고 목사 안수받고, 1914년 부인과 함께 캐나다장로회 선교사로 내

23일 캐나다 선교회 소속 소년학교를 중심으로 독립을 요구하는 시위가 일어났다는 소식이 들려왔다. 마을 전체가 무장한 경찰의 감시 아래 있었다. 교사와 학생을 포함한 다수의 사람이 체포되었다. 프레이저는 기숙사에서 나오지도 않은 학생들도 체포된 것에 항의하기 위해 경찰서에 갔다. 돌아오는 대답은 항상 "조사 후 무고한 사람은 모두 풀어주겠다."는 말뿐이었다. 그곳에서 그는 구타와 신음을 들었다. 나중에 그는 여성과 어린 소년 소녀들도 구타를 당했다는 사실을 알게 되었다. 며칠 후에도 무고한 학생들을 포함해 여러 학생이 여전히 구금되어 있었다.

한하여 원산에서 어학 공부와 선교 준비를 하다가 1915년 회령선교부에 배정되어 선교활동 시작하였고, 1916년 6월부터 회령·성진·경원·경흥 동부구역을 맡았고, 1917년 원산선교부로 배정되어 북부 구역을 관할하였다. 1921년 용정선교부로 배정되어 학교와 북부 구역 목회를 맡았고, 스콧(W. Scott)가 돌아올 때까지 전 지역의 사역과 사경회를 담당하였다. 간호사 자격증을 갖춘 부인은 선교사로서 제창병원을 도우면서 여성사역을 하였다. 안식년 휴가를 마치고 1923년 9월 용정선교부로 복귀하였다. 이때 9월 1일 관동대지진 참상을 목격하고 *The Korean Mission Field* 1923년 10월호에 "지진과 화재(The Earthquake and the Fire)"라는 글을 게재했다. 이 시기부터 용정선교부 전 지역의 목회와 남자성경학원, 사경회, 주일학교를 책임지고, 용정선교부 회계도 겸하였다. 부인은 용정 제창병원 간호부 대리 감독을 맡았다. 1925년부터 은진중학교 교장을 맡고 전 지역의 학교들을 감독했고, 동산교회와 도선포교회의 협동 목회, 사경회, 남자성경학원 교사를 담당하며, 용정선교부 회계를 겸하였다. 1929년 원산으로 귀환하여 원산 보광학교 교장으로 부임했고, 1932년 회령으로 옮겨 신흥학교 교장으로 2년간 봉직하였다. 1933년 6월 회령에서 성진으로 전임하여 원산·함흥 등지에서 활동하였다. 1933년 7월 6일 경원군에 고전원교회 포교소를 설치하였다. 1937년 안식년을 거쳐 1938년 10월 원산으로 복귀했지만, 1941년 일제의 탄압으로 3월 선교사를 본국으로 철수시키고 그는 뒤처리를 위해 스콧와 함께 남아 함경도 각 지역과 간도 용정을 순회하며 한국인 목회자들을 격려했다. 그해 12월 8일 일경에 붙잡혀 옥고를 치르기도 했다. 함흥 자택에 연금상태로 있다가 1942년 6월 본국으로 강제송환되었다. 1946년 6월 다시 내한하여 조선신학교에서 강의하고 조선기독교서회 총무, 한국기독교연합회(NCC), 대한기독교교육협회(KCCE) 등 기독교연합기관의 실행위원으로 활약했다. 한국전쟁으로 본국으로 귀국했다가 1951년 9월 다시 귀환하여 함경도 지역 피난민들을 돕는 한편 부산에서 피난 중 기독교서회 사업을 도왔다. 1953년 휴전으로 서울로 옮겨 활동하다가 1954년 4월 정년으로 은퇴하였다.

불안한 상황에도 불구하고 마가렛이 아버지에게 보낸 다음 편지는 원산에서 온 편지였다!

1920년 10월 1일

이 편지는 지난주 제가 감기로 병상에 누워있을 때 쓰기 시작한 것인데, 그때는 원산에 올 생각은 별로 없었어요! 그러나 바커 부인이 용정에서 나와 서울에서 남편을 만나고 동경에서 열리는 세계주일학교대회에 가기로 되어 있었습니다. 그래서 저는 원산까지 여행할 수 있었어요. 저는 24시간 만에 준비를 마치고 어린 에드나를 데리고 함께 원산에 왔어요.

방금 집에서 "아이들이 건강하고 행복하게 잘 쉬고 있다."는 전보를 받았는데, 제겐 그 소식이 정말 필요했어요. 저는 5년 전 한국에 처음 도착했을 때 머물렀던 사랑스러운 곳 프레이저의 집에 제 가정부와 함께 머물러있습니다. 그때는 로브 선교사의 집이었어요. 원산항이 내려다보이는 높은 언덕 위에 있답니다. 의심할 여지없이 제가 아는 한국에서 가장 아름다운 곳이에요.

프레이저 부인의 진과 어린 클라렌스는 정말 착한 아이들이에요. 아이들을 떠나기가 힘들었지만 결국 제가 휴가를 떠나는 것이 아이들을 위한 일이라고 생각했어요.

밤에는 스탠이 루시를 돌봐주고 있고, 스코틀랜드 출신 간호사 화이트로 양이 마가렛의 작은 아기 침대를 자기 집으로 가져가서 저 대신 돌봐주고 있어요. 그녀는 마가렛이 폐렴에 걸렸을 때 마가렛을 돌봐준 적이 있을 정도로 마가렛을 좋아합니다. 요리사 다비다도 있고, 낮에는 가정부 철 씨가 돌봐주고 있어요. 제가 돌아갈 때까지 무사히 잘 지냈으면 좋겠어요.

용정에서 내려오는 산길은 가을 단풍이 곱게 물들어서 여기 남쪽의 여름 날씨와 흡사하게 좋아요. 이곳에서 함흥까지 철도가 있습니다. 4시간 반 정도 걸리는데, 그곳에 가서 선교사님들을 좀 뵈어야 할 것 같아요.

롭스 부부가 지금 거기 있고, 내가 아주 존경하는 여의사 케이트 맥밀란(Kate MacMillan) 박사도 있고, 토론토대학교 여학생인 핑랜드(Fingland) 양도 있는 것 같아요.

스탠은 8월에 휴가를 다녀와서 많이 좋아졌고, 감염된 손도 다 나았고, 병원에서 평소처럼 바쁘게 지내고 있습니다.

제 아기 에드나가 처음 손에 쥐고 안아본 코스모스 꽃을 보내드립니다. 여기 작은 진 프레이저가 꽃다발을 가져와 아기 손에 쥐어주고 있습니다. 참 묘한 느낌입니다. 다른 아기들이 많이 보고 싶지만 여기 있는 동안은 최대한 열심히 그리고 빨리 쉬려고 합니다. 맥컬리 양이 "휴식 치료"를 해주고 있답니다.

오늘 밤에 일본 전투 순양함이 항구에 들어와서 원산 전역을 서치라이트 세 개로 비추고 있어요. 대단한 구경거리였어요.

저는 아기 에드나, 맥컬리 양, 유명한 영국 화가 엘리자베스 키스(Elizabeth Keith) 양과 함께 함흥으로 여행을 떠났어요. 저는 "키스 양과 나는 다른 친구들이 수업하는 동안 함흥 마을을 구경하며 즐거운 시간을 보낼 거임. 키스 양은 한국 곳곳을 돌아다니며 스케치를 하고 한국과 한국 사람의 모습을 담은 블록 판화를 준비하고 있음. 한국에 있는 동안 원산 인근의 두남리 마을에서 별과 소나무 사이로 보이는 항구를 정교하게 블록 판화로 그렸음"이라고 썼어요.

건강하고 편안한 겨울을 보내시길 바랍니다.

사랑을 다하여,
마가렛 드림

함흥 여행을 마친 마가렛은 도쿄대회에서 돌아온 선교사들과 아기 에드나를 데리고 용정으로 무사히 돌아왔다. 용정은 평화로웠지만, 훈춘의 일본 영사관에 도적들이 불을 질렀다는 소식이 들렸다. 나라 안팎은 긴장감이 감돌았고 만일의 사태에 대비하고 있었다. 아이들은 건강했고 일상에 안정을 찾았다. 힘든 시기를 앞두고 있었기 때문에 마가렛이 잘 쉬고 돌아온 것이 좋았다.

용정 마틴 선교사의 집

제13장

징벌 원정대

1920년 10월 일제는 간도를 공격했다. 훈춘에서 산적들이 영사관을 불태운 것을 핑계로 삼았지만, 그들은 이미 이 시기를 대비해왔다.

수천 명의 군대가 간도 지방으로 진격해왔다. 그러나 간도는 산적들의 거점을 치지 않고, 독립군 거점만 집중적으로 토벌하면서 한국 사람들을 징벌했다.

격분하여 지칠 대로 지친 스탠은 1920년 10월 26일 암스트롱 씨에게 급히 편지를 보냈다.

미국과 캐나다의 권위 있는 사람에게 일본군이 한국을 병합할 때와 마찬가지로 중국 이 지역의 한국인에 대해서도 똑같은 짓을 하고 있다는 사실을 보고해 주시기 바랍니다.

현재 이 지역에는 8천 명이 넘는 군인이 있고, 시베리아에서 이곳으로 오는 길에 닝구타(Ninguta)에 4천 명이 있습니다. 한국인들은 매일 총에 맞고 마을 전체가 불타고 있습니다. 이곳 병원에는 많은 조선인 부상자들이 있습니다. 일본인 부상자와 사망자들도 이곳 용정으로 이송되고 있으며, 이로 인해 일본인들에게 한국인이나 한국인들과 관련된 모든 사람, 즉 선교사들에 대한 극도의 증오심이 더해지고 있습니다.

이것이 첫 번째 보고다.

명동학교는 300명의 학생이 있었는데, 1차 대전 기간에 파괴된 벨기에의 루벤과 이프레스 천홀(the Cloth Hall at Ypres)처럼 됨.

장로의 집은 잿더미가 되었으며, 이 구역의 청년들은 모두 도망감.

중동학교는 불탐. 12명 사살 당함 (기독교인).

소랑동, 회령에서 30리 떨어진 곳. 열일곱 명이 총살당했고 그중 열 명이 기독교인. 거기서 5리 떨어진 마을, 동포들에게 식량을 주다가 14명이 총살당함.

길세동, 사람들이 집을 짓기 전에 교회를 세웠던 곳. 학교와 집들이 불에 탐. 군인들이 떠난 후 여자들이 불을 끔. 불에 탄 집은 기독교인이 아닌 집 한 채뿐임.

남고아학교, 학교와 집들이 불에 탐.

창골, 위와 같음.

양문춘자, 학교 불탐. 이 외에도 독립군들과 관련된 모든 가정은 집과 농작물이 불에 탐.

일제가 간도 전역을 장악하고 시베리아까지 연결하고 사할린, 포모사, 산둥 등까지 장악하게 되었습니다.

간도의 전 지역은 일본 전화와 전신선으로 연결되었으며, 한국인은 여행이 금지되었습니다.

일본인들은 한국인들을 포격하고 있지만, 주님께서 한국인들을 도와주시는 것처럼 보입니다. 오히려 일본인 사상자들이 하루에 300명가량 생기고 있습니다. 일본 비행기와 자동차가 전투 현장에 출동했습니다.

일본의 움직임을 주시하고 있는 묵덴 주재 영국 총영사와 매일 연락을 취하고 있습니다. 중국 영토를 마구잡이로 먹어치우는 일본에 대항해 미국이나 영국이 전쟁에 나서지 않는다면, 여기에서 살 가치가 없을 것입니다. 현재 100명이 넘는 한국인이 사망한 것으로 알고 있습니다. 더 자세한 소식은 나중에 더 정확한 정보가 나오면 보내드리겠습니다.

우리 난방 장치는 잘 작동하고 있습니다. 직원들이 전부 다 돕고 있습니다.

존경하는 마음을 담아,
진심을 다하여,
S. H. 마틴 드림

차츰 더 많은 뉴스가 태평양을 건너갔다. 엠마 페일소프(Emma Palethorpe)의 편지는 한 달이 걸려 1920년 12월 6일 암스트롱의 사무실에 도착했다.

여러분이 관심을 가질 만한 몇 가지 기사를 동봉합니다. 이곳의 중국 우체국이 점령당할지도 모른다는 우려가 있어서 그전에 여러분께 알려드리고 싶었습니다.

우리는 공포의 시대를 살고 있습니다. 우리는 매일 가까이서 또는 멀리서 피를 흘리는 사람들을 보며 그것이 슬픔과 유혈의 의미를 너무 잘 알게 되었습니다.

사방에서 차마 인간으로서는 할 수 없는 충격적인 이야기들이 들려오고 있습니다. 우리는 현재 33개의 마을이 전부 또는 일부가 불타서 파괴되었고, 전부는 아니더라도 상당수의 사람이 동시에 사망한 것으로 알려진 목록을 가지고 있습니다. 특히 지난 며칠 동안 희생당한 사람 중 상당수는 비기독교인이었습니다.

우리는 무방비 상태이며 죄가 없는 한국인을 옹호하기 위해 여론을 불러일으키기 위해 당신이 할 수 있는 일을 할 수 있기를 기대합니다.

진심을 다하여,
엠마 페일소프 드림

[페일소프 선교사는 용정에 주재하는 복음전도 선교사였다. 그녀는 1916년에 이 땅에 도착했다.]

이것은 비극의 시작에 불과했다. 선교사 자녀들은 너무 어려서 무슨 일이 벌어지고 있는지 깨닫지 못했고, 부모들은 그들에게 평상시와 같은 행복한 삶을 주려고 노력했다. 종종 저녁에 스탠이 집으로 돌아올 때면 마가렛이 피아노를 치며 아이들에게 노래를 불러주는 소리가 들렸는데, 마치 작은 위안의 섬처럼 느껴졌다.

스탠은 묵덴의 영사와 지속적으로 연락을 주고받았기 때문에 병원에 부상자들이 가져오는 소식에만 의존할 수 없어서, 직접 가서 상황을 조사할 필요성을 느꼈다. 그는 암스트롱에게 추가 소식을 보냈다.

1920년 12월 6일

저는 몇 달 동안 아무에게도 편지를 쓰지 못하고, 돌아다니며 잔학 행위를 조사하느라 바빴습니다. 중국의 이 지역에서 일본군이 사용한 잔혹한 수법에 대한 보고서는 아직 완성되지 않았습니다. 최악의 지역 중 한 곳에서 바커 씨가 돌아오면 보고서가 완성될 것입니다.

"노루바위" 학살에 관한 보고서를 따로 동봉하면서, 다음과 같은 내용을

추가하고자 합니다:

페일소프 양과 화이트로 양, 그리고 저는 다음 날 그곳에 남아 있는 몇 안 되는 사람들을 위로하기 위해 예배를 드렸습니다. 우리는 100위안과 많은 미국 적십자 물품을 나눠줬는데, 주로 면직물과 의복이었습니다. 이 때 저는 62세의 한 노인이 계곡 길을 조용히 걷고 있었는데, 산비탈에 진을 치고 있던 일본군의 총을 맞고 그 노인이 쓰러지는 것을 보았습니다. 그는 두 군데에 총을 맞았지만, 나중에 우리 병원에 모셔와 수술해서 목숨을 구했습니다.

이틀 후인 11월 5일, 노루바위 마을에 도착한 일본군 17명과 경찰 3명(한 명은 한국인)은 불탄 집의 담벼락을 허물고 마을의 참혹한 모습을 최대한 은폐하기 시작했습니다. 이 마을의 남자들은 모두 죽었고, 이웃 마을의 남자들을 데려와 매장되어 있던 희생자 31명의 시체를 모으라고 명령했습니다.

날은 너무 추웠고 땅은 눈으로 덮여 있었습니다. 시신 대부분은 멀리 떨어진 가족 묘지로 옮겨졌기 때문에 13구의 시신만 모을 수 있었습니다. 마을 사람들은 마을에 남은 나무와 폐허가 된 집터에서 남은 나뭇가지들을 모아 그 위에 시신을 쌓아야 했습니다. 그 후 여성과 아이들이 지켜보는 가운데 시신을 불태웠습니다. (한국인에게 죽은 자를 무례하게 대하는 것보다 역겨운 일은 없습니다). 그런 다음 미망인들은 방으로 불려가 죽은 자에 대해 엄격하게 심문을 받은 후, 시신의 재의 일부를 받을 수 있었습니다. 미망인들은 다시는 죽은 자의 유골을 활용해 불안감을 조성하지 않겠다는 서약서에 서명해야 했습니다.

한국인들은 일본인에게 지은 죄를 자백해야 한다는 경고를 받았습니다. 일주일 전 동경에서 온 특별조사단이 이곳을 방문했는데, 이때 이 지역 독립운동의 주요 지도자라고 밝힌 한 노인이 담당 대령에게 현수막 세 개와 황소 한 마리를 선물했다. 현수막에는 "일본군이 우리 마을에 평화를 가져다주고 독립군으로부터 마을을 지켜준 것에 대해 감사한다."는 문구가 새겨져 있었습니다.

면밀한 조사 결과, 이 마을이 저지른 유일한 죄는 그해 무고한 조선인 여러 명을 죽인 일본 스파이를 때려잡는 데 마을 사람 몇 명이 도움을 줬다는 것이었습니다.

현재, 불에 탄 마을은 60곳이 넘고, 800명 이상이 사망하고 1,000채 이상의 가옥이 불에 탔습니다. 이들 대부분은 사형에 처할 만한 범죄를 저지르지 않았으며, 대부분 독립군에게 식량을 제공한 혐의로 기소되어 강제 연행된 경우가 많았습니다. 청산에서는 독립군의 교묘한 전술로 숲이 우거진 지역과 짙은 안개 속에서 일본군이 260명을 사살하고 많은 수의 부상을 입혔습니다.

이 불운한 결과에 격분한 일본인들은 남녀노소 가리지 않고 4개 마을 전체를 파괴했습니다. 백 명이 넘는 사람들이 죽었습니다. 얼마나 더 죽었는지 정확히 알 수 없습니다.

그곳에서 팔에 총을 맞은 온 다섯 살짜리 소년이 왔습니다. 그의 아버지는 총에 맞아 사망했습니다. 한 마을에는 여자 두 명과 아이 둘만 남았어요. 이 마을에서 강간이 있었다는 사실에 대한 보고가 몇 건 있었습니다. 15개의 교회와 학교가 불에 탔습니다. 저는 방금 길을 따라 10리를 가는 동안 27채의 집 폐허가 되었고, 그 끝에 교회가 있었습니다. 그중 세 집에서는 황소가 불에 탔습니다. 일본군들은 돈, 시계, 여자의 반지, 큰 롤에 담긴 천, 접시, 숟가락 등을 강탈당했습니다.

소랑동에서는 14명의 남자를 참호에 세워놓고 총을 쏘았으며, 희생자의 친척들에게 강제로 빼앗은 나무와 등유 위에 시신을 쌓아놓았습니다. 시신은 불에 태워지고 그 재는 묻어버렸습니다.

현재 메리돈에는 한국의 루벤으로 혹은 "이프레스의 천당(Cloth Hall at Ypres)"으로 불리는 곳에 검은 석고와 벽돌이 뒤섞인 탑이 서 있습니다.

우리 소년학교는 불에 타서 흉물스러워 보였습니다. 사진이 있습니다. 제가 그곳을 방문했을 때, 그곳 교회의 연로하신 장로님이 눈물을 흘리며 저에게 급하게 말씀하셨습니다. "주님께서 바람을 멈추게 하셔서 온 마을을 구해주셨어요."

그 장로의 집은 지금 잿더미입니다. 이 느낌을 몇 마디 말로 표현해보려 합니다.

"평원 위 아담하고 소박한 마을,
저녁이면 종종 선비들의 놀이 소리와
젊음과 활기가 넘쳤던 곳입니다.
그러나 지금 당신이 들을 수 있는 것은
헛된 소리뿐이로다,
활기 넘치던 많은 이들은 이제 죽었으니
생명의 꽃이 모두 지고 말았네."

수천 명의 한국인이 총검 앞에서 충성스러운 일본 국민이 되겠다고 맹세하며 사진을 찍었습니다. 이것을 거절한 한 마을의 모든 집이 불태워졌습니다. 그곳의 한 성경 판매인은 산비탈 나무 아래에서 19구의 시신이 정육점 고기처럼 잘게 난도질당한 것을 봤다고 했습니다.

감자를 캐던 한 소녀(18세)는 군인들이 다가오는 것을 보고 도망치다가 총에 맞았습니다. 우리 성경판매원 중 한 명인 이건식이 살해당한 사진은 이미 보셨으리라 생각합니다.

일본군은 이곳에 무선국을 설치하였고, 그들이 만든 비행기는 한국인들을 놀라게 했습니다. 일요일에는 한국인들에게 총의 위력을 보여주기 위해서 오전 10시부터 오후 1시까지 우리 집 뒤 언덕을 포격하였습니다. 우리는 불의에 지쳤습니다.

제 아내는 봄에 집으로 돌아갑니다.

이만 줄입니다.
진심을 다하여,
S. H. 마틴 드림

그 일요일 아침은 마가렛은 겁에 질려 울었고, 아이들은 공포에 질렸지만, 다행히 그날 이후 집 근처에서 더 이상 큰 폭발음은 들리지 않았다.

선교사들은 잔학 행위에 대한 정보를 외부 세계에 꾸준히 보냈다. 뉴펀들랜드 세인트존스의 데일리 뉴스에는 스탠과 다른 선교사들의 목격담을 포함한 장문의 보도가 실렸다.

1920년 12월 20일 도쿄

이미 본보가 보도한 중국 간도 지역의 캐나다 선교사들로부터 이른바 일본군에 의한 조선인 학살, 조선인 마을 불태우기, 토종 농작물 파괴에 대해서 들은 내용에 더해서 오늘 보도를 진행합니다.

만주 용정에 파송된 캐나다 장로교 선교본부 소속 뉴펀들랜드 출신 의료 선교사 마틴(S. H. Martin)은 일본인들이 그 지역을 통과한 이틀 후인 10월 31일 노루바위 마을을 방문한 후 다음과 같이 진술하고 있습니다: 아래에 기록된 사실은 중국 기린성 남부의 간도(치엔타오) 지역 전체에 해당됩니다.

일본은 중국의 강력한 항의에도 불구하고, 일본군 15,000명을 간도 지역으로 보내어 이 지역을 전멸시키려고 했고, 최소한 기독교 마을 전체, 특히 청년들을 몰살시키려고 했습니다.

매일 마을이 조직적으로 불태워지고 젊은이들이 총에 맞아, 현재 이 도시를 둘러싼 마을은 화재 혹은 대량 학살, 또는 두 가지 모두로 고통받고 있습니다. 아래의 내용은 절대적으로 사실입니다:

동이 트자 일본 보병들이 기독교인 마을인 '노루바위'를 완전히 포위하고 계곡 꼭대기부터 시작하여 아직 탈곡하지 않은 기장, 보리, 짚을 쌓아놓고 집 안에 있는 사람들에게 밖으로 나가라고 명령했다. 아버지나 아들이 앞으로 나오자마자 총에 맞았고, 아직 죽지 않은 사람들은 불타는 짚으로 덮어버렸습니다.

총검이 총알을 따라가다

저는 근거리에서 세 발이나 총을 맞아 쓰러졌음에도 불타는 화염 속에서 일어나려고 안간힘을 쓰는 사람에게 일본군이 총검을 가해 바닥에 흘린 핏자국을 보았습니다. 시신은 형체를 알아볼 수 없을 정도로 불에 그을렸습니다. 어머니와 아내, 심지어 아이들도 마을의 모든 장성한 남성들이 이런 참상을 당하는 것을 강제로 구경해야 했습니다. 집들이 불에 타기 시작했고 곧 마을 전체가 연기로 가득 찼으며, 이 마을 멀리서도 연기가 뻔히 보였습니다. 그 후 일본군은 계곡을 따라 큰길로 내려가 다른 마을의 기독교 신자들의 집을 불태웠습니다. 그런 다음 그들은 천황의 생일을 축하하기 위해 기지로 돌아갔습니다.

인근 마을에 다가가니 여자, 아이들, 그리고 백발의 남자들만 있었습니다. 어린 아기를 업은 여인들이 통곡하며 왔다갔다 하고 있었습니다.

저는 폐허가 된 19채의 집을 촬영했는데, 한 집에서는 노인이 머리카락을 쥐어뜯으며 통곡하고 있었고, 어머니와 딸들은 불타는 폐허에서 시신이나 타지 않은 쓸만한 물건을 수습하고 있었습니다. 너무 많은 여성이 울고 있었고, 저는 제가 본 광경에 너무 화가 나서 필름이 충분히 빛에 노출되도록 카메라를 잡고 있을 수조차 없었습니다.

우리는 살인과 방화로 희생된 32개 마을의 이름과 정확한 보고서를 가지고 있습니다. 한 마을에서는 무려 145명의 주민이 살해당했습니다. 여성과 아이들이 안에 있는 집들이 불에 탔습니다. 소랑통에서는 14명의 남성이 총살당했고, 시신은 나무와 기름으로 불태워졌습니다. 이것은 전형적인 모습입니다.

용정의 캐나다 장로교 선교사 푸트 목사는 기독교의 집, 학교, 교회가 불에 탄 여러 마을을 언급했습니다. 그는 한 교회에서 스물다섯 명이 총에 맞고 시신이 불에 탔다고 했습니다. 네 명의 선교사와 한 명의 세관원이 현장을 조사한 결과 위의 사실은 "절대적으로 진짜였다."고 했습니다.

그는 한국인들의 말을 인용해, 첸산(Chen San)에서 23명이 총살당하고 7명이 집에서 불에 타 죽었으며, 통자(Tong Ja)에서는 80명이 총살당했는데, 모두 기독교인 마을이었다고 합니다.

푸트 씨는 "이런 곳에 가는 군인들과 지휘관들은 일반적으로 주민들과 아무런 대화도 하지 않고 악마적인 행동만 하고 지나간다."고 역설했습니다. 구세동(Ku Sei Tong)에서만 유일하게 어떤 구실을 말했다고 합니다. 일본군을 따라다니는 한 한국인이 사람들에게 이 집 주인이 독립자금을 모았다는 증거를 가지고 있다고 말했다고 합니다. 만약 잘못이 있는 사람만 고통받고, 한국인들이 참혹하게 당하지 않으면 좋으련만, 죄 없고 힘없는 사람들이 말 한마디 할 기회도 없이 죽임을 당하니 그 억울함과 고달픔이 이루 말할 수 없게 되는 것입니다.

모아 놓고 총살하다

푸트 목사는 간창(Kan Chang)에서 일본군이 행한 만행을 묘사하면서 그 마을의 젊은이들이 "한국인 집 앞에 모아 놓고 조사도 없이 모두 스물다섯 명을 총살했다."고 했습니다. 그리고 시신은 두 더미에 쌓여 나무로 덮여 불태워버렸습니다. 불타는 중 부상자 일부는 일어날 수 있었지만, 총검에 맞아 바닥에 쓰러져 화염 속에서 죽음을 맞이했습니다.

"나는 이 사람들을 잘 압니다." 푸트 씨가 계속했습니다. "그들은 외딴 숲에 살고 있었습니다. 땅은 비옥하지 않고 땔감도 부족한 곳이었습니다. 그들은 조용히 열심히 일하며 생계를 위해 고군분투하는 사람들이었습니다. 교회와 학교, 성경과 찬송가, 주일 예배, 무엇보다도 구세주가 그들의 기쁨이었습니다. 그들은 독립군이 아니었고 교회가 정치에 참여하는 것을 반대했습니다."

온타리오주 출신인으로 용정에서 캐나다 장로교 선교부의 일원이었던 엠마 M. 페일소프 양은 서칠고(Cuchilgo) 마을의 남성 5명이 일본군에 의해 용정에서 약 3마일 떨어진 언덕 꼭대기로 끌려가 처형당했다고 증언했습니다.

그녀는 "언덕 꼭대기에는 도로나 마을에서 보이지 않는 꽤 큰 구덩이가 있었다"고 했습니다. 희생자들은 그 바닥에 꿇어앉아서 칼로 난자당했다고 증언했습니다. 목격자에 따르면 칼이 두 자루 부러지자, 총검으로 마무리했다고 합니다. 그 후 구덩이의 흙으로 절단된 시체를 덮었습니다.

일본 전쟁 사무국의 변명

AP 통신 특파원의 질문에 일본 전쟁 사무국 대변인 하타 중령은 간도 공습에 투입된 일본군의 수는 15,000명이 아니라 5,000명이라고 설명했습니다. 그는 마을이 불에 탔지만, 주민 대다수가 무법자들과 연루된 것으로 알려진 경우에만 불을 질렀다고 했습니다.

하타 중령은 "기독교 공동체를 전멸시키려는 조직적인 시도"가 있었다는 혐의에 대해 처형된 사람들 대다수가 기독교인이었을 가능성이 있지만, 종교 때문에 처벌받은 것이 아니라 도적질과 반란으로 처벌받은 것이라고 했습니다. 선교사들에게는 어떤 혐의도 적용되지 않았다고 했습니다.

하타 중령은 가혹한 조치가 취해졌음을 인정하면서도 중국 도적, 한국인 무법자, 러시아 볼셰비키의 무분별한 활동으로 인해 그 지역에는 오랫동안 나쁜 상황이 존재했다고 했습니다. 그는 일본군들이 기소된 야만적인 행위들에 대해 유죄가 아니라고 확신한다고 말했습니다.

토벌 원정이 시작된 지 약 한 달 후, 마가렛은 마침내 아버지에게 더 많은 소식을 전할 수 있었다.

루시 3년 6개월
마기 1년 10개월
에드나 4개월

용정, 만주,
1920년 11월 20일

아빠에게

이번 주에는 크리스마스 편지를 쓰고 소포도 보내드리고 싶었지만, 너무 바빴어요. 이번 주에 우리는 충격적인 경험을 했습니다. 저희의 젊은 간호사 중 한 명이 두통약인 줄 알고 염화수은을 복용한 후 나흘 동안 끔찍한 고통을 겪다가 사망했습니다. 당시 스탠은 시골에 있었고, 그가 돌아올 때까지 이틀 동안 제가 그 사건을 책임지고 있었어요. 제 인생 최악의 사건이었습니다. 스탠이 돌아왔을 때에는 이 소녀가 최악의 상황에 처했을 때였어요. 의사로서 스탠은 불쌍한 송자를 한시도 오랫동안 떠날 수 없었고, 우리 직원 한 명이 출산했고, 산과에 다른 환자도 있어서 저는 그 환자를 돌봤어요. 어린 마가렛이 아팠을 때 이후로 가장 열심히 간호했어요. (그녀는 13개월 때 폐렴으로 거의 죽을 뻔했어요.)

오, 힐튼 부인의 아기는 빼고요. 그는 지금 살이 많이 오른 소년이 되었고 이름은 로버트랍니다. 루시는 막내를 아기의 이름 에드나 캐슬린(Edna Kathleen)과 가장 가까운 발음인 "에나 클라클린(Enna Klakleen)"이라고 불렀어요!

오랫동안 편지를 못 받았네요. 우편물은 많지 않답니다. "굿 하우스키핑(Good Housekeeping)"과 "아웃룩(Outlook)" 등 잡지는 이제 올바른 주소로 오고 있습니다. 힐튼 씨가 천진에서 아름다운 칠보 그릇을 보내주셨어요. 저의 봉사에 대한 보답이겠죠! 하지만 힐튼 부인은 저에게 더 많은 것을 해주셨답니다. 제 생각엔 우린 서로 공평하게 지내고 있는 것 같네요.

아기들 때문에 잠을 많이 못 자서, 유일하게 조용한 시간인 저녁에는 편지를 쓰고 싶은 마음이 생기지 않아요. 오후에는 낮잠을 자려고 노력합니다. 물론 지난주에는 모든 시간이 엉망이었어요. 아이들을 전적으로 한국인들에게 맡기고 독극물을 먹은 간호사에게 가야 했고, 설상가상으로 둘째 날 화이트로(수간호사)가 아팠어요!

"민 의사(마틴 박사)"가 자리를 비운 사이 한국인들이 저를 신뢰하는 모습에 큰 감동받았어요. 첫 번째 의료 조수인 "임"은 이곳에서 가장 신실한 기독교 신자인데, 실수로 독약을 먹은 소녀가 그의 조카여서, 그의 마음은 찢어질 듯 아팠답니다. 그녀는 마지막까지 의식이 있었고, 그는 성경을 가져와서 "하나님이 세상을 이처럼 사랑하사 독생자를 주셨으니 이는 저를 믿는 자마다 멸망하지 않고 영생을 얻게 하려 하심이라."는 말씀을 읽어주었습니다. "이제 다른 생각은 다 버리고 예수님만 생각하며 그분께 기도하자."고 말하며 함께 기도했고, 그는 흐느꼈고, 목이 메었습니다. 그분만큼 기독교에 대해 깊은 지식을 가진 분도 없을 정도로 그분의 신앙은 진지하고 진실했습니다. 크리스마스에 슬픈 소식을 전해드려서 죄송하지만, 이것이 이번 주 우리 삶의 모습이랍니다.

일본인들은 차츰 이 지역에서 철수하고 있습니다. 이 나라의 여론과 외국과의 관계에 대한 두려움이 너무 컸기 때문이다. 그들은 한 달간 이 지역을 공포에 떨게 하고 기독교인들을 무수히 죽이고 집과 교회, 학교를 불태웠습니다. 한동안 매일 밤 지평선 너머로 불타는 마을의 불빛을 볼 수 있었습니다.

이제 위기가 끝나가고 있는 것 같습니다. 국경을 향해 행진하는 일본군의 긴 대열이 보입니다. 중국인들이 사태를 깨닫고 경찰들이 수습에 나서고 있으며, 지금 묵덴에서 군대를 파견하고 있으니, 우리는 불쌍한 한국인들을 위해 더 나은 시기가 오기를 바라고 있습니다.

바커 씨와 여자 선교사 중 한 명[아마도 엠마 팔레소프]이 어제 한국인들을 위로하기 위해 무엇을 할 수 있는지 알아보기 위해 40리[3마일] 떨어진 곳을 향해 어제 떠났습니다. 물론 이 일로 인해 모든 수업과 정기 순회 전도 일정이 중단되었습니다. 그들은 감히 우리를 괴롭히지 못합니다. 이곳은 영국의 치외법권 지역이니까요. 한국에서 쇼라는 미국인 한 명을 체포했지만, 여론의 압력 때문에 서둘러 다시 풀어줬답니다. 일본은 전 세계의 시선을 의식하고, 좀 더 조심스럽게 자신의 길을 찾는 것 같습니다.

아이들은 건강합니다. 마가렛은 대부분 한국어로 단어를 붙여서 말을 하기 시작했습니다. 오늘 아침에는 "다 갔어, 핀: 엄마, 버터, 나쁜 아기"라고 말했어요. 나쁜 아기는 보통 언니 루시를 말해요!

원한다면 5월에 집으로 돌아갈 수 있지만, 지금 서로 떨어져 지내는 것이 옳은지 몰라서 아직 결정하지 못했습니다. 물론 피곤하긴 하지만 미국에 혼자 가면 더 나아질 수 있을지도 의문입니다.

오늘 산부인과 환자 집에 왕진하려고 강 건너편에 갔어요. 거기 장이 열렸는데, 소달구지, 나무더미, 콩다발, 기장, 완두콩, 밀 포대 사이를 지나가야 했는데, 정말 멋진 광경이었어요. 제 전 가정부였던 리디아 박도 방문해서 그녀의 사랑스러운 아기도 보았습니다. 아이를 아름답고 깨끗하게 키우고 있더군요. 제가 한 것이 많이 없을지는 몰라도, 최소한 그녀에게 아이를 제대로 돌보는 법은 가르쳐 준 것 같아요.

이제 자야겠어요.
사랑을 다하여,
마가렛 드림

추신. 스탠은 잘 지내요. 바커 씨와 70리 떨어진 곳으로 3일간 출장을 갔답니다.

한 해의 마지막 달에 아버지에게 더 기쁜 소식이 전해졌다. 마가렛의 편지가 그 이야기를 들려준다.

1920년 12월 5일

사랑하는 아빠,

너무 바쁘고 피곤해서 일일이 편지를 쓰기 어려우니 이 편지를 가족에게 읽어주세요. 그리고 세인트존스 시댁에도 보내주세요. 스탠이 석 달 동안 집에 편지를 못 썼다고 해요! 이곳 상황이 얼마나 어수선한지 들으시고 불안해하실 것 같아요.

꽤 흥미로운 소식을 전할 게 있어요. 지난 열흘 동안 우리 집에 시카고에서 신문기자가 방문했습니다. 제 편지 중 일부가 분실될 경우를 대비해 여러 통의 편지로 반복해서 씁니다. 그 방문객은 간도의 상황을 아주 철저하게 조사하고 있으며, 자신의 신문사인 시카고 데일리 뉴스(Chicago Daily News)에 전보를 보내면, 신문사가 그 내용을 기사로 쓰고 있습니다. 그는 아버지가 이 기사(거리가 너무 멀어서 이 기사들이 언제 갈지는 모르지만)를 받아보시기를 원하신다면, 신문사에 보내 달라고 편지 쓰시면 된다고 합니다. 이 기사들은 주니어스 우드(Junius B. Wood) 기자가 그간 한국과 일본, 특히 간도(치엔타오)에 관한 내용입니다. 우드 씨는 만나면 매우 유쾌하고 정신이 똑바로 박혀있는 사람입니다. 그는 전망(Outlook) 잡지의 전 세계 특파원인 그레고리 메이슨(Gregory Mason)의 친구이니, 아빠도 우드 씨가 어떤 사람인지 짐작하실 수 있을 겁니다. 친구들도 일본도 그에게 "어떤 것도 할 수 없다."고 합니다. 사실 그들은 오히려 그를 두려워하고 있고, 선교사들도 한국인에 대한 잔인한 대우를 폭로하고 있기에 그들이 두려워하고 있다고 생각합니다. 우드 씨는 간도에서 일본군의 잔인한 방법을 조사하기 위해 위원회를 구성한 도쿄의 여러 고위 공직자들과 함께 들어왔습니다. 하지만 그는 그들과는 무관하게 조사하고 있습니다. 조사한 결과, 이곳 간도 지역에서는 800명의 한국인이 사망했고, 학교와 교회 등 1300채의 건물이 불에 탔습니다. 혹독한 북간도 겨울이 시작될 무렵, 일부 가난한 사람들은 옷도 식량도 없이 쫓겨났습니다. 이맘때가 되면 한 해 동안 땀흘려 추수한 후 낟가리를 집 주변에 쌓아 두는데, 이를 모두 불태웠다고 합니다. 저는 시간이 없어서 더 못 적었는데, 자세한 내용은 시카고 신문을 보면 알 수 있습니다. 우리 읍에서 설교하시는 이 고장 출신 목사님이 지난주에 체포되었는데, 제 생각엔 매를 맞고 심문을 당한 끝에 결국 풀려나신 것 같습니다.

우리 가족 얘기로 돌아오면, 에드나 크랙크린(캐슬린 루스는 막내 동생을 이렇게 부릅니다)은 건강하고 통통한 게 무게도 12파운드 나가며 늘 행복합니다. 그 아이는 이제 엄마를 알아보며 제가 다가가면 좋아서 웃는답니다. 가정부가 아이를 담요에 싸서 한국식으로 등에 업고 다닙니다. 마가렛(23개월)은 새 이가 나왔는데, 이건 마지막 유치입니다. 마가렛은 작년에 폐렴을 앓았기 때문에 이번 겨울에는 각별히 조심하고 있는데, 잘 넘어가는 것 같습니다. 그 애는 주로 한국말을 많이 하는데, 우스운 문장을 만들어 내기도 합니다. 힐튼 씨가 천진에서 사 보낸 구두를 보고는 "매리 파파 구두!"라고 하면서 소중하게 쓰다듬습니다. 이 구두는 가죽으로 만든 아주 예쁜 구두거든요.

불쌍한 루시(3년 7개월)의 귀에 농양이 생겼는데, 12월 5일 아침에 터졌습니다. 지난번 8월 22일에는 농양이 터졌답니다. 그녀는 이번 주 내내 아팠습니다. 고름이 잘 나오니까 이제는 나아졌으면 좋겠어요.

제가 전에 말씀드렸듯이, 제가 세 명의 아기와 함께 태평양을 건너는 것은 아마도 불가능하지만, 제가 원한다면 5월에 박쥐(박쥐는 좋은 단어입니다) 배를 타고 밴쿠버로 갈 수 있으며, 현재 자리는 예약해 놓은 상황입니다. 반면에 우리는 올겨울에 집에 난로와 증기난방을 설치하므로 따뜻한 겨울을 보낼 수 있게 되었어요. 겨울을 나고 1921년 봄에 스탠과 함께 갈 수도 있답니다.

스탠은 시골 마을을 순회하고 있고 병원에서도 바쁘게 지내고 있습니다. 푸트 목사님은 2주 후에 용정을 떠나 캐나다로 갑니다. 2년 동안 우리는 함께 지냈어요.

그리어슨 박사는 제가 원산에서 성진까지 왔을 때 저와 동행해주셨어요. 그는 아내와 아이들을 캘리포니아에 두고 막 돌아왔어요. [그리어슨 부인은 이 글을 쓴 지 15일 만에 돌아가셨어요.]

이만 줄입니다.
모두에게 사랑을,
마가렛 드림

1920년 12월 23일

사랑하는 아빠,

오늘 밤 우리 집에 누가 손님으로 왔는지 상상도 못할 거예요! 지난번에 시카고 데일리 뉴스의 우드 씨에 대해 말씀드렸었죠. 이번에는 메인주 오번에서 온 필룬(Philoon) 소령입니다. 보우도인 대학 1905 졸업생! 그는 북경 주재 미국 공사관 (군사 무관)에서 파견 온 군인입니다. 그는 방에서 보우도인 대학 사진을 발견하고 자지러지게 놀랐답니다. 지금까지 제가 그에 대해 아는 건 그게 전부입니다. 그는 대학 시절 함께 했던 퍼트남 사촌 몇 명을 알고 있답니다.

크리스마스 이브가 내일 밤이고 크리스마스 밤에는 두 지역 교회에서 주일 학교 콘서트를 위해 연주할 예정이니 오늘 밤은 몇 줄 만 쓸게요. 바커 부인이 동경 SS대회에서 공연되었던 "베들레헴 구유에 온 세상의 빛"이라는 극을 한국어로 번역해 주셨습니다. 그래서 내일과 모레는 무척 바쁠 것입니다. 저녁 공연 전에 크리스마스 오후에 우리 집에서 외국인 어린이들을 위한 크리스마스트리를 장식할 거예요.

스탠의 아버지가 여기에서 일어난 일에 대한 신문기사를 보내주실 거예요. 아직 안 받으셨으면 그에게 부탁하세요. 반드시 시카고 데일리 뉴스에 편지를 써서 2주 전에 여기 왔던 주니어스 우드 씨의 기사가 사본을 보내달라고 하세요.

오번에서 온 필룬 소령은 상하이의 링컨 박사를 잘 알아요.

아이들은 다 잘 있습니다. 마가렛은 마지막 이가 다 나왔고, 막내(에드나 5개월)는 아직 이는 나지 않았어요! 루시(3년 7개월)는 훨씬 나아졌지만, 아직 귀에서 진물이 나옵니다. 그녀는 대부분의 글자를 알고 있으며 도움을 받으면 '개(dog)'의 철자를 쓸 수 있습니다.

세관원 졸리 씨가 27일 월요일 저녁에 저희를 위한 파티를 열어준다고 합니다. 손님은 28일까지 이곳에 머물 예정입니다.

많은 사랑을 다하여,
마가렛 드림

1920년, 크리스마스 다음 날 밤

친애하는 아빠, 어제 사촌 안나, 애디 이모, 그리고 아빠에게서 세 통의 편지를 받고 매우 기뻤어요. 우리 결혼기념일에 쓴 편지가 크리스마스(11월 4일~12월 25일)에 도착한 사실을 이제 아셨죠. 올해는 우편물이 늦는답니다.

필룬 소령은 여전히 우리와 함께 있습니다. 우리는 어제 우리가 초대하지 않았더라면 크리스마스를 축하하지 못했을 손님들과 함께 매우 즐거운 크리스마스 파티를 가졌습니다. 필룬 소령 외에도 그의 중국인 친구 타오 씨도 있었는데, 그는 매우 똑똑하고 교육받은 사람이었습니다. 봄에 결혼 예정인 영국 세관원 졸리 씨와 최근에 이 마을에 온 멋진 러시아 소녀도 있었습니다. 그녀의 오빠도 세관원이었어요.

우리는 트리를 준비했고, 바커 씨는 힐튼 부인과 저의 아이들을 위한 산타클로스가 되었답니다. 아이들은 멋진 인형과 블록으로 행복해했습니다. 우리는 샌드위치와 커피로 저녁을 먹고 연주회를 보러 서둘러 교회로 내려갔습니다. 하지만 교회에는 사람들이 너무 많았고, 이미 아이들이 정어리처럼 꽉 들어찬 교회로 들어가려고 사람들이 뒤에서 밀어붙이고 있었습니다. 누군가가 다칠 위험이 있어서 우리는 들어가는 걸 포기해야만 했습니다. 교회 안에는 수백 명의 사람이 있었습니다! 학교 선생님들은 그 소년들에게 강단 옆에 있는 문으로 나가라고 해서 혼잡이 완화되었고, 여학생들도 차례로 빠져나갔습니다. 아이들은 몹시 실망했습니다. 이 작은 교회에서 성탄절 전야제는 아주 성공적으로 마무리되었고, 용정의 큰 교회에서 더 잘할 수 있으리라 생각했습니다. 소령과 졸리 씨는 "구경"하러 우리와 함께 왔습니다. 우리가 맨 앞에 서서 회중을 마주하고 있는 것을 보고, 그들은 우리가 함께 일해야 할 사람들이 누군지 알게 되었습니다. 바커 부인과 숙녀분들이 콘서트를 위해 열심히 훈련한 것이 너무 안타까웠습니다! 불쌍한 바커 부인은 오늘 감기와 피로로 침대에 누워 계십니다. 12월 20일에 캘리포니아에서 그리어슨 부인이 돌아가셨다는 소식을 들으셨을 겁니다. 전보가 와서 26일에 소식을 들었습니다. 이제 그는 로스앤젤레스에 있는 어머니 없는 네 딸에게 다시 돌아가야 합니다. 불쌍한 사람! 우리 모두 정말 안타까워했습니다. 그리어슨 씨는 5월에 한국으로 돌아갈 예정이었습니다.

필룬 소령의 방문은 우리에게 큰 도움이 되었습니다. 그는 라일리(Rileys), 수 윈첼(Sue Winchell)과 몇몇 홀튼(Houlton)의 아이들, 그리고 상하이의 링컨 박사를 알고 있습니다. 허바드(Hubbard) 장군 덕분에 동양의 은행업에 보우도인 출신이 많다고 하더군요. 그는 아빠가 알다시피, 국제 은행의 수장이었죠. 소령은 동양에서 중요한 임무를 수행했고 전쟁 중에는 워싱턴 DC시의 법무장관으로 모든 주요 공공건물의 경비를 책임졌기 때문에 매우 유능한 장교임에 틀림없습니다! 이런 영예에도 불구하고, 그는 매우 겸손하고 매력적인 젊은 신사입니다. 스탠은 그를 매우 좋아합니다. 일본의 잔학 행위에 대한 뉴스가 신문에 실리고 전 세계가 알게 되고 여러 위원회가 조사를 위해 파견된 것은 남편의 노력 덕분이라는 것을 알고 계실 겁니다. 또한, 한국인들을 불태우고 살해하는 행위도 어느 정도 멈추게 되었습니다. 우리는 묵덴 주재 영국 영사관 및 동양의 여러 신문과 연락을 취하고 있습니다.

일본의 고위층은 여기 군대의 잔혹행위를 부정하고 있습니다.

애디 이모와 사촌 안나에게 크리스마스 편지를 쓰려면 이만 줄여야 할 것 같아요. 일본이 우리의 모든 우편물을 검열한다는 말이 있어, 중국 우편으로 편지를 보내는 것을 아시기 바랍니다.

아이들이 감기에서 많이 나아졌어요. 이번 겨울에는 러시아 난로 두 개를 더 설치해서 따뜻하게 지낼 수 있게 되기를 바랍니다. 우리는 멋진 크리스마스 선물을 많이 받았고, 아이들도 마찬가지였어요.

시카고 데일리 뉴스에 우드 씨의 기사를 부탁하는 것을 잊지 마세요.

사랑을 다하여,
마가렛 드림

드디어 격동의 1920년은 끝났다. 이제 영국 언덕 작은 마을은 새해에 무슨 일이 있을지, 그리고 다가올 미래는 어떻게 전개될지 궁금해하고 있다.

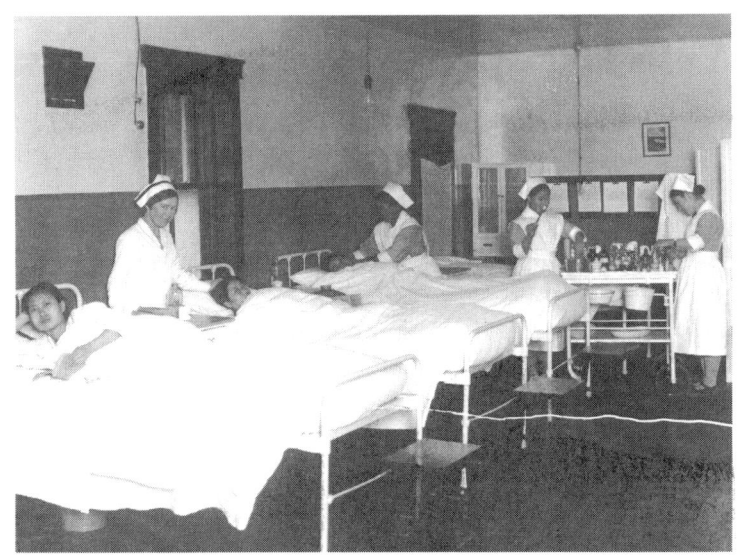

제창병원 여성 병동의 암스트롱과 한국인 간호사

제14장
여파

1921년 겨울 저녁 늦은 시간, 네 번째 선교사 사택인 의사의 집에 전화가 울렸다.

"민의사님, 병원에 급한 일이 생겼어요. 오늘 입원한 다섯 살짜리 아이입니다. 아이가 죽어가는 것 같아요. 빨리 와주시겠어요?"

전화를 건 사람은 야간 당직을 서고 있는 그의 수석 조수였다. 스탠은 옷을 대충 걸치고, 어둠을 헤치고 달려가 병원으로 내려갔다. 여기 그의 이야기가 계속된다.

아이는 독방에 잘 격리되어 있었는데, 디프테리아로 인해 후두가 막혀 숨을 쉴 때마다 작은 갈비뼈를 수축하여 길게 헐떡이는 소리가 나고 있었습니다. 제가 "삽관"이라고 하자, 두 명의 의사가 사라지더니, 5분도 채 되지 않아 필요한 모든 기구와 멸균 가운, 마스크 등을 가지고 돌아왔습니다. 두 사람은 각자 자신의 위치와 자신이 해야 할 일을 알고 있었습니다. 몇 분 후, 거의 죽을 뻔한 아기는 후두의 은색 튜브를 통해 길고 달콤한 숨을 내쉬고 기침을 한 후 생기를 다시 찾는 잠에 빠져 밤새도록 잠을 잤습니다. 그 아이는 현재 집에 있으며 젊은 기독인 부부의 기쁨이 되었습니다.

10년 전만 해도 비신자였던 의사들은 아이의 목에 '침'을 놓거나 뜨거운 인두로 로 지져서 악귀를 쫓아냈을지 모르지만, 지금은 각자 자신의 일을 잘 알고 신속하게 대처하여 위급한 순간 아이를 간단하지만 섬세한 수술로 구해냈습니다. 분명 가치 있는 일이 있다면, 그것은 한국이나 중국의 젊은 기독교인이 현대 의학으로 자국민을 도울 수 있도록 훈련하는 일입니다.

저는 우리 병원을 자랑스럽게 생각하고 있으며, 긴 머리의 비신자 소년들이 밝고 영리한 젊은 의사 또는 조수로 변신하고, 움직일 때마다 친절하게 행동하면서, 쉽게 얼굴에서 그리스도가 드러나는 것을 보면 더욱 기쁘답니다. 디프테리아 사례가 이를 잘 보여줍니다." [관습이 빠르게 변화하고 있었지만, 여전히 긴 머리를 뒤로 땋고 다니는 청년들이 많았다.]

1921년 초, 이 지역에는 천 명이 넘는 일본군이 있었지만 모든 것이 조용해졌다. 그들은 점차 일본 헌병으로 대체되어 15개 초소에 분산 배치되었다.

교회는 다시 부흥되어 수백 명의 새 신자들이 교회로 몰려들었다. 인구 8천에서 만 명 정도 사는 용정 마을에 약 천 명이 기독교인이었다. 주일 아침이면 약 500명이 선교부 건물 옆 교회에 출석했다.

새로 시작하는 은진소년학교가 거의 완공되어 4월에 개교할 예정이었다. 선교사 사택 바로 건너편에 있는 2층 건물로 밝고 환한 지하실까지 갖춘 건물이었다. 선교사 자녀들도 나중에 이 학교에서 공부할 계획이었다. 스탠은 석탄 난로가 학교 내벽을 망칠 것을 우려하여 선교본부에 편지를 보내 건물에 증기난방을 요청했다.

그는 병원을 개선하기 위해 꾸준히 노력했다. 그는 온수난방 시스템과 온수 및 냉수 배관시스템을 설치하는 것을 감독했다. 그는 자신의 집과 병원 사이에 전기 벨과 전화기를 설치했다. 캐나다의 오릴리아 교회와 뉴펀들랜드의 세인트존스 교회에서 1만 4,000달러를 지원받아 수술대와 기구 케이스, 멸균기, 펌프는 구입하기로 했다. 각종 장비는 거의 다 구비되었다. 스탠은 진료실과 별개로 독립 병동을 만들고 정화조도 즉시 설치할 계획을 세웠다. 울타리를 수리하거나 더 나은 것으로 교체하고, 땅 평탄화 작업을 할 계획이었다.

선교사 가족이 소를 기르던 축사 두 채가 불에 타서 다시 지어야 했다.

지난 2월 캐나다의 푸트 목사로부터 메인주에 있는 마가렛의 아버지 링컨 로저스에게 소식이 전해졌다.

친애하는 로저스 씨, 저는 12월 16일 용정을 떠난 후 막 집에 도착했습니다. 소식을 기다리고 계실 줄 압니다.

제가 떠난 후 마틴 박사나 용정에 있는 다른 사람들로부터 편지를 받지 못했지만, 그들이 개인적인 위험에 처할 일은 없다고 생각합니다. 순회 선교사들은 아무런 불편함 없이 시골과 마을 교회를 방문하고 있습니다.

지난 10년 동안 한국의 불안한 정세에도 불구하고, 기독교 교회는 분명히 훌륭한 정신을 보여주었고 놀라운 발전을 이루었습니다. 숫자의 증가뿐만 아니라 더 높은 그리스도인의 삶과 더 높은 이상을 보여주고 있습니다. 저는 일본인들의 행동으로 인해 선교사들과 한국인 지도자들의 사역이 지체될 수 있다는 암시를 들어본 적이 없으며, 오히려 정반대의 방향으로 가는 힘이 되고 있습니다.

당신의 착하고 많은 사랑을 받는 딸 마틴 부인은 제가 떠날 때 건강이 좋았습니다. 세 아이를 키우면서 처음 선교 사업에 나섰을 때와 같은 힘과 에너지가 없다는 것은 이해하시리라 생각합니다.

마틴 부인은 매우 현명하고 안정적이어서 힘들고 외로운 환경 속에서도 다른 사람들에게 걱정을 끼치지 않고 지내고 있습니다.

소식 주시기 바랍니다. 제 아내와 다섯 아이도 잘 지내고 있습니다. 한 일

년 쯤 집에 머물고 싶습니다.

안부를 전하며,
W. R. 푸트 드림

안식년 중 푸트 목사는 뉴욕의 연방교회협의회에 만주에서 벌어진 일제의 만행에 대한 보고서를 제출했다. 1921년 3월 11일, 암스트롱은 마가렛의 아버지에게 편지를 보냈다.

푸트 목사의 보고에 많은 참석자가 분노와 공포를 표출했고 질문이 쏟아졌다. "우리는 이 사태를 지켜볼 것이며, 일본 정부와의 협상 결과가 어떻게 될지 알 수 없지만, 일본은 영일동맹이 연장될 수 있을지 매우 걱정하고 있습니다. 우리가 원하는 것은 선교사들의 평화적인 종교 활동과 한국인들이 경찰과 군인들의 적대적인 방해를 받지 않고 기독교 신앙을 믿게 되고 또 그 신앙을 실천하며 살도록 하는 것입니다."

푸트 목사는 뉴욕 연방교회협의회 리더들과 뉴욕을 방문 중인 구마소키 총영사, 사이토 조선 총독의 비서 시라카미 씨 등과 별도의 회의를 진행했다.

그들은 경건한 백발의 개척 선교사인 푸트 목사에게 범죄는 "산적과 불만을 품은 한국인"이 저지른 것이며, 교회와 학교는 한국인 "반란군"이 계속적으로 호전적인 반일 운동을 센터로 사용되었다고 말했다.

그들은 또한 푸트 목사에게 총격 사건과 사망자, 그리고 부상당한 한국인들을 직접 본 적이 있는지 물었다. 푸트 목사는 자신이 보지 못했으며 한국인 진술에 의존했다고 말했다. 이에 대해 일본인들은 알려진 것처럼 한국인의 진술은 신뢰할 수 없으며 추가 조사 없이는 받아들일 수 없다고 답했다.

은진학교에 증기난방을 설치해 달라는 스탠의 요청에 대해서는 "귀하의 요청을 받았지만 현재로서는 더 이상 학원에 돈을 지원할 수 없습니다. 오릴리아와 뉴펀들랜드 세인트존스 교회에서 보낸 돈으로 진행하시면 좋겠습니다."는 답변을 받았다.

그 돈은 이미 병원을 위해 지정되어 이미 지출되었다. 남은 5,000달러는 스탠이 안식년 중에 구입하려고 했던 꼭 필요한 엑스레이 구입에 사용할 계획이었다. 이 문제는 해결해야 할 문제였지만, 병원에서 매일 생사를 오가는 상황에 직면한 스탠에게 이 문제는 또 다른 해결과제가 되어 불안감을 더해 주었다.

스탠은 암스트롱에게 편지를 보냈다:

저는 방금 회령에서 돌아왔는데, 저는 그곳에서 직원들의 건강검진을 실시했고, 회령 선교회 직원들과 함께 협의한 내용을 곧 선교위원회에 보낼 예정입니다. 우리는 그런대로 잘 해나가고 있습니다. 카스 양은 야근을 너무 많이 해서 줄이고 있습니다. 회령 간호사 미리엄 폭스 양과 저는 일요일에도 종일 환자를 보았습니다. 어느 날 오후에는 35명의 환자를 봤습니다. 그곳에는 시설이 좋은 일본 병원이 있기는 하지만, 그들은 어떻게든 기독교 의사를 만나거나 용정에 있는 영국 병원으로 가기를 원합니다.

저는 '북경천신신문(the Peking and Tientsin Times), 고베신문(the Kobe Chronicle)에 기사를 쓰느라 집에 편지를 쓸 시간이 없었습니다. 토벌 원정 당시 저는 매일 몇 시간씩 북경의 신문과 영국 공사에게 편지와 전보를 보내서 이곳에서 벌어진 일을 알렸습니다. 노루바위 마을이 불타고 있을 때 나는 묵덴 영사에게 "일본군이 교회, 학교, 주택을 불태우고 있으니 도쿄에 알려달라."는 전보를 보냈습니다. 이 메시지는 그곳의 우리 공사에게 전달되어 영국이 항의하는 시초가 된 것입니다.

인쇄용지가 다 떨어져서 노루바위 마을이 불타고 있을 때 찍은 사진을 못 보내게 되었네요.

일본인들이 우리 우편물을 검열하고 있습니다. 좀처럼 우편물을 받지도 못합니다. 여기서 하루거리인 회령으로부터 편지를 한 통 받는데도 한 달 걸립니다. 회령우체국에는 중요한 등기편지 4통이 두 달 동안 묶여 있습니다. 모든 우편물은 검열을 위해 서울이나 회령 인근 군부대인 안암으로 보내집니다. 저는 몽고메리 워드에게 편지를 받았는데 마치 창문처럼 티슈 한 장만 들어있었습니다. 그 창 너머 공백만 보일 뿐이었습니다. 열어보니 주소를 확인할 수 있었습니다. 그래서 저는 조수를 우체국 직원에게 보내서 우체국장이 우리 편지를 검열할 때 발견한 내용물을 그대로 돌려달라고 했습니다.

중요한 편지를 보낸 바커 씨가 우체국장에게 봉인하기 전에 내용을 보여주며 오래 보관하지 말고 보내라고 말했습니다. 이 사실을 오타와 외무부 장관에게 보고해 주세요. 우리는 일본과 영국이 동맹국이어야 할 때 적국처럼 취급받는 것에 이제는 진저리가 납니다. 누가 이걸 보면 일본과 영국이 전쟁 중이라고 생각할 것입니다.

잔학 행위에 대한 소식이 널리 알려지자 일본에 대한 세계 여론의 힘은 만주 주둔 일본군의 태도를 크게 변화시켰다.
스탠이 암스트롱에게 보낸 편지는 계속된다.

그들이 당신의 겸손한 종(스탠 자신)처럼 미워하는 사람은 없지만, 저는 지난 두 달 동안 간간이 술과 음식을 대접받았습니다. 회령의 히가시 장군은 자신에게 베푼 친절에 감사하는 장문의 전보를 보냈습니다. 선교사들의 한국 독립운동을 공모하고 있다고 고발하는 편지를 쓴 미즈마치 대령과 두 번이나 식사를 했습니다.

일본 영사와 히가시 장군의 만찬에 초대받았습니다. 어제 회령으로 가서 이쇼바야시 장군과 식사를 하고 지금 막 돌아왔습니다.

고미무라 대령이 서울에서 올라와서 비스킷과 캐드버리 초콜릿 통조림을 선물했는데, 영내의 한국 어린이들이 아주 좋아했습니다. 길림 정부에 소속된 일본인 사이토 대령은 우리 모두에게 매우 비싼 선물을 주었습니다. 미츠마치 노인은 병원 건립을 위해 100위안을 주셨는데, 이 돈은 일본 제국주의 군대가 학살한 생존자들을 구호하는 데 즉시 사용되었습니다. 워싱턴에서 전 일본 총영사로부터 안부를 전하는 엽서를 받았습니다.

그들은 모두 자신들이 잘못했다는 것을 알고 있고, 이런 식으로 우호적이 되려고 노력하지만, 일본 현지 언론은 우리가 모두 "배를 채우려"고 여기에서 선교활동을 하면서 살고 있다고 보도하고 있습니다.

일본인들은 이곳에서 제국주의 군대의 치적을 쌓기 위해 많은 일을 저질렀지만 그중에서도 가장 비열한 짓은 서울에서 한국 정부(조선총독부)로부터 정식 여권을 발급받아 이곳에 들어온 한국 기자를 살해한 사건입니다.

그는 오는 길에 노루바위를 지났습니다. 그는 그곳을 보고 눈물을 흘렸습니다. 스물여덟 살의 청년이 파란색 군복을 잘 차려입은 그가 저를 찾아왔습니다. 저는 그에게 조심하라고 말했습니다. 그는 완벽한 일본어를 구사하며 영사관으로 가서 자신이 본 것에 대해 항의했습니다. 군인들은 그에게 나가라고 했습니다!

토요일 밤 8시, 일본 기병대가 그의 호텔에 가서 그를 데리고 40리 떨어진 국자가(Kookjaga)로 갔습니다. 그는 그곳에 도착하지 못했습니다. 호위를 담당한 일본인 대위는 "그는 훈후체(중국산적)에게 살해당했다."고 말했습니다. 그는 너무 많은 것을 알고 조국을 사랑했기 때문에 조용히 살해당한 것입니다.

오! 두만강 얼어붙은 개울가에서 우는 자들을 위해 울어라.

집은 황폐하게 되고, 땅은 한낱 꿈이었으리.
그들의 하나님이 거하시던 신성한 교회, 지금은 껍데기만 남은 신성한 교회, 거기 거하는 자들을 위해서 울어라.
방황하는 발과 지친 가슴의 사람들아,
그대들의 영혼은 어디에서 안식을 찾을 수 있으리오?
너희 여자들은 진실하고 남자들은 용감하도다.
인류에게는 조국이 있건만, 한국인에게는 무덤뿐이네.

이 좁고 황량한 언덕과 들판을 헤매며 핍박과 구타, 걱정과 학살을 당하며 힘없는 양처럼 떠도는 불쌍한 사람들을 만나는 것은 참으로 슬픈 일입니다. 물론 기독교 목회자 외에는 지도자가 전혀 없습니다.

그런데 제 아버지는 뉴펀들랜드 세인트존스 장로교회에서 우리가 하는 일에 대해 많이 말씀해주셨고, 그 덕에 이렇게 많은 선교후원금을 보내주신 것 같습니다. 제 아버지는 왕성하게 활동하고 계시며 곧 "장로"가 되실 거예요.

내년에 안식년을 가고 싶고, 이제 병원이 꽤 잘 갖춰졌으니 가능하면 공부하고 싶습니다. 모든 종류의 최신 수술을 보고 싶지만, 결핵성 뼈와 관련된 방사선 촬영을 전문으로 하고 싶습니다. 중국에 거주하는 의사로서 저는 록펠러 펠로우십을 받을 가능성이 매우 높습니다. 그것에 대해 북경에 편지를 쓰고 있습니다.

제 아내는 3년간의 일본 침략으로 꽤 지쳐 있습니다. 그녀는 일찍 안식년을 떠날지도 모릅니다. 그녀의 아버지는 일흔이 넘은 나이로 그녀를 보고 싶은 마음에 걱정을 많이 하십니다. 그녀는 아버지와 1년 이상을 함께 보내고 싶어 합니다. 그는 그녀가 어렸을 때부터 그녀와 떨어져 살았습니다. 그녀는 외동딸로, 어머니는 여섯 살 때 돌아가셨습니다.

맥케이 박사와 자신에게 최고의 소원을 담아,

진심을 다하여,
S. H. 마틴 드림

1921년 겨울, 의사의 가정에 또 질병이 찾아왔다. 마가렛은 아버지에게 편지를 썼다:

아픈 사람 없이 1월을 넘길 수 없을 것 같아요. 생후 6개월 된 작은 에드나는 단독(丹毒, erysipelas)으로 매우 아픕니다. 어디서 감염되었는지 아무도 모릅니다. 그녀는 일주일 동안 아팠습니다. 그녀는 고열이 나고 매우 약한 상태입니다. 그녀가 나아지는 대로, 다시 편지를 보내겠습니다. 오랫동안 편지를 받지 못했습니다. 요즘 일본이 우리 편지를 압류하고 있다는 확실한 증거를 잡았습니다. 보우도인 대학의 필룬 소령이 환영 방문을 한 이후로 편지를 쓰지 못했습니다.

지금은 모든 우편물을 중국 우편으로 보내고 있습니다. 시간이 좀 더 걸리겠지만 더 안전합니다.

마가렛의 친한 친구 레베카 바커가 몇 줄 보냈다.

로저스 씨에게,

마가렛이 잠시 쉬는 동안 이 편지를 마무리하고 아기가 자는 동안 잠시 아기 곁에서 지켜보려고 합니다. 우리는 그녀가 최악의 상황을 극복하고 회복의 길을 걷게 되기를 바라고 있습니다.

금년 겨울은 사랑스럽고 온화합니다. 하지만 아픈 사람이 많고, 마틴 박사는 확실히 바쁘게 지내고 있습니다. 루시(3살 반)와 작은 마가렛(2살)은 둘 다 감기에 걸렸지만, 지금은 나아졌습니다. 두 아이는 사랑스러운 소녀로 당신은 두 아이를 보면 매우 즐거워할 것입니다. 루시는 거의 나비처럼 활동적이고 우리 어른들보다 한국말도 더 잘합니다. 박사님 부부는 건강하고 이 먼 이국땅에 와서 많은 좋은 일을 하고 있습니다. 병원을 통해 새신자가 많이 들어왔습니다. 건강하시고 1921년에 기쁨과 평화가 가득하시길 바랍니다.

진심을 다하여,
레베카 바커 드림

그해 겨울 마가렛이 애디 이모에게 보낸 편지는 유쾌한 내용이었다.

루시는 스탠과 함께 교회에 갔고 두 살 된 마가렛은 내 옆 마루에 앉아 마더 구스(Mother Goose) 그림책을 보고 있어요. 그녀는 잭과 질을 가리키며 "이건 루시(Dat's Wootie)", "이건 나(Dat's Margie)", "이건 아기(Dat's Kitty)"라고 했어요. 그리고는 나무 꼭대기에 있는 작은 새둥지 속 새 두 마리 옆에 앉아 있는 예쁜 아기를 보고는 한국말로 아기의 손이 아프다는 뜻의 아뿌(apoo)라고 말했어요. 새가 물었다고 생각한 것 같아요. 그러고는 아기를 위로하기 위해 책 위에 몸을 눕혔어요! 아침이 되자 작은 에드나는 아기 침대에서 잠들어 있었고 방은 매우 조용했습니다. 제가 들어왔을 때, 마가렛이 옆에 가만히 앉아 웃고 있는 것을 보았어요.

저는 아이들이 하는 말과 행동 중 가장 재미있는 것들을 적어두려고 노력하고 있답니다. 잊어버리기 쉽고, 또 많은 재미있는 부분은 아이들이 쓰는 한국말에 담겨 있어요.

올해 아기 셋을 데리고 혼자 고향에 가는 것이 가장 현명하지 않다고 판단해서 가급적이면 내년 초에 안식년을 떠날 계획입니다.

저는 정원을 계획하고 있습니다. 올해는 까치밥나무와 라즈베리 덤불을 시도해 볼 생각입니다. 요코하마 종묘장에서 구입했어요.

제 용기가 떨어지고 있냐고 물으셨잖아요! 그럴 때면 사랑하는 세 아이의 소중한 이름을 차례로 부르면, 금방 기운이 난답니다. 저는 여기서 체력의 한계까지 일하지만, 집에 있었다면 가정부도 없이 한계 이상으로 일해야 했겠지요. 지금은 좋은 가정부가 네 명이나 있답니다!

훌륭한 요리사 다비다가 주방을 운영하며 거의 저의 일을 다 하고 있답니다! 그녀는 새로운 가정부들과 소를 돌보는 모든 일을 하는 남자(외부 남자)를 감독하고, 불을 지피고, 문지르고, 씻는 일을 돕습니다. 마침내 좋은 가정부가 두 명 생겼는데, 한 명은 남편이 정치적 망명자인 "옥순이"입니다. 그녀는 예전 리디아처럼 똑똑하고 깨끗합니다. 다른 한 명은 아기 에드나를 잘 돌보는 열여섯 살의 착한 소녀로 성시리라고 합니다.

병원에는 여전히 정식교육을 받은 간호사인 리 양과 제시 화이트로 양이 있습니다. 스탠은 크고 멋진 멸균기와 수술대가 있는 수술실이 고국 병원 못지않게 훌륭하다고 자랑스러워합니다.

지금은 정치적 상황이 좀 더 조용해졌어요. 한국인들은 지난 가을에 너무 큰 고통을 겪었습니다. 주민들은 현재 더 이상 시위에 나서고 싶어 하지 않는 답니다. 그들은 불에 탄 교회를 재건하기 위해 용기 있게 노력하고 있습니다.

많은 사랑을 담아,
마가렛 드림

2월 4일 마가렛은 아버지에게 편지를 보냈다:

사랑하는 아버지,

11월 24일, 12월 13일, 20일의 편지가 모두 지난주에 한꺼번에 도착했어요. 이후에는 중국 주소로 편지를 보내주세요.

일본인들은 영국과의 동맹을 조심하고 있어서 영국민에게 해를 끼칠 수 없으니, 저희에 대한 개인적인 위험에 관해서는 걱정하지 않으셔도 됩니다. 아빠가 보내신 12월 3일자 도쿄발 AP통신 스크랩은 전적으로 왜곡된 것이며, 당신은 암스트롱 씨로부터 선교사들에 관한 혐의가 위원회에서 기각되었다는 소식을 들으셨을 것입니다. 우리는 정치 운동과는 아무런 관련이 없으며 무고한 사람들의 잔학 행위와 대량 학살에 항의했을 뿐입니다. 이 점에 대해서 주니어스 우드 씨가 시카고 데일리 뉴스에 이 사건에 대해 상세히 보도했습니다. 아빠가 보낸 AP통신 기사는 처음부터 끝까지 완전 "위장"이고 거짓말이에요. 바커 씨와 스탠은 이 지역 곳곳을 돌아다니며 한국인들의 이야기를 직접 보고 들었고, 일본인들이 부인하고 숨기기에 급급한 사실들을 폭로한 것이며, 일본은 이것을 부정하고 세계 여론을 잠재우기에 급급한 거예요.

저희에 대해 염려하시게 해 드려 죄송한 마음이지만, 그러실 필요는 없고, 만일 사태가 심각해지면 선교위원회에서 저희를 본국으로 소환할 거예요. 현재 이곳에는 여성과 어린이 6명을 포함해 19명의 외국인이 살고 있습니다. 우리는 모두 건강하고 행복합니다. 불쌍한 어린 양 에드나는 힘든 시간을 보냈지만 훨씬 나아졌어요.

이번 주에는 회령에서 온 두 여성 선교사를 손님으로 모셨는데, 캐나다에서 막 온 새내기 선교사입니다. 여성들이 그렇게 여행할 수 있는 나라이니 안전하다고 생각하셔도 됩니다.

우리 안식년에 대해 궁금한 게 있는데, 아이들이 어떤 도움을 받을 수 있을까요? 아빠가 저희를 돌보느라 지치지 않았으면 좋겠어요. 특히 루시를 돌보는 건 정말 힘든 일이에요.

미노트 부인에게 우리 집에서 다른 어떤 것보다 스펀지케이크를 많이 만든다고 전해주세요! 그녀는 오래전에 저에게 그녀의 레시피를 주었답니다.

아빠의 편지를 보니, 아빠는 '인생의 전환점'에 매우 용감하게 서 계신 것 같아요. 우리에 관해서는 너무 걱정하시지 않으셔도 됩니다. 스탠은 "앞을 멀리 내다보고" 있고, 가족을 잘 돌볼 것입니다.

우리는 병원 대부분에 증기난방 시설과 배관을 설치했으며, 내년에는 우리 집에도 그런 시설이 갖춰졌으면 좋겠어요. 러시아 스토브는 잘 작동하고 있답니다.

햇빛이 잘 들도록 설치한 식당의 창문에 꽃을 놓을 수 있는 공간이 있어요. 거기에 예쁜 제라늄, 파슬리, 선인장, 장미 화분 세 개를 놓았답니다. 장미 한 그루는 전부터 있었고, 지금은 함흥 선교사님들이 보내준 진홍색 장미와 원산에서 온 노란색 장미가 있어요.

어제 러시아 난로에 태우는 유연탄을 5,000파운드, 14엔, 7달러에 샀어요. 우리 큰 지하실에 석탄을 보관하고 있답니다.

이제 자러 가야겠어요.
사랑을 다하여,
마가렛 드림

토론토의 암스트롱 씨와 오타와의 일본 총영사 시미즈 씨는 계속해서 서신을 주고받았다. 암스트롱은 선교사들이 보내온 모든 보고서를 영사에게 보냈고 영사는 이를 일본으로 보냈다. 암스트롱은 잔학 행위에 대해 슬퍼했지만, 선교 사업의 미래가 달려 있기에 공손한 태도를 유지해야 함에 유념했다. 일본은 마음만 먹으면 한국과 만주의 모든 미션스쿨을 폐쇄할 수도 있었다. 그들은 용정의 소년학교를 잠시 폐쇄하기도 했다.

가장 큰 문제는 미즈마치 대령이 선교사들의 한국 독립운동 공모 혐의가 있다고 고발하는 편지를 썼을 때였다. 일본 정부는 그 편지가 단지 미즈마치 대령의 개인적 의견일 뿐이라는 반응을 보였다.

1921년 3월, 스탠이 암스트롱에게 보낸 다음 편지는 그곳의 세 선교사 사택을 위한 온수 보일러에 관한 것이었다. 독신 여성용 주택 계획은 이미 선교본부에 보내진 상태였다. 그는 목욕을 위한 온수 사용 등 온수 시스템을 필요성에 대한 여러 가지 이유를 제시했다.

> 회령에는 제대로 된 목욕 시설이 없어 6개월 동안 세 명의 선교사가 제대로 된 목욕을 할 수 없었습니다. 위생이 좋으면 "치료를 위해 집에 가는 일"이 줄어들 것입니다. 이곳에서 보일러의 가장 큰 장점은 화재를 방지할 수 있다는 것입니다. 예를 들어 오늘은 먼지구름이 불고 매우 춥습니다. 스콧 집에 불이 나면 집 네 채가 타버릴 텐데, 우리가 "사는 곳"에 대한 보험도 없습니다. 모든 건물에 소화기가 있고 병원에는 소방호스가 하나 있습니다. 이번 봄에 네 집 모두 소화전을 설치하려고 합니다. 소화전을 설치할 전문가를 구할 수 없다면 제가 직접 설치 감독을 할 수도 있습니다. 학교를 위한 증기난방 장치 설계도를 스콧 씨에게 보낸 바 있습니다.
>
> 모든 것이 조용합니다. 이 지역에는 약 1,500명의 일본군이 있고, 지난주에 100명이 새로 들어왔습니다. 일본인 거주자도 증가하고 있습니다. 올해 30만 위안짜리 은행과 동양개발회사 빌딩이 새로 들어설 것입니다. 일본인들은 이 간도를 불가피한 일이 아니면 결코 포기하지 않을 것입니다.
>
> 월요일에 우리 선교지부 안에 들어온 무장한 일본군 신호병 다섯 명을 쫓아냈습니다. 그들은 무례하게 굴었습니다. 그들은 한문으로 "업무 외에는 출입 금지"라고 쓰여 있는 문을 통해 들어왔습니다. 나는 그들을 일본 영사

에게 보고했습니다. 군인들은 책망을 받았습니다. 그들은 "몰랐다."고 말했습니다.

1921년 3월 스탠은 당시의 사업 내용을 요약한 보고서를 후원자들에게 보냈다. 그는 이렇게 시작했다: "관심이 있으신가요?"

필자는 이 기회에 한국 캐나다 장로교 선교부를 대표하여 여러분이 저희 사역을 위해서 보내주신 선물과 기도에 대해 진심으로 감사드립니다. 여러분의 후원이 없었다면, 우리가 하려고 했던 어떤 일도 이루지 못했을 것입니다.

사역은 어떻게 이루어지고 있는가.

올해 병원의 업무는 거의 두 배로 증가했습니다. 시유지에 새로 문을 연 진료소덕분에 전체 외래 환자 수가 한 달에 천 명 이상 늘어났고, 현재 두 곳의 외래 부서에서 하루 평균 90명의 환자를 진료하고 있습니다.

불안한 상황으로 인해 간도 지역에는 총상 환자가 병원에 많은 것은 당연한 일이었습니다. 저희는 기독교 병원이기 때문에, 국적이나 정치적 견해에 상관없이 모든 환자를 수용하고 치료합니다. 현재 부상당한 중국군과 한국군 병사, 그리고 아픈 일본 경찰관이 동시에 병원에 입원해 있습니다.

이 일의 가장 큰 기쁨은 젊은 한국 및 중국 조수들이 꽤 유능한 일꾼으로 성장하고 있다는 점입니다. 이들은 저와 함께 의학 및 수술에 관한 영어 교과서를 공부했고, 매일 지속적인 실습을 통해 상당히 능숙하게 일할 수 있게 되었습니다.

한국인 조수 중 한 명은 간호조무사와 정식 간호사의 도움을 받아 시립 진료소를 운영하고 있습니다. 전도부인도 같이 있습니다. 다른 한국인 조수는 의사 부재 시 병원을 책임지고 외래 환자들을 진료하고 치료하고 있습니다. 이들은 모든 경미한 환자를 치료하고 작은 절단수술 같은 간단한 수술도 맡아서 하고 있습니다.

장비

올해 우리는 병원 난방 시설과 냉온수기를 설치했습니다. 이 작업은 의사의 지시에 따라 외과 보조원들과 조수들이 많은 일을 했는데, 서울에서 전문가를 불러오려면 비용이 꽤 많이 들었을 것이기 때문에, 이런 방식으로 비용을 상당히 절약했습니다.

오후에 마지막 환자가 진료가 끝나면 조수들은 미국 적십자사에서 보내온 중국산 작업복을 입고 곧 배관을 연결하거나 정화조를 파느라 분주합니다. 한국인 직원들에게 노동의 존엄성을 가르쳐야 하는데, 지금까지 우리 직원 중 '하이 칼라'(육체노동을 하기엔 너무 높은 사람)로 문제를 일으킨 사람은 없었습니다.

결과

시베리아에서 걸어서 온 중국인 암 환자 한 명이 우리를 찾아와서 애원했습니다. 처음에는 수술이 불가능해 보여서, 저는 그렇게 말했습니다. 나중에 한국인 조수가 와서 "수술을 못 받으면 죽어버리겠다고 하네요."라고 말했습니다. 저는 "차라리 수술대에서 죽는 게 낫다."고 대답했습니다. 수술 후 그는 빠르게 회복했고 지금은 아주 건강해졌습니다. 제가 글을 쓰고 있는 지금 그는 여자 병동 아래에서 뜨거운 물이 나오는 욕조를 연결해 주는 일을 하고 있습니다. 그는 교육을 잘 받았으며 신실한 기독교인이 되었습니다.

기독교인이 된 많은 사례를 이야기하려면 시간이 너무 많이 걸리겠지만, 앞서 말했듯이 "우리의 진짜 중요한(VITAL) 통계는 하늘에 등록되어 있다."고 할 수 있습니다.

통계

연도별 외래 환자	22,000명
입원환자	380명
마취수술환자	418명
눈 수술을 포함한 국소 마취 수술	100명
병자 방문 횟수	2,584명
도시 및 마을 방문	1,496명
소책자 및 복음서(판매 및 무료배포)	6,000권
결신하고 현재 교회에 출석 중인 사람	196명

스탠은 캐나다 오릴리아의 세인트 앤드류 장로교회와 뉴펀들랜드 세인트존스 장로교회에 진심 어린 감사를 표하며 보고서를 마무리했다.

다음 해 안식년 계획을 세우고 있을 때, 스탠은 록펠러 재단의 장학금을 신청했다.

중국 의학위원회는 캐나다 장로교 선교위원회에 편지를 보냈고, 이에 대해 R. P. 맥케이 박사로부터 답장을 왔다.

> 한국, 중국 또는 다른 어떤 나라에서도 마틴 박사보다 더 열성적이고 성공적인 의료 선교사는 없습니다. 그는 최고의 인재 중 하나이며, 중국의료위원회가 제공하는 것과 같은 도움이 가능하게 되어 기쁩니다.

그에게 300달러의 장학금이 수여되었다.

그 사이, 안식년 중인 푸트 목사는 오타와 주재 일본 총영사와 중요한 협의를 하고 있었다. 그는 약 두 시간 동안 총영사를 대면했다. 그는 만주에서 벌어진 잔학 행위에 대해 상세히 보고할 수 있었다. 영사는 한국의 목사, 장로, 그리고 많은 지도자가 항상 폭력에 반대해 왔다는 사실에 놀란 것 같았다. 그는 정반대의 이야기를 들었기 때문이었다.

영사는 장로교와 감리교가 침례교보다 일본 정부에 훨씬 더 많은 문제를 일으켰다는 보고에 대해 물었다. 푸트 목사는 펜윅(Fenwick)이 한국에서 활동하는 유일한 침례교 선교사였고, 몇 년 동안 한국에 머물지 않았다고 설명했다.

그는 계속 말했다. "영국 선교부는 서울에 본부를 둔 작은 선교부입니다. 가톨릭 선교부는 조용히 움직이고, 학교 설립을 반대하며, 강력한 지도자를 양성하지 못했습니다. 감리교와 장로교는 활기차고 한국 전역에 퍼져있습니다. 사립학교 대부분은 이들 선교부에 속해 있으며, 변호사, 의사, 특히 교사와 목사 등 유능한 지도자를 많이 길러내고 있습니다."

총영사가 푸트 목사에게 조언을 부탁하자 푸트 목사는 "저는 조심스럽게 정치적인 문제에 관여하지 않는다고 말씀드렸습니다. 그러나 사이토 총독의 약속대로 글로만 아니라 실제 정신으로도 한국 정책이 개선된다면, 상황을 완화하는 데 도움이 될 것이라고 생각합니다. 그리고 일본 경찰은 한국인에 대해 다른 태도를 취해야 하고, 일본인은 한국인을 차별하지 말고 일본인과 똑같이 대우해야 합니다. 저는 예배, 언론, 출판의 자유가 보장되어야 하고, 자신의 영토에 속한 정부에 참여할 자리가 있어야 합니다."라고 조언했다.

푸트 목사는 여러 가지 질문을 받았고, 될 수 있으면 외교적으로 답변했으며, 이번 면담이 현상황을 이해하는데 도움이 되기를 기대하며 돌아갔다.

오타와 주재 일본 총영사가 푸트 목사를 예우한 것은 한국 상황에 대한 일본의 태도 변화를 시사하는 것이었다. 또한, 한국인들과 선교부 모두에게 새로운 총독 사이토가 바람직한 방향으로 변화를 가져올 것이라는 새로운 희망이 생겼다.

용정 선교부는 묵덴에 주재하는 영국 영사의 방문을 반갑게 맞았다. 그는 일본인들의 한 짓을 확인하러 왔다. 스탠은 그에게 병원을 둘러보게 했다. 그는 의료 활동에 큰 감명을 받았고 20위안을 선물로 주고 갔다.

봄이 다가오면서 날씨가 좋아졌고 아이들은 야외에서 더 많은 시간을 보낼 수 있었다. 마가렛은 작은 수술을 받았고 회복하는 동안 더 많은 편지를 썼다. 그녀는 올해 7월에 원산으로 떠날 여행이 훨씬 쉬워질 것이라며 매우 기뻐했다.

그녀는 애디 이모에게 이렇게 편지를 썼다.

올해는 인력거를 기차역까지 갈 수 있을 것 같아요. 회령에서 두만강 한국쪽까지 철도가 들어와서 이제는 도로를 따라가는 길은 하루로 단축되었어요. 예전에는 이틀이나 걸리는 끔찍한 여행이었죠. 하루로 단축되어서 정말 감사하게 생각합니다. 거기서부터는 좋은 증기기관차를 타고 철도로 쉽게 갈 수 있습니다. 우리는 용정과 회령 선교사들과 함께 꽤 큰 무리를 이루게 될 것입니다. 그리고 내년에는 안식년을 가게 됩니다!!

멀리서 일어나고 있는 재앙보다, 제 아이들이 아픈 것에 더 관심이 쓰인다고 말씀하셨죠. 걱정해주셔서 감사합니다.

제가 왜 한국 문제를 이모에게 이해시키려 드는지 모르겠지만, 예를 들어 케이티의 남편이 재판도 없이, 그가 마을의 대표였다는 그 이유 하나만으로 총검에 맞아 죽었다고 가정해 보세요. 케이티가 매를 맞고 옷이 찢겨서 감옥에 갇혔다고 가정해 보세요. 선교사들이 항의하고 외부 세계에 알리지 않았다면 더 나쁜 일이 일어났을지도 모릅니다. 전 세계가 지금 지켜보고 있습니다. 묵덴의 영국 영사가 방문했고, 2주 전에는 대련(Dairen)의 영국 부영사가 와서 일본이 무슨 일을 저질렀는지 보고 갔어요. 그는 이 마을의 일본 영사와의 대화에서 솔직하게 선교사들이 한국인들에게 우호적이고 동정적이지 않으면 한국인들과 함께 일할 수 없다고 하면서, 정치적으로 그들을 부추긴 적은 없다고 했어요.

우리는 동료 선교사 바커 부부를 정말 감사하고 있답니다. 그들의 유일한 슬픔은 자녀가 없다는 것입니다. 바커 부인은 가끔 눈물을 흘립니다. 제 딸 마가렛은 "마기 바카"라고 말했는데, 바커 부인이 매우 기뻐하셨지만, 그것은 그녀의 "마음에 불을 지르는" 일이기도 했습니다.

스탠은 선교사 사택과 소년학교를 위한 보일러 설비 주문과 관련하여 선교위원회와 계속 서신을 주고받았다.

귀하는 병원 자금의 일부를 학교 난방설비에 사용할 것을 제안했습니다. 프레이저 씨가 이곳에 있는 동안 오릴리아 보내주신 선교비 사용 금액을 대략 합산한 결과, 거의 모두 소진되어 세인트존스에서 보내주신 선교비만 남았고, 이는 병원 조명과 엑스레이를 구입하고 설치하기에도 부족한 금액입니다. 세인트존스의 선교비는 주로 아버지가 강연 등을 통해 보내주신 것으로, 교회에서 보내주신 선교비와 선한 뜻에 감사하고 있습니다. 값싼 몽고메리 워드 자재로 된 병원 지붕을 새로 교체해야 합니다. 현재 20곳이 새고 있습니다.

5, 6년마다 지붕을 교체하는 것보다 석면 기와지붕으로 바꾸고 싶습니다. 격리 병동에는 난방 시설이 갖춰져야 하고, 세균실험실에는 현미경 외에는 장비가 없습니다. 정화조도 잘 작동하고 수도 시스템도 잘 작동합니다.

현재 저는 학교에서 체육, 화학, 물리학을 가르치고 있고, 학교 일을 열심히 돕고 싶지만, 병원에 더 급한 일이 많아서 학교 일은 뒤로 밀리게 됩니다.

용정과 회령의 모든 선교사는 의사의 진찰을 받았습니다. 바커 부인은 지금 상당히 건강해졌습니다.

스콧(안식년 중) 씨는 석사 학위를 받은 것으로 알고 있습니다. 암스트롱 씨, 제 생각엔 그이처럼 체질이 약해서 몸을 회복하는데 시간 대부분을 보내야 하는 사람이 공부를 더 한다는 건 미친 짓에 가까운 일 같습니다. 저는 2년 동안 그와 함께 지냈는데, 6개월간 결핵 요양원에서 치료받고 돌아온 그에게 필요한 것은 석사 학위가 아니라 좋은 대화입니다.

저는 퀸즈대학교에서 철학으로 금메달을 땄지만 1년 뒤 폐결핵으로 사망한 남자를 알고 있습니다.

반가운 여름이 왔고 마가렛과 아이들은 선교사 연차대회와 휴가를 위해 원산으로 여행을 떠났다. 이때는 모든 면에서 여유가 있다. 스탠은 휴가 시간을 이용해 특별한 여행을 계획했다. 마가렛은 8월 24일 원산에서 아버지에게 편지를 보냈다.

스탠은 2주 넘게 자리를 비웠어요. 휴가로 블라디보스토크에 가 있답니다. 대성당, 군함, 한국, 일본, 러시아 사람들이 모여 있는 멋진 도시입니다. 일행 중 여성들은 최근 제독이 비워준 집에서 머물며 YMCA 직원들과 식사하고 있다고 합니다.

스탠이 떠난 지 일주일이 되기도 전에 용정의 한국인들은 그에게 간도로 돌아오라고 전보를 보내기 시작했다고 합니다. 나중에 알게 된 사실이지만, 지난 가을에 있었던 그 간호사의 죽음과 관련하여 최고의 한국인 간호사가 체포되었다는 소식을 들었습니다. (그녀는 약을 잘못 먹었습니다.) 회령에서 그날 밤 도착할 예정이라는 전보를 받았습니다. 그래서 그는 러시아에서 무사히 집으로 돌아왔습니다. 아이들과 저는 여기서 조금 더 머물 예정입니다.

두 주 전에 프랑스를 방문했습니다. 사실은 프랑스 군함이 원산 항구에 열흘 동안 머물고 있었는데, 우리 일행 두 명이 그 군함을 구경하러 갔었어요. 우리는 원산 해변 해안을 떠나 원산항으로 갔습니다. 원산항은 세계에서 세 번째로 큰 자연 항구라고 합니다.

배에 다가갈 때 우리는 "마르세이유"를 불렀습니다:

"조국의 젊은이들이여, 가자. 영광의 때가 왔도다! 앞으로, 앞으로!" 등을 외치자, 선원들이 난간을 따라 늘어선 채 박수를 보냈답니다.

많은 외국인 얼굴들을 보니 마치 고향에 온 것 같았어요. 장교들은 최고로 정중했고, 우리에게 모든 것을 보여주었습니다. 우리는 함포와 대공포, 그리고 함포 교전 시 지휘하는 견고한 강철 포탑을 볼 수 있었습니다. 낡은 순양함이었지만 1차 세계대전 당시 뉴욕에서 상선을 호송하는 역할을 했으며, 주로 독일어를 구사하는 알자스 로렌 지방의 젊은이들이 150명가량 타고 있었습니다.

저의 건강은 아주 좋으며, 매일 해수욕이 몸에 좋은 것 같습니다. 하지만, 물이 거칠거나 혼자일 때는 절대로 물에 들어가지 않습니다. 왜냐하면, 올여름에 선교사 자녀인 마조리 롭(Marjorie Robb)이 익사하는 슬픈 일이 있었기 때문입니다. 아침에는 가끔 완벽하게 잔잔해서 원하는 만큼 수영을 하거나 그냥 물 위에 떠있는 시간을 보내기도 합니다. 수영 실력이 향상되어 물에 뜨기와 수영하는 법을 배우고 있습니다. 또한, 수술 후 장거리를 걷고 모든 종류의 일을 할 수 있답니다.

이제 그만 줄여야겠어요. 영국 예술가 엘리자베스 키스가 양이 방문했답니다. 그녀는 언제나 사랑스럽습니다.

사랑을 다하여,
마가렛 드림

1921년 가을, 스탠은 엑스레이 기계를 위한 모금에 대해 여전히 걱정하고 있었다. 용정 선교회 총무인 마가렛은 선교위원회에 편지를 보냈다.

뉴펀들랜드 세인트존스에서 온 병원 기금 5,000달러 중 4,000달러를 용정 소년학교를 위해 사용하는 문제에 관해; 우리는 지금 보내드린 문서에 지난 3월 오릴리아 교회의 선교지원금이 사용되었거나 사용 중인 내용에 대해서 알려드립니다. 19,000달러 중 5,000달러만 남았는데, 이것은 특별히 엑스레이 기계 설치를 목적으로 허락된 것입니다. 마틴 박사는 선교지로 가기 전에 5년 동안 엑스레이 기계를 설치하고 운영한 경험이 있습니다. 그는 자신의 진료 케이스 중 50%가 뼈결핵 케이스이기 때문에 우리 병원에 엑스레이가 설치되기를 고대해 왔으며, 내년에 본국으로 돌아가면 이 부분을 더 공부할 계획을 세우고 있고, 안식년을 마치고 돌아올 때는 이 기계를 가지고 돌아올 계획입니다.

이 엑스레이 비용을 학교를 위해서 불가피하게 사용한다면, 그것은 병원 기금에서 빌린 것으로 간주 되어야 하며, 그렇지 않으면 마틴 박사의 요청한 내용도 사라지게 될 것입니다. 동봉한 교회 주보를 보면 이 돈이 이 용도로 사용되고 있음을 알 수 있습니다.

마틴 박사가 북경에 있을 때 록펠러 공장의 기술진과 X-선 부서의 책임자인 하지스(Hodges) 박사와 협의한 끝에 엑스레이 종류가 합의되었고, 마틴 박사는 병원 전체에 불을 밝힐 수 있는 발전기 한 대를 올해 안으로 설치할 계획입니다. 조명 설비의 엔진은 선교 목적으로 사용되기 때문에 25% 할인된 가격에 구입했습니다. 스탠은 올해 휴가 기간 동안 미국 감리교 선교부의 리드(Reid) 박사가 운영하는 한국 송도 아이비(Ivey) 병원의 엑스레이 장치를 설치했습니다.

진심을 다하여,

마가렛 마틴
선교회 총무 드림

이에 대하여 선교위원회 총무 맥케이 박사로부터 친절한 답신이 왔다.

1921년 9월 18일, 마가렛과 아이들이 원산에서 돌아왔다. 그녀는 아버지에게 여행에 관해 썼다.

사랑하는 아빠,

우리는 안전하고 편안한 여행을 마치고 9월 9일에 집에 돌아왔습니다. 6일은 증기선이 움직이지 않아 성진에서 하루를 보냈고, 아이들은 모두 낮잠을 자고, 세 끼 식사를 했습니다. 그곳에서 선교사님들을 방문했습니다. 우리는 그리어슨의 집에 가서 21살의 도로시가 돌아가신 어머니를 대신해 꿋꿋하게 가정을 돌보고 있었습니다.

다음날 회령의 맥멀린 씨가 세이신(청진)으로 와서 우리를 회령으로 데려다 주었고, 스탠은 그날 저녁 용정에서 회령으로 왔습니다. 다음날은 브루스 맥도날드(Bruce Macdonald)의 생일이었고 그들은 우리를 하루 더 있으라고 설득했습니다. 아이들은 종일 "야단법석(high jinks)"을 떨며 신나게 어울려 놀았습니다.

다음 주에 프레이저 부부가 우리 아이들 또래의 세 자녀와 함께 용정에 온다고 합니다. 일 년 동안 이곳에 머물 예정이죠. 그럼 힐튼 네 세 아이, 우리 아이들과 프레이저 부부의 세 아이까지 합치면 우리 유치원이 필요하겠네요. 프레이저 부부는 봄에 안식년을 떠날 예정인데 함께 여행하고 싶답니다.

우리가 돌아온 후 스탠은 전에는 우리 가족에게 한 번도 없었던 가벼운 이질에 걸렸어요. 걱정을 많이 했는데 지금은 많이 좋아져서 오늘은 일어났어요. 스탠은 제가 해변에서의 여름을 보내고 돌아오니 훨씬 보기 좋다고 했고, 확실히 이전보다 기운이 난다고 대답했습니다.

여기서부터는 스탠이 계속 적습니다. 아침에 일어나면 전기 발전기가 작동하게 될 것을 기대하고 있답니다. 이 전기는 선교회 단지 전체와 소년학교를 밝히고 미래의 엑스레이를 위한 전력을 공급할 것입니다. 엑스레이는 제가 돌아올 때 집에서 가져올 거예요. 3월이나 4월에 이곳에서 출발하는 엠프레스호 중 한 척을 타고 안식년을 떠날 계획입니다. 가는 길에 우리 후원 교회인 오릴리아에 들렀다가 여름에는 미어 포인트(Mere Point)로 갈 예정입니다.

포틀랜드나 보스턴 같은 곳에 별장이나 집, 아파트가 있어서, 장인어른도 우리와 함께 지내면서 노래를 부르는 마가렛의 재롱을 보시면 좋을 것 같습니다. 저는 메사추세츠 하바드에서 공부를 하거나 외과 의사를 하게 될 것 같습니다. 루시는 거기서 유치원엘 다닐 수 있구요.

장인어른도 저희 집에서 함께 지내실 수 있도록 계획을 세워 보시면 좋을 것 같습니다. 안식년 동안 집세로 한 달에 30달러를 받을 수 있습니다.

S. H. 마틴 드림

다시 마가렛이 편지를 이어갔다.

애디 이모와 사촌 안나에게 우리가 용정에 무사히 도착했다고 전해주세요. (이질은 언급하지 마세요.) 이제 스탠은 조금 조심하면 괜찮을 것 같아요.

이 편지는 꼭 보여야 해요. -
사랑을 다하여,
마가렛

그해 11월, 위험한 일만 아니었다면, 차마 웃지 않을 수 없는 희극과 같은 상황이 일어났다. 스탠은 묵덴 주재 영국 영사에게 이 사실을 편지로 썼다.

용정
1921년 11월 15일

현재 일본 관공서와의 관계가 어떠한지 알 수 있도록 다음과 같은 사건을 알려드리고자 합니다. 11월 12일 금요일 밤 11시경, 잠에서 깨어나 보니 한 사람이 중국어로 의사를 찾아왔습니다. 그는 병원 총무와 같이 왔는데, 총무는 한국말로 그 남자가 일본인이라고 말했습니다. 나는 총무에게 바커 씨 집으로 데려가서 시간을 벌고 두 명의 외국인이 그를 볼 수 있도록 하라고 말했습니다. 옷을 입고 바커 씨의 집으로 갔더니 외투와 부드러운 모자, 목에 두른 큰 목도리 등 외국 옷을 입은 일본인 남성이 바커 씨의 서재에 앉아 있었습니다. 그 남자는 중국어만 말했습니다. 저는 그가 일본인인 것을 확인하고 일본어를 완벽하게 구사하는 제 조수를 불러 이 남자에게 원하는 것이 무엇인지 물어보라고 했습니다.

그러자 일본인 남성은 중국어로 제 조수를 방 밖으로 내보내라고 명령했고, 동시에 얼굴을 완전히 가리려고 모자를 눈 위로 내렸습니다. 일이 진행되는 과정을 보면서, 저는 영국 세관장 졸리 씨를 이곳으로 불렀습니다. 그의 집은 우리 집에서 도보로 5분 정도 떨어진 곳에 있습니다. 그는 즉시 와서 상황을 파악한 후, 재빨리 그의 마부를 네 명의 중국 경찰에게 보냈고, 재빠르게 도착한 중국 경찰이 보이지 않는 밖에서 대기하고 있었습니다. 일본 남성이 중국어로만 계속 말하자 중국어를 할 줄 아는 졸리 씨가 대화를 시도했습니다. 졸리 씨가 도착하기 전, 우리는 무기를 들고, 그가 구금되어 있는 서재에서 여러 차례 벗어나려는 시도를 막았습니다. 졸리 씨가 도착했을 때 방문객은 그를 의사로 데려가 달라고 하면서, 반복해서 '다이푸'를 부르며 방을 빠져나가려고 노력했습니다. 그는 모든 상황이 자신에게 불리하게 돌아가는 것을 보고는, 이내 항복하고 자신의 이름과 자신이 머물고 있는 한국 여관 이름을 적었습니다. 그는 또한 자신이 중국인이라고 한자로 적었고, 아마도 자신의 이름이 아닐 수도 있는 이름을 알려주었습니다.

그런 다음 그는 졸리 씨에게 "당신은 일본 영사의 친구입니까?", "영국인은 일본의 중국 영토 침략에 대해 어떻게 생각하나요?" 등 즉흥적으로 만들어 낸 듯한 다양한 질문이 던졌습니다. 졸리 씨는 즉답을 회피하면서, 일본인에게서 최대한 많은 정보를 얻어내려고 애썼고, 일본인은 자신이 당하고 있다는 사실을 깨닫지 못했습니다. 그러나 중요한 정보는 아무것도 얻지 못했습니다. 그는 우리에게 뭔가 말하러 왔다는 사실과 수색을 받았고 비우호적인 분위기 때문에 다음 날 와서 우리에게 알려주겠다고 강조했습니다.

졸리 씨와 저는 그를 배웅해 주었는데, 문밖에서 일본군 세 명이 순찰을 서고 있는 것을 발견했습니다. 그 눈은 우리를 째려보았지만, 방문객의 명령에 따라 세 명의 군인은 사라졌습니다. 우리가 길을 걸어 올라가는데, 그가 다시 돌아와서 "여기 군인이 있는데 일본 영사관에 전화해봤느냐?"고 소리쳤습니다. 우리는 전화기가 없다고 대답했습니다. [병원과 집 사이에 인터폰만 있습니다.]

그때 중국 경찰청장과 중국 헌병 대장이 도착했고, 우리는 그들에게 이야기를 전했습니다. 그들은 차례로 카오 씨와 연락을 취했습니다. 다음 날 카오 씨는 일본 영사관을 찾아가 항의했습니다. 일본인은 카오 씨에게 이 남성이 영사관 경찰 중 한 명이며 (사실이 아님) 술에 취해 부분적으로 정신이 나간 상태라고 알려주고 사과하면서 카오 씨에게 이번 사건의 중재자 역할을 해달라고 요청했습니다. 그들은 사건이 확대되는 것을 원하지 않았던 것 같습니다. 같은 날 아침 두 명의 일본 헌병이 병원에 도착해 어젯밤 우리 병원에 있던 "술 취한 경찰과 군인 2명"에 대한 정보를 요청했습니다. 우리는 그들에게 우리는 이곳에서 일본 군 당국과 문제를 다룰 생각은 없으며 중국 당국을 통해 일본 영사에게 이 문제를 제기할 것이라고 말했습니다.

나중에 일본 헌병 대장이 찾아왔고, 우리는 똑같이 응대했습니다. 그러나 그는 대화 중에 영사관에서 무장한 일본군(신호병)이 영국 영사관에 침입한 것에 대해 문의하는 편지를 받았다고 말했습니다. 그는 최선을 다해 이번 사건의 진상을 파악하고 이 사건이 우리 손에서 벗어나게 하려고 노력했습니다. 오늘 아침에도 일본 영사가 이 문제를 논의하기를 원했지만, 우리는 이 문제는 이제 우리 손을 떠났다고 통보했습니다.

정중하게,
S. H. 마틴 드림

1921년 마가렛의 마지막 편지에서 스탠이 오랫동안 병환 중이었다는 사실이 밝혀졌다. 다행히도 젊은 플로렌스 머레이 박사가 오고 있었기 때문에 곧 도움을 받을 수 있었다.

친애하는 애디 이모,

여행 중 오랫동안 편지를 못 쓰게 될까 걱정돼요. 불쌍한 스탠은 오랫동안 (10주) 아팠고 이번 주에야 병원에 다시 갈 수 있을 정도가 되었어요. 이모가 제 문제에 대해서 매우 동정심이 많다는 것을 알고 있지만, 왠지 이모를 걱정하고 불안하게 만들고 싶지는 않아요. 좋아졌다 나빠졌다 말할 수 없을 정도로 오랜 시간이 흘렀고, 열이 나지 않고 이질만 약하게 앓아서 그가 약해졌어요. 하지만 지금은 좋아지고 있고, 바다 여행이 그를 완전히 치료해주길 바랍니다. 상하이에 있는 쿡스 여행사(Cook's Travel Service)에서 조만간 배에 대한 연락이 올 것으로 기대하고 있고, 장기로 집을 비울 것에 대비해 집도 조금씩 정리하고 있습니다. 해야 할 바느질이 산더미처럼 쌓여 있어서 상당히 바쁩니다. 거의 매일 재봉틀을 열심히 돌리고 빠르게 바느질하는 숙련된 가정부가 있습니다.

반스 할머니는 저처럼 도움도 많이 받지 않으셨는데도, 어떻게 일곱 명의 자녀를 키우셨을지 궁금하답니다.

저는 이모가 6년 전에 주신 둥지 속 암탉이 그려진 접시, 할머니가 주신 귀한 설탕 그릇을 지금도 가지고 있어요. 그 외에도 제가 좋아하는 꽃무늬가 있는 녹색 유리그릇도 있어요. 저는 물건이 깨져도 너무 나쁘게 생각하지 않으려고 노력하고 있어요. 저는 집에서 저를 훌륭하게 도와주는 사람들을 고맙고 자랑스럽게 생각한답니다.

모든 것이 순조롭게 진행되면 2월 중순 쯤 떠날 수 있을 것입니다.

아기는 건강하고 유치원에 다니고 있습니다.
사랑을 다하여,
마가렛 드림

진료실에 있는 마틴 박사

제15장

첫 번째 안식년

1922년 새해가 영국 언덕에 밝아오자 마틴 가정은 흥분과 큰 기대감으로 가득 차 있었다. 젊은 의사 플로렌스 머레이(Florence Murray)가 도착했고, 이 해는 마틴 가정의 첫 안식년 기간이었습니다. "안식년!"은 사랑하는 이들에게 돌아가고, 여행을 떠나며, 새로운 친구들을 만나고, 믿음으로 후원해준 교회에 보고하는 그 오랜 기다림의 기간이었다.

마가렛은 아빠에게 편지를 쓰기 시작했다. 새해 인사를 전하려 했지만, 편지는 중간에 끊겼다.

… 중략 …

오후 8시. 스탠은 응급 수술을 해야 해서 차 한 잔을 마시고 가려고 잠시 집에 들렀습니다. 밖은 약 영하 10도 정도의 추운 밤입니다.

그는 서서히 회복되고 있는데, 그의 무릎 관절염이 여전히 매우 심해서 걸을 수 없을 정도입니다. 이는 이질의 흔한 후유증이라고 책에 나와 있습니다.

플로렌스 머레이 박사는 크리스마스 며칠 전에 도착해 우리와 함께 지내고 살고 있습니다. 그녀는 매우 열정적이고 똑똑한 젊은 의사이며, 우리는 그녀를 매우 좋아합니다. 그녀의 제안으로 오늘 저녁 스탠의 무릎에 석고 깁스를 해 절대적인 고정과 10일간의 휴식을 주려고 준비했었는데, 이 응급 수술이 발생해 아직 진행 중입니다.

이제 편지를 계속하자면, 우리는 배편을 확인중입니다. 중국 메일(China Mail)호는 4월 27일 요코하마에서 출항합니다.

힐튼 씨는 일 때문에 떠나지 못하지만, 그의 아내 에드나(제 친한 친구)와 그녀의 세 자녀는 우리와 함께 갈 수 있습니다. 우리 에드나는 그녀를 따라 이름 지었답니다. 우리의 계획은 그녀의 언니가 사는 캘리포니아 파사데나(Pasadena)로 갔다가, 그다음 시카고로 갈 예정입니다. 그곳에서 스탠은 X선 기계를 선택할 것입니다. 그 후 보스턴으로 바로 가서 스탠의 록펠러 장학금으로 가을 학기 준비를 할 것입니다. 아빠를 거기서 만날 수 있을까요? 스탠은 처음 두 달은 뉴펀들랜드에서 부모님과 함께 지내고 남은 여름을 아빠와 함께 보내는 것이 최선이라고 생각해요. 메인주의 미어 포인트에서 만나면 좋겠습니다.

저희는 즐거운 크리스마스를 보냈어요. 올해는 우리 집에서 커뮤니티에 저녁 식사를 제공했기 때문에 크리스마스이브에 15명이 식탁에 모였어요. 모든 여성이 도와주셔서 그렇게 어렵지 않았어요. 우리는 오리와 몇 가지를 준비했고 프레이저 부인은 자두 푸딩을 만들었어요. 딸들(루시 4년 8개월, 마기 거의 3살)은 가운데 세워둔 작은 소나무에 크리스마스 장식을 도와줬어요. 올해는 선물을 주지 않고 남는 현금을 모두 러시아 기근으로 굶주리는 아이들에게 보내기로 했습니다. 평소처럼 사랑하는 오릴리아 교인들로부터 아이들을 위한 인형이 담긴 예쁜 상자를 받았습니다.

크리스마스 아침, 우리는 한인 교회에 갔습니다. 그들을 위해 노래를 불러달라는 요청을 받고 우리는 영어로 2중창 화음을 넣어 '노엘'을 불렀습니다. 큰 교회였어요. 거의 일요일마다 600명이 넘는 사람들이 모인답니다. 그 후 스탠과 저, 머레이 박사는 중국인 목사님 댁에 크리스마스 저녁 식사에 초대받았습니다. 그들은 중국인 교회 바로 뒤에 살고 있었고, 우리는 예배가 끝난다는 소리가 들릴 쯤 교회에 도착했습니다. 크리스천 여학교의 어린 중국인 소녀들이 고운 목소리로 크리스마스 캐럴을 불렀습니다.

예배가 끝나고 목사님 사모님이 우리를 2층 방으로 안내했습니다. 벽돌 위에 작은 난로가 세워져 있고 창틀 사이로 난로 연통이 밖으로 나간 썰렁하고 텅빈 방이었습니다! 그들은 우리를 위해 테이블을 들여오고 벤치에는 담요를 깔아주었습니다. 오랜 기다림 끝에 중국식(식사 전에 방문했다가 식사 후 바로 떠나는 방식)으로 저녁 식사가 제공되었습니다. 약 10가지 종류의 고기 요리와 밥, 화려한 케이크가 나왔습니다. 옆방에서는 주일학교 아이들과 몇몇 가난한 사람들을 대접하고 있었습니다. 스탠의 중국어 선생님 두 분과 기독교인인 마을의 중국군 장군 한 분도 함께 있었습니다. 또한, 교회 지도자였던 부유한 중국인 남성의 아내도 있었는데, 아마도 이 잔치를 준비해주신 분이었을 것입니다. 머레이 박사에게는 중국에서의 첫 크리스마스라는 새로운 경험이었고, 우리도 매우 흥미로웠습니다.

800리 떨어진 이곳에서 선교사가 일 년에 며칠씩 방문하는 것이 전부인 이 중국 기독교인들이 홀로 살아가고 있다고 생각하니 가슴이 찡했습니다.

밤이 늦어 이제 그만 줄이겠습니다. 스탠은 돌아오지 않았어요. 머레이 박사가 그를 도와주러 내려갔어요.

사랑을 다하여,
마가렛 드림

플로렌스 머레이 박사는 서울에서 용정까지의 고된 여정과 그곳에서 받은 따뜻한 환영에 대해 선교위원회에 편지를 보냈다. 그녀 역시 마가렛이 묘사한 크리스마스 축제와 중국식 만찬을 즐겼다. 마틴 부부가 휴가를 떠나는 동안 그녀가 스탠을 대신해 병원에서 일할 계획이었다.

머레이 박사의 편지는 계속되었다:

"이곳 병원은 매우 훌륭하고 시설도 잘 갖추어져 있습니다. 한국에서 보았던 어떤 병원보다 더 훌륭해서 매우 기뻤습니다. 6년 전 마틴 박사가 이곳에 왔을 때는 의료 시설이 전혀 없었고, 일할 수 있는 곳도 없었기 때문에 마틴 박사에게 큰 공로를 돌립니다. 지금은 입원 환자 50명을 수용할 수 있는 병동과 수술실까지 갖춘 훌륭한 병원이 되었으며, 연간 환자 수도 2만 명을 넘어섰습니다. 이곳 환자의 거의 절반이 중국인인데, 중국 여성들은 한국 여성들처럼 남자 의사에게 치료를 받으러 가는 것을 꺼려합니다. 벌써 몇 명이 저에게 진료를 받으러 오겠다고 했지만, 1월 한 달 동안은 어학 공부에 전념하려고 합니다. 다음 달에는 하루 중 일부만 병원에서 일할 예정입니다."

1월 12일, 마틴 부부에게 요코하마에서 4월 7일 출항하는 SS 차이나(SS China)호에 세 개의 선실을 배정한다는 전보가 도착했다. 마가렛은 아버지에게 미국 횡단을 위한 여행 계획을 반복해서 설명하며 기쁜 소식을 전했다.

그녀는 아버지에게 여행 준비에 대해 편지를 썼다.

바느질하고 짐 싸느라 바빴습니다. 항상 설레는 시간인 몽고메리 워드에 주문한 "여행용 옷, 스탠과 딸을 위한 새 비옷 두 벌, 드레스, 그리고 아이들과 어머니를 위한 멋진 부츠가 도착했습니다. 세상에! 돈이 얼마나 많이 드는지!"

2월에 그녀는 다시 편지를 썼다.

실망시켜서 정말 죄송하지만, 홍콩의 부두 파업이 심각해져서 출항이 한 달 정도 늦어질 것 같아요. 필리핀 선원을 고용한 한두 척을 제외한 많은 대형 선박이 발이 묶여 있습니다. 따라서 "차이나"호가 다시 출항하기 위해서는 4월이 훨씬 지나야 합니다. 제가 걱정되는 것은 한동안 편지를 못 받을 것이라는 점입니다.

배가 지연된 것이 어떤 면에서는 좋은 일이라 생각해요. 왜냐하면, 스탠이 몸을 회복하는데 충분한 시간이 되기 때문입니다. 우리는 주님께서 이 모든 일을 계획하셔서 배를 늦추셨다고 생각합니다.

우리는 열흘 전에 온수난방 설비를 마무리했는데, 너무 깨끗하고 편안해서 모든 방이 골고루 따뜻합니다. 오래된 러시아 난로를 모두 치웠더니 방이 훨씬 더 넓어졌습니다. 난로가 우리를 따뜻하게 해주긴 했지만 먼지와 재가 날려서 힘들었거든요, 세상에!

머레이 박사는 여전히 우리와 함께 지내고 있어요. 그녀는 캐나다에서 불어오는 신선한 바람처럼 건강하고 유쾌한 여성입니다. 그녀는 군수품 수송선이 폭발한 핼리팩스 참사에서 큰 활약을 했습니다. 그녀는 또한 신종플루 대유행 때도 그곳에 있었는데, 많은 의료진이 해외에 있어서 학생들이 도와야 했기 때문입니다. 장로교 목사의 딸인 그녀는 확실히 영리합니다. 스탠은 그녀가 훌륭한 외과의사라고 했어요.

요코하마로 편지를 보내주세요. 기다리고 있을게요.

아기들은 잘 있어요. 루시가 사진을 보더니 "저 할아버지가 누구야? 우리 할아버지야? 안아보고 싶어." 아빠는 애들과 즐겁게 지낼 거예요. 빨리 보고 싶어요!!!

[3월 30일에 마가렛이 다시 편지를 썼다.]
우리는 아직 여기 있고 앞으로 3주 정도 더 있을 것 같습니다. 약 2주 전에 저희와 다른 선교팀원들에게 중국식 저녁 식사가 제공되었습니다. 얼마 지나지 않아 한국 교인들이 프레이저 부부와 저희를 위해 고별잔치를 열어주었습니다. 우리 가족 모두에게, 심지어 아기 에드나에게도 아름다운

한국 의상을 선물해 주었습니다. 그래서 스탠과 저, 루시와 마가렛은 한복 차림으로 나갔어요. 저는 아름다운 하늘색 비단 치마에 흰색 저고리, 저고리와 흰색 비단 머리 장식을 하고, 아이들은 밝고 화려한 색 옷을 입었어요. 힐튼 네 꼬마 메리와 데이빗도 한복을 입었습니다.

만찬이 끝나고 아이들이 둥글게 모여서 유치원 동요를 불렀습니다. 저녁 식사는 닭고기와 밥, 김치[한국식 피클]와 온갖 종류의 멋진 케이크가 나왔어요.

한 여성이 저에게 비단 두루마기와 색동저고리, 그리고 높은 지위에 있는 사람들이 쓰는 고깔이라는 인공 꽃으로 만든 신부 머리 장식을 선물했어요.

처음 서둘러 여행을 준비했던 것과 달리 지금은 잠시 소강상태입니다. 저는 함께 일했던 사랑하는 리디아를 위해 하루에 두 번씩 가서 성경을 읽어주며 많은 시간을 보내고 있습니다. 그녀는 매우 약해서 거의 죽어가고 있지만, 의식이 있고 아름다운 신앙을 가지고 있습니다. 철 씨도 보러 갔었어요. 그녀는 항상 당신에 대해 묻습니다. 어린 마가렛이 아팠을 때 헌신적으로 돌봐준 가정부였답니다.

아기들은 건강하고 재미있는 말과 행동을 해요! 마기는 어제 아침에 일어나서 "엄마 강아지가 짖어."라고 말했고, 아기 에드나는 침대에서 뛰어올라 "바키, 바키"라고 말하며 개를 볼 수 있게 창문으로 데려가 달라고 했어요.

4월 20일경 용정에서 출발해 5월 7일경 출항할 예정입니다. 아빠 편지가 요코하마에 편지가 쌓여 있겠군요.

중국인들은 우리와 함께 고별 사진을 찍는 것을 매우 좋아하는데, 현재 중국기독여학교를 비롯해 세 곳 이상의 단체에서 이 사진을 요청했습니다.

생일 편지를 잘 받으셨기를 바랍니다.

사랑을 다하여,
마가렛 드림

추신. 스탠이 어제 척추 부목 수술을 했어요. 한 남자의 다리에서 뼛조각을 떼어내 경추와 등뼈에 삽입해 결핵성 척추염을 치료하는 수술을 했어요! 머레이 박사는 큰 도움이 되었어요. 아주 영리한 젊은 여성입니다.

화창한 봄 날씨가 찾아왔지만 마가렛의 채소밭은 휴경 상태였고, 집 주변에 몇몇 작은 꽃들만 자생적으로 싹이 올라왔다. 마가렛은 정원 가꾸기에 바쁘지 않은 것이 이상하게 느껴졌다.

감사하는 환자들로부터 마가렛의 집에 선물이 쏟아져 들어오기 시작했다. 은병, 놋그릇과 촛대, 아름다운 백옥 장식품, 여러 가지 색깔의 긴 비단 족자 등. 이 족자에는 감사한다는 말과 더불어 한문으로 스탠의 이름이 기록되어 있었는데, 민(성), 산(산), 해(바다)라는 이름과 함께 기부자들의 이름이 금색 글씨로 적혀 있었다. 모든 선물이 정말로 아름다웠다. 스탠은 거실에 한동안 걸어두었다가, 고국 여행을 위해 돌돌 말아서 짐을 쌌다.

1922년 4월 20일, 드디어 출발 날이 다가왔다. 출발이 늦어져서 삼봉까지 23마일을 달려야 하는 고된 여정에서 다행히 날씨가 따뜻해졌다. 마가렛과 아기 에드나는 건장한 한국인 남성 두 명이 태운 가마에 탔다. 스탠과 다른 두 아이, 에드나 힐튼과 세 명의 어린 자녀는 마차에 탔다. 이 수레들 사이에는 말이 끄는 짐수레가 있었다. 그들은 작별 인사를 하기 위해 군중이 모인 병원 정문으로 긴 행렬을 따라 내려갔다. 화이트로 양과 플로렌스 머레이, 임춘철 집사, 그리고 신실한 한국인 병원 직원들은 손을 흔들었고, 마차는 덜컹거리며 지나갔다. 스탠이 뛰어내려 손이 닿는 대로 악수를 나누고, 한국어로 "안녕히 가세요"라는 외침 가득한 공기를 뒤로하고 그들은 출발했다. 의사의 가족들이 자리를 떠나자 남은 사람들의 가슴에는 두려움이 엄습했다. 그곳에 모인 모든 이들에게 무거운 책임감이 밀려왔다.

8시간의 긴 여정 끝에 삼봉에 도착한 일행은 회령으로 향하는 열차로 갈아탔다. 회령에서 그들은 디에이와 헤이즐 맥도널드 부부와 함께 하룻밤을 묵었는데, 외로운 선교지에 방문객이 찾아온다는 것은 언제나 큰 기쁨이었다. 다음 날, 그들은 배를 타고 일본으로 가기 위해 다시 기차를 타고 청진 항구로 향했다.

여행의 가장 힘든 부분은 이미 지나갔다고 그들은 생각했다. 여섯 명의 어린 자녀와 모든 짐을 들고 환승을 하는 것은 신경이 곤두서는 일이었다. 특히 청진에서는 작은 거룻배에서 들어 올려 여객선의 갑판 위로 사다리를 타고 올라가서 물을 건너야 했기 때문에 아이들이 특히 겁을 먹었다. 하지만 모두 무사했고 곧 이동을 시작했다.

일본에 도착한 것은 설레는 일이었다. 스탠과 마가렛에게 익숙한 사람들과 상점들이 눈에 들어왔다. 스탠은 병원에서 배운 일본어를 조금 구사하기도 했다. 그들은 쇼핑할 시간을 가졌고 아이들을 위한 예쁜 파라솔과 장신구를 샀다. 선교사로서 책임감에서 벗어난 안도감이 두 사람의 어깨를 가볍게 했다.

요코하마에서 며칠을 보낸 후 루시의 다섯 번째 생일인 5월 3일에 그들은 중국 우편 증기선 '차이나' 호에 승선했다. 20일간의 여행이 예정되어 있었다. 며칠은 기분 좋게 지나갔다. 맛있는 음식과 매일 갑판의 신선한 공기를 마시며 스탠은 오랜 투병 끝에 기력을 되찾았다. 에드나 힐튼과 마틴 부부는 아이들을 돌보기 위해 끊임없이 긴장하고 있어야 했다. 하지만 어느 날 세 살배기 마가렛을 찾을 수 없었다. 배 전체에 경보가 울렸다. "아이가 실종되었습니다!" 선원들과 승객들은 뱃머리부터 선미까지 수색했다. 점심 식사 시간이 되었지만, 사람들은 식당에 가지 않고 배 안 곳곳에서 아이를 찾아 헤맸다.

상갑판에서 정신없이 수색하던 어머니 마가렛이 구명정 한쪽에서 딸의 파란색 원피스가 살짝 보이는 것을 발견했다. 구명정! 이 보트는 배 가장자리에 가까이 놓여 있어 필요할 때 꺼내서 내릴 수 있도록 준비되어 있었다. 난간이 없다! 어린 소녀 두 명이 겨우 들어갈 수 있는 공간이었다.

마가렛은 공포에 질려 얼어붙었다. 그녀는 모든 용기를 모아 진정하고 뉴잉글랜드에 악센트로 부드럽게 "마가렛? 마가렛? 여기 있네."라고 말했다. 그러자 파란 드레스를 입은 어린 소녀와 다른 아이가 기어 나왔다. 만약 엄마가 소리를 질렀다면 아이들은 깜짝 놀라 배 밖으로 떨어졌을지도 모른다.

그 뒤 수년 동안 엄마는 아이들에게 이 이야기를 들려주었다. "순종하는 법을 배우는 것이 얼마나 중요한지 알겠니? 그날 내 말을 듣지 않고 내가 부를 때 오지 않았다면 지금의 마기는 없었을 거야."

그 후 며칠 동안은 별일 없이 지나갔지만, 그들이 샌프란시스코에 도착하지 며칠 전 마틴과 힐튼 가족의 여섯 아이가 감기에 걸린 것처럼 보였다.

아이 중 한 명이 처음으로 심한 기침을 하며 이야기를 꺼냈다. 모두 백일해에 걸렸다.

물론 그들은 지난 며칠 동안 바다에서 선실에 격리되었다. 샌프란시스코에 도착하자마자 그들은 하선했고, 스탠이 짐을 챙기는 동안 엄마와 기침을 하는 아이들은 서둘러 라모나 호텔로 향했다.

어떻게 해야 할까? 그들은 에드나 힐튼의 여동생이 파사데나에 있다는 것을 알고 있었고, 여동생은 에드나와 아이들이 긴 여행을 할 수 있도록 도와준 것에 대한 감사의 뜻으로 일주일 동안 머물도록 초대했다. 그들은 그 제안을 수락하기로 하고 샌프란시스코에서 하룻밤을 보낸 후 파사데나로 향했다. 아픈 아이들로 인해 정신없이 바쁜 한 주였다. 에드나의 여동생은 손님을 친절하게 맞이했지만, 마틴 부부는 집을 구하기 시작했다. 그들은 한 달 동안 격리될 작은 집을 찾았다. 에드나 힐턴의 남편은 나중에 가족들과 합류할 예정이었고, 그가 와서 그녀를 잘 돌봐줄 예정이었다.

마틴의 아이들은 핫도그와 가게에서 파는 아이스크림 등 미국의 새로운 음식에 매료되었다. 밖에서 놀 수 있을 만큼 건강해지자 이웃 아이들이 타르를 씹는 즐거움을 가르쳐 주었고, 아이들은 곧바로 온몸에 타르를 묻혔다.

스탠은 여행 기록과 함께 의료 전문가의 치료를 받고 건강이 크게 호전되었다는 기쁜 소식을 담은 여행 보고서를 선교위원회에 보냈다. 천문학에 관심이 많았던 그는 운 좋게도 윌슨산 천문대를 방문할 수 있었다. 그곳에서 그는 천문학자와 긴 대화를 나누고 유명한 망원경을 들여다볼 수 있는 기회를 가졌다. 한 달간의 강제 휴식은 그의 건강에 도움이 되었다.

마침내 그들은 길을 떠날 수 있었다. 하지만 여정 중에 새로운 문제가 발생했다. 스탠은 이를 선교위원회에 보고했다:

> 우리는 6월 23일 샌프란시스코에서 티켓을 구매했고, 로스앤젤레스에 있는 남태평양 철도 본사의 승객 에이전트가 이를 승인한 후 캘리포니아를 떠났습니다. 또한, 로스앤젤레스의 티켓 사무소에서도 티켓을 정상적으로 통과하여 유니언 퍼시픽을 경유하여 시카고로 향했습니다. 그런 다음 파사데나로 가서 유니온 패시픽의 직원에게 티켓을 보여주었습니다. 그는 괜찮다고 하면서 시카고행 좌석을 배정해 주었어요. (우리 아이들은 백일해에

서 회복 중이었습니다.) 그날 오후 라스베이거스에 도착할 때까지는 모든 것이 괜찮았습니다. 차장은 우리 표의 시간이 잘못되었다고 말했습니다. 그는 제가 두 장의 표를 새로 사야 하는 동안 기차를 출발시키지 않았습니다! 이 역은 성직자에게 감면 증서가 없어서, 선교사 감면을 받지 못하고 티켓값을 지불했습니다. 160.28달러였습니다.

선교사 가족에게는 안식년 동안 월 임대료로 30달러의 임대료가 지급됨을 감안하면, 그가 지불해야 했던 엄청난 액수를 짐작할 수 있다.

신고를 하고 유니언 퍼시픽에 티켓 환불을 요청했지만, 이 작은 가족은 거의 돈이 없는 상태에서 보스턴에 도착했고 선교위원회에 선불금을 요청해야 했다.

마가렛의 "아빠"인 로저스 할아버지가 오래 연착되어 도착한 이들을 보스턴역에서 만났다. 할아버지는 손자들을 처음 보았다. 할아버지는 세 손녀를 한꺼번에 품에 안았고, 루시도 할아버지를 안아주었다. 마가렛과 아버지는 마침내 함께 있다는 사실이 믿기지 않는 듯 서로를 바라보며 미소를 지었다.

"여기 역에서 점심 먹고 메인주 브런즈윅으로 가는 짐을 부치자. 월 삼촌이 보스턴에서 우리 모두를 기다리고 있어요. 많이 피곤하겠네."

이 작은 그룹은 인파를 헤치고 역 식당으로 향했다. 스탠은 어린 에드나를 안고, 할아버지는 루시와 동생 마가렛의 손을 잡았다. 아이들은 신나서 재잘거렸다.

점심을 먹는 동안 그들은 밀린 소식을 나누었다. 백일해로 한 달이 지연되면서 계획이 변경되었다. 마가렛의 아버지는 브런즈윅에서 멀지 않은 미어 포인트에 동생의 별장이 있으니 스탠이 뉴펀들랜드 세인트존스를 방문하는 동안 함께 지낼 수 있다고 했다. 병을 앓고 난 아이들에게는 가장 좋은 곳이었다. 특히 마가렛은 넷째 아이를 출산할 예정이었기 때문에 휴식이 필요했다. 가족들은 이야기를 나눴고 모든 것이 제자리를 찾는 듯했다.

보스턴에서 하룻밤을 보낸 후 가족은 기차를 타고 브런즈윅으로 이동한 다음 카탄스에 있는 로저스의 고향집으로 향했다. 스탠과 아이들은 건초 마차가 건초를 싣고 들어갈 수 있을 만큼 높은 문이 달린 헛간이 딸린 오래된 시골 농가를 처음 보았다. 마가렛은 드디어 고향 집에 돌아왔다.

며칠 휴식을 취한 후 스탠은 뉴펀들랜드로 떠났고, 마가렛과 아이들은 여름을 보내기 위해 미어 포인트로 갔다.

곧 세인트존스의 171 르 마샹(171 Le Marchant)에 위치한 고향집에서 스탠은 선교위원회의 맥케이 박사에게 편지를 보냈다.

당신의 친절한 환영에 감사드립니다. 핼리팩스와 뉴펀들랜드에서는 저를 두 팔 벌려 환영해 주었습니다. 이곳 여선교회에서 저를 위한 리셉션이 열렸고 어제 아침에는 교회에 참석자로 가득 찼습니다. 사람들이 제 이야기를 듣기 위해 여름 휴양지에서 몇 마일 떨어진 곳까지 찾아올 정도로 모두가 제 이야기에 관심이 많은 것 같습니다.

그랜드 폭포(Grand Falls)와 베이 오브 아일랜드(Bay of Islands)에서 초청을 받았습니다. 9월 12일 핼리팩스에서 열리는 시노드에 가는 길에 들르려고 합니다.

이곳에서 사용하려고 환등기 필름을 만들었는데, 그곳 토론토 환등기 부서에서도 사용하려고 여분을 남겨두었습니다.

보스턴에서 토론토와 오릴리아로 가서 보고하러 갈 때 경비를 어떻게 충당할지 조언해 주십시오.

잠시 후에 다시 써내려갔다.

이 글을 쓰는 지금 저는 이곳 섬에 머물면서, 건강한 남자가 한 번에 먹어야 할 양의 약 3배를 먹는 중입니다. 잃어버린 체중을 보충하려고 합니다.

교회에 가서 제가 한 일을 보고드리는 것도 좋지만, 다시 일터로 돌아가는 것이 더 좋을 것입니다.

1922년 7월 17일 세인트존스, 데일리 메일(the Dalily Mail) 신문은 스탠이 세인트 앤드루시 장로교회를 처음 방문했다고 보도했다.

어제 커크에서 열린 아침 예배에는 열광적인 회중이 더 많이 모였습니다. 다비 목사가 예배 사회를 맡았습니다. 강단 주변에는 마틴 박사의 공로를 기리기 위해 한자로 감사의 뜻을 새긴 대형 실크 족자가 열 개 걸려 있었는데, 이 족자들은 여러 단체와 개인이 마틴 박사에게 선물한 것입니다. 기증자 중에는 한국 장로교회, 중국 장로교회, 일본군의 습격으로 주민 대부분이 불에 타 죽은 한 마을, 같은 방식으로 고통을 겪은 한 학교 등이 포함되었습니다. 마틴 박사가 특히 소중하게 여긴 것은 지역의 주요 상인들이 기증한 것으로, 모두 비기독교인이었습니다. 다른 것들은 외과수술을 통해 치료받은 사람들이 선물했고, 화려한 주홍색 비단에 두꺼운 금박을 입힌 것은 부유한 중국 신사가 선물한 것이었습니다.

거의 한 시간 동안 이어진 마틴 박사의 선교 보고는 회중 전체의 집중적인 관심을 끌었습니다. 그는 서두에서 전능하신 하나님의 능력에 대한 간증으로 하나님께서 선교지에서 일하는 사람들의 위대한 결과를 가능하게 하셨다고 말했습니다. 그는 금전적인 도움이 아니라 돈보다 더 큰 가치를 지닌

기도로 더 많이 도와달라고 호소하며 선교 보고를 마무리했습니다.

메인주의 스탠 가족은 여름 몇 주 동안 블루베리와 딸기, 할아버지가 아이들에게 들려주는 이야기를 즐겼다.

마가렛은 차가운 대서양 바닷물에 뛰어드는 것을 좋아했지만 어린 딸들은 바위에 앉아 엄마가 물 밖으로 나오라고 애타게 소리쳤다. 몇 년 후 딸들은 한국의 원산 앞바다에서 "마일(Mile) 수영"할 수 있게 되었다.

할아버지가 넘어져 다리가 부러지기 전까지는 모든 것이 순조로웠다. 상황은 완전히 바뀌었다. 무릎까지 깁스를 한 아버지는 더 이상 딸을 도와줄 수 없었다. 아버지가 거동이 불편한 상태에서 집안일과 아이들을 돌보는 일은 마가렛에게 너무 버거웠다. 그녀는 스탠에게 부모님과 뉴펀들랜드 교회에 가는 시간을 줄여달라고 전보를 보냈고, 스탠은 미어 포인트에서 가족을 돌보기 위해 돌아왔다.

9월, 스탠은 의학 공부를 시작하기 위해 보스턴 근처로 이사할 때가 되었다. 스탠은 1922년 10월 14일 선교위원회의 맥케이 박사에게 다음과 같이 편지를 보냈다.

우리 모두 건강하고 바다 근처에서 좋은 아파트에서 잘 지내고 있습니다. 당신도 이 사실이 반가우실 거라 생각합니다.

저는 운이 좋게도 보스턴에서 최고의 외과 의사들과 내과 의사들을 만났고, 매일 피터 벤트 브리검(Peter Bent Brigham) 병원에서 뇌수술로 세계적인 권위자 쿠싱(Cushing) 박사의 수술을 볼 수 있게 되었습니다. 어제 리처드 캐봇(Richard Cabot)이 하버드 의대 대학원생과 교직원에게 강의하는 것을 들었습니다. 저는 매사추세츠 안과병원과 매사추세츠 종합병원에서도 일해봤습니다. 이들 의과대학에서 진단과 치료가 이루어지는 방식을 보면서 우리가 중국에서 이 일의 절반만 할 수 있게 되어도 그것은 큰 기적이라고 생각합니다. 이렇게 아름다운 수술 장면을 보고 나면 돌아가서 새로운 지식을 실천에 옮기고 싶은 마음이 간절해집니다.

이제 현실 문제로 돌아와서 말씀드리면, 계획대로 살아가기가 쉽지 않습니다. 두 번이나 이사해야 했고, 한 번은 떠나기 전에 한 달 방세를 먼저 지불해야 했고, 연탄은 한정된 양만 구할 수 있었는데, 그마저도 무른 것이었고, 단단한 석탄은 전혀 구할 수 없었습니다.

지난 6개월간 미납된 125달러를 지불할 때, 석탄값을 낼 때 나눠서 지불해도 될까요? 적어도 집세가 저렴한 뉴펀들랜드에서 지내려고 하는데, 나눠서 내면 큰 도움이 될 것이며, 이번 여름은 그렇게 나쁘지 않을 것입니다.

한국을 떠난 후 진정한 영적 삶을 맛보지 못했고, 이곳 교회에서 말씀을 전했는데 완전히 죽은 것 같았어요. 전 다시 한국 목사님의 복음 설교를 듣고 싶답니다.

안부를 전하며,
S. H. 마틴 드림

11월 29일 마가렛은 간호사 연수를 받았던 보스턴의 뉴잉글랜드 침례병원으로 가서 첫아들 제럴드 아서(Gerald Arthur)를 낳았다. 그의 세 누나는 기뻐서 어쩔 줄 몰랐다. 이 소식이 전해지자, 한국인들은 드디어 마틴 박사에게 아들이 생겼다며 기뻐했다!

병원과 마가렛의 오랜 친구였던 산부인과 의사 드 노르망디(De Normandie) 박사는 진료비를 받지 않겠다고 했다. 교육감 앤더슨 양은 "큰 뜻을 위한 것"이라고 했고, 이는 재정적으로 큰 도움이 되었다.

12월 8일, 스탠은 암스트롱 씨에게 아들의 출생을 보고한 뒤 자신의 일에 대한 편지를 이어갔다.

저는 보스턴의 모든 최고의 클리닉 임상에 참여하고 있습니다. 록펠러 재단의 소개로 이 일이 가능하게 되었습니다. 저는 눈 수술 관련 두 개의 과정을 마쳤고, 지금은 일반 안과에서 공부하고 있으며 정형외과 수술 과정을 막 시작했습니다. 보스턴을 오가는 데 300달러의 장학금 중 상당 부분을 사용해야 했습니다.

이미 얻은 지식으로도 다른 사람들을 하나님의 나라를 보게 하는데, 큰 도움이 될 것이라고 생각하며, 특히 이곳 의사들도 제가 아주 잘한다고 생각하고 있습니다. 그들은 "고향에서 많은 돈을 벌 수 있는데 왜 먼 나라에서 시간을 낭비하느냐?"고 말합니다.

저는 한 남자에게 "이곳에 남아 가난한 학교 선생님의 사시 때문에 간단하게 눈 근육을 자르는 데 150달러를 청구하느니, 차라리 개가 되어 달을 보고 짖겠소."라고 대답했습니다.[36]

저는 다시 바쁘게 일하고 싶어서 여기서 사회봉사 활동을 찾아보려고 합니다.

실제 설교는 거의 듣지 못하고 강의만 많이 듣습니다. 한국인들의 영적인 삶이 그리워 한국으로 돌아가게 된다는 사실에 감사하고 있습니다.

2월 이후에는 원하는 곳이면 어디든 강의할 수 있을 것 같아요. 정형외과 수술 과정을 먼저 마치고 싶어요.

그는 용정병원 지붕을 교체해야 한다는 점을 계속 걱정했다. 나중

---

36 (역주) 셰익스피어의 극 〈줄리어스 시저〉 4막 3장에 나오는 대사이다.

에 그는 보스턴에 있는 의사 친구가 이 프로젝트에 200달러를 지원하겠다고 약속했다는 소식을 전해주었다.

마틴 부부가 보스턴에 있는 동안 윌리엄 스콧 목사는 1922년 10월 24일 만주 용정에서 선교위원회에 편지를 보냈다. 그는 마을의 급속한 성장에 대해 썼다.

용정은 지난 몇 년 동안 거의 두 배로 성장했습니다. 농경지였던 국자가(Kukjaga)로 이어지는 계곡에는 이제 집들이 점점이 들어서 있습니다. 우리 선교회 주거지와 접해 있는 들판에는 집들이 들어섰고, 우리는 이제 한국인들의 집안에서 말하는 소리가 들릴 정도입니다. 이제 우리는 도시의 중심이 되었고, 우리의 존재 자체가 복음의 메시지입니다. 우리 언덕은 "영국독(Yungkook Tok)" 또는 영국 언덕(English Hill)이라고 불리며, 이 도시의 주요 랜드마크가 되었습니다.

삼봉에서 용정으로 가는 철로가 일주일 전에 개통되었습니다. 기적 소리가 들리니 환호성이 절로 나옵니다. 이제 비바람이 불어도, 수레가 부족해도 언제든 마음만 먹으면 주저하지 않고 갈 수 있을 것 같습니다.

마틴 박사를 만나면 병원, 장비 또는 직원에 대해 걱정할 필요가 없다고 말해주십시오. 화이트로 양은 병원장의 직무를 아주 효율적으로 감당하고 있습니다. 그녀 또는 "우리" 병원은 제가 관찰한 바로는 서비스, 조직, 청결, 장비 면에서 한국 최고의 병원입니다. 우리 병원은 우리 위대한 교회를 대표할 만하다고 하겠습니다.

저는 마틴 박사님과 사모님이 하루빨리 병에서 회복되어 이곳에서 그들을 절실하게 필요로 하는 사람들을 위해서 다시 오시기를 고대하고 있습니다.

스탠은 자신의 사역 복귀를 고려하면서 각 선교부 병원에 남자 의사 두 명, 또는 남녀 한 명씩(선교사 의사)의 의사와 간호사 한 명을

보내주시게 되기를 자주 언급했다. 그는 1922년 12월 8일 선교위원회에 다음과 같이 편지를 보냈다:

> 저는 비록 몸이 병들었지만, 머레이 박사와 제가 두 달 동안 일하면서 업무의 효율성이 60%나 올라갔다고 생각합니다. 선교위원회가 한국에 대해 어떤 의료 정책을 가지고 있는지 알려주시기 바랍니다. 또한, 뉴펀들랜드의 세인트 앤드루 교회에서 엑스레이 촬영을 위해 기부한 5,000달러에 대해서도 알고 싶습니다. 이 돈은 아직 남아 있는 건지, 아니면 일부만 남았는지요? 저는 이미 기계를 골라 두었습니다. 돌아갈 때 가져가고 싶은데, 내년 가을까지 돈이 가능한지 알고 싶습니다.

1923년 1월, 스탠은 여전히 엑스레이 기계에 대해 선교위원회에 편지를 보냈다.

> 세인트존스 여선교회 회장의 오빠가 빅터 엑스레이 회사의 대리인으로, 최고의 기계를 저렴한 가격에 구입할 수 있도록 주선하고 있습니다. 이 기계는 여기 보스턴의 모든 최고의 병원과 북경의 유니온 의과대학에서도 사용되고 있습니다. 저는 좀 작은 것을 골랐습니다.
>
> 제가 설치한 발전 설비는 병원뿐만 아니라 우리 집과 학교를 모두 밝히고 엑스레이도 가동할 수 있을 만큼 강력합니다. 이 발전기는 상하이에 있는 영국 회사에서 25% 할인된 가격에 구입했습니다. 우드로우(Woodrow) 양으로부터 500달러에 구입했습니다. 병원에는 이미 불이 들어왔고, 수술실에도 더 좋은 조명시설이 들어왔으면 좋겠습니다.
>
> 우리는 선교위원회에서 선교사 사택의 배선을 위해 소액 사용을 허용해 주기를 바랐지만, 작년에 저희가 올린 예산이 삭감되어 우리 선교회는 이 부분을 삭감했습니다.

밤에 혼잡한 병원에서 전등의 가치는 아무리 강조해도 지나치지 않습니다. 여기 용정에서 우리가 사는 싸구려 전등을 보셔야 합니다. 마르코니 회사에서 전기 기술자로 일했던 저의 경험은 병원에 전기와 스팀 열 등을 설치하는 데 도움이 되어 선교회에 수백 달러를 절약해 주었습니다. 만약 제가 병원에 난방설비가 들어올 때 병상에 누워있지 않았다면 힐턴 씨에게 지급되는 돈을 절약할 수 있었을지도 모릅니다. 최소 500달러였어요.

우리가 또 다른 외국인 의사를 얼마나 원하고 있는지 알지 못하실 겁니다. 아내가 출산할 때 할 일이 얼마나 너무도 많습니다. 저는 다른 선교사의 아내를 돌보기도 하는데, 때로는 불안에 떠는 남편과 함께 부인과 산모가 모두 위험하게 될지도 모르는 마취약을 투여해야 하는 경우도 있습니다. 저는 외국인 간호사 없이 이런 상황에 몇 번이고 직면한 적이 있습니다. 간호사는 종종 큰 책임을 져야 하고 최고의 훈련이 필요하기에 최고의 간호사가 필요합니다. 저는 전적으로 주님의 일을 위해 이 이야기를 하는 것입니다.

회령에서 쉬면서 보낸 머레이 박사의 보낸 편지를 보니, 그녀가 많이 아프다는 것을 알 수 있었습니다. 그녀는 자신의 한계를 느끼고 있으며 한국말을 빨리 습득하려고 노력하고 있습니다. 그녀에게 함흥병원의 모든 계획과 리모델링을 맡기는 것이 합당한가요? 제가 돌아오면 그녀를 그곳으로 보내게 될 것이 틀림없어 보입니다. 일본인들은 병원을 리모델링하기 전에는 병상을 열 개 이상 못 쓰게 할 거요, 이것은 남자의 일입니다. 선교회 넓은 단지 안에 있는 남자들은 일이 너무 많아서 과로하고 있어서, 의료 업무는 반드시 한 사람에게 떨어질 것입니다. 그녀는 혼자서 걱정을 하게 될 것이고, 활력이 넘쳐나는 그녀를 돌봐줄 누군가가 필요합니다. 의사는 다른 사람을 보호하기 위해 시간과 에너지를 쏟는 반면, 자신을 돌보지 않는 경우가 많습니다. 저도 만주에서 세 번의 심각한 질병을 앓았기 때문에 잘 알고 있습니다.

한 번은 간호사, 조수 한 명, 마취약을 투여한 사람이 저를 수술했는데 모두 우리 병원에서 훈련받은 현지인이었습니다. 당시 병원에는 다른 외국인은 한 명도 없었죠. 그들은 모두 원산에 있었어요.

머레이 박사는 훌륭한 외과 의사이자 극동지역 최고의 여의사 중 한 명입니다. 중국 여성들을 위해 많은 일을 해온 그녀가 우리와 함께 일할 수 있었으면 좋겠습니다.

저는 현지인의 도움이 절실합니다. 제가 직접 두 명의 남자를 훈련시켜 마을의 등불 역할을 잘하고 있습니다. 서울 세브란스 연합 의과대학에 다니는 두 명의 학생도 있는데, 그들이 다시 돌아올 것입니다.

매사추세츠 종합병원에서 정형외과 수술 과정을 마치고 싶습니다. 제 아내가 퇴원한 후 집을 유지하기 위해 마지막 남은 학비를 다 써야 했기 때문에 70달러가 필요합니다.

정형외과 과정은 뼈와 관절 질환으로 고통 받는 많은 중국인과 한국인에게 큰 도움이 될 것입니다.

우리 모두의 1923년 소망을 기원합니다.

충심을 다하여,
S. H. 마틴 드림

1923년 2월 20일, 스탠은 매사추세츠주 윈스롭에서 암스트롱에게 편지를 보냈다.

한국에서의 의료 등록에 관해 편지를 씁니다. 일본이 한국을 점령했을 때 그리어슨 박사와 같은 사람들은 새로운 면허 없이도 계속 활동할 수 있었습니다. 맨스필드 박사와 같은 미국인과 캐나다인은 도쿄에서 시험을 치러야 했습니다. 도쿄에서 치르는 시험은 두 가지인데, 동시에 응시할 수는 없습니다. 구술시험과 필기시험 사이에 6개월이 지나야 합니다. 아시다시피 일본인은 의학과 군사 전술에서 독일을 모방하기 때문에 캐나다인과 미국인이 독일어는 잘하고 영어는 못하는 시험 감독의 지시에 따라 시험을 치르는 것이 어렵습니다.

제안을 드리면, 이미 그렇게 한 것 같은데, 영국인은 영국 면허를 취득하고 미국인은 도쿄에 가서 시험을 치르면 될 것 같습니다. 그러면 일본 제국의 어느 곳에서든 일할 수 있는 자격이 주어질 것입니다.

만일 제가 한국에서 일하려면 뉴펀들랜드 면허를 따야 합니다. 여기에 영국 돈 5파운드를 더해서 런던으로 보내면 영국에서 일할 수 있는 면허를 받을 수 있습니다. 이걸 일본으로 가져가서 직접 면허증을 받으면 되겠군요. 머레이 박사는 캐나다 시험으로 이 일을 해냈고 모든 과정이 끝났습니다.

정형외과에서 취득할 수 있는 최고의 과정 중 하나를 받고 있습니다. 다음 주에 보스턴 YMCA에서 연설할 예정입니다. 우리 모두 잘 지내고 있지만, 이번 겨울은 정말 힘들었습니다.

러시아 난민들을 돕기 위해 용정으로 돌아가고 싶은 마음이 간절합니다. 6월에 뉴펀들랜드로 떠나 7월, 8월, 9월을 그곳에서 보낼 예정입니다.

제가 무료로 할 수 있는 의료 활동이 많지만, 가능한 한 빨리 저희 후원 교회인 오릴리아에 가야 합니다. 병원에 4,000달러를 기부해 주신 포트 엘진의 커 씨와 몬트리올의 우드로우 여사를 만나고 싶습니다.

진심을 다하여,
S. H. 마틴 드림

3월 6일에 스탠은 암스트롱 씨에게 편지를 보냈다.

방금 머레이 박사님으로부터 편지를 받았습니다. 그녀는 우리 병원이 폐렴에 걸린 아름다운 가수를 포함한 수많은 러시아 난민 환자들을 치료하고 있다고 합니다. 그녀는 러시아 황제의 대신을 지낸 사람의 전 부인입니다. 이 여인은 지난 5년간 침대에 누워본 적이 없었다고 합니다.

아시다시피 1917년 볼셰비키 혁명 당시 러시아 사회의 핵심 귀족 수천 명이 조국을 떠났습니다. 그들은 중국과 한국을 통해, 서구로 혹은 유럽으로 탈출했습니다. 중국에서는 상하이에 대규모 정착촌이 형성되었습니다. 러시아의 부농(Kulak)이나 농민들은 이런 어려움을 근근이 버텨냈지만, 이 계층의 사람들은 평생을 편안하고 안락하게 살았기 때문에 너무 큰 충격이었습니다.

스탠은 계속했다.

함흥에 의사를 보내달라고 강력히 요청하고 있는데, 연례회의가 끝나면 머레이 박사는 용정으로 돌아갈 수 없거나 돌아가고 싶지 않을 것으로 생각됩니다. 병원이 한 달이라도 문을 닫는다는 것은 정말 큰일이기 때문에 빨리 돌아가고 싶은 마음이 간절합니다.

정형외과에서 좋은 시간을 보내고 있습니다. 이 멋진 클리닉에서 끔찍하게 기형인 아이들이 얼마나 곧게 펴지고 행복해지는지 보셔야 합니다.

특히 결핵 환자를 추적 관찰하고 엑스레이 판독을 하고 있습니다. 돌아가면 더 나은 뼈 수술을 하기로 결심했습니다. 세인트존스 지원금이 일반기금으로 편입되었다면, 작은 엑스레이를 준비하기 위해서 조금이라도 더 모금해야겠군요.

용정에 두 번째 의사가 생겼으면 좋겠다는 생각이 가장 간절합니다. 그 가능성은 어떻게 되나요?

4월과 5월에 저를 위해 여행이나 순회 일정을 잡아주시기 바랍니다.

진심을 다하여,
S. H. 마틴 드림

암스트롱 씨는 캐나다 의사가 일본 영내에서 활동하려면 영국 의사 등록이 있으면 된다는 정보를 알려주어 감사하다고 했고, 교회에서 선교 보고를 할 계획을 세우는 데 도움을 주었다. 마가렛과 아이들은 매사추세츠에 머물고 있었다.

그 후 마틴 가족은 안식년 중 두 번째 시련을 겪게 되었다. 네 명의 자녀가 모두 홍역에 걸렸다. 마가렛은 다음이 어떻게 될지 궁금해 했다!

정형외과 수련 과정을 마친 후 스탠은 캐나다 교회들을 찾아다니며 자신의 사역에 대해 이야기했다.

오릴리아 타임즈(the Orillia Times)는 그의 방문에 대해 길게 보도했다. 그중 일부는 다음과 같다:

오릴리아교회 교인들은 이번 주 동안 해외 선교부 대표인 만주의 마틴(S. H. Martin) 박사와의 친분을 새롭게 하고 있습니다. 일요일 저녁에 마틴 박사는 자신의 삶과 병원 설립에 관한 이야기를 들려주었습니다.

그는 자신의 농장을 팔아 전 재산인 4,000달러를 병원 기금으로 기부한 선량한 장로교 농부로부터 병원이 시작되었다고 했습니다. 여기에 또 다른 4,000달러는 몬트리올에서 기증받았으며, 동아시아의 싼 인건비 덕에 건물을 지을 수 있었다고 했습니다.

오릴리아 장로교회는 병원의 난방, 배관, 수도 시스템, 전기 발전 설비 등을 위해 12,000달러를 지원했는데, 모두 마틴이 직접 설치했습니다. 이외에도 이 관대한 기관으로부터 다른 소규모 지원도 받았습니다. 그는 지금 병원에 엑스레이 기계를 설치하기 위한 기금을 모으려고 합니다. 그는 이미 진료소를 가지고 있고, 선교회 건물은 황량한 언덕 위에 작은 정착지를 이루고 있었습니다.

마틴 박사는 어떤 꾸밈도 없이 솔직하고 남자답게 자신의 이야기를 들려주었고, 이는 가장 효과적이었으며 많은 회중의 관심을 집중시켰습니다. 일요일에는 두 번의 예배에 모두 참석하고 월요일 저녁에는 여성 후원회 주최로 작별 모임을 할 예정입니다.

캐나다 여행을 마친 스탠과 마가렛은 만주로 돌아가기 전 뉴펀들랜드에서 시간을 보내기를 고대하고 있었다. 스탠은 암스트롱에게 6월 7일 세인트존스로 항해하는 가족 여행 경비 관련해서 편지를 보냈다.

마틴 부인과 아이들이 처음으로 저의 고향에 가서 부모님과 시간을 보내려고 하는 것이니 선교회원회에서 이 비용을 지불해 주실 수 없겠습니까? 가능하다면 크랜스턴 양에게 저의 월급과 함께 이 경비를 보내달라고 부탁해 주시길 바랍니다.

루시와 마가렛이 내일 편도선 수술을 받기로 했어요. 수술비는 각각 20달러입니다. 자선경비를 지원받아서 눈, 코, 이비인후과 수술을 진행할 것입니다.

중국에서 25센트에 해당하는 비용으로 20갤런의 종양을 제거한 사람이 집에서 훨씬 작은 수술에 40달러를 지불해야 한다는 것은 이상해 보입니다. 그러나 개인 병원에서 치료를 받는다면 각 어린이당 50달러를 지불해야 합니다.

진심을 다하여,
S. H. 마틴 드림

뉴펀들랜드 여행 경비 요청에 대해 선교사와 가족이 거주할 것으로 예상되는 본국만 여행 경비를 지원한다는 선교위원회 방침을 알려주는 것으로 답변이 왔다. 마틴 선교사 가족의 경우 두 나라가 관련되어 있다는 점이 복잡했다. 마가렛은 미국인이고 스탠은 뉴펀들랜드 주민이었기 때문이었다.

스탠은 7월에 가족과 교회를 잠시 방문한 적이 있었지만, 친조부모는 아직 손자들을 보지 못한 상태였다. 또한, 마가렛은 그들을 지지하는 교인들과 인사를 나누고 스탠의 가족 및 친구들을 만나 정을 나누는 것도 중요했다.

1923년 5월 23일 마가렛은 선교위원회에 보낸 편지에서 힘든 한 해에 대한 실망과 피로감을 표현했다.

> 1922년 5월에 도착한 이래로 가족에게 질병이 없었던 적은 거의 없었다고 말할 수 있으며, 심각한 질병도 있었습니다. 그뿐만 아니라 재정적인 문제를 해결하기 위해 끊임없이 불안에 시달려야 했습니다. 저희의 운영 방식이 너무 비효율적이었기 때문입니다. 지난주에 큰아이 둘이 편도선 수술을 받았고, 오늘 루시가 고열이 나서 또 걱정입니다. 주방 도우미가 오늘 떠나는데 남은 2주 동안 누군가를 구하려면 터무니없이 비싼 값을 지불해야 합니다. 떠나면 언제 아버지를 다시 뵐 수 있을 거라고 약속할 수 없기에 조금이라도 안심하고 아버지와 함께 보낼 수 있는 시간을 갖고 싶었습니다.

그녀는 안식년을 회고했다.

> 1922년 5월부터 6월까지 아이들은 백일해에 걸렸고 7월에는 아버지가 낙상 사고를 당했습니다. 8월에 우리는 스탠의 학업을 위해 보스턴 근처에 있는 메드포드로 이사했지만, 루시를 학교에 보내는 데 어려움이 있어 윈스롭으로 두 번째 이사를 하게 되었습니다.

11월에 저는 아들을 출산했고, 침례병원에 입원해 있는 동안 제 딸 마가렛은 심각한 병에 걸렸습니다. 돌아오자마자 저는 독감에 걸렸고 기력을 회복하는 데 또 한 달이 걸렸습니다. 3월에 어린 마가렛은 편도선염과 후두염으로 심한 발작을 일으켰고, 에드나는 중이염에 걸려 두 살 반의 아이에게 결코 가볍지 않은 신장 문제를 겪었습니다. 그 후 마틴 박사가 캐나다에 출타 중인 동안 모든 아이가 홍역에 걸렸습니다. 그가 돌아왔을 때 편도선 수술은 제가 말씀드린 대로 진행되었습니다. 이 기간에 저를 도와준 사람은 교육을 잘 받지 못한 무능한 간호원 한 명 뿐이었습니다. 주방에는 아무도 도와줄 사람이 없었습니다.

제가 히스테리를 부린다고 생각하지 마세요. 이것은 단순히 사실에 대한 진술일 뿐입니다. 우리는 자선의 대상이 되고 싶지 않습니다. 저는 아들이 태어난 후 이번 겨울에 아이들을 맡길 수 있었다면, 나가서 제 직업에 복귀할 생각을 했었습니다. 간호사들은 이곳에서 주당 42달러를 받는데, 이는 물질적인 도움이 되었을 테지만 불가능했습니다.

이것을 불평이나 반항이라고 생각하지 마세요. 저희는 그저 낙담하고 있을 뿐입니다.

진심을 다하여,
마가렛 마틴 드림

암스트롱 씨와 선교위원회의 맥케이 박사는 어려움에 지친 부부에게 동정 어린 마음으로 격려의 편지를 썼다.

암스트롱은 1923년 5월 26일에 다음과 같이 썼다:

저는 제 자신이 선교사가 되려다 거절당한 이래로 저는 모든 선교사의 진정한 친구가 되려고 하고 있음을 믿어주시기 바랍니다. 당신이나 우리 선교사들의 어려움을 덜어줄 수 있다면 내가 하지 않을 일은 아무것도 없습니다. 여러분은 불행한 경험을 하셨다고 생각합니다. 다른 선교사님들보다 더 비싼 조건에서, 그것도 미국에 있고 대도시 근처에서 생활하고 계시니까요. 따라서 여러분의 경험은 누구나 다 겪는 것은 아닙니다. 더군다나 질병으로 인해 매우 불행한 일을 겪으셨습니다. 저는 5월 23일에 보내주신 편지에 큰 감동을 받았으며, 안식년 동안 겪으신 어려움에 진심으로 동감합니다.

마틴 박사는 자기 임무를 위해서 자기를 다 마침으로 빛나는 봉사를 하였고, 우리는 그를 매우 자랑스럽게 생각합니다. 우리는 그를 우리 교회의 의료 선교사 중 가장 훌륭하고 헌신적인 사람 중 한 명으로 여깁니다. 그의 앞에는 큰 미래가 있으며, "최고의 순간은 아직 오지 않았기 때문에" 안식년 동안의 어려운 경험으로 낙담하지 마시기 바랍니다.

우리는 재정적 위기를 지나고 있지만, 이것은 정말 "지나가는 것"이며 미래는 그렇게 어렵지 않을 것이라고 생각합니다.

토론토에 살았던 사람들보다 더 비싼 곳에서 살았다는 점을 제외하면 대도시나 그 근처에서 살았던 다른 선교사들과 상황이 크게 다르지 않습니다. 이곳 경비도 만만치는 않습니다.

하지만 두 분 모두 다시 선교지로 돌아가고 싶어 하신다는 점을 확신하며, 저는 모든 의미에서 어떤 경우에도 진정한 친구가 되고자 함을 다시 한번 말씀드리고 싶습니다. 하고 싶은 말이 있거나 제가 할 수 있는 특별한 일이 있으면 다시 편지를 보내주세요.

안부를 전하며,
진심을 다하여,
A. E. 암스트롱 드림

어려운 한 해의 어려움에 더해, 선교부의 맥케이 박사가 스탠의 엑스레이 기계 기금을 사용할 수 없다는 소식을 전한 것이 또 다른 충격이었다.

하나님의 좋은 타이밍에 대륙 횡단 철도 티켓 환불금이 스탠에게 도착했고, 선교위원회는 그 돈을 뉴펀들랜드로 가는 배 여행에 사용하도록 허락했고, 상환은 나중에 하도록 했다.

다시 가족은 짐을 싸서 뉴펀들랜드로 떠났다. 인생에서 가장 좋은 시기에 떠난 여행이었다. 스탠과 그의 가족은 항구가 내려다보이는 큰 집에서 부모님과 함께 있게 되었다. 방도 넉넉했고, 재정적인 걱정도 없었으며, 교회에서 성대한 환영을 받았다. 마침내 가족은 선교지로 돌아가기 전에 절실히 필요했던 평화와 휴식의 시간을 찾았다.

제16장
지체된 귀환

몇 주 동안 세인트존스에 있는 스탠의 부모님 댁에서 지낸 뒤, 조부모님께 평안과 조용한 시간을 드리는 것이 좋겠다는 생각에 젊은 부부는 임시로 지낼 작은 집을 찾아 나섰다.

그들은 바닷가 톱세일(Topsail)에 있는 오두막을 발견했다. 스탠은 망원경으로 지나가는 배들을 관찰하고, 해변 가장자리에서 노는 아이들을 바라보며 그 시간을 만끽했다. 그는 인근 교회들에서 말씀을 전해 달라는 요청을 자주 받았다. 마가렛은 나무 화덕으로 요리하고, 빨래판과 양철 대야로 빨래를 해가며 살림을 돌보았다. 여섯 살 이하의 아이 넷을 키우는 그녀는 점점 더 지쳐가고 있었다.

1923년 7월 14일, 스탠은 암스트롱에게 편지를 썼다:

우리는 지금 바닷가에 있습니다. 제 아내의 건강 상태는 기대만큼 좋지 않습니다. 그녀는 8월 말 중국으로 출발할 만큼 충분히 건강이 회복되지 않았다고 느끼고 있으며, 우리는 10월에 출항하는 것을 선호합니다. 그때 가서도 제가 혼자 떠나는 게 나을지도 모르겠습니다. 그게 우리 모두에게 가장 좋고, 비용도 절약될 것입니다.

하지만 8월이 되어도 상황은 나아지지 않았고, 그는 선교위원회에 다시 편지를 보냈다.

톱세일, 뉴펀들랜드　　　　1923년 8월 22일
친애하는 암스트롱 씨에게,

아시다시피, 우리는 맥길브레이 씨, 여성선교회, 그리고 오릴리아 교회의 여러 장로님과 편지를 주고받으며, 제 아내가 오릴리아에 남고 제가 혼자 용정으로 돌아가는 가능성에 대해 논의해왔습니다. 우리 둘 모두에게 매우 고통스러운 이 상황은, 제 아내가 아들을 출산한 후 안식년 동안 적절한 도움 없이 과로한 결과 생긴 일입니다. 우리는 오릴리아로 가서 제 아내가 토론토에서 수술을 받은 후, 둘 중 한 사람 또는 아이들과 함께 둘 다 중국으로 돌아가는 계획을 세웠었습니다. 그러나 우리를 잘 아는 오릴리아의 바커 가족과 다른 친구들의 의견은, 짧은 기간이라도 부부가 떨어져 지내는 것에 모두 반대합니다. 그리고 이제 우리는, 뉴펀들랜드에서 여름을 보낸 후 제 아내가 토론토로 이동할 힘조차 없다고 느낀다는 사실을 알게 되었습니다. 오릴리아에서 도움을 구하기 어렵고, 집을 임대하는 것도 쉽지 않다는 점을 고려하면, 우리가 여기 머물며 이곳에서 수술을 받는 것이 유일한 대안으로 보입니다. 제 아내의 건강은 한 달 전보다도 더 나빠졌습니다.

그래서 우리는 부득이하게 안식년을 1년 더 연장해 달라고 요청드릴 수밖에 없습니다. 우리는 우리가 소유한 모든 것을, 의료 서적 대부분을 포함해, 용정의 집에 두고 왔습니다. 우리가 인생의 가장 좋은 시간과 에너지를 쏟아 부은 사역인데 어찌 돌아가고 싶지 않겠습니까. 우리는 1년 후에 아내가 건강을 회복하고, 지금의 수입으로는 도저히 감당하지 못했던 빚을 갚을 수 있기를 희망합니다.

한국의 선교사 연례 모임 보고서가 도착했는지 모르겠지만, 혹시 받으셨다면 그 소식을 꼭 듣고 싶습니다. 그동안 용정 병원이 계속 운영될 수 있도록, 더 많은 의사와 간호사들이 파견될 수 있도록 노력이 기울어지기를 바랍니다.

우리는 지금 직접 할리팩스(Halifax)로 전보를 보내 티켓을 취소하고 있으며, 제 아내의 병세가 악화되어 마지막 순간에 계획이 변경된 것을 유감스럽게 여기며 받았던 200달러의 여비를 반납합니다.

진심을 다하여,
S. H. 마틴 드림

그들은 1923년 여름 동안 일본에서 발생한 대지진 소식을 들었다. 그들은 이 일이 아시아 전체에 어떤 영향을 미칠지 궁금했다. 이 일이 여행 계획을 혼란에 빠뜨릴 것이며, 특히 그 지역의 경제에 큰 타격을 줄 것을 알고 있었다.

마침내 선교위원회로부터 안식년 연장 허가가 내려졌다. 곧이어 스탠은 토론토의 웰슬리(Wellesley) 병원에서 상주 외과의로 일해달라는 요청을 받았다. 이것은 그들이 빚을 갚기 위해 꼭 필요했던 기회였다. 젊은 부부는 큰 용기를 얻었다.

오릴리아의 후원 교회도 이 새로운 계획을 듣고 어떤 방식으로든 돕겠다고 나섰다. 마가렛과 아이들은 오릴리아에 머물며 교회 친구들의 보살핌을 받기로 했다. 한 교회의 콜드워터에 사는 쿠퍼 가정이 세 살배기 에드나를 몇 달 동안 맡아주겠다고 했다.

마가렛은 수술이 필요했고, 그녀가 이동할 수 있게 되면 토론토에서 수술을 받기로 계획되었다.

9월 초, 그들은 얼마 되지 않는 소지품을 챙겨 캐나다로 떠날 준비를 했다. 다시 스탠의 부모님과 작별하는 일은 쉽지 않았다. 앞으로도 계속될 긴 이별이 그들 앞에 놓여 있었고, 손주들은 이제 할머니, 할아버지와 정들어 있었다.

캐나다에서는 마가렛이 토론토에서 수술을 받는 동안, 마틴 부부의 아이들이 교회 친구들 가정에 "위탁"되어 지내야 했던 어려운 몇 주가 있었다. 마가렛이 이동할 수 있을 만큼 회복되자, 그녀와 아이들은 오릴리아의 새 생활로 들어갔다.

루시, 마가렛, 에드나는 학교에 다녔고, 아기 제럴드는 건강한 유아로 자라났다. 외할아버지 로저스가 몇 달간 방문할 수 있었고, 딸에게 큰 힘이 되어주었다.

10월이 되자, 그들은 용정에서 E. J. O. 프레이저가 암스트롱에게 보낸 편지를 받게 되었고, 그는 병원이 잘 유지되고 있으며 "마틴이 돌아오면 지금까지 중 최고로 좋아질 수 있다."고 했다. 또한, 그는 용정 마을이 지난 1년 반 사이에 거의 두 배로 성장했다고도 썼다.

이에 대해 암스트롱은 프레이저의 편지에 답장을 보내어 "마틴 부부는 안식년 연장을 신청할 수밖에 없었고, 그 요청은 승인되었습니다. 마틴의 아내 마가렛은 토론토 종합병원에서 수술을 받았고, 큰 고통을 겪었지만, 담당 의사는 희망적인 진단을 내놓았습니다. 용정의 여러분께는 매우 안타까운 소식이겠지만, 이는 불가피한 일입니다. 마틴 박사 본인은 지금 당장이라도 돌아가고 싶어합니다."라고 소식을 전했다.

마틴 부부는 용정에서 본국 교회로 보낸 제시 화이트로 양의 보고서를 받았다. 그녀는 그곳에서 4년 동안 간호사로 일해 왔고, 스탠이 자리를 비운 동안 병원 총책임자를 맡고 있었다.

친애하는 여러분께,

이곳 용정에는 입원 환자 40명을 수용할 수 있는 병원이 있으며, 외래 진료 부서도 커서, 마틴 박사님께서 안식년을 떠나시기 전 1년 동안 약 15,000건의 진료를 감당했습니다. 현재 외국인은 저 혼자뿐이라, 병원과 간호사들,

간호사 숙소를 감독하고, 외진 요청에 응하며, 병원 회계 업무와 복음 전도까지 맡고 있습니다. 병원은 증기난방, 전기 조명, 수돗물이 완비되어 있으며, 근처에 안락한 간호사 숙소도 있습니다.

우리 직원들은 모두 그리스도인이며, 자신의 업무 중에도 믿지 않는 이들에게 가르치고 전도하려 애씁니다. 환자 복음 전도에 전념하는 전도부인도 한 분 계시고, 병원에서 치료를 받는 동안 그리스도인이 되기로 한 사람들이 많았다는 사실을 기쁘게 보고 드립니다. 외진을 통해 가정에서 치료를 받은 환자들도 큰 도움을 받았습니다.

우리는 현재 서울의 세브란스 연합의학전문학교에 다니고 있는 전직 병원 직원을 후원하고 있으며, 그가 돌아와 이곳 사역을 더 잘 감당할 수 있도록 준비시키고 있습니다. 또한, 지난해 여름에는 직원 한 명을 세브란스에 보내 세균학에 대한 특별 연수를 받게 하였습니다. 우리 병원에는 한국인, 중국인, 러시아인 환자들이 주로 오고, 가끔 일본인과 영국인 환자도 있습니다. 그야말로 다양한 언어들이 뒤섞여 있어서, 때로는 환자가 무슨 말을 하는지 알아채는 데 상상력을 총동원해야 할 지경입니다. 우리 한국인 의사는 정부병원 출신으로 일본어를 잘하고, 병원 총무는 한국어를 중국어로 통역하며, 젊은 러시아인 한 명은 러시아어를 영어로 통역합니다.

급수 시스템이 고장 났던 탓에 큰 불편을 겪기도 했지만, 지금은 러시아인들이 다시 설치해주어서 최고의 수준이라 자부할 수 있습니다.

지금 우리가 가장 절실히 필요한 것은 오랫동안 원해온 새 지붕인데, 이전보다 상황은 좋아지고 있습니다. 본국의 친절한 후원자들이 이를 위한 기금을 보내주셨기에 아마도 올봄에는 그토록 바라던 지붕이 완공될 수 있을 것입니다.

진료소 건물에 페인트칠을 새로 해야 하는데, 앞으로 이 일도 잘 해결될 것이라 믿습니다.

우리 병원은 자립을 향해 순조롭게 나아가고 있어서, 앞으로는 본국의 지원이 해마다 점점 줄어들 수 있을 것으로 기대합니다. 전체적으로 우리의 사역은 지극히 지혜로우신 아버지 하나님의 인도하심 아래 매우 번창하고 있습니다.

마틴 가족에게 시간은 빠르게 흘러갔고, 아이들은 캐나다에서의 시간을 즐겼다. 그들은 크리스마스 장식과 축제에 눈이 휘둥그레졌고, 부활절이 되자 이스터 에그와 초콜릿 토끼, 사탕가게에서 풍겨 나오는 달콤한 냄새 모두 새롭고 흥미로웠다.

얼마 지나지 않아, 부모님은 아이들에게 다시 용정으로 떠날 예정이라는 소식을 전했다. 스탠은 1924년 5월 15일 밴쿠버에서 출항하는 '오스트레일리아의 여황제'호 승선 예약을 해두었다.

마가렛은 선교지로 돌아가기 위한 준비에 들어가, 식품, 의류, 기타 필요한 물품들의 목록을 다시 꼼꼼히 점검했다. 그녀는 8년 전, 이모 애디와 함께 목록을 확인하던 때를 떠올렸다. 이번에는 무엇이 필요한지 훨씬 더 잘 알고 있었다. 스탠은 외과 수술로 바빴지만, 가능한 틈을 내어 의약품을 구입했다. 어느 일요일, 오릴리아 교회에서 마틴 부부의 아이들은 그날 오후 선샤인 미션 밴드(Sunshine Mission Band) 모임에 참석하지 말라는 말을 들었다. 아이들은 어리둥절했고 깊은 상처를 받았다. 그들은 그 모임에서의 찬양과 이야기 시간을 무척 좋아했기 때문이었다.

나중에 아이들은, 미션 밴드 친구들이 루시, 마기, 에드나, 그리고 작은 제리를 위한 깜짝 작별 선물을 포장하느라 그들을 못 오게 했다는 사실을 알게 되었다.

마침내 출발의 날이 다가왔다. 오릴리아 온타리오 타임스 신문은 마틴 가족이 오릴리아에서 보낸 마지막 밤에 대해 자세히 보도했다.

마틴 부부는 만주로 돌아가기 전날 밤, 오릴리아 장로교회 교인들로부터 작별 인사를 받았습니다. 마틴 박사는 용정의 세인트 앤드류 병원 병원장으로서 다시 사역을 시작하게 될 예정입니다. 많은 교인이 참석했고, 매우 따뜻하고 은혜로운 분위기가 이어졌습니다. 교회는 그들에게 재정적인 후원과 실용적인 물품을 아낌없이 선물했습니다.

선샤인 미션 밴드로부터 인사말이 전해졌고, 마틴 부부의 자녀들을 위해 '오스트레일리아의 여황제' 호에 장난감 꾸러미가 준비될 것이라는 발표도 있었습니다.

마틴 박사는 뼈 결핵 환자가 많은 자신의 선교지에 필요한 엑스레이 장비를 구입하기 위한 기금을 마련하려 힘써왔습니다. 커닝햄(Cunningham) 씨는 교회를 대표해 마틴 박사에게 약 750달러가 들어있는 봉투를 전달했고, 이 금액은 외부로부터 이미 받은 후원금과 더해져 훌륭한 엑스레이 장비를 구입하기에 충분한 액수가 되었습니다. 기타 외부로부터 받은 금액으로는, 그의 고향인 뉴펀들랜드 세인트존스에 있는 교회로부터의 500달러, 그의 모교 퀸즈대학교에서 온 100달러, 미들랜드의 제임스 플레이페어 씨로부터의 50달러, 그리고 마틴 박사가 참석해서 설교했던 여러 모임에서 모금된 100달러 이상이 포함되어 있습니다.

마틴 박사가 답사하려고 단상에 올랐을 때 청중은 열렬히 환영했다. 그는 오릴리아에서 자신과 가족이 받은 친절에 감격했고, 아내의 건강이 회복된 것도 대부분 가장 다정하게 도와준 친구들의 도움 덕분이었으며, 오릴리아에서 보낸 몇 달은 언제나 그들 기억 속에 가장 빛나는 순간으로 남을 것이라고 말했습니다.

메인주 브런즈윅 출신 마가렛의 아버지인 링컨 A. 로저스 씨는 딸과 함께 지내며 오릴리아 교회로부터 자신과 가족이 받은 친절에 대한 감사의 말을 간단히 전했습니다.

맥길브레이(McGilvary) 목사는 감동적인 폐회 메시지를 전했고, 세인트 앤드류 용정 기도 모임을 소개했습니다. 이 기도 모임은 회중 250명이 참여하여, 마틴 박사와 그의 사역을 위해 매주 최소 한 번 기도하겠다고 약속한 모임입니다.

열심 노동자 협회(Willing Workers Association)에서는 서명이 담긴 퀼트를, 주일학교에서는 실크 영국 국기를 마틴 부부에게 선물했습니다. 젊은 여성 선교사회(Young Women's Missionary Society)는 세인트 앤드류 병원의 병상 하나를 1년에 100달러씩 후원하여 유지하기로 했습니다. 이 단체는 마틴 박사가 선교지에서 돌아왔을 당시, 새·수술 도구를 구입할 수 있도록 200달러를 이미 후원한 바 있습니다. 또한, 뉴펀들랜드 세인트 존스의 여성선교회(W.M.S.)에서는 여선교사 두 명을 각각 연 100달러씩 지원하겠다는 약속도 전해졌습니다.

마틴 박사 부부는 오늘 밤 떠납니다. 장로교회를 넘어 오릴리아에 있는 많은 친구가, 멀고 먼 선교 사역지로 향하는 그들의 여정에 하나님의 축복과 안전을 기원하고 있습니다.

그날 밤, 마틴 가족은 예정대로 캐나다 태평양 철도 메돈트역으로 향했고, 선교지로 돌아가는 긴 여정을 시작했다. 밴쿠버까지는 별다른 사건 없이 순조로웠다. 그들은 그곳에서 아름다운 오스트레일리아의 여황제호에 승선해 일본을 향해 출항했다.

배가 요코하마에 도착했을 때, 승객들은 갑판 난간 너머로 우울한 도시의 광경을 내려다보았다. 8개월 전 발생한 지진 이후 많은 잔해가 치워졌지만, 여전히 폐허가 많았고, 해안 근처에는 작은 집 몇 채만이 남아 있었다.

배에 탑승한 승무원은, 지진이 일어난 그해 여름, 오스트레일리아의 여황제호가 요코하마에 정박 중이었고, 자신도 그때 배 안에서 근무 중이었다고 이야기해주었다.

그녀는 이렇게 설명했다. "대부분의 일본 집에는 '히바치'라고 부르는 난방 겸 조리용 화로가 있습니다. 숯을 담는 작은 점토 용기죠. 바닥은 볏짚을 씌워 만든 깔개인 다다미로 덮여 있어요. 그런데 지진으로 땅이 흔들리자 수많은 히바치가 넘어졌고, 그 불이 마을 전체로 번져버렸습니다.

사람들은 불길을 피해 미친 듯이 바닷가로 달려갔어요. 작은 고깃배며, 부두에 묶여 있던 배들이 죄다 사람들로 가득 찼죠. 우리는 갑판 위로 올라올 수 있는 사람은 전부 받아들였어요. 더는 한 명도 태울 수 없을 만큼 가득 찼을 때, 불길이 마침내 부두까지 닿았습니다. 선장은 어쩔 수 없이 배를 뺄 수밖에 없었고, 비명을 지르며 불타는 사람들을 남겨둔 채 떠날 수밖에 없었습니다. 도저히 표현할 수 없는 상황이었어요!"

일본에서 며칠을 보내는 동안, 마틴 가족은 곳곳에 남아 있는 파괴의 흔적에 마음이 아팠다. 그리고 다시 여정을 이어가, 한반도 동북 해안을 따라 청진으로 향했고, 그곳에서 육로로 회령 선교지까지 이동했다. 오랜만에 한국어를 다시 듣게 되니 무척 편안하고 익숙한 기분이 들었다. 회령에서는 맥도널드 가족이 그들을 반갑게 맞아주었다. 그들은 잠시 머무르며 안식년 동안의 이야기를 나누고, 선교 현황에 관한 이야기를 들었다. 잠깐의 체류 후, 그들은 다시 여정을 이어갔다. 삼봉역에서 기차를 타기 위해 계단을 오르던 스탠과 마가렛은 웃음지었다. 이번이 이 새 철도 구간을 처음 타는 순간이었다. 그들은 네 아이와 모든 짐을 가지고 무사히 기차에 올라탔고, 이제 여정의 마지막 구간에 접어들었다.

"우리 처음 이곳 왔을 때 말수레 타고 길게 갔던 거 기억나?" 스탠이 마가렛에게 물었다. "그럼요. 그때는 날씨도 몹시 추웠죠." 마가렛이 자리에 앉으며 대답했다. 기차는 이미 승객들로 붐비고 있었다. 마틴 부부는 객차가 아주 깨끗하고 새 페인트 냄새가 났다. 아이들은 창밖을 바라보며 자리에 앉았다. 기차가 움직이기 시작했고, 곧 콩밭과 수수밭 사이를 질주했다. 그 주변에는 작은 초가집 마을들이 드문드문 있었다. 작물들은 잘 자라고 있는 듯 보였다.

기차 안에 있던 몇몇 한국 아이들이 외국 아이들을 보고 다가와 그들을 바라보았다. 루시는 기억나는 한국어 몇 마디를 떠올려, "몇 살이야? 어디 가?"라고 물었다. 한국 아이들은 그녀가 말을 하자 신이 나서 대답했다. 마기와 에드나는 그저 듣고만 있었다. 그들은 이미 한국어를 다 잊은 상태였다. 작은 제리는 웃으며 손을 내밀었고, 그를 본 한국 여자아이 한 명이 엿(보리 사탕)을 건넸다.

마가렛은 "고맙지만, 아직 너무 어려서 못 먹어요."라고 말하며, 동시에 레몬 사탕을 꺼내 작은 손님들에게 나눠주었다. 아이들은 매우 기뻐하며 그 사탕을 부모에게 보여주려고 자리로 달려갔다.

얼마 후, 기차가 용정에 가까워지자 스탠과 마가렛은 풍경의 변화에 깜짝 놀랐다. 그들이 한 번도 본 적 없는 커다란 건물들이 눈앞에 우뚝 솟아 있었다. 새로 생긴 가게와 집들이 수백 채는 되어 보였다. 철도 건널목 근처에는 시장이 있었고, 거리에는 소달구지와 흰옷 입은 사람들로 가득했다. 기차가 속도를 늦추고 용정역에 멈추자, 그들은 벅찬 기쁨이 솟구쳤다. 잠시 뒤, 아이들이 먼저 계단을 내려오고, 그다음 마가렛, 마지막으로 스탠이 제리를 안고 기차에서 내렸다. 그들을 마중 나온 많은 사람 틈에서 환영의 외침이 터져 나왔다. 병원 직원들과 교회 친구들, 그리고 선교사 가족인 스콧과 프레이저 부부도 그들을 반갑게 맞이했다.

"세상에, 아이들이 얼마나 컸는지 봐요!"
"환영해요, 정말 환영합니다!"
"마틴 부인이 정말 건강해 보이네요."
"저기요! 마틴 박사가 아드님을 안고 계세요!"
마틴 가족은 드디어 집으로 돌아왔다.

제17장
중국에서의 마지막 날들

마틴 가족이 용정에 도착하자, 기차역에는 마차가 대기하고 있었고, 귀중한 엑스레이 기계와 병원 물자는 가정용 짐과 따로 분류되었다. 아이들은 마차를 탈 생각에 들떠 있었다.

스탠이 짐을 가지고 병원에 도착했을 때, 병원 문 앞에는 사람들이 몰려 있었다. 지역 사회에는 "민 다이 푸(Min Dai Foo)"가 돌아왔다는 소식이 퍼져 있었다. 사람들에게 의사가 엑스레이 장비를 설치해야 하므로 며칠 후 진료를 재개할 것이라고 설명했다.

마가렛과 아이들은 선교사 주택 4번 집으로 향했고, 그곳에서는 다비다, 철 씨, 상하가 그들을 기다리고 있었다. 한국인들은 아이들의 머리부터 발끝까지 살펴보며 흥분을 감추지 못했다. "마침내 얻은 아들" 아기 제리는 특히 많은 이들의 관심과 귀여움을 받았다. 마가렛은 복잡한 심경으로 그 모습을 바라보았지만, 결국 그것은 그들의 문화였다.

거실로 들어서며 익숙한 가구들과 자신이 아끼던 피아노를 보자 마가렛은 벅찬 행복감에 휩싸였다. 아이들은 기쁨에 찬 비명을 지르며 방에서 방으로 뛰어다니며 집 안을 돌아다녔다. 집 안은 먼지 하나 없이 깨끗했고, 주방에서는 다비다가 점심으로 준비한 맛있는 한국식 국과 밥 냄새가 풍겨왔다.

그날 저녁, 스콧 가족의 집에서 마틴 가족을 위한 환영 만찬이 열렸다. 스콧 부부의 세 아들 아놀드, 롬, 키스와 프레이저 가족의 진, 클래런스, 존은 선교단지에서 함께 놀 친구들이 생겨서 매우 기뻐했다.

마틴 가족은 캘거리(앨버타 주)에서 브래드쇼(Bradshaw) 양이 선교사 자녀들을 가르치기 위해 오고 있다는 반가운 소식을 들었다. 학령기에 도달한 아이들은 여섯 명이었고, 러시아 소년 한 명도 함께 수업에 참여하기로 했다. 은진소년학교 지하에 있는 교실은 이미 가을 학기를 위해 책상까지 준비되어 있었다.

스탠과 마가렛은 자신들의 다사다난했던 안식년 이야기를 나누었고, 그들이 없는 동안의 일들도 들었다. 이후 어른들은 아이들과 함께 게임을 했고, 아이들은 가능한 한 모든 활동에 함께할 수 있도록 배려를 받았다. 윌리 스콧 아저씨는 마술을 선보였고, 그날 저녁은 다 함께 노래를 부르며 마무리되었다.

짐을 풀고 정착하는 데 며칠이 걸렸지만, 가족은 곧 다시 분주한 일상으로 돌아갔다. 마가렛은 잡초로 뒤덮인 자신의 채소밭을 살펴보았다. 그리고 겨울이 오기 전에 조금이라도 수확할 수 있는 채소 씨앗이 있는지 짐을 뒤져 확인했다. 스탠은 병원의 상태에 만족했고, 물품과 장비 보충에 열정을 쏟았다.

여름이 지나고, 새로운 교사 브래드쇼 양이 도착했다. 그녀는 3번 집에 사는 다정한 미혼 여성들과 함께 생활하게 되었다. 아이들은 학교에 다니기 시작했고, 병원은 그 어느 때보다도 바빠졌.

점차 마틴 부부의 아이들은 다시 한국어를 사용하게 되었다. 루시는 안식년 전 배웠던 말을 어느 정도 기억하고 있었고, 곧 하인들의 집에 가서 그들의 아이들과 놀기 시작했다. 마기와 에드나도 그녀를 따라갔다. 그들은 콩밭과 수수밭 사이에서 숨바꼭질을 했다. 한국식

사방치기놀이를 배우고 한국 동화와 노래를 들었다. 봄이 되자 그들은 작은 바구니를 들고 한국 친구들과 함께 국을 끓이기 좋다고 알려진 여러 약초를 캐러 나갔다. 요리사 다비다는 그들이 대견했고, 그 약초로 국을 끓였다. 의사인 아버지는 그 약초에 좋은 비타민이 많다고 말하며 칭찬했다.

1925년 4월 24일, 그들은 '필리스(Phyllis)'라는 이름의 아기 여동생을 맞이했다. 계절이 지나면서 언제나 새롭고 흥미로운 것들이 있었다. 봉선화가 피는 철이 되자, 아이들은 한국 여자아이들로부터 손톱을 산호빛 분홍으로 물들이는 방법을 배웠다. 으깬 봉선화 꽃잎을 작은 천에 싸서 손톱 위에 하룻밤 묶어두는 방식이었다. 아침이 되면 손톱은 분홍빛으로 물들었고, 그 색은 몇 주 동안 유지되었다.

장사꾼들이 꽃이나 닭을 들고 문 앞에 찾아오곤 했다. 때로는 중국인 남자가 깨진 도자기를 고치러 오기도 했다. 아이들은 마늘 냄새가 자욱한 그의 곁에 쪼그리고 앉아, 그가 송곳으로 도자기 접시에 작은 구멍 두 개를 뚫고, 작은 금속 클립으로 그것을 이어 붙이는 모습을 지켜보았다.

어느 날, 한 중국인 남자가 구내로 들어왔다. 그때 아이들은 하인들 숙소 너머 헛간 근처에서 놀고 있었다. 그는 특히 에드나에게 관심을 보였다. 곱슬머리를 한 이 아이는 가장 예뻤다. 그는 중국어로 그녀에게 말을 걸며 자신에게 오라고 손짓했다. 그러더니 갑자기 그녀를 안아 올려 등에 업고 달리기 시작했다. 그러자 아이들은 모두 비명을 질렀고, 그는 에드나를 내려놓고 달아났다. 이는 처음 겪는 일이었고, 아이들은 항상 집 가까이에 함께 있으라는 주의를 받았다.

형형색색의 장례 행렬이 언덕을 따라 공동묘지로 가는 길을 따라 자주 지나갔다. 아이들은 그것을 보기 위해 밖으로 달려나갔다. 깃발들과 한국식 피리와 북소리는 신이 났지만, 애도하는 이들의 슬픈 곡소리는 그들의 마음을 울렸다. 유가족들은 큰 소리로 곡해 줄 조문객들을 고용했다. 이런 과장된 울음은 고인이 얼마나 중요한 사람이었는지를 사람들에게 각인시키기 위한 것이었다. 그들은 이 조문객들에게 충분한 양의 막걸리를 마시게 해, 울음에 더 힘이 실리게 했다. 하지만 아이들은 그 와중에 정말로 슬퍼하는 사람들을 볼 수 있었고, 그들의 애처로운 곡소리에 감동을 받았다. "이 사람들은 소망이 없어. 예수님과 천국을 알지 못하니까…" 어린 마가렛은 그렇게 생각하며, 자라서 선교사가 되기로 했다.

한국 원산에서의 여름은 아이들에게 있어 가장 행복한 시간이었다. 그곳에서 한국 전역의 선교사 가족들이 한군데 모이는 공동체가 형성되었기 때문이다.

마침내 스탠은 오릴리아 교회에 편지를 보낼 수 있었고, 그의 보고서는 1925년 가을 오릴리아 타임스에 실렸다 :

캐나다 장로교 선교부 소속 세인트 앤드류 병원의 병원장, 스탠리 H. 마틴 박사가 지난 1년간의 사역 보고서를 보내왔습니다. 마틴 박사는 1918년 만주에 지어진 3만 달러 규모의 병원을 설립한 인물입니다. 그는 자신의 사역에서 있었던 일들을 소개하며, 끊임없이 바쁜 날들을 보내고 있다고 전했습니다. 그는 올해 7월 원산에서 열린 선교사 연례회의 의장직을 맡았습니다.

그는 자신이 운용 중인 엑스레이 장비의 뛰어난 성과를 언급하면서, 엑스레이 덕분에 문제를 발견해 발을 절단하지 않고도 치료받을 수 있었던 한 부유한 중국인의 사례를 소개했습니다. 외래 환자 진료는 하루 평균 50~70명 정도이며, 날씨에 따라 달라진다고 합니다. 올해는 가뭄이 심해 비가 절실히 필요한 상태이고, 농작물에도 피해가 있습니다. 병원 지붕은 새로

교체되어 훌륭하게 설치되었으며, 이는 오릴리아의 맥냅(McNab) 씨의 후원으로 마련된 것입니다. 복도와 수술실 바닥에도 리놀륨을 새로 깔았는데, 이 큰 개선 비용은 오릴리아에서 마틴 병원 기금의 회계이자 기도회 서기인 조지 커닝햄 씨가 보내준 것입니다. 병원 직원들의 단체 사진은 주일학교에 걸기 위해 함께 발송될 예정입니다.

마틴 박사와 마틴 사모는 오릴리아의 많은 친구에게 따뜻한 인사를 전하며, 지속적인 기도와 후원을 부탁했습니다. 보고서는 계속 이어집니다:

올해는 특히 농작물의 흉작으로 인해 매우 어려운 해였지만, 병원 회계를 큰 빚 없이 마무리할 수 있었기에 감사한 해였습니다. 캐나다 간호사를 다시 함께하게 되어 특히 기쁘고, 레노어 암스트롱(Lenore Armstrong) 양이 우리 병원에서 꼭 필요한 사역을 맡게 될 날을 간절히 기다리고 있습니다.

인근 지역으로 여러 차례 방문을 나가 환자들을 진료하고, 예배를 드리며, 수술이 필요한 이들은 병원으로 이송했습니다. 조수 의사인 최 박사(세브란스 의학교에서 훈련받은 한국인)는 이 일을 특히 좋아합니다.

우리에게 찾아오는 모든 종류의 결핵 환자 수는 엄청납니다. 우리는 이들을 위해 햇빛 치료를 받을 수 있도록 기존 건물 중 하나를 개조하는 계획을 고려중입니다.

상황이 허락되는 한, 병동에서는 일요일 오후에 예배가 열리고 있으며, 모든 면에서 병원의 복음 전도사역은 잘 이루어지고 있습니다. 약 6개월 전에는 매우 유능한 전도부인 한 분을 모실 수 있었고, 그 이후로 그녀는 총 6,591명에게 복음을 전하고, 440가정을 방문했으며, 5,000권이 넘는 소책자와 복음서를 배부했습니다. 병원의 서기는 교회의 장로이기도 하며, 병원의 전도사역에 큰 힘이 되고 있습니다. 최근 한 환자는 중국인 불교 승려였는데, 그는 입원하는 동안 기독교인인 또 다른 환자의 남편으로부터 매일 복음을 들었고, 그를 방문하던 다른 승려 동료들 역시 그 복음을 듣게 되었습니다.

산적의 총에 맞은 여러 명의 환자가 우리 병원으로 이송되었습니다. 그중 한 명은 심하게 고문까지 받았는데, 3개월의 치료 끝에 이제 막 회복되었습니다.

또 다른 환자는 전신에 달군 쇠로 화상을 입은 사람이었습니다. 그는 병원에서 불과 6마일 떨어진 곳에 살고 있었고, 산적들은 그의 집에 불도 질렀다고 합니다. 현재 그는 위험한 상태는 벗어났지만, 새 피부가 나오기까지는 시간이 더 걸릴 것입니다. 현재 다리뼈가 부러진 중국 병사도 두 명 입원해 있으며, 그들의 엑스레이 사진은 아주 잘 보입니다!

이곳에 있는 많은 러시아 난민들 역시 우리 병원의 진료로 인해 참혹한 삶이 조금이나마 나아졌고, 그중 상당수는 수술 덕분에 생명을 건질 수 있었습니다. 총 환자 수는 12,640명이었고, 그중 7,190명은 한국인, 5,050명은 중국인, 400명은 러시아인이었습니다. 입원 환자 수는 400명이었으며, 총 입원일수는 5,000일이 넘습니다. 총 356건의 수술이 시행되었고, 의료 사역이 계속되어야 하기에 수술이 진행되는 동안에도 진료가 이어질 수 있도록 의료팀은 역할을 분담해서 일하고 있습니다. 우리 고등학교 두 곳의 모든 학생을 대상으로 건강 검진을 했고, 편도선 질환을 앓고 있는 학생들의 편도 제거 수술을 했습니다. 또한, 시력에 문제가 있는 학생들도 치료했으며, 적절한 안경도 맞춰주었는데, 총 400명의 여학생이 대상이었습니다.

우리는 하나님의 축복이 이 작은 사역 위에 머물기를 소망하며, 여러분의 후원이 하나님의 나라 확장을 이루어가는 데 도움이 되기를 간절히 바랍니다."

시간이 흘러 다시 크리스마스를 준비할 시기가 돌아왔다. 그 시절 어린 시절의 기쁨은, 훗날 딸 마가렛에 의해 다음과 같이 묘사되었다.

12월 중순이 되면 우리는 색종이로 사슬을 열심히 만들고 빨간색과 검은색 크레용으로 통통한 산타클로스를 그리곤 했어요. 운이 좋으면 눈이 왔고, 우리는 썰매를 타거나, 눈싸움을 하거나, 눈밭에 누워 "천사" 모양을 만들며 즐거운 시간을 보냈어요.

그러다 크리스마스트리가 세워지는 날이 오면, 어쩐지 그 황량한 땅에도, 나무가 귀한 그곳에도 항상 크리스마스트리는 세워졌고, 선교 구역의 모든 집 안엔 기쁨이 가득 찼어요. 우리는 종이 사슬과 팝콘 화환, 그리고 아주 귀한 "진짜" 크리스마스 장식으로 트리를 꾸몄어요. 가끔 지금도 반짝이는 파란 크리스마스 장식 구슬이 보이면 그 어린 시절의 기쁨이 떠올라 가슴이 벅차오르곤 해요. 솔 향기와 팝콘 냄새, 그리고 한국인들을 위한 사탕 꾸러미가 준비된답니다. 사탕은 우리 집 일꾼들의 가족들과 병원 환자들을 위한 것이었죠. 우리는 커다란 눈을 뜨고 참깨가 붙은 한국식 엿과 반짝이는 줄무늬 단단한 캔디볼을 바라봤어요. 그 사탕들은 커다란 흰 종이에 싸여 있었는데, 그게 그곳에서 구할 수 있는 유일한 종이였어요.

엄마가 보스턴에서부터 직접 아이버스 엔 폰드(Ivers & Pond) 피아노를 가져왔기 때문에 음악은 언제나 넘쳤어요. 우리는 캐럴을 부르고, 팝콘을 꿰며, 크리스마스를 손꼽아 기다렸어요. 내가 기억하는 아주 어릴 적 크리스마스 선물은 조개껍데기 상자, 큐피(kewpie) 인형,[37] 그리고 비단 손수건이에요. 나는 그 무엇보다도 완전히 행복했고, 트리 옆 창가에 앉아 작은 인형을 손수건으로 싸며, 조개껍데기로 놀던 시간은 정말 오래도록 기억에 남아 있어요.

정오가 되면 선교단지 전체가 한 가정에 모여 크리스마스 디너와 공동체 축제를 함께 준비했어요. 한 번은 다른 아이들이 우리에게 "크래커"가 저녁 식사에 나올 거라고 했는데, 우리는 외국인 선교사 마틴의 아이들이라, 소

---

37 (역주) 큐피(Kewpie)는 상표명이다.

다 크래커에 뭐가 그렇게 신나는 일인지 이해하지 못했어요! 그런데 그건 그런 게 아니었죠. 그것은 소리를 '빵!' 내며 터지는 파티 크래커였고, 그 안에는 종이 왕관과 조그마한 장난감이 들어있었어요. 우리는 말 그대로 미칠 듯이 기뻐했어요.

그 시절엔 세대 차이라는 게 없었어요. 어른들은 우리 행복을 위해 사는 사람들처럼 보였어요. 식사 후에는 마술 쇼가 있었고, 몸짓 퀴즈와 끝도 없이 이어지는 이야기와 게임이 펼쳐졌어요. 우리는 사랑받았고, 모든 관심의 중심이었으며, "이모", "삼촌"이라 불렸던 선교동역자 어른들에게 가장 재미있는 놀거리를 기대했어요. 종종 우리는 침대에 누운 후에도 어른들, 우리 최고의 친구들이 나누는 웃음소리를 들으며 그 소리에 둘러싸여 잠이 들곤 했어요.

그 사랑에 둘러싸여, 그리고 우리가 이 땅에 있는 목적이 '크리스마스의 그리스도'를 전하기 위함이라는 사실을 부모님과 함께 나누며, 우리는 완벽한 크리스마스를 보냈답니다.[38]

1926년 4월, 스탠은 장로교 신문(Presbyterian Record)에 병원 사역에 관한 글을 기고했다.

나는 지금 결핵성 척추염으로 석고관 속에 "똑똑, 들어오세요(Toot and come in)." 자세로 누워있는 한 남자 환자를 돌보고 있습니다. 그는 비기독교인이었고 다루기 힘든 환자였는데, 지금은 그리스도인이 되어 아침 예배 찬송 시간마다 주님을 향해 기쁨으로 찬양하고 있습니다.

어느 날 우리는 다섯 살짜리 축농증 환자를 수술한 날 오후, 5피트짜리 아기 침대 위로 몸을 숙여 아이의 상태를 확인하려 했습니다. 그런데 놀랍

---

38 *Christmases I Have Known* - Margaret Martin Moore, Korea Calling Dec 1970 pp.3-4.

게도 그 침대 안에는 40세쯤 된 여성이 몸을 웅크리고 있었고, 그녀는 사랑하는 아들을 품에 안고 있었습니다. 그녀가 일어나다가 침대 난간을 부술까 걱정되어, 우리는 그대로 두고 나왔습니다.

병원에 환자가 오면, 흔히 가족 전체가 따라오는데, 심지어 '자매며 사촌이며 이모까지' 함께 옵니다! 그들은 생선과 피클을 들고 병상 주위에 진을 쳐서, 병원 전체가 마치 이누이트 오두막처럼 생선 비린내로 가득 찹니다.

우리는 매일 환자 침대 옆 탁자를 점검하고, 위로의 뜻으로 가져온 끔찍한 음식들을 치웁니다.

한밤중, 매우 위중한 환자 호출을 받고 보러 가려고 병동을 지나는데, 담요를 뒤집어쓴 사람들과 망토를 둘러싼 사람들이 침대 아래와 주변에 누워있는 모습을 보았습니다. 이 딱한 사람들은 자신이 간호하고 있다고 생각한답니다.

물론 우리는 훈련받은 간호 인력을 갖추고 있습니다. 한 여성은 남편을 직접 돌보겠다고 고집해서, 나는 그녀를 위해 나무 침대를 따로 마련해주었습니다. 그 남편은 늑대를 사냥하려다 총이 터지는 바람에 중상을 입은 사람이었습니다. 나는 그녀의 아기가 아프다는 말을 듣고, 아기를 보고 싶다고 했습니다. 그러자 그녀는 몸을 숙여 침대 아래에서 이불을 하나 꺼냈고, 그 안에는 '상속자' 될 아이가 아버지의 그림자 아래 편히 누워 자고 있었습니다!

병동의 이런 상황들 대부분은, 현재 캐나다 간호사가 언어학교에 가 있는 상태에서 당번 의사가 너무 관대하기에 발생합니다. 엄격한 과학적 기준을 유지하기 어려운 이유는, 우리가 이 사람들을 정말로 사랑하게 되기 때문입니다.

자, 이제 가슴 아픈 사례 몇 가지 말씀드리겠습니다. 이분은 남편이 새 부인을 얻어서 버림받은 젊은 여성입니다. 그녀는 우리가 돌보고 있는 세 명의 한국인 여성 중 한 명인데, 이들은 자살을 시도하기 위해 가성소다(양잿물)를 마셨습니다. 그 결과 목이 녹아 목구멍이 막혀버렸습니다.

그중 한 여성은 두 차례 수술 끝에 완치되었고, 또 다른 여성은 치료받고 있으며 점점 나아지고 있습니다. 하지만 이 여성은 여러 차례의 수술에도 회복되지 않아 결국 돌려보낼 수밖에 없었습니다. 고작 25살인 그녀는 기댈 곳도 없고 희망도 없이 굶주린 채 병원을 떠나야 했습니다. 저는 너무 슬퍼서 힘이 빠졌지만, 우리는 현대 외과 수술로 할 수 있는 모든 방법을 시도했습니다.

병동 맨 끝 침대에 있는 할머니는 자신에게 22년 동안 그림자처럼 붙어 있던 친구인 무게가 25파운드나 되는 종양을 떼어내는 수술을 받았습니다. 수술이 끝난 직후, 그녀의 가족들은 그녀의 기력을 회복시키겠다며 쇠고기와 돼지고기를 담은 대야를 들고 왔습니다. 사랑은 많았지만, 판단은 부족했던 것입니다.

무료로 치료받은 한 환자는 내게 까만 스패니얼 강아지를 선물로 주었는데, 이 강아지는 지금 내 충실한 동반자가 되어 내 서재에서 가장 안락한 의자 위, "퀸즈대학교"라는 문장이 수놓아진 쿠션 위에서 몸을 동그랗게 말고 잠들어 있습니다.

병상을 하나하나 돌며 살펴보던 중, 우리는 한 러시아계 백인 여성을 보게 되었는데, 그녀는 담석 제거 수술을 받은 환자였습니다. (이 담석은 한국 사람들 사이에서는 병을 고치는 데 귀한 약재라고 생각합니다.) 우리는 그녀에게 우리가 아는 러시아어 중 가장 유용한 말들로 격려를 건넨 뒤, 다음 환자로 향했습니다.

다음 환자는 불교 승려로, 20마일 떨어진 마을에서 장대 두 개에 침대를 얹어 소가 끄는 수레에 실려 병원에 도착했습니다.

개인 병실에는 한 중국인 장교가 있었습니다. 그는 자신을 "'서방정토'로 보내겠다."며 자살을 시도했던 사람입니다. 지금은 다시 삶에 의지를 붙잡기 시작했고, 국수를 한 그릇 이상 먹어도 되느냐고 묻고 있습니다.

병동은 이렇듯 다양하고 기이한 사연들로 가득합니다.

어제 다시 병원을 찾은 환자 한 사람이 있습니다. 그는 1921년 '부주의한' 병사들의 총에 맞았던 노인이었고, 우리가 그의 생명을 구해낸 적이 있었습니다. 그는 우리 병원을 깊이 신뢰했고, 이후로도 끊임없이 환자들을 데려왔습니다. 그가 데려온 사람 중 결핵으로 발목을 잃게 된 조카딸도 있었습니다. 우리는 곧장 절단 수술 허가를 받았고, 이는 우리를 놀라게 했습니다. 왜냐하면, 허락받는 일은 대부분 며칠씩 걸리는 과정이기 때문입니다. 그녀의 전반적인 상태는 그리 좋지 않았습니다. 하지만 얼마 뒤, 그 노인이 이백 리(약 70마일) 떨어진 곳에서 다시 찾아와, 그의 조카가 이제 장에 가서 짐을 머리에 이고 집으로 돌아올 수 있을 만큼 회복되었고, 의족을 끼웠지만, 전혀 절뚝거리지 않으며, 그녀는 자신의 인공다리를 무척 자랑스러워하고 있다고 전해주었습니다.

이곳엔 늑대 같은 개들이 많아 사람들이 자주 물립니다. 그 여인이 물리게 된다면, 그 개들이 부디 '오른쪽 발'을 고르기를 바랄 뿐입니다. 캐나다 래브라도에서 에스키모 개들이 의족을 하고 있던 내 친구를 물었을 때처럼 말입니다.

환자 이야기를 더 이어가고 싶지만, 여러분의 소중한 지면을 더 차지하긴 조심스럽습니다. 마무리하며, 저는 이렇게 권하고 싶습니다. 우리가 집에 있든, 해외에 있든, 하나님의 하늘 아래에서 그분의 나라를 확장하기 위해 우리가 할 수 있는 최선을 다하자고 말입니다.

용정의 선교사들은 주변에 도사리고 있는 위험을 예민하게 인식하고 있었다. 병원 직원들은 산적에게 총 맞거나 고문당한 환자들을 통해 가장 최근의 소식을 들었다. 사람들은 해가 지고 나면 집 밖을 나서지 않았지만, 교회 모임이 있는 밤에는 교인들은 서로 무리를 지어 조심스럽게 걸어 다녔다. 회색빛으로 길게 늘어선 병원 건물과 선교사 숙소들은 밤이 되면 귀한 전기로 은은하게 불을 밝혔다. 하지만 한국인 가옥들은 등잔 외에 다른 불빛이 없었기에 기름종이로 덮인 창문을 통해 희미하고 노르스름한 등불만이 새어나왔다. 달빛마저 없는 밤이면 골목과 거리는 그야말로 칠흑 같은 어둠이었다.

어느 날 밤, 스탠은 교회 예배를 마치고 혼자 돌아오는 길이었다. 주변은 앞이 보이지 않을 정도로 어두웠고, 그는 소리를 죽이며 뒤를 따라오는 발소리를 감지했다. 한동안 그렇게 걷다가 마침내 결심한 듯 발걸음을 멈추었다. 그는 무서워서 몸이 굳어버리는 것 같았지만, 곧바로 몸을 돌려 뒤를 향해 주먹을 날렸다. 그의 주먹은 상대의 솜이 잔뜩 든 두툼한 외투를 입은 가슴팍을 쳤고, 그 거구의 남자는 깜짝 놀라 중국어로 외쳤다. "오, 민 다이 푸! 괜찮아요! 전 왕호진입니다! 선생님 따라온 건 지켜드리려던 거였어요!" 그는 키가 유난히 컸던 중국 교회 성도였다. 스탠은 그가 얼마 전 자신의 손으로 아이를 받아낸 아버지였다는 사실을 떠올렸다. 두 사람은 웃음을 터뜨렸고, 스탠은 그를 껴안으며 고마움을 전했다. 그들은 나머지 길을 함께 걸었다.

"내가 사망의 음침한 골짜기를 지날지라도…"

또 다른 깊은 불안은 젊은 조선인 볼셰비키들이 기독교 지도자들을 제거하려 한다는 소문 때문에 몰려왔다. 이들 중 일부는 모스크바에서 교육을 받고 만주의 도시와 마을로 파견된 이들이었다. 그들은 여러 지역에서 예배 중인 교회를 습격해 목사를 강제로 끌고 나갔고, 그 뒤로 그 목사는 다시는 모습을 드러내지 않았다. 공산주의자들이 이렇게 말했다는 말이 널리 퍼져 있었다. "우리를 막을 수 있는 유일한 존재는 기독교 교회뿐이다. 교회가 제1의 적이다."

어느 날 밤, 용정에서 스탠과 마가렛은 병원 입구 근처의 교회에서 열린 예배에 참석하고 있었다. 마가렛은 오르간을 연주했고, 회중은 찬송을 부르고 있었다. 그때 갑자기 교회 뒤쪽 문이 벌컥 열리고 무장한 남자들이 고함을 치며 안으로 들이닥쳤다. 스탠은 즉시 벌떡 일어나 찬송가 책을 들어 오르간 위에 달린 작은 전구를 가렸다. 그 순간 회중은 무슨 일이 벌어졌는지 즉각 알아차렸다. 한 여성이 허리에 묶여 있던 겉치마를 벗어 목사의 머리에 덮어씌웠다. 당시 여성들은 머리에 겉치마를 두르는 경우가 많았기에 그는 눈에 띄지 않았다. 다른 여성들은 손을 잡고 둥글게 원을 만들며 찬송가 "구주예수 의지함이 심히 기쁜일일세"를 불렀다. 마가렛은 계속해서 오르간을 연주했다. 그 혼란 속에서 목사는 옆문으로 빠져나갈 수 있었고 무사히 피신했다.

그 일이 어떻게 끝났는지는 아무도 정확히 알지 못했지만, 그 누구도 다치지 않았다. 그것은 하나의 기적이었다. 무장한 남자들은 자신들의 목적이 실패했다는 것을 깨닫고, 들이닥쳤을 때만큼이나 갑작스럽게 사라져 버렸다. 그날 밤, 하나님의 보호하심이 교회를 덮고 있었던 것이다.

스탠과 마가렛이 그날 밤 어두운 길을 따라 집으로 돌아갈 때, 두 사람의 마음은 심하게 떨렸다. 그들은 수년 전, 먼 마을이 불타던 밤을 기억하고 있었다. 하지만 이번에는 무장한 이들이 불과 수백 피트 떨어진 곳에 있었고, 그곳은 바로 자신들의 아이들이 자고 있는 자리였다. 그 생각이 머리를 떠나지 않았다. "우리가 이 사역을, 이토록 사랑하는 사람들과 얼마나 더 함께할 수 있을까?"

1935년 당시 한국에서 활동하고 있던 선교지부의 지도

제18장

변화의 바람

수년 동안, 일부 캐나다 교회들은 교회사의 새로운 장을 여는 문제에 관해 논의해 왔다. 감리교, 장로교, 회중교회가 연합하여 캐나다연합교회를 구성하자는 논의가 오갔다. 하지만 연합에 동의하지 않고 기존의 형태를 고수하겠다는 교회들도 있었다. 이 논쟁은 선교지에 고통스럽게 타격을 가했다. 일부 본국 교회들이 교회의 입장이 다르다는 이유로 값진 헌신을 하는 선교사들에 대한 후원을 중단했기 때문이다.

선교지의 모든 선교 자산을 장로교와 연합교회 사이에 나누어야 했기 때문에 그 문제는 더욱 복잡해졌다. 마틴 부부는 암스트롱 씨에게 편지를 보내어 어느 선교본부에 소속되든지 간에 만주에 계속 남고 싶다는 뜻을 전했다. 그들은 자신들에게 그토록 많은 후원을 보내주었던 오릴리아 교회에 깊은 충심을 느꼈다. 그 교회는 장로교에 남기로 했다. 하지만 몇 달이 지나면서 상황은 변했다. 한국과 만주 선교사 대부분은 압도적으로 연합을 지지하고 있었다.

1925~1926년에 있었던 캐나다연합교회와 연합에 동의하지 않은 장로교회 사이의 논의 끝에 한국선교회를 두 교단이 나누자는 제안으로 이어졌다. 이에 대해 한국선교회는 이렇게 응답했다. "한국선교 사역은 하나의 선교회 아래 협력을 기반으로 수행되어야 한다는 우

리의 분명한 의견을 다시 한번 밝히며, 이런 방향으로 선교본부가 결정해 주기를 촉구합니다."[39]

"한국에서 캐나다의 두 개의 선교회가 가까운 거리에서 따로 활동하게 된다면 선교사들 사이에, 또 한국 교인들 사이에도 혼란과 충돌이 생길 수 있다"[40]는 점을 우려했다.

마침내 선교본부는 동의했고, 캐나다 장로교 선교사 세 명은 일본 내 한국인들을 대상으로 사역하도록 배치되었다. 선교회의 공식 명칭은 캐나다연합교회 한국선교회(The Korea Mission of the United Church of Canada)로 변경되었다.

스탠은 선교본부에 다시 편지를 썼다.

> 우리는 우리의 미래를 알 수 없지만, 조만간 서울의 세브란스 병원에 가서 우리가 잘할 수 있는 한 가지 일을 하고 싶습니다 — 많은 사람들을 돕는 일 말입니다. "만능" 의사로서 10년을 보낸 것은 어느 의사에게든 충분한 시간이며, 저는 죽기 전에 온 한국에 영향을 미치는 세브란스의 위대한 일에 참여하고 싶습니다.

스탠과 마가렛은 미래에 대해 깊은 고민을 하면서 용정에서 맡은 사역을 계속 이어가고 있었다. 1926년 봄, 스탠은 자신의 고향 뉴펀들랜드 세인트존스의 『데일리 메일 The Daily Mail』 편집장에게 다음과 같이 편지를 보냈다.

---

[39] *Canadians in Korea* - Rev. William Scott p.98.
[40] Ibid.

친애하는 편집장님께

제가 첫 7년간의 의료 선교 사역을 마치고 고향 세인트존스에 도착했을 때 귀사의 신문과 다른 지역 신문들이 따뜻한 "환영합니다"를 보내준 일을 저는 잊지 않고 있습니다. 부활절이 많은 추억을 떠올리게 하는 날인 만큼, 저는 당신과 교회(Kirk)의 많은 친구들, 그리고 저희를 기억해주시는 분들께 인사를 전하고 싶었습니다.

지난달은 최근 몇 년 중 가장 바쁜 달이었습니다. 총 환자수는 1,468명, 그중 940명은 진료비를 지불했고, 248명은 추후 지불 예정이고, 380명은 무료 또는 자선 진료의 환자입니다. 왕진 요청은 136건이었습니다.

최근, 이 지역에 백일해가 유행하여 우리 아이들 모두 감염되었습니다. 특히 한 살배기 아기 필리스는 거기에다 독감까지 겹쳐 매우 위험한 상황이었지만 부활절 아침, 우리의 돌덩어리 같던 걱정거리는 치워지고 우리는 기쁨을 회복했습니다. 지금 캐나다 교회들은 한국선교회의 재산과 지역 분할 문제를 논의 중이며, 앞으로 어떻게 될지 우리도 확신할 수 없습니다. 저는 최근 한국의 중심 도시 서울, 인구 60만의 대도시에 있는 세브란스 병원과 의과대학의 11명 선교사 의료진 중 한 명으로 정식 초청을 받았습니다. 우리 선교회 집행위원회는 제가 서울로 이동할 수 있도록 캐나다 본국의 선교본부에 요청했습니다. 우리는 하나님께서 우리가 나아갈 길을 인도해 주시길 기도하고 있습니다. 서울은 아이들을 위한 교육 환경도 더 나으며, 이곳은 최근 볼셰비키 선전으로 인해 매우 불안한 상태입니다. 중국과 러시아는 일본이 만주를 다시 병합하려는 조짐을 보일 경우, 무력 충돌할 움직임도 거세지고 있습니다. 더 안전한 보호를 위해서라도 서울로의 이동은 바람직합니다.

우리 병원의 의과 학생인 최 씨는 세브란스 의과대학에서 캐나다 후원자들의 도움으로 학업을 계속하고 있고, 올해는 매우 훌륭한 조사로서 활약 중입니다. 그는 내년에 학업을 마칠 예정입니다.

최근 우리는 병원 지붕을 녹색 아스팔트 싱글로 새로 덮어 병원이 그 도시 전체에서 가장 보기 좋은 건물 중 하나가 되었습니다.

뉴펀들랜드의 세인트존스 병원과 온타리오의 오릴리아 병원에서 선사한 의료기기 엑스레이는 뼈 수술과 기타 치료에 있어 헤아릴 수 없는 소중한 자산이 되었습니다.

진심을 담아,
스탠리 H. 마틴 박사(MD) 드림

여러 번의 협의 끝에, 스탠과 가족은 서울로 임지를 옮기게 되었다. 그의 계획은 이러했다. 임시 의사 윌리엄스(T. H. Williams) 박사가 중국에서 와서 세인트 앤드류 병원의 업무를 맡고, 그 뒤 포르모사(대만)에서 새 의사 도널드 블랙(Donald Black) 박사가 부임할 때까지 공백을 메운다는 것이었다. 윌리엄스 박사는 중국어에 능통했기 때문에 업무 수행에 큰 문제가 없을 것으로 예상되었다.

1927년 4월, 많은 이들의 작별 인사와 스탠과 마가렛의 오랜 사역에 대한 감사로 준비된 여러 차례의 연회와 선물을 뒤로하고, 마틴 가족은 기차에 올라 서울로 가는 여정을 시작했다. 이별의 순간엔 눈물이 있었고, 기차가 떠나갈 때 마틴 가족의 마음은 복잡했다.

이 여정의 각 단계는 너무나 익숙했다. 회령에서 잠시 휴식 정차, 그리고 일본 여객선을 타고 한국 동해안을 따라 원산으로 이동한 뒤, 거기서 다시 기차를 타고 서울로 향하는 경로였다.

서울역에 도착했을 때, 마틴 부부의 어린 자녀들은 독일 건축가가 설계한 거대한 석조 벽돌 건물을 보고 놀라움에 눈을 동그랗게 떴다. 기차역 스피커에선 일본어로 안내 방송이 흘러나왔고, 역 안은 많은 사람과 일본인 가족들로 붐비고 있었다. 길 건너 언덕 위에는 세브란스 병원 본관 건물들이 우뚝 서 있었다. 스탠은 아이들에게 손가락으로 그것을 가리켰다. 길거리에는 소달구지와 보행자, 전차와 몇 대의 자동차까지 뒤섞여 북적였다.

선교사 친구들이 그들을 마중 나왔고, 곧 그들은 서울 서대문 밖 캐나다 선교사 사택에 도착했다. 이 집은 본래 맨스필드(T. D. Mansfield) 박사 부부와 그의 여섯 자녀가 있는 가족을 위해 지어진 것이었지만, 그는 이미 사역을 정리하고 본국으로 귀국한 상태였다. 집 안에는 넉넉한 공간이 있었다. 2층에는 큰 침실 4개, 욕실 1개, 작은 침실 1개, 그리고 '바깥바람을 쐬며 잘 수 있는 베란다'가 있었고, 모든 방에는 수세식 세면대가 설치되어 있었다. 맨스필드 박사는 청결에 매우 엄격한 성격이었기 때문이다. 1층에는 벽난로가 하나 있었고, 부부의 침실이 있는 2층에도 또 하나의 벽난로가 있었다. 큰 거실, 식당, 작은 화장실, 부엌, 그리고 스탠을 위한 넓고 잘 갖춰진 서재가 있었다. 이곳은 앞으로 여러 해 동안 마틴의 집으로 삼게 되었다. 이 집은 대가족인 마틴 가족에게 이상적인 공간이었다.

다음 날 아침, 스탠은 세브란스 병원까지 가는 전차를 타기 위해 도보로 이동했다. 그 당시에는 택시가 없었다. 병원에 도착한 그는 세브란스의 설립자이자 병원장이었던 캐나다 동료 에비슨 박사에게 인사하고, 아침 경건회 시간에 병원 직원들과 의대생들에게 소개되었다. 모두가 스탠의 부임을 기쁘게 환영해 주었다. 그는 곧 자신에게 배정된 업무 공간으로 안내받았고, 거기서 결핵 전문 흉부 클리닉을 개설해 운영하게 되었다. 이후에는 병원 옆에 있는 의과대학 건물에서 강의도 시작할 예정이었다.

때는 4월, 학기가 시작될 때가 아니었기 때문에 마틴 가족의 아이들은 조금은 어색한 시기에 학교에 들어가게 되었다. 용정에서 다니던 학년 수준 그대로 학업을 이어갔다. 그들은 겨우 일곱 명이 수업을 듣던 교실에서 전학 왔기 때문에 서울외국인학교에서는 몹시 수줍음을 타고 위축된 모습이었다. 그 학교에는 약 100명 정도의 학생이 재학 중이었고, 루시는 5학년, 마가렛은 3학년, 에드나는 2학년에 학급을 배정을 받았다. 쉬는 시간이 되자 수많은 외국 아이들이 교정에서 뛰노는 모습을 보고 세 자매는 당황함을 감추지 못했다. 그곳의 학생 대부분은 미국과 캐나다에서 온 선교사 자녀들이었고, 소수의 아이는 사업과 외교사절 가정 출신의 다른 국적의 아이들이었다.

학교 교육과정은 뉴욕의 교육 체계를 기반으로 구성되어 있었고, 미국 유수의 학교에서 선발된 교사들이 3년 계약제로 부임하여 수업을 진행했다.

학교 건물 위층의 큰 강당에서는 초교파적 서울연합교회의 예배와 주일학교가 열렸고, 이곳 역시 아이들의 삶에서 중요한 부분을 차지했다.

여덟 살의 마가렛은 독일인 교수 요제프 후스(Joseph Huss)에게 바이올린을 배우기 시작했고, 루시와 에드나는 집에서 엄마에게 피아노를 배웠다.

서울외국인학교까지는 도보로 20분 거리였고, 아이들은 점심 식사를 집에서 하게 되어 있어서 하루에 총 1시간 20분을 걷는 시간이 자연스럽게 주어졌다. 거리는 포장되어 있지 않아 늘 먼지가 많았고, 비가 오는 날이면 거리의 진흙탕은 마치 초콜릿 푸딩 같았다. 비가 오는 날에는 도로를 달리는 몇 대가 안 되는 자동차들도 보행자에게 진흙이 튀지 않도록 바퀴에 머드가드를 달아야 했다.

학교를 오가는 길에, 아이들은 한국인들 사이를 걸으며 자신들의 옷차림이나, 눈동자와 머리 색깔에 대해 이런저런 말을 듣곤 했다.

가끔 선교사 자녀 중 한 명이 갑자기 완벽한 한국어로 "그래요?" 하고 되묻기라도 하면, 말하던 이가 깜짝 놀라 멈칫했다. 하지만 한국인들은 언제나 다정했고, 도시는 점점 외국인들에게 익숙해져 갔다. 아이들은 이곳이 중국에서의 경험과는 완전히 다르다는 것을 일본의 존재감을 통해 또렷이 인식하고 있었다. 거리의 모든 모퉁이마다 일본 순사들이 서 있었고, 선교사 숙소 맞은편에는 일본인 가족들이 거주하고 있었다. 도심에는 혼마치(本町)라는 지역이 있었고, 그곳의 모든 가게는 일본 상인들이 운영하는 곳이었다. 아이들은 자연스럽게 일본어 단어를 익히게 되었고, 곧 일본어로 장도 볼 수 있게 되었다. 특히 여자아이들은 화려한 일본 인형 진열장을 매우 좋아했다.

일 년 내내 다양한 일본 축제들도 이어졌다. 천황의 생일이나 정월 같은 날에는 가정마다 특별한 장식들이 걸렸다. 어느 때는 일본 가정의 마당마다 커다랗고 화려한 물고기 모양의 깃발이 펄럭였는데, 그 물고기 수는 그 집의 아들 수를 뜻했다. 식당에 가면 온 가족이 '스키야키'라는 유명한 일본 요리를 즐기기도 했다.

하지만 마틴 가족은 일상 속에서 언제나 한국인들과 더 가까이 있었다. 요리사로는 김정희라는 훌륭한 한국 여성이 오게 되었고, 철 씨는 가정부로서 가장 어린아이들을 돌보았다. 바깥일은 남자 하인이 맡았는데, 그는 보일러를 돌리고, 집 안 대청소를 하고, 집 뒤 언덕에 있는 홀스타인 젖소도 돌보았다. 아이 다섯이 있는 마틴 가족에게는 젖소의 우유가 꼭 필요했다. 당시에는 상업용 낙농업이 전무했기 때문이다.

하인들의 집은 선교 단지 문 근처에 있었다. 그것은 마틴 자녀들의 삶에 큰 차이를 만들어주었다. 그들은 그곳의 아이들과 함께 아주 즐거운 시간을 보냈다. 처음엔 한국 친구들이 마틴 자매들의 북한식 억양과 단어를 놀리기도 했다. 마틴 아이들의 말투도 조금씩 자연스럽게 친구들처럼 "경성"이나 "서울식 말투"로 바뀌어 갔다. 요리사 김정희는 용구와 용수리라는 두 아들과 예쁜 막내딸 희순이를 두고 있었다. 그중 김용구는 훗날 서울 감리교 신학교에 진학했고, 장학금을 받고 미국으로 유학을 떠나게 된다. 그는 『한국일보』의 논설위원이 되었고, 뉴욕 유니언신학교에서 라인홀드 니버(Reinhold Niebuhr)와 같은 세계적 학자들을 인터뷰할 기회도 가졌다. 이후 그는 『플린트스톤 *The Flintstone*』이라는 대중 문예지의 편집장이 되었다.

 마틴 자녀들이 한국 아이들과 놀며 한국어로 이야기하긴 했지만, 김용구는 이후 영어 실력도 뛰어나게 성장했다. 이것은 그가 훗날 학업을 이어가는데, 큰 도움이 되었다.

 마틴 가족의 집 안에서는 처음엔 끽끽거리던 바이올린 소리가 점차 베토벤의 미뉴에트 G장조처럼 맑고 조화로운 선율로 바뀌어 갔다. 피아노도 점점 더 어려운 곡들이 들려오기 시작했다. 가족들은 자주 어머니 마가렛이 피아노 앞에 앉으면 함께 모여 노래를 부르곤 했다. 이 시간은 업무의 압박에서 벗어나 귀가한 스탠에게 작은 안식처가 되었다.

 직장까지 통근은 직접적인 문제였다. 매일 전차선까지 걸어가 혼잡한 전차에 몸을 밀어 넣어야 하는 일은 하루의 일과 끝에 감당하기가 벅찼다. 이 문제를 선교부와 본국 교회가 파악했고, 스탠은 마침내 서울에서 활동하던 사업가 모리스(J. H. Morris)에게서 자동차 한 대를 구입할 수 있었다. 그는 자가운전을 배워야 했기에, 집 앞 넓은 잔디밭을 연습장으로 삼았다. 일정한 간격으로 말뚝을 박아 통로를 만들고, 그 사이를 앞뒤로 오가며 연습했다. 아이들은 아버지가 운전하는 차 뒷좌석에 앉아 있는 것을 무척 좋아했다. 아이들은 새 차에서 나는 냄새를 바나나 냄새 같다고 생각했다.

서울로 이사 온 후 첫 여름이 다가왔고, 이제는 아이들의 방학을 계획할 때가 되었다. 스탠은 도시 안에서 발생하는 콜레라, 장티푸스 등 여름 전염병을 염려했고, 학교가 방학하는 즉시 아이들을 원산으로 피신시키기로 계획했다. 하지만 그해 여름은 가족에게 조금 특별했다. 8월에 새아기가 태어날 예정이었기 때문이다. 그래서 마가렛, 스탠, 그리고 막내 필리스는 서울에 남아서 출산을 기다리기로 했다. 스탠은 네 명의 큰 아이들과 요리사, 그리고 훌륭한 젊은 한국인 의대생 한 명을 데리고 기차를 타고 원산 선교사 휴양지로 이동했고, 아이들을 맡긴 뒤 다시 서울로 돌아왔다.

아이들은 그 여름을 캐나다 선교사 "이모", "삼촌"들과 함께 원산 선교사 공동체 안에서 즐겁게 지냈던 것을 기억한다. 무엇보다 기억에 남는 것은 해변에서 젊은 한국인 학생이 젖은 모래로 만들어준 모래성과 실제 앉을 수 있을 만큼 큰 "자동차"였다. 그 모든 순간이 즐겁고 평화로웠다.

방학이 끝나고 아이들은 서울로 돌아와 1927년 8월 1일에 태어난 아기 여동생 메리 엘리자베스를 보는 감격과 기대에 부풀어 있었다. 이제 마틴 가족은 다섯 명의 딸, 아들 하나, 이렇게 여섯 명의 자녀를 둔 대가족이 되었다.

한편 용정(중국식 지명 룽칭춘(Lungchingtsun))에서는 윌리엄스 박사가 중국에서 도착해 스탠의 자리를 대신 맡게 되자 지역 주민들이 크게 안도했다. 그는 부임 후 곧바로 한국선교협의회에 보고서를 작성해 보냈다.

용정 의료 보고서
세인트 앤드류 병원
1927년 6월

"아무에게도 득이 되지 않는 바람은 없습니다." 중국인들의 백인 인종에 대한 불신과 편견은 중국 서부 선교사들 다수가 해안 지역으로 철수하게 만든 직접적인 원인이 되었지만, 동시에 나에게는 아주 뜻밖의 기회를 열어주었습니다. 마틴 박사가 서울 세브란스 의학전문학교로 떠나고, 포르모사에서 블랙(Black) 박사가 도착하기 전까지 제가 이 용정지역으로 와서 그 공백을 메우게 되었고, 덕분에 한국선교 현장과 의료 사역을 직접 경험하며 내 사역의 지평을 넓히는 기회를 얻었습니다.

이곳에서 마틴 박사가 한국인, 중국인, 일본인들에게 얼마나 깊은 존경과 사랑을 받고 있는지를 보여주는 증거에 깊은 인상을 받았고, 그가 오랜 시간에 걸쳐 정성과 노력을 다해 구축해 놓은 훌륭한 병원 시설에 저는 깊은 감탄을 금할 수 없습니다. 많은 설비와 장비들은 그의 손과 머리로 직접 만들어낸 것이며, 이 병원과 그 공동체에 대한 기여는 그가 수년간 끊임없이 쏟아부은 헌신과, 길이 없으면 만들어내는 풍부한 지성의 능력을 기리는 기념물로 남아 있습니다.

저는 이 병원이 이미 명성을 쌓아왔고, 스스로 운영될 수 있을 만큼 훈련된 인력을 갖췄다는 점에 깊은 인상을 받았습니다. 그 기반 위에 저도 작게나마 기여할 수 있었던 것은 진짜 특권이었습니다. 우리 세브란스 의학전문학교의 한국인 졸업생인 최 박사는 매우 훌륭하고 능력 있는 사람입니다. 저는 언젠가 우리 서중국대학교가 졸업생들을 배출하여 쓰촨 지역의 병원들에 기여할 수 있는 날이 오기를 간절히 바랍니다. 또한 이곳에는 많은 소도시에서 활동하는 기독교인 한국인 졸업생 의사들이 있으며, 그들은 그리스도를 위해 큰 영향을 미치고 있습니다. 그들 중 대부분은 에비슨 박사의 지칠 줄 모르는 노력의 결과물입니다.

이번 연도의 병원 사역에 대한 통계 수치로 당신을 번거롭게 해드리지는 않겠습니다. 그 수치가 필요하신 분들은 선교지 보고서에서 얼마든지 확인할 수 있습니다. 하지만 나는 여러분이 한 가지는 꼭 아시길 바랍니다. 이 병원은 지금도 아주 실제적인 필요를 충족하고 있으며, 이곳 사람들의 마음과 생각 속에 기독교가 직접적인 감화력을 행사하는 데 실질적으로 기여하고 있다는 점입니다. 저조차 이곳에 온 지 얼마 되지 않았음에도 불구하고 중증환자들, 비참한 사연의 환자들을 다수 만나게 되었습니다. 제가 이곳에서 어느 정도 유용한 역할을 감당할 수 있었던 것은 이 지역에서 만다린 중국어가 통한다는 점, 그리고 환자의 상당수가 중국인이라는 점 덕분이었습니다. 결핵 질환의 발병률은 실로 충격적이었습니다. 그리고 그 원인을 추적해 보면, 그 뿌리는 대개 경제적 조건에 있었습니다. 극심한 빈곤으로 인해 위생과 영양 상태가 열악한 생활을 낳고, 그로 인해 결핵성 뼈 감염, 림프선 감염 등 같은 외과적 사례가 많이 발생합니다. 우리는 다양한 사례의 수술을 집도했고, 어떤 환자들은 이곳이 마지막 희망이라 생각하고 찾아왔습니다. 하지만 대부분은 하나님의 인도하심 가운데 회복을 경험했습니다.

이 위대한 사역에 그분의 동역자로 부름 받았다는 것 그 자체가 얼마나 큰 특권인지요.

T. H. 윌리엄스 박사 드림

한국 서울의 마틴 가족의 집

제19장
그들이 죽지 않도록

스탠은 한국 서울에 있는 세브란스 병원에서 업무에 몰두하게 되면서, 그 병원의 규모와 역사에 대해 더 많이 알게 되었다. '세브란스'라는 이름은 오하이오주 클리블랜드의 루이스 H. 세브란스(Mr. Louis H. Severance)를 기리기 위해 붙여진 것이었는데, 그의 첫 기부금 1만 달러는 1900년에 전달되었다. 이후 그와 그의 가족은 훨씬 더 많은 금액을 기부하였다.

정말 놀라운 이야기이다. 세브란스 씨는 뉴욕 카네기 홀에서 열린 한 해외선교대회에서 한국 장로교 선교사인 에비슨 박사의 연설[41]을 듣고 있었다. 에비슨 박사는 하나의 통합 병원을 위한 지원을 호소하고 있었는데, 그에 따르면 당시 한국 서울에는 7개의 소규모 교단별 병원이 있었지만, 제대로 갖춰진 곳은 없었고, 각각 한 명의 의사와 간호사도 없이 운영되고 있었다. 그는 이렇게 말했다. "이들 의사 중 세 명 또는 네 명만이라도, 제대로 갖춰진 하나의 병원에서 함께 일할 수 있다면, 현재와 같은 상황에서는 일곱 개의 병원이 각각 일하는 것보다 훨씬 더 많은 일을 할 수 있을 것입니다."[42]

---

[41] (역주) 에비슨은 1900년 미국 뉴욕에서 열린 에큐메니컬 선교대회에서 "의료선교에서의 예양(Comity in Medical Missions"이라는 제목으로 연설했다.

수년 후, 우스터대학의 총장은 에비슨 박사에게 이야기의 또 다른 부분을 말해주었다. "그날 당신이 호소하고 있었을 때, 저는 세브란스 씨와 함께 맨 뒤 갤러리 위쪽에 앉아 있었습니다. 당신이 글을 읽기 시작한 지 얼마 되지 않았을 때, 그는 저를 돌아보며 '내가 저 사람에게 병원을 지어준다면 어떻게 생각하겠소?'라고 말하였습니다. 그리고 그는 자리에서 일어났으며, 아래층 본관으로 내려가, 군중 사이를 지나 단상까지 나아갔고, 당신을 만나기 위해 정오까지 기다렸다고 합니다."[43]

에비슨 박사는 그날 연설을 하기 전에 혼잣말로 이렇게 말하였다. "만약 내가 2층 발코니 맨 뒷줄에 앉은 사람에게 또렷하고 크게 말한다면, 그 사람이 들을 수 있다면, 모두가 들을 수 있을 것이다."[44]

다른 사람들은 세브란스 씨가 나중에 사람들에게, 그 전체 메시지가 자신에게 직접 말해지는 것처럼 느껴졌었다고 전했다.

그것이 시작이었다. 1927년에 스탠이 직원으로 합류하였을 때쯤에는 세브란스라는 기관은 세브란스 연합 의학전문학교, 세브란스 병원, 세브란스 간호 및 조산 학교, 세브란스 약국, 그리고 세브란스 안경점을 포함하고 있었다.

스탠은 흉부 클리닉에 찾아오는 많은 환자들을 진료하면서, 질병 예방이 자신의 일에서 중요한 부분이 되어야 한다는 확신을 점점 더 가지게 되었다. 그에게 찾아온 많은 결핵 환자들은 이미 회복이 불가능한 상태였으며, 더 일찍 치료를 받았더라면 생명을 구할 수 있었을

---

42 *Avison of Korea* -Allen DeGray Clark p.113.
43 Ibid.
44 *Avison of Korea* -Allen DeGray Clark p.112.

것이었다. 그는 특히, 좁은 환경에서 생활하며, 영양이 부족하고 학업에 큰 압박을 받는 학생들을 염려하였다. 그가 자주 반복하던 표현들 중 하나는 "그들 안에 모든 음악을 간직한 채 죽지 않도록"이었다. 경고하고 가르칠 때가 되었던 것이다.

그는 세브란스와 동대문 병원의 의학생들을 교육하기 위해, 등사 슬라이드와 미국 결핵 협회에서 제공한 "움직이는 그림(사진)"과 같은 시청각 자료를 사용하였다. 이 영화들은 학교와 교회에서도 상영되었다.

『서울신문』과 다른 시내 신문들은 한국의 결핵에 관한 그의 여러 기사를 게재하였고, 『코리아미션필드 The Korea Mission Field』에 실린 그의 기사들은 선교사들에게 이 엄청난 문제를 계속 인식시켜 주었다.

그는 결핵의 진단과 치료에 관한 작은 소책자를 하나 저술하였다. 이 소책자들은 수백 부씩 구매되어 한국 전역에 배포되었다. 어떤 이들은 이 소책자가 그 당시에 비교적 안정된 상태였던 한국에서 결핵 발병률을 낮추는데 도움이 되었다고 말하였다.

이 질병의 증상이 감기나 독감과 매우 유사하였기 때문에, 많은 사람들은 그것이 자신들 사이에서 얼마나 위험하고 전염성이 강한 질병인지를 인식하지 못하였다.

한국의 결핵 실태 조사가 시작되었고, 통계 자료를 수집하기 위해 한국 의료 선교사 협회와 세브란스 연합 의학전문학교 졸업생들에게 양식이 발송되었다. 이 작업은 한국인 의사인 폴 최 박사와 선교사인 노먼 파운드(Norman Found) 박사가 수행하였다.

스탠은 또한 한국의 나병(한센병) 문제에 대해서도 염려하였다. 그는 한국에서 가장 큰 나병환자 수용소에 있는 친구 윌슨 박사(Dr. R.

M. Wilson)를 찾아 순천으로 여행하였으며, 그곳에서 환자들의 심장과 폐를 진찰하였다.

그러나 그는 이렇게 기록하였다. "한국에는 약 2만 명의 나병 환자가 있지만, 여러 단계의 폐결핵을 앓고 있는 사람들은 수십만 명에 이를 것이며, 이는 골결핵과 장결핵은 제외한 수치이다."

코나 손이 없는 나병 환자들은 자동적으로 기피되고 멀리하며, 사람들이 붐비는 식당이나 여관에는 출입이 허용되지 않았다. 장티푸스, 발진티푸스, 그리고 천연두는 경찰 당국에 의해 즉시 신고하도록 명령되어 있었다. 반면에, 결핵 3기 환자들은 공중에 똑같이 위험함에도 불구하고 어떠한 의사에 의해서도 신고되지 않았으며, 전국의 모든 방향에 있는 식당들과 여관에서 날마다 질병을 퍼뜨리고 있는 것이 발견되었다.

"우리는 이 중요한 문제에 대하여 한국에서 무엇을 할 수 있겠는가?"[45]

세브란스 병원에서 1년 동안 봉사한 후, 스탠은 자신의 일에 대해 글을 쓰는 시간을 가졌다.

한국에서 선교사 의사와 함께한 하루

세브란스 병원의 붐비는 진료소를 함께 지나가며, 어느 날 오후 수백 명의 환자들 사이를 조심히 지나가 보라. 그러면 건강과 부의 상태가 제각각인 중국인, 한국인, 일본인들이 뒤섞여 있는 모습을 보게 될 것이다. 많은 이들이 바닥에 누워 있으며, 여기저기에는 더러운 누더기 속에 혐오스러운 병을 숨기려 하는 나병 환자도 몇몇 보인다. 많은 사람들이 너무 아파서, 우리

---

[45] *The Tubercular Problem in Korea and Japan*, S. H. Martin, MD, CM.

는 중요한 임무 중에도 종종 긴급히 불려 나가 응급처치를 하거나, 의사를 만나기 위해 기다리다 방치된 채로 죽어가는 한 생명을 저저 지켜볼 수밖에 없을 때도 있다.

이 환자 중 한 명은 300마일을 걸어서 서울에 도착하였다. 나는 병원 뒤 상자 위에 누더기 더미처럼 보이는 것을 발견하였다. 그 피부와 뼈 더미에 몸을 기울이자, 검게 변한 입술로 "예수 풀라추"("제발 예수님을 불러주세요"라는 의미)라고 말하는 소리를 들었다. 그는 맥박이 없었고 거의 해골 같았으며, 한국 남부 지역에서부터 그렇게 먼 거리를 구걸하며 걸어온 상태였다.

병원에는 빈 병상이 없었기 때문에, 내 사무실 책상 위에 있던 매트리스를 가져다가 지하실 콘크리트 바닥에 그를 눕혔다. 그 근처에는 침대를 구하는 데 운이 더 좋았던 다른 자선 환자들이 있었으나, 그 병동의 침대 수는 안타깝게도 너무 적었다.

우리는 그에게 이제 갓 태어난 아기처럼 뜨거운 정맥 주사를 가득 채워 넣었고, 몇 시간 후 그는 말을 할 수 있게 되었다. 몇 주간 간호한 끝에, 엑스레이를 통해 그의 위 출구가 과거에 치유된 궤양으로 막혀 있다는 것을 알게 되었다. 우리는 수술을 위해 그에게 특별식을 먹여 체력을 회복시켰고, 한 달 뒤 수술을 시행하였다. 이제 음식은 새로운 통로를 통해 지나간다. 그는 실제로 살이 찌기 시작하였고, 어느 날 예고도 없이 일어나 병동 앞에서 하나님께 감사드리며, 그가 받은 친절에 대한 찬양이 흘러넘쳤다.

크리스마스에, 우리는 그 사람이 한국어 성경을 선물로 받는 것보다 『사도행전 강해 Studies in the Acts of the Apostles』라는 책을 더 원한다는 것을 알게 되었다. 그는 이미 자신의 성경을 가지고 있었으며, 똑똑하고 진실한 그리스도인이 되어가는 중이었다. 용정에 있는 우리 선교지의 한 선교사가 보낸 헌금으로 그에게 새 옷 한 벌을 마련해 주었는데, 총 비용은 3달러 45센트였고, 남은 돈은 그가 남쪽 고향으로 돌아가는 여비로 사용되었다. 글쓴이인 나는 그를 직접 데려다주었고, 그는 지금 그곳에서 일하고 있다. 기적의 시대는 끝나지 않았다. 한때는 오물과 뼈만 남은 존재였던 그가 이제는 훌륭한 기독교 신사로 서 있다.

그럼에도 불구하고 여전히 기적을 믿지 않는 사람들이 있다. 나는 믿는다, 그리고 기적은 세브란스와 같은 기관들, 그리고 다른 선교 병원들에서 일어난다.

그날 나는 두 명의 거지 소년을 입원시킨 후, (그중 한 명은 이질에 걸려 있었다) 아이를 잃은 한 젊은 여성을 위로하였다. 그리고 나는 구세군 소속의 한 프랑스 여성 사관과 함께 회진을 시작하였다. 우리는 "움막"이라 불리는 새로운 구역을 방문하였는데, 그곳에서는 온 가족이 굶주림의 위기에 처해 있는 모습을 발견하였다. ["움막"이란 언덕 옆면을 파서 만든 작은 동굴이었다.] 그 동굴 중 한 곳은 어머니가 거의 죽어가고 있었지만, 우리는 그녀의 세 자녀를 구조하였다. 두 여자아이 중 한 명은 갓난아기였으며, 둘 다 구세군 여자 아동 보호소로 보내졌고, 남자아이는 구세군 남자 아동 보호소로 보내졌다.

밤 8시쯤, 나는 지친 몸으로 집으로 돌아왔다. 그러나 마음은 기뻤다. 달은 동대문 위로 떠올랐고, 수천 명의 사람들이 사는 집들을 덮은 안개 너머로 빛을 비추었다. 그들 대부분은 가난했고, 그리스도의 사랑을 알지 못했기에 두 배로 가난한 사람들이었다.

스탠은 여러 국적의 구세군 장교들과 함께 일하는 데에서 큰 만족을 느꼈다. 그는 구세군 소년 보호소와 소녀 보호소의 고아들에게 의료 검진을 해주었고, 그 가정들에서 구충병과 다른 질병들을 근절하는 데 도움을 주었다. 그 당시에 약 65명의 아이들이 있었다.

서울에서 몇 달이 지나자, 스탠의 진료소에는 손이 이상하게 쭈글

쭈글해진 환자들이 찾아오기 시작하였다. 그들은 바로 비단공장에서 일하는 소녀들이었다. 이 소녀들은 일본인이 운영하는 견방직 공장에서 참기 힘든 긴 시간 동안, 뜨거운 물에 손을 담근 채 고치에서 비단실을 뽑아내는 작업을 하였다. 그들의 임금은 매우 낮았다. 그들은 식사할 시간조차 제대로 없었으며, 많은 학생들처럼 건강 상태가 좋지 않아 결핵에 걸리기 쉬운 상태였다.

스탠은 이 소녀들에게 특별한 관심을 가졌으며 그들 중 몇 명을 자신의 집으로 초대하였다. 마틴의 아이들은 그들을 만나고 비단이 만들어지는 과정을 배우는 것에 매료되었다.

소녀들 중 한 명이 아이들에게 종이 한 장을 가져왔는데, 그 위에는 누에알로 가득 찬 원이 그려져 있었다. 그녀는 아이들에게 그 위에 뽕나무 잎을 올려놓으라고 하였다. 다행히 마틴 가족의 정원에는 뽕나무가 있었다. 곧, 잘게 썬 뽕잎이 담긴 큰 쟁반 위로 작은 누에들이 기어다니기 시작하였다. 잎은 항상 신선해야 했기에 계속해서 새 잎을 추가해야 했다. 어느 날 밤, 마가렛의 딸 루시는 한밤중에 누에를 위해 뽕잎을 자르고 있었다.

누에들은 점점 커졌고, 그들이 잎을 아삭아삭 씹어 먹는 소리가 놀라웠다. 결국 누에들은 고치를 짓기 시작했다. 그때쯤 가족은 원산으로 떠날 시간이 되어 고치들도 함께 여름 별장으로 옮겨졌다. 그곳에서 아이들은 누에나방이 고치에서 나오는 모습을 지켜보았고, 곧 몇몇 나방들이 날아다니며 모기장 안에 알을 낳기 시작했다. 가족은 누에알이 완전한 생애 주기를 마치면서 많은 것을 배웠다.

스탠은 결핵에서 회복 중인 많은 견방 소녀들을 돌보며 그들에 대한 특별한 관심을 계속 이어갔다.

또 다른 때, 그는 한 추운 밤에 대해 자신의 글에서 "우리 의사는 한밤중 순회를 한다"고 썼다.

우리 의사는 한밤중 순회를 한다
의학박사 · 외과 의사 마틴 박사

한밤중에 동양의 한 도시에 가득한 보름달 아래서 나와 함께 순회 진료를 해보는 것이 어떨지요? 따뜻한 코코아를 마시고, 내 작은 "포드" 차에 가스를 충분히 넣은 후, 남아프리카 출신의 구세군 사관인 위도슨(Ensign Widdowson)과 나는 출발하였다.

우리가 처음으로 이 고대 도시를 서쪽에서 동쪽으로 가로지르는 하수처럼 생긴 개천을 따라 수색을 시작했을 때, 온도계는 0도 근처를 맴돌고 있었다. 다리 중 하나 아래, 짚으로 덮인 얼음 위에 우리의 첫 번째 환자가 있었다. 그러나 안타깝게도, 의사와 그의 의료 가방에게는 늦은 일이었다. 그는 이미 죽어 있었다. 약 스물다섯 살쯤 되어 보이는 청년이었으며, 얼어 죽은 것이었다! 우리는 다리 밑에서 짚 위나 얼음 위에 자루를 덮고 자고 있는 부랑아들을 서른 명 이상 발견하였다. 우리는 그들에게 음식 교환권을 나누어 주었다.

그다음 우리는 뒷골목과 좁은 골목길들을 지나갔고, 어떤 골목들은 폭이 몇 피트밖에 되지 않았기에, 차는 쉽게 접근할 수 있는 곳에 두고 걸어다녔다. 한 관공서 건물 바깥에서, 우리는 사용하지 않는 거대한 배수관 안에서 자고 있는 소년들을 발견하였다. 배수관은 바위 담장 뒤에 있었다. 우리는 거친 코고는 소리를 들었고, 조사해 보기 위해 짚자리 한쪽을 들춰보니, 손과 발이 뒤엉킨 채 몸을 꿈틀대는 무리와 함께 창백하고 겁에 질린 얼굴들이 손전등 불빛에 드러났다. "여기 몇 명이나 있니?" "열일곱 명입니다, 선생님." "오늘 밥 먹은 사람은 몇 사람이니?" "네 명입니다, 선생님." "자, 이 표를 가져가서 내일 1시부터 4시 사이에 구세군 급식소로 가거라. 안녕, 평안히 잘 지내고 잘 자거라."

우리의 순회 경로는 종로에 있는 유명한 한국의 대형 통행금지 종[46] 뒤편으로 이어졌다. 오래전, 이 종소리가 도시 전역에 울려 퍼지면 거리에서 남자들은 모두 사라지고 여자들이 밖으로 나오는 차례가 되었다. 그 종 뒤편에서 우리는 얼어붙은 땅 위에서 몸을 녹이려 애쓰는 신음하는 한 사람을 발견하였다. 그의 발은 맨발이었고, 얼굴과 손은 추위로 인해 부어 있었다. 진찰해 보니 그는 폐렴에 걸려 있었고 오직 따뜻함만이 그를 살릴 수 있는 상태였다. 우리는 그에게 자극 주사를 놓고 차를 가지러 갔고, 가능한 한 빨리 돌아오려고 했지만, 다시 돌아왔을 때 그는 이미 수천 명의 이들을 따라 저 너머로 떠나 있었다.

우리는 지금은 텅 빈 한 대형 시장을 지나갔고, 그 얼어붙은 땅 위에는 다양한 형태의 임시 피난처 뒤로 수십 명의 소년들과 청년들이 잠들어 있었다. 그들 중 많은 이들이 굶주린 상태였다. 대략 열 살쯤 되어 보이는 한 불쌍한 아이는 통증 때문에 울고 있었고 진찰해 보니 매우 허약한 상태였다. 나는 그의 옆에서 자고 있던 짧고 엉킨 머리카락을 가진 동료에게 시선을 돌렸다. 이 가엾은 존재는 알고 보니 젊은 여자였다. 그 소년은 내 자동차 천 덮개에 싸여 마치 사과를 손수건에 담듯이 들어 올려 차 뒷좌석에 태워졌다. 나중에는 그 젊은 여성도 데려왔는데, 그녀는 과거에 기생이었던 것으로 밝혀졌다. 그들 둘 다 지금은 회복 중에 있다.

우리는 도시의 한 작은 지역에서만도 60명 이상의 궁핍하고 집 없는 사람들에게 음식 교환권과 약을 나누어 주었고 차로 돌아오는 길에, 길가에 놓인 재떨이 상자들을 하나씩 발로 차며 열어보던 중, 우리는 이 재떨이 상자 안에서 잠들어 있는 여섯 살짜리 소년을 발견하였다.

처음에 그 소년은 우리가 경찰인 줄 알고 겁을 먹었다. 하지만 다음날 아침, 이 소년들과 다시 만났을 때, 나는 이곳에서의 15년 동안 중 가장 즐거운

---

46 (역주) 서울 종로의 보신각종을 가리킨다.

순간을 경험했다고 생각한다. 그러나 그 밤에는 단 한숨도 잘 수 없었다. 얼어붙은 땅 위, 한 조각의 짚 아래에 웅크린 채 떨고 있던 그 젊은 여자의 모습을 떠올리며 마음이 놓이지 않았기 때문이다. 지금 그녀가 더 이상 그곳에 있지 않다는 사실에 하나님께 감사드린다. 하지만 만약 선교사 의사와 구세군 사관이 혹한의 겨울마다 매주 토요일 밤 산책을 나서기로 결심하지 않았더라면, 어떻게 되었을까?

"너희가 여기 내 형제 중에 지극히 작은 자 하나에게 한 것이 곧 내게 한 것이니라," 그리고 이들은 "작은 자들"이었지만, 그만큼이나 소중한 존재들이었다.

그는 결핵 환자들을 위한 더 많은 요양소의 필요성에 대해 글을 썼다. "더 많은 요양소가 마련될 때까지는, 모든 병원들이 결핵 환자 전용 병상이나 격리 병동을 따로 마련하도록 요청받아야 하지 않을 이유가 없습니다. 몇몇 선교 병원들은 세브란스의 우리 병동과 같은 결핵 전담 부서를 이미 운영하고 있습니다.

감리교 선교부의 셔우드 홀 박사(Dr. Sherwood Hall)는 한국 해주에 있는 훌륭한 병원에서 결핵 퇴치를 위한 뛰어난 일을 해내고 있습니다. 또한 그는 결핵 퇴치 크리스마스 씰 운동을 시작하였으며, 이 씰은 홍보와 결핵 퇴치 사업을 위한 기금 마련을 위해 판매되고 있습니다.

그동안 모든 종합병원과 개업 의사들은 결핵을 치료할 때 폐허탈(lung collapse)의 최신 치료법을 사용해야 합니다. 예를 들어 기흉술(pneumothorax), 횡격신경 절제술(phrenicotomy), 늑골 성형술(thoracoplasty) 등이 있는데, 이러한 방법들을 통해 외래 진료소를 찾는 환자의 25%는 확실히 살릴 수 있습니다. 우리 세브란스의 흉부 클리닉에서는 폐허탈 요법으로 치료한 300명의 사례 가운데 48%는 임상적으로 잘 치료되었고, 32%는 완치되었습니다. 이들 대부분은 한국의 교육받은 계층 출신이었습니다.

　우리는 매우 운이 좋게도, 한국 사람들을 사랑하는 한 후원자의 관대함으로 인해 세브란스 부지 내에 훌륭한 벽돌 건물 하나가 새로 지어졌습니다. 이 건물은 20명의 환자를 수용할 수 있는 시설을 갖추고 있습니다. 특히 최신식 건물로서, 특수 자외선 차단 유리창이 설치되어 있고, 옥상에는 햇볕 치료를 위한 넓은 옥상 정원도 마련되어 있습니다. 이곳에서는 160명의 의대생들이 결핵 진단에 대한 전반적인 교육을 받고 있다.[47]"

그는 1928~1929년도 보고서에서 이렇게 썼다.

> 나는 폐결핵 초기 환자를 찾기 위한 노력으로 1,400명의 학생들을 진찰하였다. 해당 학생들은 배화, 이화, 경신 학교와 세 곳의 성경학교에 재학 중이었다. 그 결과, 결핵 의심 환자 74명이 발견되었고, 그중 44명은 활동성 결핵이었다. 이 중 17명은 기숙사에서 분리 조치되었으며, 17명은 사망하였다. 또한, 구세군 기관 소속 학생 48명, 피어선기념성경학교 학생 45명도 진찰하였으며, 결핵 환자 4명이 발견되어 격리 조치되었다. 세브란스병원의 내과 환자 중 약 30%는 폐결핵 환자이다. 나는 한 학급에서 신규 결핵 환자 8명을 본 적도 있고, 그들 모두는 이미 불치 상태였다.

　결핵 환자들의 치료와 간호는 수년이 걸리는 경우가 많았기 때문에 스탠은 환자들과 매우 깊은 유대감을 갖게 되었다. 수많은 이야기가 있지만, 그는 그중 한 명의 특별한 환자에 대해 글을 남겼다.

47　*The Korean Mission Field*, S. H. Martin, MD, CM, p.100.

임아다 이야기
"이 마음은 인간의 기쁨과 걱정으로 짜여졌으며,
놀랍도록 슬픔에 씻겨지고 빠르게 기쁨으로 바뀌었네.
세월은 그녀에게 친절을 주었고, 새벽이 여기에 왔네."

나는 독감에 걸린 것으로 여겨진 한 목사 딸을 보러 불려갔다. 곧 그녀의 왼쪽 폐 상부 3분의 1이 결핵으로 인해 급속히 파괴되고 있음을 발견하였다. 나는 조심스럽게 그 상황을 그녀에게 설명하였고, 그녀는 처음부터 하나님께서 자신을 치유하실 능력을 절대적으로 믿었으며, 의사가 그 치유를 도울 능력을 믿었다. 동대문병원 베란다에서 1년간 치료를 받은 후, 그녀는 부모와 친구들의 설득으로 다음 겨울 전에 집으로 돌아가기로 하였다. 집안 환경은 회복에 결코 이상적이지 않았으나, 그녀는 우리의 뜻을 거스르고 병원을 떠났다. 곧 큰 출혈로 인해 쓰러져 죽음의 문턱에 거의 이르렀다. 매우 위독할 때 그녀는 하나님께 자신의 생명을 살려주어 전도부인이 되게 해 달라고 간구했다.

이 기간 동안 전통 의학을 행하는 한 한의사가 호랑이 이빨, 딱정벌레 날개 등이 들어간 여러 가지 약초와 탕약을 처방하고 있었다. 나는 매일 그녀를 계속 진료하였고, 종종 그 한의사와 함께 있었으며, 부모님이 허락하여 그녀를 세브란스병원으로 옮길 때를 기다리고 있었다. 마침내 그 허락이 내려졌고, 이 사랑받는 젊은 대학 졸업생의 연약한 몸이 X양의 닫힌 자동차에 실려 옮겨졌고, 그때부터 회복이 시작되었다. 그 싸움은 쉽지 않았으나, 특히 한 여성, X양과 아다의 믿음이 함께하여 그녀의 체중을 55파운드에서 100파운드 이상으로 회복시켰다. 그녀는 거의 모든 여름을 병원 옥상에서 보냈는데, 밤에는 별들만이 그녀의 동반자였다. 신선한 공기는 치료의 중요한 부분이었다.

지금 아다는 150병상 규모의 병원에서 영적으로 가장 밝고, 가장 명랑하며, 가장 훌륭한 소녀라고 해도 과언이 아니다. 사실 그녀는 병동 공사가 완공되기도 전에 입원하였다. 그녀는 이틀에 한 번씩 가족을 만나러 집에 다녀오며, 크리스마스에는 자신의 주치의 가족과 함께 가족처럼 시간을 보냈다.

매일 정오에 여성 결핵 병동에 가보면, 세 명의 여대생들이 세브란스 결핵 퇴치협회를 위해, 특히 이 글을 쓰는 나를 위해 기도하는 모습을 볼 수 있다. 아다는 시골 마을에서 심각한 결핵을 앓고 있는 친구 안 양이 자신과 같은 치료를 받을 수 있도록 오랫동안 기도하였다. 또 다른 X양이 그 자리를 대신해 주어, 안 양은 지금 아다 옆방에 입원 중이며 회복 중에 있다. 나는 또 다른 목사의 딸인 추 양과 그 외 열 명의 이야기를 전할 시간이 없다. 이 세 명의 여대생이 매일 정오에 우리가 그토록 사랑하는 한국의 결핵 청년들을 돌볼 수 있는 요양원이 생기도록 기도하며, 인내심 있게 생명을 위해 싸우고 있다는 사실을 기억해 주기 바란다.

우리의 새로운 결핵 병동이 완공되어 현재 열한 명의 환자가 입원해 있다. 가장 어려운 문제는 치료 불가능한 환자들을 거절해야 하는 일이다. 지금까지 네 명의 환자가 완치되어 퇴원하였으며, 현재 입원 중인 환자들도 치료에 잘 반응하고 있다. 우리는 서울에서 "결핵 퇴치의 날(Anti-tuberculosis Day)"을 개최할 수 있도록 한국 정부에 허가를 요청할 계획을 세우고 있다. 그날에는 결핵퇴치협회의 이중 십자가 모양의 배지를 판매할 예정이며, 이 배지는 매우 효과적인 홍보 수단이 된다. 사람들은 항상 그것이 무엇을 의미하는지 묻기 때문이다. 협회는 이 무서운 질병을 퇴치하려는 노력에 있어, 전국의 모든 선교사들과 교사들의 지지를 요청하고 있다.[48]

---

[48] Ref. Article, *Anti-Tubercular Work at the Severance Union Medical College, Seoul, Korea*, S. H. Martin, MD.

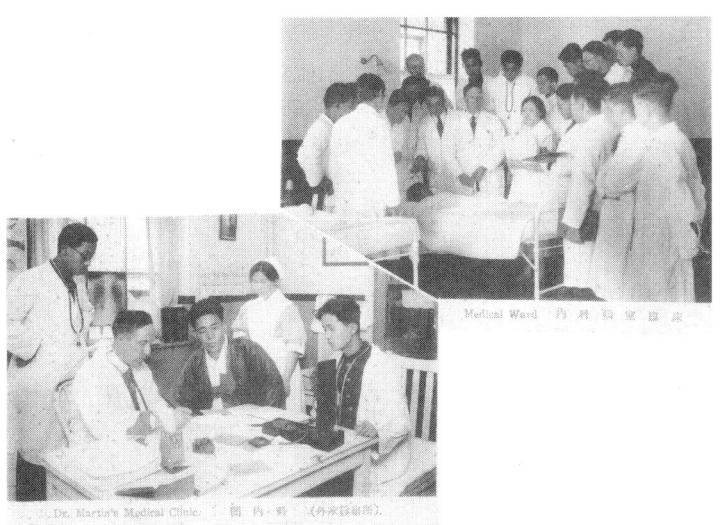

환자와 의대생들과 함께 한 스탠리 H. 마틴 박사. 한국, 서울, 세브란스병원

서울의 마틴 가족.
앉은 사람들: 베티, 어머니 마가렛, 에드나, 아버지 스탠, 바닥에 앉은 필리스
서 있는 사람들: 딸 마거릿, 그리고 제리

제19장_ 변화의 바람 373

제20장
스탠의 안식년

마틴 가족에게 또다시 안식년이 돌아왔다. 그 시절, 선교사들은 7년마다 한 번씩 안식년을 가졌다. 스탠과 마가렛은 여섯 명의 자녀를 데리고 본국으로 긴 여정을 떠나는 일, 그리고 선교 후원 교회들을 방문하며 발표를 해야 하는 일, 아이들의 학업 중단 등을 고려했을 때 그것이 좋은 결정이 아니라고 판단했다. 그들은 스탠이 1년간의 연구 안식년을 먼저 떠나고, 마가렛은 이후 일정 기간의 안식년을 따로 갖는 방식으로 결정했다.

한동안 마가렛은 일흔아홉 살인 아버지 링컨 로저스(Lincoln Rogers)에게 방문하라고 재촉하고 있었고, 이번이 이상적인 시기일 것이었다. 아버지 로저스는 아이들을 돌보는 데 도움을 줄 수 있을 뿐만 아니라, 스탠이 부재중일 때 가족에게 좋은 동반자가 되어줄 수 있었다. 그들은 아버지의 방문을 준비했다.

스탠의 뜻깊은 안식년 여행은 1930년 6월에 시작되었고 그가 유럽에서 가져온 아름다운 사진들 속에, 그리고 곧 펼쳐질 예상 밖의 사건이 담긴 신문 기사들 속에 기록되어 있다.

오늘날 전 세계를 여행하는 일은 그리 특별한 일이 아니다. 비행기를 타면 순식간에 이곳저곳을 오갈 수 있다. 그러나 그 당시에 여행은 느리고 시간도 오래 걸리는 일이었다.

그는 동남아시아, 수에즈 운하, 유럽을 거쳐 항구 도시들을 경유하여 귀국하는 여정을 계획했다. 그가 일본을 떠난 뒤 탔던 첫 번째 배는 독일 화물선이었다. 그는 훗날 아이들에게 매일 아침, 나의 선실 문 앞에서 거친 목소리로 "유아 배드(You're bad)!"라는 말을 들었는데, 그 말은 사실, "Your bath(목욕물이 준비되었습니다)"였고, 그 말씨의 주인공은 선실 승무원이 스탠의 목욕물을 준비해 두었다는 신호였다.

스탠은 색채와 아름다움에 늘 민감한 사람이었고, 여행하는 동안 곳곳에서 느낀 감정을 시로 표현했다.

홍콩 정상에서 본 일몰

와 보라! 햇볕에 달궈진 좁은 길을 벗어나 다시 한번 광활한 공간의 길로 올라서라;
코르테스처럼 용광로 같은 바다를 바라보라
이곳, 고대 중국의 후예들이 살아가는 홍콩의 정상에서.

여기, 경건한 사색에 잠겨 바라보라,
황금빛으로 물든 서쪽의 관문;
짐을 가득 실은 정크선의 실루엣이
고요히 멀리 섬으로 향하는 모습을.

하지만 너무도 빨리 하루는 저물고,
별들이 쏟아져 하늘을 가득 채운다;
은하수와 행성의 티끌로 가득 찬 밤하늘.
남십자성이 처녀자리 곁에서 밝게 빛난다.

그리고 저 아래, 인간이 만든 은하수도

황금빛 별처럼 반짝이고;
위풍당당한 배들은 백조처럼 조용히 정박해 있으며
그 위로 남쪽의 산들바람이 부드럽게 지나간다.

수마트라 정글에서의 자정

고요함에 싸인 채, 나는
거대한 정글 앞에 경외심으로 고개를 숙인다.
그러나 더 담대한 걸음으로 위대한 미지의 세계를 향해 나아간다.

내 길을 비추는 것은 반딧불이의 빛이며,
외로운 달빛 가득한 오솔길을 나는 혼자 걷는다.

달은 열대의 정적 속을 가로지르며 조용히 항해한다,
말레이 캄퐁은 정글 사이로 니파 지붕을 밀어 올리며 솟아 있고;
그 모든 것을 덮은 듯한 존재—보이지 않지만 가까이 느껴지는
위대한 실재가 있다.

싱가포르 모스크의 일출

배의 종이 새벽 다섯 시를 알린다,
동쪽 야자 숲이 가득한 해안에서 빛이 떠오르고.
남십자성은 이젠 희미하게 사라져간다.
정글 너머 싱가포르의 언덕 뒤편으로.

그러나 보라! 안개 낀 아침,
내 뒤편엔 은빛 미나렛과 함께 은빛 모스크가 모습을 드러낸다;
황금빛으로 반짝이는 반딧불 하나가
은빛 그물 속에 얽힌 듯한 모습이다.

스탠은 이후 수에즈 운하를 지나 피렌체와 로마로 향했고, 그곳에서 예술과 건축의 아름다움을 깊이 향유했다. 그는 특히 르네상스 시대의 그림들을 구입해 아이들에게 가져가기 위해 따로 챙겼다. 하지만 그는 훗날 호텔 방 안에서 카드놀이만 하던 관광객들을 보고 깊은 실망을 느꼈다고 말했다.

로마에서는 카타콤을 견학했고, 어느 순간 어떤 물건을 좀 더 자세히 살펴보느라 관광객 무리에서 잠시 떨어졌는데, 그 순간 자신이 들고 있던 작은 촛불이 꺼져버렸다. 그는 완전히 어둠 속에 홀로 남겨졌다. "얘들아, 이런 일이 너희에게도 생기면 말이지," [나중에 그는 가족에게 이렇게 말했다.] "그 자리에 가만히 있어야 해. 절대 돌아다니면 안 돼. 그래야 누가 널 찾으러 올 수 있단다." 스탠은 움직이지 않고 그 자리에 앉아 있었고, 한참 후 깜빡이는 촛불 무리가 나타났고, 그는 무사히 구조되었다.

비엔나에서는 심장질환 관련 단기 강좌를 수강했고, 이후 런던 심장병원에서 정식 연구과정을 이수했다. 런던에서는 "심해어부선교회(The Mission to Deep Sea Fishermen)"[49] 본부를 방문했는데, 그는 뉴펀들랜드와 래브라도에서 있었던 그렌펠 박사(Wilfred Grenfell)와의 협력 경력 덕분에 아주 따뜻한 환영을 받았다.

그 후 그는 대서양을 건너 뉴펀들랜드 세인트존스로 돌아가 가족과 교회에서 짧은 휴식을 취했다. 그러나 그 조용한 휴식은 1931년 3월 16일, 한 통의 편지로 인해 갑작스럽게 깨지게 된다. 그것은 스탠

---

49 (역주) 심해어부선교회(The Mission to Deep Sea Fishermen)는 1881년 에빈 루돌프(Rev. Ebenezer Joseph Mather)라는 성공회(Anglican Church) 목사가 영국에서 설립한 기독교 선교 단체로 주로 북해(North Sea) 등 먼 바다에서 조업하는 어부들을 대상으로 영적·의료적·사회적 지원을 제공하는 선교단체이다.

의 아버지 아서 마틴(Arthur Martin)이 한국으로 보낸 편지였다.

르마샹 로드 171번지
세인트존스, 뉴펀들랜드
1931년 3월 21일

사랑하는 마가렛, 로저스, 그리고 아이들에게,

비록 봉투에는 스탠리가 쓴 주소가 적혀 있지만, 편지와 소식은 나, 아서 마틴에게서 왔다는 사실에 놀라지 않기를 바란다.

우리는 지난 3월 15일 주일에 참으로 즐거운 하루를 보냈다. 스탠은 장로교회 새 담임목사인 휴 라이언(Hugh Lyon) 목사님의 설교를 라디오로 청취했단다. 훌륭한 분이지. 설교도 참 좋단다. 그날 우리는 송아지 고기와 완두콩 등으로 맛있는 점심을 먹었고, 그 후에 스탠은 가족 교회인 조지 스트리트 교회(George St. Church)로 가서 아이러 커티스 목사의 성경 공부반을 가르쳤단다. (아이러 커티스 목사는 스탠의 누이 거트루드와 결혼했다.)

월요일 아침, 스탠은 오전 11시 30분까지 편지를 썼고, 그 후 환자들을 방문하다가 오후 1시에 귀가해 2시부터 2시 30분까지 점심을 먹었단다. 환자 두 명이 와서 진찰과 처방을 받았고—그는 이후 병원으로 가서 Dr. F와 함께 수술을 집도하기로 되어 있었단다. 그런데 오후 3시경, 해양수산부(Dept. of Marine and Fisheries)의 레이크 장관에게서 전화가 왔어. "당신의 아들 마틴 박사가 지금 거기 있습니까?"—"아니요, 지금 종합병원에 갔습니다." 잠시 후, 레이크 부인이 다시 전화를 걸어왔지. "당신 아들 마틴 박사가 어디 있는지 찾을 수 있겠어요? 바이킹(Viking)호에서 폭발 사고가 발생하여 배가 침몰 중이에요. 얼음 위에 사람이 128명이 있고, 다수의 부상자, 다수의 사망자 발생이 우려돼요." 나는 직접 병원에 전화를 걸어 스탠리와 연락이 닿았지. 그의 대답은 이러했단다—"방금 저도 소식을 들었습니다. 20분 이내로 집에 도착할 겁니다. 어머니께 전해주세요. 가장 따뜻한 오래된 옷들을 트렁크에서 꺼내주시고, 두꺼운 내복, 갈색 스웨터, 면도 도구를 가방에 챙겨주세요. 따뜻한 차도 준비해주세요. 오후 5시에 배를 타고 출항해야 합니다." 그는 곧 집에 도착했고, 우리는 그가 빠뜨린 것이 없는지 확인하며 함께 준비했단다. 이웃 친구가 그에게 따뜻한 모피 모자와 장갑을 빌려주기도 했지.

그가 떠난다는 소식을 들은 아이러 커티스(스탠의 처남)와 거트루드가 급히 달려왔단다. 칠십 세가 넘은 내 여동생도 왔고, 다음 해 여름에 결혼을 앞둔 간호사 마조리(Marjorie)도 함께 와주었어. 우리는 그에게 "하나님의 보호하심을 바라며, 잘 다녀와"라고 인사하기 위해 친척들과 함께 송별회를 열어주었단다. 거트루드의 남편과 내가 스탠과 함께 차를 타고 구호증기선 사고나(Sagona)호가 부두를 떠날 때까지 머무는 동안, 거트루드가 그의 어머니와 함께 있어 주어서 정말 다행이었고 그녀에게 큰 위로가 되어주었지. 부두에는 지역 사회의 신사들, 우리 지역 최고의 인사들이 모여 "행운을 빕니다, 의사 선생님!"이라고 외쳤단다.

하느님께 감사한 것은 그로부터 딱 24시간 후인 오후 5시에 바이킹호의 잔해를 발견했다는 기쁜 소식이 전해져왔단다. 구조팀은 케네디 선장(항해사), 클레이튼 킹(마르코니 통신사), 그리고 서전트 씨(뉴욕의 영화 촬영가)를 구조했단다. 그들은 사고나호에서 기대한 만큼 잘 회복 중이었단다. 하지만 안타깝게도 내일도 북동풍과 북풍이 계속된다는 일기예보가 있단다. 이는 모두를 더 춥게 만든단다. 이와 관련한 신문 기사 스크랩을 몇 개 동봉하여 보내는데 번호를 매겨두었다. 이곳은 짙은 안개와 바람 탓에 날씨가 몹시 험하단다. 짙은 안개가 끼어 있고, 북동풍이 해안의 얼음을 단단히 붙잡아 두고 있단다.

진심을 담아,
아서 W. 마틴 & 미니 C. 마틴 드림
너와 아이들에게 사랑을 전해주기를 바란다!

다음 편지는 마가렛이 그 사건에 대해서 한국에서 받은 편지인데, 스탠 본인이 구조선 사고나호 안에서 직접 보낸 편지였다. 그중 일부의 내용은 다음과 같다.

나는 3월 16일 오후 3시경 사고 소식을 듣고 즉시 구조 지원에 자원하여 해양수산부 장관에게 바로 승인을 받았어요. 에린(Erin)이 나를 재빨리 집까지 데려다줬고 나는 낡은 옷들과 스웨터 등을 챙겨 이곳에 도착했어요. 다음번 우편에 당신에게 편지를 보내지 못하게 될까봐 참 유감이에요─사랑하는 당신, 이곳에 와서 도울 기회를 놓칠 수가 없었고, 내가 이 자리에 있다는 것이 너무 기쁘고 감사해요. 우리는 지금 얼음에 부딪쳐 심하게 흔들리는 배 안에 있고, 내일 아침쯤이면 홀스 아일랜드에 걸어서 상륙할 것으로 보여요. 그때까지 잘 지내기를 바라오.

그는 편지 끝에 손글씨로 다음과 같이 덧붙였다.

나는 약을 들고 이 살얼음판 위를 혼자 걸어서(혹은 뛰어서) 섬까지 건넜어요.(이후의 단어는 소실됨.)

마침내 이 이야기는 뉴펀들랜드 지역 신문은 물론, 『뉴욕타임즈 The New York Times』와 『헤럴드트리뷴 Herald Tribune』에도 사진과 기사로 보도되면서 점차 사건의 전모가 드러나게 되었다.

미국 뉴욕의 파라마운트 영화사(Paramount Pictures) 촬영팀이 뉴펀들랜드의 북쪽 홀스 아일랜드 근처에서 바이킹호(Viking)에 함께 승선하고 있었다. 그들은 "백색 천둥(White Thunder)"이라는 영화를 촬영 중이었으며, 이 영화는 물개잡이 어업에 종사하는 사람들의 삶과 일을 토대로 한 작품이었다.

1931년 3월 15일, 총 155명의 승선자와 함께하던 그 배는 폭발로 인해 침몰하게 되었다. 약 29명 정도는 끝내 발견되지 못했다. 무선이 전송되었다. 다치지 않은 사람들은 도리선(dories)에 부상자들을 싣고 화재로 침몰 중인 배에서 탈출했다. 그중 70명의 일행이 도리선을 끌고 밀며 10마일을 이동해 홀스 아일랜드까지 갔다. 무려 16시간에 걸친 사투였고, 그동안 도리선은 거친 얼음에 의해 부서지기도 했다. 살얼음판은 큰 너울 속에 떠 있었지만 하늘은 맑았다. 홀스 아일랜드 주민들은 음식을 들고 먼 거리까지 나와 그들을 맞이해주었다. 지치고 배고프며 극심한 추위에 시달리던 생존자들은 다시 땅을 밟게 되자 말로 다할 수 없이 기뻐했다. 얼마 지나지 않아, 지친 선원들은 마을 사람들의 집으로 옮겨졌고, 그들을 위로하기 위해 모든 조치가 취해졌다. 이후 두 번째 그룹과 더 작은 무리들이 섬에 도착했다.

한편 구조선 '사고나호'는 사고 해역으로 향하고 있었다. 그 배에는 스탠 박사와 다른 두 명의 의사인 패터슨 박사와 무어 박사, 그리고 간호사 베리건 양과 페이튼 양이 탑승해 있었다. 그들은 24시간 동안 거센 폭풍에 시달렸다. 페이튼 간호사는 이후 "배가 얼마나 심하게 흔들렸는지 말로 다할 수 없어요"라고 증언했다. 의료진 대부분은 멀미로 자리에 누웠지만, 10대 시절 바다에서 많은 풍랑을 경험했던 스탠만큼은 끝까지 깨어 있었다.

뉴펀들랜드 세인트존스의 지역 신문 『이브닝텔레그램 *The Evening Telegram*』은 1931년 3월 24일자에 "구조선 사고나호에 탑승한 의사 스탠리 마틴 박사"라는 기사에서 그가 배에서 목격한 것을 싣고 있다. "우리는 하나님의 섭리 가운데 인도를 받았다." "우리는 강력한 쌍안경으로 바다를 샅샅이 살피고 있었는데, 시야 속에 물개 떼처럼 보이는 어두운 물체 하나가 들어왔다. 그쪽으로 다가가자 깃발이 흔들리는 것이 보였고, 곧 두 사람의 모습과 함께 또 한 사람이 마치 눈먼 사람처럼 비틀거리며 움직이는 것이 보였다. 우리는 약 6피트 크기의 얼음판에 조심스럽게 접근했는데, 그 얼음판은 상태가 매우 나빠 금방이라도 부서질 듯했다. 도리선이 내려졌고, 클레이튼 킹은 조심스럽게 도리선에 실려 배 위로 옮겨졌다. 여러 사람이 위험한 상황에 놓여 있던 나머지 두 사람을 도와 배로 옮겼고, 곧바로 고통을 덜어주고 기력을 회복시키기 위한 모든 조치가 취해졌다. 당시 그 배는 사고 지점에서 21마일이나 떠내려간 상태였다. 즉시 바다 표면을 수색했지만, 어둠이 내릴 때까지 생존자나 시신 모두 단 하나의 흔적도 찾을 수 없었다."[50]

세 명의 생존자는 무선 통신사 클레이튼 킹, 촬영팀 소속 헨리 서전트와 선장 윌리엄 케네디였다. 그들은 자신들의 이야기를 전해주었다. 킹은 폭발의 충격으로 선체에서 날아가 얼굴과 눈이 심하게 화상을 입었고 다리 한 쪽도 골절되었다. 서전트는 머리에 부상을 입은 채로 바이킹호의 선미와 함께 얼음판 위로 튕겨 나갔다. 그는 킹을 자신이 있는 안전한 곳으로 끌어올렸다. 그 후 그들은 케네디와 합류했다. 서전트와 케네디는 근처 얼음 위에 떠 있던 잔해들 중에서 연유 통, 구운 콩 통조림, 약간의 옷가지, 깃발 두 개, 그리고 천 조각 하나를 수습할 수 있었고, 그것으로 움직일 수 없던 클레이튼 킹을 감쌌다. 그들은 밤새 그리고 다음 날 하루 종일 얼음 위를 떠다니며, 말할 수 없는 극심한 추위와 고통을 견뎌야 했다. 잔해가 박혀 있던 얼음판은 큰 너울에 의해 갈라지기 시작했고, 점점 작아지고 있었다. 표류하던 남자들은 얼음판이 조금씩 사라져 가는 모습을 지켜보며 점점 트인 바다로 다가가고 있었다. 그때, 그들의 눈에 반가운 사고

---

[50] *The Evening Telegram*, St. John's, NFLD March 24, 1931.

나호 구조선의 모습이 들어왔다.

사고나호는 생존자들을 구조한 뒤 홀스 아일랜드로 향했지만, 빽빽한 얼음 때문에 섬에서 6마일 이상 가까이 접근할 수 없었다. 다음날 아침, 인근에서 가장 강력한 증기선인 이모진(Imogene)호가 섬에서 2마일 더 가까운 지점까지 접근할 수 있었다.

홀스 아일랜드의 나이가 스물 한 살인 무선 통신사 오티스 바틀렛(Otis Bartlett)은 4일 동안 밤낮으로 자리를 지키며 구조 요청을 보내고 생존자들의 소식을 전했다. 그는 그 공로를 크게 칭찬받았다. 곧 더 많은 물개잡이 배들이 구조를 위해 항해해 왔다. 뉴펀들랜드 주지사에게는 상황이 보고되었고, 해양수산부 장관인 레이크 씨가 멀리서 구조 작업을 지휘했다.

비극적인 소식이 퍼지자, 영화 제작자 바릭 프리셀의 가족도 그 소식을 듣고 극심한 불안에 휩싸였다. 바릭의 아버지인 루이스 프리셀 박사는 생존자 수색을 돕기 위해 보스턴에서 대형 시코르스키 수륙양용기를 급파했다. 그 비행기는 식량과 의약품도 함께 실었고, 북극 비행 경험이 풍부한 벨처라는 조종사가 조종했다.

세인트존스의 한 신문은 3월 18일 자에 스탠 마틴 박사의 편지를 보도했다.

> 저는 지금 얼음 위를 항해하는 구조선 안에 있으며, 다리 골절과 동상으로 괴사가 시작된 중환자 5명, 폐렴 환자 1명을 돌보고 있습니다. 우리 의료진은 패터슨, 무어 박사, 그리고 나 마틴, 간호사 베리건 양과 페이튼 양입니다. 우리는 느슨하게 떠다니는 얼음판 위에서 깃발을 흔들고 있던 세 사람을 구조했습니다. 그들이 있던 잔해는 폭발 후 불에 탄 바이킹호의 선미였습니다. 현재 우리는 식량이 부족하고 부상자들도 있는 118명의 남성들이 머물고 있는 섬을 향해 얼음을 밀어내며 접근을 시도하고 있습니다. 무어

와 나는 내일 얼음 위를 약 5마일 정도 걸어가 섬에 도착할지도 모릅니다. 부상자들을 가능한 한 빨리 데려오고, 우리가 얼음에 갇히기 전에 빠져나가 세인트존스로 돌아가야 합니다. 그렇지 않으면 절단 수술을 배 위에서 해야 할 것입니다. 지금 우리는 얼음을 밀어내며 배가 계속 흔들리고 있습니다.[51]

하지만 곧 사고나호는 수 마일에 걸쳐 펼쳐진 단단한 얼음층에 갇히고 말았다. 결국 배에서 섬으로 구조 인력을 보내기로 결정되었다. 25명의 인원과 패터슨 박사, 무어 박사로 구성된 구조대가 의약품과 식량을 얼음 위로 끌고 갈 준비를 했다. 마틴 박사는 중환자들과 함께 배에 남기로 했다.

그 여정은 힘들었고, 도리선은 완전히 부서졌지만 일행은 무사히 도착했다. 환자들과 부상자들은 치료를 받았고, 의사들과 요리사들, 구조선의 승무원들이 생존자들과 식량이 거의 바닥난 섬 주민들에게 음식을 제공했다.

같은 날, 부상당하지 않은 108명의 남성들이 홀스 아일랜드에서 얼음 위를 걸어 사고나호까지 도착했다.

구조대는 여전히 섬에 머물러있었기 때문에, 이제 배 위에서 의학적 도움을 줄 수 있는 사람은 스탠과 간호사들뿐이었다.

간호사 중 한 명인 페이튼 양은 그날들을 이렇게 회상했다. "우리는 열심히 일했고, 구조대가 돌아오기를 간절히 기다렸어요. 마치 1년처럼 느껴졌던 시간 끝에 구조대 전원이 돌아왔어요." 섬 주민들은 부상자들을 태운 도리선을 끄는 일을 도왔고, 그들의 도움 없이는

---

51 *The Evening Telegram*, St. John's, NFLD March 24, 1931.

이 작업이 불가능했을 것이라며 큰 찬사가 주어졌다.

그러나 문제는 아직 끝나지 않았다. 사고나호의 킨(Kean) 선장은 해양수산부 장관에게 전보를 보냈다.

사고나(Sagona)호, 포고(Fogo) 경유, 1931년 3월 20일. 북동풍이 강하게 불고, 폭설. 얼음이 꽉 얼어 있어 전혀 움직일 수 없음. 바람이 바뀌지 않으면 탈출 가능성 없음. 식량 부족, 인원 초과, 중환자들은 객실에 수용 중. 의사 동의하에 이같이 조치함. 비오딕(Beothic)호와 이모진(Imogene)호도 우리 배에서 1.5마일 안쪽에서 얼음에 갇힘. 어느 방향으로도 이동 불가능.

킨의 서명

그 무렵, 바이킹호 참사에 또 다른 비극이 더해졌다. 또 다른 물개잡이 배 '서윌리엄(Sir William)'호가 개활수역에서 침몰했고, 이글(Eagle)호가 28명의 선원을 구조했다.

스탠 박사는 무선 통신사 시절의 경험을 살려 사고나호에 있는 무선통신사와 연락을 취했고, 그들은 서로 많은 이야기를 나누었다. 그러던 중, 프로스페로(Prospero)호가 지금 구조하러 오고 있다는 한 무선 메시지가 도착했을 때 그의 기쁨과 안도감은 이루 말할 수 없이 컸다.

"저 배는 19년 전 내 아내 마가렛을 세인트 앤서니 병원으로 데려가서 그렌펠 박사 밑에서 간호사로 일하게 한 바로 그 배야! 난 그 배를 아주 잘 알아."

프로스페로호는 해양수산부 장관인 레이크 씨의 명령을 받아 사고나호에서 가능한 한 많은 인원을 태우고, 식량 보급품도 옮기며, '이글'호에서 '서 윌리엄'호의 28명 선원들도 태우도록 지시받았다.

구조는 오직 개활 수역에서만 가능했다. 다섯 날이 지나도록 과밀한 사고나호는 얼음에 꽁꽁 갇혀 있었다. 케네디 선장은 폐렴이 악화되어 안타깝게도 안전한 곳으로 이동하던 중에 세상을 떠났다.

간호사 페이튼 양은 그날들에 대한 보고서를 작성했다.

다시 한 번 인간은 무력했다. 바람이 바뀌지 않는 한 우리는 움직이기는커녕 방향을 돌릴 수도 없었다. 우리 환자 두 명의 상태는 너무나 심각해서, 하루하루가 지날수록 그들이 살아날 가능성은 점점 줄어들고 있었다.

1931년 3월 22일, 주일. 수많은 교회에서 우리를 위한 기도가 드려지고 있을 거라는 사실을 떠올렸다. 우리는 할 수 있는 것이 없었고, 그저 기다릴 뿐이었다. 그런데 밤 11시, 갑자기 바람이 방향을 틀었고, 얼음이 깨지기 시작했다. 그것은 기적처럼 보였다! 얼음이 깨지는 속도는 믿기 어려울 정도였고, 30분 만에 배가 방향을 틀고, 앞서 있던 물개잡이 두 선박이 만든 얼음길을 따라 움직이기 시작했다. 단 두 시간 만에, 우리는 수 마일의 얼음을 뚫고 개활 수역에 도착했다. 그곳에서 프로스페로호가 기다리고 있었고, 구조와 물자 이송이 이루어졌다. 그때 바람이 바뀌어 다시 동쪽으로 불기 시작했고, 얼음을 우리 출발 전과 거의 같은 위치로 다시 밀어냈다!!

1931년 3월 24일, 뉴펀들랜드 세인트존스의 『이브닝 텔레그램 *Evening Telegram*』 신문 헤드라인은 다음과 같았다.

'사고나(SAGONA)호'가

바이킹호 생존자들을 데리고 오다

선장님의 영웅적 감시 활동 돋보여
'바이킹'호 참사의 한 장면

윌리엄 G. 존스턴, 부상자 곁을 52시간 지켜

**의사와 간호사들의 헌신적인 봉사, 부상자들에게 찬사
하선 작업도 효율적으로 진행됨**

그날 새벽 2시경 구조선 사고나호가 킨 선장의 지휘 아래 항구에 입항했다. 1931년 3월 15일 밤 발생한 '바이킹호' 참사 이후 현장에서 생존자들을 태우고 돌아왔다. 이번 귀환에는 생존자 다수, 중환자와 부상자 12명, 그리고 항해사 윌리엄 케네디 선장의 시신이 포함되어 있었다.

선착장에 모인 이들은 사고나호가 내로우스를 통과해 천천히, 조용히 접안하는 장면을 목격했다. 그 어두운 선체는 그저 시각적 상징 그 이상으로 이번 참사의 무게와 슬픔을 압도적으로 전달하고 있었다. 갑판 위 사람들은 마치 죽음 앞에 선 자들처럼 조심스럽게 움직였고, 보통 하선 시 나타나는 외침과 소란은 완전히 사라진 채, 선착장에 선 사람들은 말보다 깊은 침묵으로 애도의 뜻을 표했다. 입항 전, 뉴펀들랜드 수상과 해양수산부 장관 레이크, 그 외 정부 고위 인사들이 하비앤코(Harvey & Co.) 부두에 미리 도착해 있었다.

이송 작업

선박이 정박하자마자 부상자 이송 작업이 신속히 시작되었다. 무어, 마틴, 패터슨 세 명의 의사는 들것에 실린 부상자 이송을 직접 지휘했으며, 맥퍼슨 박사는 앰뷸런스로의 이송을 총괄했고, 간호사 베리건 양과 페이튼 양은 환자들의 안위를 철저히 챙겼다. 부상당하지 않은 생존자들은 곧바로 택시나 차량으로 숙소나 자택으로 이동했고, 모든 이송이 끝난 뒤 언론사 기자단이 승선하여 사건에 대한 자세한 내용을 취재하기 시작했다. 킨 선장부터 선원 전원에 이르기까지 모두 친절히 응대했지만, 참사의 전모를

모자이크처럼 맞춰가는 데에는 여러 차례의 인터뷰와 확인이 필요했다. 스탠 마틴 박사는 그날 직접적인 언론 인터뷰는 뒤로 미루고, 다른 의료진과 함께 환자들을 종합병원으로 즉시 이송하며 현장 대응에 전념했다.

『이브닝텔레그램』지는 이 사건을 보다 더 명확하게 보도했다.

가장 큰 의문은 한 가지였다. "어떻게 이런 일이 일어났는가? 왜 폭발이 있었는가?" 이에 대해 여러 가지 이론이 제기되었다. 보도진은 사고가 발생한 밤에 영화 촬영팀의 일원이었던 서전트, 펜로드, 그리고 바릭 프리셀이 모두 바이킹호의 선미 쪽 선실에 머물고 있었다는 사실을 알아냈다. 상황을 이해하려면, 선박 구조에 대한 간략한 설명이 필요하다.

화약고는 선미 맨 끝, 우측(우현)에 위치해 있었다. 그 옆에는 갑판장의 선실이 있었으며, 그 안에는 기름 등(oil lamp)이 있었다고 전해진다. 그 앞쪽에는 선장의 선실이 있었고, 선박의 반대편(좌현)에는 보조항해사 베스트, 항해사 케네디, 무선통신사 킹의 선실이 자리 잡고 있었다. 이들 선실 사이에는 하나의 객실이 있었는데, 그 안의 테이블에는 세 사람이 앉아 있었다. 펜로드는 좌현 쪽, 서전트는 가운데, 프리셀은 왼쪽에 앉아 있었다.

당시 영화 촬영팀의 감독이었던 프리셀은 1톤의 폭약이 저장된 화약고의 위험성에 대해 이야기하고 있었다. 그는 막 이렇게 말한 참이었다. "나는 예술가는 아니지만, 위험 경고 표지라도 만들어야겠어." 펜로드는 필름 작업을 하고 있었고, 서전트는 다음 날의 촬영 계획에 대해 논의하고 있었다. 그의 바로 뒤는 선미 기둥이었다. 프리셀이 말을 끝마치기도 전에, 배가 갑자기 크게 기울더니, 거의 동시에 배 전체의 선미를 찢어놓은 폭발이 일어났다. 이 폭발로 추정컨대 약 29명이 사망했으며, 사람들과 잔해가 사방으로 튕겨 나갔다. 한 차례의 폭발은 우현 방향으로, 또 다른 폭발은 좌현 방향으로 밀려 나가며, 강력한 폭발력으로 모든 것을 쓸어버렸다. 두 번의 폭발은 선실 앞쪽에서 합쳐졌고, 세 명의 기관사가 있던 기관실 전체를 휩쓸어버렸다. 서전트는 한 조각의 잔해에 휩쓸려 밖으로 튕겨 나가 얼음 위에 떨어졌다.

이 마지막 순간의 세부 내용들은 영화사 소속의 서전트에 의해 전해졌다.

폭발 직후, 사람들은 사방으로 흩어졌다. 윌리엄 케네디는 뉴욕 영화 제작자 바릭 프리셀과 촬영기사 펜로드가 무너지는 장비에 휩쓸려 도망치지 못하는 것을 목격했다고 전했다. 상황을 수습한 것은 바로 바이킹호의 선장 아브람 킨 주니어의 침착한 판단력이었다. 그는 조타실에서 얼음 위로 12피트(약 3.6미터) 아래로 튕겨져 나가 부상을 입은 상태였지만, 그럼에도 불구하고 그는 사람들에게 함께 모여 있으라고 명령했다. 이 지시는 명백히 많은 이들이 얼음판 사이를 헤매다 죽음을 맞이하는 것을 막았다.

많은 선원이 신발도 없이 얼음 위에 있었고, 어떤 이들은 장갑이나 모자조차 없이, 음식도 거의 없는 상태였다. 심한 부상을 입었지만, 간신히 일어설 수 있었던 킨 선장은 선원들에게 도리선을 절단하여 물에 띄우라고 소리쳤다. 불길이 너무 빠르게 번지고 있었고, 언제든 보일러가 폭발할 수도 있다는 공포 때문에 이 작업은 매우 위험했다. 여러 명의 선원이 배에 다시 올라타 8척의 도리선을 확보했다. 선박의 반대편에서도 도리선을 절단하여 띄우는 작업이 계속되고 있었다.

남자들은 불타는 배에서 가능한 한 빨리 벗어나 홀스 아일랜드를 향해 이동하기 시작했다. 첫 번째 그룹은 부상자들을 태운 도리선을 끌며 16시간 만에 도착했다. 그 후 또 다른 대규모 인원이 뒤따라 도착했고, 몇몇 소규모 그룹들도 섬에 도착하는 데 성공했다.

생존자들의 용기와 용맹함에 대한 이야기들이 많았다. 아직 전해지지 않은 두 가지 이야기가 남아 있다.

그날 밤 사고나호를 타고 돌아온 생존자 중 한 명은 윌리엄 G. 존스턴(William G. Johnston), 선박의 경비책임자였다. 이 사람이 보여준 용기와 끈기는 이 참혹한 재난 속에서도 가장 주목할 만한 업적 중 하나로 평가된다.

그는 폭발이 발생했을 당시 선수 쪽에서 기도 모임에 참석 중이었다. 출입구에 도착했을 때, 그는 선미 전체가 불길에 휩싸여 있었고, 조타실이 선박의 흔들림에 따라 좌우로 요동치고 있는 것을 목격했다. 그는 즉시 방수복, 해도, 나침반을 챙긴 뒤, 약 15명의 인원을 모아 함께 움직였다. 이들은 도리선 하나를 확보하여, 그 안에 조타실에서 튕겨 나가 다리가 부러진 채 선박에서 약 20피트 떨어진 곳에서 발견된 부선장 알프 킨과 바이킹호 선미 부근에서 발견된 영화 촬영팀의 프레드 베스트를 태웠다. 프레드 베스트는 양쪽 발에 화상을 입은 상태였으며, 주변 남성들로부터 도움을 받고 있었다.

도리선에 밧줄을 매단 채, 15명의 남자가 육지를 향해 이동하기 시작했다. 그러나 얼음이 흐르고 있었고, 표면은 매우 거칠고 위험한 상태였다. 약 7마일 정도 이동한 뒤 사람들은 지친 기색을 보이기 시작했고, 도리선 역시 얼음에 의해 심하게 파손된 상태였다. 이러한 상황에서 존스턴은 다른 사람들에게 섬으로 가서 구조 요청을 하라고 지시했고, 자신은 부상자들과 함께 남기로 결정했다.

마이크 록(Mike Roch), 리처드 워커(Richard Walker), 그리고 세 번째 남자를 제외하고 모두 떠났다. 존스턴은 그 남자의 이름이 기억나지 않았다. 그 셋은 화요일 아침까지 남아 있었고(폭발은 일요일 밤에 일어났다), 도움의 기미는 보이지 않았다. 결국 존스턴은 셋을 육지로 보내고, 부상자들과 함께 홀로 남게 되었다.

화요일 오후 3시쯤, 홀스 아일랜드에서 온 일곱 명의 남자들이 음식과 함께 구조를 위해 도착했다. 그러나 부상자들을 태운 도리선을 얼음을 넘어 옮기는 것은 불가능했고, 그들은 다시 육지로 돌아갔다. 작은 무리는 도리선

안에 몸을 웅크린 채 또 하룻밤을 보내야 했다. 세 번째 날 아침이 밝았다. 수요일 오전 10시쯤까지도 구조의 기미는 보이지 않았다가, 마침내 카터 선장이 이끄는 물개잡이 배 비오틱(Beothic)호가 발견되었다.

곧이어, 용감한 존스턴은 부상당한 두 남자가 무사히 배에 올라탄 것을 확인했다. 존스턴은 나이가 약 48세이며, 25년 동안 북극의 얼음지대로 나갔고 이번이 네 번째 봄철 항해에서의 경비책임자 임무였다.

또 다른 이야기는 해리 브라운(Harry Brown)에 관한 것이었다. 신문의 헤드라인은 다음과 같았다.
"자신의 생명을 구한 구세군 신자의 헌신"

몇 주 전 북극권에서 조난을 당한 뉴펀들랜드의 물개잡이 배 바이킹호의 선원 중에는, 세인트존스 제3구역 구세군 소속의 구세군원 한 명이 있었는데, 그는 놀라운 구출을 경험했다.

바이킹호는 세인트존스를 출항한 직후 거센 풍랑을 만났다. 용감한 작은 목재 피복의 물개잡이 배가 거센 파도에 휩싸이는 동안, 선원 외에는 누구도 갑판 위에 나갈 수 없었다.

일요일 밤이 다가올 무렵, 배는 부풀어 오르는 바다 위로 높이 쌓여가고 느슨하게 흩어진 유빙 속을 항해하고 있었다. 선미 쪽 조리실에서 일하던 브라운 형제, 선장과 장교들을 위한 요리사였던 그는 만약 아무도 예배를 인도하지 않는다면 자신이 배의 앞부분에 있는 백여 명의 선원들을 위해 직접 예배를 드려야겠다고 생각했다.

도움을 주는 사람에게 자신이 돌아올 때까지 일을 계속하라고 말한 후, 자신이 해야 할 일을 끝마칠 것이라며 브라운은 선실을 나섰고, 그 친구를 다시는 만나지 못했다.

그가 선수실로 내려가기 위해 문손잡이에 손을 댔을 때, 아는 사람이자 조금 알던 한 남자가 다가와 말했다. "당신은 욕도 하지 않고 담배도 피우지 않는 것 같더군요."

"아니요, 요즘은 그런 것들에서 아무런 즐거움을 느끼지 못해요. 저는 구원을 받았거든요." 브라운이 대답했다.

갑자기 엄청난 폭발이 배를 흔들었고, 우리 동료는 그 이후로 아무것도 기억하지 못했다. 눈을 떠 보니 배에서 몇 야드 떨어진 얼음 위에 서 있었고, 다친 한 남자 곁에 있었다. 그 남자는 부선장이었다. 그 주변에는 어리둥절하고 목적 없이 서성이는 스무 명가량의 사람들이 있었다.

난파된 배 안에서 들려오는 연속된 폭발음에 깨어난 부선장은 브라운에게 다시 배에 올라가 옷을 좀 가져올 수 있겠느냐고 물었다. 탄약이 터지며 울부짖는 듯 휘파람 소리를 내고, 폭약통이 터지는 굉음이 경고처럼 들려왔지만, 우리 동료는 "예, 알겠습니다, 선장님!"이라고 대답하며, 아직 폭발하지 않은 바이킹호의 쪽으로 향했다. 기관실 뒤쪽은 이제 완전히 불지옥이 되어 있었다.

몇 분 만에 그는 선원들의 숙소에서 부상자들을 위한 많은 양의 코트, 모자, 방수복, 두꺼운 담요들을 챙겼다. 언제라도 배는 폭발로 인해 선미에 생긴 구멍 속으로, 얼음에서 미끄러져 다시 빠질 수도 있었고, 남아 있는 폭약이 터지면 배 전체가 안에 있는 모든 것과 함께 공중으로 날아갈 수도 있는 위험한 상황이었다.

그 사이 부선장은 음식 생각을 하게 되었고, 브라운은 다시 한 번 식량을 구해 달라는 요청을 받았다. 이 임무로 인해 그는 배의 탄약고 바로 위에 있는 구역에 위치한 방으로 향하게 되었다.

몇 덩이의 빵을 챙긴 그는 그것들을 배 측면 너머로 던졌고, 팔에 두 덩이의 빵을 낀 채 다시 일행에게 돌아갔다.

부상자들을 담요 두 장 위에 눕히고, 그 위를 코트와 옷들로 잘 덮은 뒤, 바다표범 가죽을 끌어올리는 데 쓰이던 밧줄 하나만 연결된 도리선에 태워, 25명의 남자들은 해안을 향해 출발했다.

22시간에 걸친 고력의 노력 끝에 그들은 멈춰 설 수밖에 없었고, 부상자들의 기력을 회복시켜 줄 음식과 물이 없는 상태에서는 더 이상 도리선으로 이동시키는 것이 불가능하다는 결론에 이르렀다. 섬은 약 2마일 떨어진 곳에 있었고, 부상자들을 편안하게 눕힌 뒤, 자원한 세 명의 동료를 그들과 함께 남겨두고, 나머지 스무 명은 도움과 식량을 구하기 위해 해안을 향해 가기로 결정했다.

그 당시의 열악한 상황은 짧은 거리임에도 해안에 도착하는 데 무려 6시간이 걸렸다는 사실을 보면 짐작할 수 있다. 남자들은 가까운 집들까지 비틀거리며 간신히 도착했고, 대부분은 집에 도착하자마자 긴 시간 동안 쓰러져 있었다. 브라운은 작은 마을에 있는 15채의 집 중 가장 가까운 집에서 약 15야드 떨어진 곳에서 의식을 잃은 채 발견되었다.

이 이야기를 들은 사람들은 브라운이 예배를 드리기 위해 배 앞쪽으로 나아갔던 것이 그의 생명을 구했다며 하나님께 찬양을 돌렸다.

이 이야기들은 비슷하지만, 100명이 넘는 사람들이 그 섬에 도달했다―그들 대부분은 부상당한 동료들이 탄 도리선을 끌지 않아도 되었기에, 방해받지 않고 걸어서 이동할 수 있었다.

사고나호가 세인트존스로 돌아와 환자들이 종합병원의 유능한 의료진에게 인계된 후, 스탠은 가족의 품으로 돌아갔다. 며칠 동안 너무 지쳐 거의 움직일 수 없었지만, 그의 이야기를 들려달라는 요청이 끊임없이 들어왔다. 그래서 회복한 뒤에는 많은 요청에 응하며 이야기를 전했다. 특히 교회들은 전체 상황을 위해 기도해 왔기 때문에,

모든 세부 사항을 듣고 싶어 했다.

그의 나머지 안식년 휴가는 평화로웠고, 그는 가족과 한국에서의 일터로 돌아갈 마음을 다졌다. 마가렛은 훌륭한 편지 작가였기에, 그는 계속해서 소식을 주고받을 수 있었다. 한국으로 돌아가는 길에 그는 뉴욕 사라낙 호수에 있는 트뤼도 결핵 요양소에서 6주간의 과정을 수강했다.

스탠은 그곳 방문에 대한 보고서를 썼다.

트루도 결핵요양소는 결핵 치료에 있어 완전 휴식과 바깥의 신선한 공기를 처음으로 도입한 의사 에드워드 트루도 박사의 이름을 따서 이름이 지어졌습니다. 그의 업적은 수천 명에게 희망과 생명을 가져다주었습니다. 이 센터는 과학 연구의 중심지이자, 전 세계에서 이 질병에 관한 대학원 수준의 최상의 교육기관이 되었습니다. 이곳에서는 작업치료, 진단, 그리고 질병의 혈청학적·세균학적 측면에 관한 전문가들의 강의가 이루어졌습니다.

이 강좌에 33명의 의사들이 수강하고 있습니다. 그들은 전 세계의 결핵요양소에서 왔습니다.

우리의 수강과정이 마무리되기 전, 저는 세브란스에서의 결핵 치료 업무와 용정에서 11년간 선교사로서의 활동에 대해 발표해 달라는 요청을 받았습니다. 그들은 매우 큰 관심을 보이며 밤 11시가 넘도록 "계속해 주세요! 계속해 주세요!"라고 환호했습니다.

저는 지금 한국으로 가는 길입니다. 윌프레드 그렌펠 경의 큰 은혜로, 아주 신뢰할 만한 심전도기가 저에게 기증되어 서울에 있는 세브란스 연합의과대학 병원의 흉부클리닉에서 사용하게 되었습니다. 이 기계는 2,000달러가 넘는 고가의 장비로, 심장의 아주 미세한 이상까지도 감지할 수 있습니다. 지난 가을 비엔나에서 전문가들과 함께 심장 질환의 여러 형태에 대해 특별히 공부했고, 이 기계와 함께라면 어떤 문제도 다룰 수 있을 것 같은 자신감이 듭니다.

마틴 가정에서 한국인 의사들과 의대생들
맨 앞줄에 링컨 A. 로저스(마가렛의 아버지), 스탠, 마가렛,
뒷줄에 외과의사 코 박사가 로저스 뒤에 서 있다.

제21장
할아버지

　서울역에서 로저스 할아버지가 기차에서 내려올 때, 기쁨에 겨워 소리를 지르는 손주들에게 그는 더 이상 낯선 사람이 아니었다. 마가 렛은 그 광경을 지켜보며 밝은 미소를 지었고, 할아버지는 여섯 명의 손주 모두를 차례로 따뜻하게 안아주었다. 그다음엔 그는 자신의 외 동딸이자 아이들의 엄마인 마가렛을 껴안았다. 이는 마치 꿈결 같은 행복한 장면이었다. 그는 손주들에게 각각 시기를 달리하여 편지를 보내며 계속 연락을 해왔고, 어머니 마가렛은 편지가 메인주에 있는 그의 집으로 끊김 없이 도착하도록 태평양 횡단 선박 일정을 꼼꼼히 확인해 왔다. 할아버지는 아이들의 삶의 이야기를 계속 따라가고 있 었기에, 마치 어제 본 것처럼 자연스럽게 이야기를 이어갈 수 있었다.
　스탠이 안식년이라 집을 비운 가운데, 마가렛의 아버지는 넓은 객 실에 머무르며 가족의 일상에 자연스럽게 섞여 들어갔다. 이러한 변 화는 가족 구성원들에게 지극히 자연스럽고 당연하게 받아들여졌다. 특히 마가렛은 집안에 다시 남자의 존재가 함께하게 된 사실에 위안 을 받았고 그로 인해 심리적 안정을 되찾으며 큰 힘을 얻었다. 당시 할아버지는 일흔아홉 살이었다.
　링컨 앨비언 로저스가 가족과 재회했을 때, 그는 전혀 다른 세대의 지혜와 경험을 함께 가져왔다. 그는 1852년에 태어났다. 유년 시절 어머니가 사과파이를 만들던 중 에이브러햄 링컨 대통령이 암살되었다는 소식을 들었다고 회고했다. 그는 라틴어와 그리스어에 능통한 학자였고, 고등학교에 재학 중인 손주들의 라틴어 학습을 도와주었다. 메인주 브런즈윅에 위치한 보든대학(Bowdoin College)의 1875년 졸업생으로 시인 헨리 워즈워스 롱펠로(Henry Wadsworth Longfellow)와도 친분이 있었다. 가족은 당시의 소중한 롱펠로의 친필 편지들을 간직하고 있었다. 링컨 로저스는 오랜 기간 교육자로 활동하였다. 그는 1876년 톱샘 고등학교(Topsham High School)의 교장을 역임하였고, 이후 2년간 캐스틴사범학교(Castine Normal School)에서 교편을 잡은 후 시카고로 옮겨 디어본신학교(Dearborn Seminary)에서 근무하였다. 2년 후 그는 코네티컷주 뉴브리튼(New Britain)의 신학교 학장으로 부임하였으며, 그곳에서 4년간 재직한 후, 5년 동안 뉴브리튼 고등학교에서 교사로 근무하였다. 그 시기 그는 뉴저지주 패터슨(Paterson)에 패터슨 군사학교(Paterson Military School)를 설립하고 14년간 교장으로 재직하였다. 그의 제자들은 아이비리그 대학들로부터 우수한 평가를 받으며 진학하였다.

그는 메인주로 돌아온 후, 1908년부터 1909년까지 멕시코(Mexico)와 딕스필드(Dixfield) 지역의 교육감으로 재직하였다. 그로부터 1년 후 부동산 사업에 종사하게 되었으며, 해당 분야에서 일하다가 1923년에 은퇴하였다.

이 모든 경력은 과거의 일이었고, 이제 그는 한 분주한 가정 내에서 "할아버지"로서의 역할을 하고 있었다. 한국어로는 '할아부지'라 불리었다. 한국인들은 그를 여러 면에서 놀라워했다. 백발이었음에도 거리를 활기차게 걷는 그의 모습은 특히 인상적이었다. 그는 허리를 굽히지도 않았고, 지팡이도 필요로 하지 않았다. 그는 가족을 위한 장보기를 도맡았고, 전차 타는 법을 익혀 먼 시장까지 다녀오곤 했다. 그가 시장에서 구해 온 물품들은 집안에서 진귀한 보물처럼 여겨졌다. 일본 상점이 밀집한 혼마치(Honmachi)에서는 모카커피 원두와 파인애플을 찾아냈는데, 커피 원두는 풀로 엮은 바구니에 수북이 쌓여 있었다. 그는 그것을 집으로 가져와 고기 분쇄기로 직접 갈았다. 주방 문 앞에서 물건을 파는 상인들과 흥정을 벌이며, 가격과 화폐 단위를 이해할 수 있을 만큼의 한국어와 일본어를 익히기도 하였다.

그는 경험 많은 정원사였다. 곧 집 주변에는 화이트 포도와 콩코드 포도 덩굴이 자라기 시작했다. 포도나무를 가지치기하고 계절마다 돌보는 법을 그는 잘 알고 있었다. 집 뒤편에는 야생 포도나무도 있었는데, 그것은 밤나무에 기대어 올라가도록 그냥 두었다. 야생 포도는 작지만 젤리와 주스를 만들기에는 아주 훌륭했다. 그는 딸기밭도 조성했고, 언덕 위 가족의 소 덕분에 좋은 퇴비를 얻어 비료로 활용할 수 있었다. 그는 정말 멋진 작물들을 길러냈다. 그는 채소밭을 여섯 구역으로 나누었고, 손주들에게 각각 한 구역씩 각자 원하는 것을 심어보도록 격려해 주었다. 이 경험은 아이들이 평생 정원 가꾸기와 꽃에 관심을 갖는 계기가 되었다. 로저스 할아버지는 한국 문화와 전국의 선교 사역에도 깊은 관심을 가졌다. 그는 여러 지역을 여행하며, 자신이 본 것을 『서울신문』, 고향인 브런즈윅 지역 신문, 선교잡지인 『코리아미션필드 *The Korea Mission Field*』에 기고문으로 정리해 발표했다.

6월, 스탠은 안식년 휴가를 마치고 복귀하였다. 로저스 할아버지가 가족과 함께 보낸 3년의 세월은 눈 깜짝할 사이에 지나갔다. 그 기간 중 가장 인상 깊었던 사건 중 하나는 태풍이 몰아쳤던 여름이었다.

가족은 여름에 북쪽의 원산으로 피서를 떠났다. 할아버지도 동행하였지만, 당시 스탠은 서울에서 일하고 있었다.

8월의 아침 그날, 가족이 잠에서 깼을 때, 하늘과 바다는 황색으로 물들어 있었고, 파도는 격렬하게 일렁이며 해안을 위협하고 있었다. 마침 그날은 금요일 밤에 예정된 오락 행사의 당일이었고, 열두 살의 마기(Margie)는 그날 밤 독주를 할 예정이었다. 오후가 되어 마기는 어머니와 함께 큰 강당으로 내려가 연습을 하였다. 어머니는 평소처럼 반주자 역할을 맡고 있었다. 그러나 연습 도중, 갑작스레 거대한 강당의 덧문들이 연달아 쾅쾅 소리를 내며 닫히기 시작했다. 강풍이 덧문을 들어 올렸고, 덧문을 지탱하던 지주들은 요란한 소리를 내며 바닥에 떨어졌다. 마기는 바로 그 순간, 아이러니하게도 자장가 "Sweet and Low"를 연주하고 있었다. 놀란 두 마가렛(엄마와 딸)은 즉시 연습을 멈추고, 바이올린을 챙겨 집으로 향했다. 집으로 돌아가는 길, 해안 가까이에서는 많은 또래 청소년들이 해풍을 마주한 채 두 팔을 벌리고 서 있었다. 격렬한 바람 속의 모래가 그들의 팔과 다리를 찔러댔다. 그러던 중, 모녀는 충격적인 광경을 목격하게 된다. 바다가 해안가로 밀려들기 시작했던 것이다. 밀물은 평평한 지대를 빠르게 덮었고, 해변 끝 시골집들이 바다에 가장 가까운 위치에 있었다. 마틴 가족의 집은 다소 내륙 쪽에 있었으나, 상황은 위태로워 보였다.

그들이 서둘러 집에 도착했을 때, 로저스 할아버지는 이미 집을 돌아다니며 덧문에 단단히 못질을 하고 있었다. 다행히도 길고 튼튼한 못들이 충분히 준비되어 있었다. 아이들은 모두 무사히 집에 있었고, 가족은 불안한 마음으로 이른 저녁을 함께하며 앞으로 벌어질 상황에 대해 조용히 궁금해했다. 당시에는 라디오도, 기상 경보도 존재하지 않았다. 바람은 점점 더 거세졌고, 비는 억수같이 쏟아졌다.

그곳은 단지 작은 2층짜리 나무 오두막이었고, 때때로 흔들리곤 했다. 등잔불은 이리저리 흔들리고 있었다. 아이들은 결국 잠자리에 들었지만, 할아버지와 마가렛은 옷을 입은 채 밤새 깨어 있었다.

아침이 되어서도 비와 바람은 여전히 집을 세차게 때리고 있었지만, 지붕은 간신히 버티고 있었다. 마가렛은 아이들에게 말했다. "이런 날씨가 계속되면, 우리 대피해서 내륙으로 가야 할지도 모르겠구나."

"어디로요? 언제요? 제 인형들 가져가도 돼요?" 하고 작은 아이들이 물었다. 문제는 단지 어디로가 아니라, 과연 이 집 밖으로 <u>어떻게</u> 나갈 수 있을까 하는 것이었다.

마가렛은 아이들에게 뜨거운 오트밀로 아침을 먹으라고 재촉했고, 그들은 기다렸다. 아침 시간이 지나면서 바람이 점차 잦아들기 시작했고, 그들은 부엌문을 열고 밖을 내다보았다. 그곳에 서 있던 커다란 아카시아 나무는 마치 겨울처럼 모든 잎이 떨어져 있었다. 마침내 할아버지는 바닷가 집(비치 하우스), 별장이 없는 사람들을 위한 게스트 하우스까지 걸어가 보겠다고 했다. 그곳은 바닷가에서 좀 더 떨어져 있었다. 그곳에서 그는 마을 사람들의 소식을 들을 수 있을 터였다. 아홉 살 제리도 그와 함께 길을 나섰다.

할아버지가 돌아와 전한 바에 따르면, "해변 남쪽 끝 모든 시골집이 개울의 역류로 인해 침수되었다"고 한다. 파도는 해안가의 시골집들을 끊임없이 강타했고, 인명 피해나 실종자는 없었다. 한 어선이 부츠 가문의 별장에 반복적으로 부딪히며 파손되었고, 많은 이들이 허리까지 차오른 물을 헤치고 비치하우스까지 도보로 이동하였다. 구세군 소속의 한 어머니는 밤중에 깨어 보니 아기 침대가 그녀 곁에서 떠내려가는 것을 목격했으나, 다행히 모두 무사했다.

소문에 의하면, 태풍이 조금만 더 격렬하게 지속되었더라면, 모두가 원산 항구로 휩쓸려 갔을지도 모른다고 전해졌다.

선교사 지역사회는 무사했으나, 태풍으로 인한 피해는 해안가에 쌓여가는 막대한 잔해를 통해 점차 드러났다. 잔해 대부분은 강둑에서 뿌리째 뽑힌 버드나무였으며, 그 사이에서 소와 기타 가축의 사체는 물론 일부 사람의 시신도 발견되었다. 마틴 가족의 아이들은 해안가에 접근하는 것이 엄격히 금지되었다. 부패한 버드나무에서 나는 이상한 냄새가 공기 중에 감돌았다. 해안가의 잔해는 한국의 마을 주민들에 의해 수일에 걸쳐 운반 처리되었으며, 그동안 아이들은 풀밭의 빗물 웅덩이에서 놀며 시간을 보냈다.

몇 주가 지나자 놀라운 일이 일어났다. 마치 봄이 온 듯, 아카시아가 향기로운 흰 꽃을 만개하였다!

이제 거의 개학 때가 다가오고 있었다. 철도 노선에는 유실 구간들이 발생했으나, 열차 운행은 재개되었고 가족은 서울로 돌아갈 준비를 하였다. 통신 수단이 극히 제한된 가운데 스탠은 가족의 소식을 애타게 기다려왔기에 가족이 무사히 돌아온 것을 진심으로 반겼다. 마가렛은 할아버지가 가족에게 얼마나 큰 버팀목이 되었는지 그에게 전하였다. 서울에서는 신문을 통해 태풍으로 인한 막대한 인명과 재산 피해 소식을 접할 수 있었다. 그해 여름은 오래도록 기억될 것이었다.

마틴 가족
앉은 사람(왼쪽에서 오른쪽으로): 에드나, 제리, 필리스, 베티, 엄마 마가렛.
서 있는 사람: 루스, 아버지 스탠, 딸 마가렛.

제22장
굴리엘모 마르코니

스탠은 다사다난했던 휴가를 마치고 한국으로 돌아온 후, 업무량이 더욱 늘어났다. 세브란스 병원의 마틴 박사를 찾아간 후 여러 질병에서 회복되었다는 소문이 퍼지기 시작했다. 감사한 환자들은 종종 그의 집을 찾아와 달걀 꾸러미나 손수건에 싼 몇 개의 사과를 선물로 가져오곤 했다. 달걀은 보리짚으로 엮은 긴 용기에 담겨 오는데, 서양처럼 12개가 아니라 한 번에 10개씩 담는 것이 일반적이었다.

스탠은 매일을 맞이하면서 어떤 낯선 일이 벌어질지 전혀 알 수 없었다. 그는 자신의 경험을 고국의 신문사들과 교회에 글로 적어 보냈다.

한 의사의 일상의 딜레마

그날 아침, 연기와 구름 사이로 남산 너머에서 해가 떠올랐고, 텅빈 병원의 복도 곳곳에 라이솔 소독약 특유의 청결한 냄새가 감돌았다. 병원의 직원들은 "죄짐 맡은 우리 구주" 찬송을 부르며 하루를 시작했다. 그들의 찬송은 문자 그대로 "기쁨으로 주께 소리 높이는" 행위였다. 의사는 조사들과 함께 세브란스병원의 주 병동을 돌며 환자 진료를 시작했다. 그는 환자를 돌보는 동시에 의대생들에게 병상 교육을 실시했다. 급성 질환을 앓던 환자 중 많은 이들이 빠르게 호전되고 있었고, 그 외의 환자들도 차분히 자신의 병세를 견디고 있었다. 한편, 한 병상 옆에는 의식을 잃은 청년이 누워있었는데, 자살 시도자였다. 그의 머리맡에는 근대식 옷차림의 젊은 여성이 환하게 웃고 있는 사진이 놓여 있었다. 바로 그 미소가, 독극물 복용이라는 비극의 단초가 되었다. 그 윗층 병동에서는 스핑크스를 연상케 하는 표정으로 천장을 응시하고 있는 젊은 여인이 있었다. 그녀는 환자가 아니었고, 맥박도, 체온도 정상이었다. 그녀는 비탄에 빠져있었다(한국어로는 '속상했소'라 표현되는). 그녀의 젊은 남편이 전날 밤 사망했던 것이다.

그러나 오전 10시가 넘자, 의사는 더 이상 머뭇거릴 수 없었고 그는 진료소로 서둘러 향해야 했는데, 그곳 대기실에는 온갖 고통을 지닌 이들이 차례를 기다리고 있었고, 그들의 머리 위로는 "병자를 고치시는 그리스도"라는 제목의 거대한 그림이 걸려 있었다. 마치 예수께서도 한때 의사로서 진료하고 계신 듯한 모습이었다. 첫 번째 환자는 스무 살의 청년이었고, 수많은 이모와 고모, 삼촌들과 함께 진료실에 들어섰다. 말라서 움푹 들어간 가슴과 어깨뼈는 루브르 박물관에 있는 '승리의 여신 니케'의 날개처럼 펼쳐져 있었다! 그러나 이 모습은 승리가 아니라 참담한 패배의 형상이었다. 의사는 절망 섞인 아버지의 질문을 받았다. "며칠이면 낫겠습니까?" 그러나 이 병은 며칠이 아니라 수년이 걸릴 문제였고, 그마저도 완치는 보장할 수 없었다!

이와 같은 사례들은 많이 있었다. 한 젊은 일본 여성은 대학 교육을 받은 사람이었는데, 조용하고 솔직하게 그녀에게 말해주었다―그녀는 폐가 약한 것이 아니라, 이미 알고 있었던 사실이지만, 즉시 결핵 치료를 받아야 한다는 것이었다. 그녀는 그 충격을 눈에 눈물을 머금은 채 받아들였고, 입가에는 어딘가 모르게 "모나리자"를 연상시키는 엷은 미소가 맴돌았다. 그리고는 일본어로 "시카타가나이(仕方がない)"(어쩔 수 없지요)라고 말했다. 그녀는 마음에 믿음을 품고 떠났고, 가와가와(賀川豊彦)의 책 여섯 권을 소매에 품고 있었다. 그녀의 소매 한쪽에는 가가와의 책 여섯 권이 있었다. 그중 한 권의 제목은 『육체에 박힌 가시』, 또 다른 한 권은 『그리스도

에 대한 묵상』이었다. [가가와 도요히코는 일본 대도시의 빈민가로 들어가 그들과 함께 살며 복음을 전한 놀라운 기독교인이었다. 그는 수많은 깊이 있는 신앙 서적들을 남겼고, 그녀는 그 믿음의 지혜를 품에 안고 돌아갔다.]

눈에 띄게 위암 증상을 보이던 한 노인은, 의사에게 그것이 단순한 소화불량 때문이라고 말해주기를 애썼다. 하지만 그는 이미 알고 있었다—자신의 내부를 움켜쥔 그 악마는 바로 암이며, 희망은 거의 없다는 사실을.

산둥 사투리를 쓰는 중국인 "무희" 한 명이 여러 고통을 털어놓았고, 그녀는 자신과 같은 문제를 가진 여성들을 위한 기독교 여성 보호소에 가보라는 조언을 받았다. 의사는 그녀에게 그 보호소의 주소를 알려주었다.

밤에 발견한 몇몇 노숙자들을 데리러 갈 시간이 되었다. 그는 그들에게 정오에 구세군 본부에서 기다리라고 말했고, 그곳에서 그들을 태워 서대문 밖에 위치한 구세군 소년의 집으로 데려가 쉴 곳과 따뜻함, 그리고 좋은 음식을 제공할 예정이었다.

그들을 그곳에 두고, 의사는 차 안의 모든 창문을 열어 환기를 시킨 뒤, 도시 반대편의 아주 깨끗한 일본 가옥으로 급히 향했다. 그곳은 실내에서 일본식 슬리퍼가 마루 바닥을 스치는 소리 외에는 모두 조용했고, 밖에서는 빗소리가 들려왔다. 환자는 위엄 있는 부인으로, 아들과 함께 그곳에서 기다리고 있었다. 의사는 일본어로 부드럽게 병원에서 진행된 검사 결과를 설명했다. 검사 결과는 서서히 진행되는 암의 시작을 보여주었다. 그리고 그는 다음 날 시행될 수술을 설명하기 위해 도해를 그려가며 상세히 알려주었다.

정성스러운 인사를 나눈 후, 51번 차량은 비를 맞고 깨끗이 씻겨 다시 밤을 보내기 위해 주차되었다. 적어도 의사는 그렇게 되길 바랐다. 그는 집으로 올라가는 언덕을 올랐고, 서재 문을 열었을 때 두 시간 동안 기다리고 있던 가난한 여인을 발견했다. 그녀는 사과하며 말했다. 의사는 깊은 곳에서 기독교인의 환한 미소를 끄집어내려 애썼다. 그녀는 아들의 생명을 구해준 것에 감사하러 왔는데, 많은 감사의 말과 함께 탁자 위에 달걀 여러 꾸러미를 놓았다. 그녀는 다시 진흙과 빗속으로 떠났다.(한국인들은 진흙을 싫어한다.) 의사는 그녀가 어둠 속으로 홀로 걸어가는 모습을 보며 목에 뭉친 감정을 느꼈고, 다시 한번 스스로에게 물었다. "택시를 태워 보내줬어야 했던 걸까?"

그리고 다시 잠자리에 들었다. 그러나 도시의 소음이 그의 창문에 다시 밀려들고, 남산 위로 붉은 빛이 번지며, 도시 병원의 복도는 다시 아픈 이들과 고통받는 사람들로 가득 찼다. 의사는 다시 하루를 시작하며 생각한다. "오늘은 몇 명을 돌려보내야 할까? 그리고 몇 번이나 그리스도께서 내가 되어야 하고 해야 할 일에 미치지 못할까?"

마틴 부부의 세 자녀인 루스, 에드나, 제리는 북한 평양에 있는 선교사 기숙학교에서 고등학교 과정을 경험할 기회를 가졌다. 그곳에서 그들은 한국, 일본, 중국, 심지어 티베트 출신의 선교사 자녀들과 함께 공부했다. 로사 벨(Rosa Bell)과 그녀의 동생 루스는 그들의 급우 중 일부였는데, 루스는 나중에 빌리 그래함(Billy Graham)과 결혼했다. 벨 자매는 중국에서 학교에 다니기 위해 왔다. 스탠은 로사 벨을 포함한 평양 학생들의 건강 상태를 점검했다. 한편, 마틴 부부의 딸들인 마가렛, 필리스, 베티는 서울에 머물렀다.

가끔씩 스탠에게 일본이 운영하는 감옥에서 복역했던 환자들이 찾아왔다. 그는 그들이 겪은 고문 등 가혹한 처우에 분노하고 슬퍼했다. 그는 많은 건강한 젊은이들이 감옥에서의 경험 후에 "하얗게 질려" 결핵의 2기 또는 3기 상태로 나오고 있다는 사실을 알게 되었다. 이에 대해 그는 감옥 당국에 강력히 항의했다.

암울하고 문제가 많은 나날 가운데, 스탠에게 과거에 뿌리를 둔 한 가지 밝은 경험이 찾아왔다. 그는 그 경험에 대해 1933년에 글로 남겼다.

한국, 서울

세계의 이 위대한 대로 위에서, 한국의 수도 서울에서, 외국인 사회는 저명한 귀족 굴리엘모 마르코니[52]가 일본에서의 많은 일정으로 인해 몸이 불편하다는 소식을 듣고 크게 실망했다. 그는 조선 총독과의 비공식적인 다과회만을 수락할 수 있었다. 따라서 한창 바쁜 진료 중에 마르코니의 비서로부터 전화가 와서 시간 여유가 된다면 마르코니를 방문해달라는 요청을 받았을 때, 필자는 매우 놀랐다. 진료과의 업무를 조정한 후, 필자는 병원 직원 중 한 사람이며 암과 기타 질환 연구로 잘 알려진 외과 의사 러들로(A. I. Ludlow) 박사를 동행했다. 그들은 곧 마르퀴스의 개인 스위트룸으로 안내되었다. 굴리엘모 마르코니 후작과 그의 비서 움베르토 마르코니는 우리를 매우 따뜻하게 환영했다. (움베르토 마르코니는 필자와 만주에서 10년간 함께 일했던 개인적인 친구였다.) 얼마 지나지 않아 그들은 세브란스 의학전문학교에서 우리가 하는 연구에 대해 날카로운 질문들을 하기 시작했다. 시뇨르 마르코니는 말했다. "저는 의학 연구에 극히 많은 관심을 가지고 있고, 이탈리아에서도 소규모로 관련되어 있습니다."

---

[52] (역주) 굴리엘모 마르코니(Guglielmo Marconi)는 무선 통신의 선구자이자, 현대 라디오 기술의 아버지로 불린다. 1874년 이탈리아 볼로냐에서 태어난 그는 전자기파에 대한 깊은 관심을 바탕으로 1895년 세계 최초로 무선 전신 신호를 송수신하는 데 성공하였다. 마르코니의 실험은 당시로서는 혁명적이었으며, 1901년에는 대서양을 횡단하는 무선 신호를 보내는 데에도 성공해 세계의 주목을 받았다. 그의 기술은 단순한 과학적 성취에 그치지 않고, 인류의 통신 방식 자체를 변화시켰다. 특히 1912년 타이타닉호 침몰 당시, 무선 통신 기술이 구조 신호 전달에 핵심적인 역할을 하면서 마르코니의 발명이 생명을 구하는 도구로 자리매김하게 되었다. 마르코니는 과학자로서뿐 아니라 사업가로서도 능력을 발휘하였다. 그는 1897년 마르코니 무선전신회사(The Wireless Telegraph & Signal Company)를 설립하여 기술의 상용화에 박차를 가했다. 1909년에는 카를 브라운과 함께 노벨 물리학상을 수상하며 그의 공로를 국제적으로 인정받았다.

우리 두 사람 모두에게 잘 알려진 저명한 이탈리아 외과의사 바스토넬리(Bastonelli) 박사는 마르코니의 절친한 친구이며, 최근에는 후작 부인의 충수염 수술을 집도했다.

그 후 마르코니 후작은 우리에게 단지 10센티미터 전자기파(마이크로파)를 사용한 생쥐 실험을 들려주었다. 그는 금속 상자 안에 생쥐를 넣고 꼬리만 바깥으로 내놓은 상태에서 한 시간 동안 노출시켰더니 꼬리가 고사되어 떨어졌지만, 생쥐 자체는 아무런 영향을 받지 않았다고 설명했다. 그러나 아무런 보호 없이 이 짧은 전파에 노출되면 생쥐는 거의 즉시 죽는다고 했다. X선 화상으로 인한 병변이 암과 어떤 관련이 있는지도 논의되었고 암이 세계의 고도로 문명화된 지역에 만연한 전자기 에너지의 존재와 관련 있다는 이론도 함께 논의되었다.

마르코니 후작은 러들로 박사가 진행하고 있는 연구의 성격에 매우 만족해 했으며, 세브란스에서 특히 연구된 암 및 기타 질병에 관한 논문 복사본 한 묶음을 가져갔다. 이후 나는 몸이 좋지 않았던 후작 부인에게 기꺼이 전문적인 진료를 제공하게 되어 기뻤다.

그들은 내가 1901년 12월 12일, 마르코니가 처음으로 대서양 신호를 수신했던 세인트존스 뉴펀들랜드의 시그널 힐에 있었던 것에 관심을 가졌다. 나는 그때 열한 살이었다. 그날 늦게 나는 다시 한번 개인적인 면담에 초대되었다. 그 자리에서 우리 가족은 마르코니 부부에게 한국의 놋그릇 하나를 선물로 드렸다. 그것은 우리 열여섯 살 딸 루스가 증정했다. 그 놋그릇은 내가 생전에 병을 치료해준 것에 감사하여 고(故) 한국 국왕의 두 번째 부인에게서 받은 선물이었다.

시뇨르 마르코니는 그의 유명한 소년 같은 미소를 여전히 간직하고 있었으며, 깊은 생각에 잠겨 있지 않을 때에는 날카로운 유머 감각이 그의 대화 속에서 자연스럽게 흘러나왔다. 그의 위대한 업적에 대해 다시 한번 축하를 받자 그는 이렇게 말했다. "무언가를 하겠다는 마음과 영혼을 다해 그것에 전념한다면, 당신도 해낼 수 있습니다."

귀족다운 품위를 지니면서도 어머니 같은 간절함을 가진 매력적인 후작 부인은, 상하이에서 로마에 있는 세 살배기 딸 일레트라와 무선 전화로 통화하게 될 것을 고대하고 있었다.

인류에게 유명한 SOS 호출을 가능하게 만든 그 사람의 얼굴을 다시 보고, 그와 대화를 나누며, 우리가 미래에 어떻게 동일한 전자기파를 활용할 수 있을지를 듣는 것은 결코 잊을 수 없는 시간이었다.

이후 얼마 지나지 않아 한국에 우려스러운 소식이 전해졌다. 해외 선교위원회에서는 "선교사 유지 기금의 지속적인 수입 감소와 자체 적립금 고갈로 인해 1936년 현장 지출이 약 10만 달러 줄어들 것"이라고 발표했다. 이로 인해 안식년 중이던 몇몇 선교사들이 사역지로 돌아가는 것이 보류되었다. 영향을 받은 국가들로부터의 도움 요청은 캐나다 연합교회가 전 세계적으로 얼마나 많은 일을 하고 있었는지를 생생하게 보여주었다. 마틴 가족은 그들의 사역지에서 안전했지만, 마가렛은 생계를 유지하기 위해 집안의 은식기 가보 몇 점과 메인주에 있는 자신의 임야 일부를 팔았다.

선교사이자 교육자인 윌리엄 스콧(William Scott) 박사는 한국으로부터의 요청에 덧붙여 이렇게 말했다. "현재 결핵 퇴치를 위한 전국적인 캠페인이 절실히 필요합니다. 이 사업은 현재 두 사람이 주도하고 있는데, 그중 한 명이 우리 캐나다 대표로서 세브란스 병원 직원으로 활동하고 있습니다."

한국에 배정된 지원금은 처음에 4만 달러였으나, 나중에 1만 달러로 줄어들었다.

그러나 스탠은 『결핵 예방과 관리 *The Care and Prevention of*

Tuberculosis』에 관한 자신의 소책자 2만 8천부가 판매되었다는 소식을 듣고 크게 위로를 받았다. 여러 선교지에서 선교사들이 보내온 열정적인 보고서도 그의 사기를 북돋아 주었다. 그들은 추가 인쇄본을 요청하고 있었다.

그는 또한 스프루 병과 악성 빈혈 사이의 관계에 관한 연구를 진행 중이었다. 선교사들 사이에서 여러 환자가 그의 치료 계획에 따라 완치되는 사례가 많았다.

제23장

실루에타

마틴 가족은 선교사 지역사회 안에 친구가 많았다. 그러나 그중에서도 한국의 남부 광주에 위치한 남장로교 선교회의 뉴랜드(Newlands) 가족만큼 가까이 지내고 사랑받는 가족은 없었다. 로이 뉴랜드 목사(Rev. Roy Newland)와 그의 아내 사라(Sarah)는 다섯 자녀를 두고 있었다. 그 가족 모두는 서울을 방문할 때마다 언제나 마틴 가정의 환대를 받았다. 특히 스탠 마틴과 로이는 매우 친한 친구 사이였다.

광주에 있는 뉴랜드 집에서는 남쪽에 큰 산이 보였다. 한국인들은 그것을 '무등산'이라고 불렀는데, '비길 데 없는 산' 또는 "능가할 수 없는 산"이라는 뜻이다. 그것은 그 가족에게 특별했다. 왜냐하면, 로이가 그곳에 여름휴가를 보내기 위한 작은 오두막을 지었기 때문이다. 그들은 그곳에서 여러차례 여름을 보냈다. 다른 선교사들은 서해안의 소래 해변이나 동해안의 원산 해변, 또는 한국 남부 산악지대의 지리산 마을을 선택했다.

매년 여름이 되면 뉴랜드 가족은 목적지인 작은 집이 있는 공터에 도착하기 위해 가파른 산길을 올라야 했다. 그곳까지는 약 두 시간이 걸렸다.

1935년 여름, 스탠은 무등산에 있는 뉴랜드 가족의 오두막에서 시간을 보내도록 초대받아, 그해 7월 초 아침에 출발한 행렬에 합류했다. 사라 뉴랜드는 두 명의 힘센 한국 남자들에 의해 가마에 실려 갔다. 다른 한국 남자들은 음식과 기타 물품이 든 상자를 들고 있었다. 각각 뉴랜드 아이들은 여행 가방을 들고 있었다. 그들의 요리사 여성도 같이 동행했고, 올해는 가족의 소와 소를 돌볼 젊은 한국 농부가 행렬 뒤를 따랐다. 아이들이 많으니 우유가 필요했기 때문이다.

정상에 도착하자, 아래의 무덥고 견딜 수 없는 여름 날씨를 벗어난 뒤라 시원한 산 공기를 느끼는 것이 그들에게 얼마나 안도였는지 모른다. 그곳에 있다는 것은 정말로 짜릿한 일이었다. 아이들은 오두막 주변을 뛰어다니며 자신들이 좋아하는 장소들을 탐험했다. 여름을 보내기에 멋지고 안전한 장소였다. 아니, 과연 그랬을까?

가족이 식량과 물품들을 풀고 있는 동안, 농부는 소를 데리고 그 여름 동안 머물게 될 작은 외양간으로 갔다.

그날 밤, 광주의 덥고 잠 못 이루던 밤들과는 달리 시원한 공기 속에서 그들은 깊이 잠들었다. 생활은 즐거운 일상으로 접어들었다. 아이들은 들에서 야생 호랑나리꽃과 초롱꽃을 모아 오고, 오두막 근처에서 놀았다.

"너무 멀리 가지 말고, 부르면 들리는 거리 안에 있어라." 부모님이 말했다. 요리사는 맛있는 빵을 구웠고, 우유와 간단한 통조림 음식들로 모두가 만족했다. 물은 근처의 산골짜기 시냇물에서 가져왔다. 저녁 시간에는 스탠이 들려주는 래브라도와 중국에서의 모험 이야기를 듣거나, 게임을 하며 보냈다.

스탠은 자신이 아끼는 4인치 망원경을 큰 장미목 상자에 담아 가져왔다. 그래서 맑은 밤이면 천문학 수업이 열렸다.

어느 늦은 오후, 그들 모두가 작은 잔디밭에 나와 석양을 즐기고 있었다. 멀리에는 길고 낮게 뻗은 절벽이 보였다. 그들이 바라보는 가운데, 놀랍게도 한 마리 호랑이의 형체가 하늘을 배경으로 절벽 위를 천천히 기어가듯 걷는 모습으로 드러났다. 그러고는 절벽 너머 덤불 속으로 사라졌다.

스탠은 아이들이 전혀 두려워하지 않는 모습을 보고 놀랐다. 아이들은 웃으며 "석양에 실루엣(silhouett)처럼 비친다고 해서 이름을 실루에타(Silhouetta)라고 부르자!"고 말했다. 부모들은 아이들이 그 상황을 아무렇지 않게 받아들이자 안도했지만, 어른들의 마음속에는 이미 경계심이 커지고 있었다.

다음 날 저녁, 밤하늘은 아름답게 맑았고, 스탠은 망원경으로 토성의 고리를 보여주기로 약속했다. 모두가 불이 켜진 집 근처에 머물렀다. 로이, 사라 그리고 모든 아이가 함께였다.

망원경을 들여다보려고 모두가 둘러서서 기다리고 있던 그때, 갑자기 저 멀리 덤불 속에서 호랑이의 으르렁거림과 헛기침 소리가 틀림없이(분명히) 들려왔다!

그 순간 모두가 깜짝 놀라 한 동작에 집 안으로 뛰어들었고, 거실 한가운데에 사방으로 쓰러지듯 안착했다! 이번에는 웃음 속에 비명도 섞여 있었다.

나중에 스탠은 웃으며 이렇게 말했다. "그때 우리가 뉴랜드 부인을 먼저 들여보냈는지 아닌지 아무도 기억 못 하더라고요."

그것이 두 번째 호랑이와 조우였다. 그 후로 며칠 동안 아이들은 집 가까이에서만 지내야 했다. 하지만 시간이 지나자 아이들은 안달이 나기 시작했고, 결국 하이킹을 가게 해 달라고 졸랐다. 부모들은 변화가 필요하다는 것을 깨닫고 마침내 허락했다.

고등학생이자 맏이인 톰이 말했다. "내가 우리 다 같이 있게 할게. 시끄럽게 떠들면서 갈 거야. 괜찮을 거야."

아이들은 절벽 쪽으로 향해 출발했고, 약속한 대로 서로 바짝 붙어 다녔다. 절벽 꼭대기까지는 꽤 힘든 등반이었다. 마침내 정상에 도착했을 때, 그들은 아래로 펼쳐진 넓은 평지를 내려다보게 되었고, 그곳에는 덤불이 군데군데 흩어져 있었다.

"오늘은 '실루에타'가 어디에 있을까?" 아이 중 한 명이 말했다. 그들은 아래 평지로 돌을 던지기 시작했다. 그런데 갑자기, 거대한 짐승이 오른쪽에서 왼쪽으로 살금살금 기어나왔다. 그는 천천히 그 넓은 지역을 가로질러 산 아래로 사라졌다. 이번에는 아이들이 정말 겁에 질렸다. 서둘러 길을 찾아 내려가며, 서로 기운을 북돋기 위해 소리를 지르고 노래를 불렀다. 톰은 호랑이가 그 지역을 지나갈 때, 아래쪽의 커다란 평평한 바위를 지나쳤다는 걸 기억해 냈다. 그 바위에 도착하자, 키가 6피트인 톰이 바위 위에 누워 팔을 쭉 뻗어 호랑이의 크기를 가늠해 보았다. 그는 그것이 얼마나 거대한 호랑이였는지를 짐작할 수 있었다!

더 이상 등산은 없었다. 아이들은 집에서 조금도 떨어지지 않고 머물렀다. 실내에서 하는 룩(Rook) 게임, 도미노, 그리고 가지고 있던 몇 안 되는 책들도 점점 지루해지기 시작했다. 무엇을 해야 할까?

어느 날 밤, 그들이 저녁 식사를 하고 있을 때였다. 갑자기 부엌문이 벌컥 열리더니, 우유 배달부가 눈을 휘둥그레 뜨고 공포에 질린 채 달려 들어왔다. 양동이에는 우유 한 방울도 남아 있지 않았다.

그는 숨을 헐떡이며 말했다. "제가 소젖을 짜고 있었는데, 소가 아주 불안해 했어요. 무슨 일인지 몰랐죠! 그런데 그때, 소 다리 사이로 바로 몇 발짝 앞에 호랑이가 큰 고양이처럼 웅크리고 앉아, 제가 젖 짜는 걸 그냥 지켜보고 있는 거예요! 그 순간 도망쳤습니다!"

그것이 마지막 결정적인 계기였다. 그들은 호랑이가 계속 나타나는 이유 중 하나가 소 때문일 것이라고 판단했다. 그래서 소를 젖을 짜던 젊은 농부와 함께 산 아래로 돌려보내기로 했고, 이전에도 도와주었던 일꾼들이 가능한 한 빨리 다시 올라와 주기를 간절히 부탁했다. 가족은 짐을 꾸리기 시작했고, 며칠 뒤 한국인 일꾼들이 도착하자 모두 함께 산을 내려갔다. 아이들은 아쉬운 마음으로 뒤를 돌아보며 말했다. "이제 우리는 저 산에 새로운 이름을 붙여야 해. '실루에타!'"라고.

세월이 흐르면서, 마틴 가문의 장녀 루시가 미국으로 돌아가 학업을 이어갈 시기가 되었다. 그녀는 1935년 평양외국인학교를 졸업했다. 대학 진학을 앞둔 다른 학생들과 함께 시베리아 횡단 철도를 타고 유럽을 거쳐 미국으로 가는 여정을 계획했다. 그녀는 우선 메인주 홀튼에 위치한 리커대학(Ricker College)에서 1년간 공부한 뒤, 보스턴에 있는 뉴잉글랜드 침례교 간호학교(New England Baptist Nursing School)로 진학할 예정이었다. 루시는 아름다운 소프라노 음성을 지녔고, 고등학교 시절에는 리사이틀과 오페레타 무대에서 노래를 부르기도 했지만, 어릴 적 인형들에게 붕대를 감아주던 그때부터 간호사가 되는 것이 언제나 그녀의 꿈이었다.

같은 해, 어머니 마가렛은 예정대로 6개월간의 안식년을 가졌다. 그녀는 메인주 캐단스(Cathance)로 돌아간 아버지를 만나는 것이 매우 기대되었고, 홀튼(Houlton)에서 대학을 다니고 있는 딸 루시와 함께 시간을 보낼 수 있다는 사실에도 마음이 설레었다. 홀튼은 마가렛이 어린 시절 프랜시스 반즈(Francis Barnes) 외삼촌의 집에서 자란 고향이기도 했다. 그곳에는 여전히 친구들과 친척들이 살고 있었.

스탠은 요리사 정희와 어린아이들을 돌보는 가정부 아오니의 큰 도움을 받아 마가렛이 없는 동안 가족을 돌볼 수 있었지만, 그녀가 돌아왔을 때 비로소 큰 안도감을 느꼈다.

그다음 해인 1936년, 둘째 딸 마가렛이 서울외국인학교를 졸업하자 광주에 있던 남장로교 선교사들로부터 흥미로운 요청이 들어왔다.

"여기 광주에는 평양 외국인학교에 보내기엔 아직 너무 어린아이들이 다섯 명 있어요. 1936~1937학년도 동안 그 아이들의 교사가 되어주세요. 한 명은 4학년이고, 네 명은 5학년이에요. 제니 에비슨, 마사 브랜드, 페이즐리 쌍둥이 마사와 플로렌스, 그리고 키스 뉴랜드예요. 당신 부모님께서 1937년에 안식년을 떠날 예정이니, 그때까지 1년 동안만 교사로 지내고 가족과 함께 미국으로 돌아가면 좋을 거예요."

곰곰이 생각해 본 후, 그것은 옳은 일처럼 보였다. 그러나 마가렛은 2주에 한 번씩 바이올린 레슨을 받기 위해 기차를 타고 서울로 통학해야 했다. 그래서 열일곱 살의 마가렛은 그해 "학교 선생님"이 되었고, 숙식은 학부모들의 집을 돌아가며 해결했다. 그들만의 작은 교실이 있었고, 한 해는 잘 지나갔다. 학부모들을 위해 셰익스피어의 『베니스의 상인』의 몇 장면을 공연하기도 했다. 그리고 쉬는 시간에 선생님과 함께 "진지 놀이(Prisoner's Base)"를 할 수 있는 아이들은 많지 않았다.

한편, 한국 교회들은 점점 더 커지는 문제에 직면하고 있었다. 일본이 아시아 전역으로 제국을 확장해 가면서 민족주의가 고조되고 있었다. 서울의 남산(南山)에는 큰 신사(神社)가 세워졌다. 일본인들은 자신들의 천황이 태양의 여신으로부터 내려왔다고 믿었고, 국가적인 의식이 이 신사에서 거행되어야 했다. 일본 당국은 한국인들에게 이 의식은 종교적인 것이 아니라 국가의 시민 의식이라고 설명했다. 그러나 첫 번째 의식이 거행되었을 때, 한국인들은 신토(神道) 사제들이 의식을 위해 완전한 제복을 입고 손뼉을 치며 하늘에서 영(靈)을 불러내는 모습을 보았다. 모인 사람들은 신사에 절을 해야 했고, 다시 제사장들이 손뼉을 치자 그 영들은 하늘로 돌아간다고 했다.

기독교인들은 충격을 받았고, 많은 이들이 신사참배를 거부했다. 그 결과로 종종 밤중에 누군가의 문을 두드리는 소리가 들렸고, 사람이 붙잡혀 머리에 자루가 씌워진 채 끌려가 감옥으로 옮겨졌다. 많은 이들이 고문을 당하거나 심지어 죽음에 직면했다.

한국 교회에 함께 앉아 있는 사람들을 상상해 보라. 가족 중 누군가는 감옥에 갇혀 있고, 또 다른 이들은 일본의 명령에 따라 신사에 절하러 갔다.

선교사들의 저녁 식탁에서는 긴 논의가 이어졌다. 선교사들이 한국인들에게 "가지 마세요, 이방인 신사에 절하지 마세요."라고 말하는 것은 쉬웠지만, 그 결과를 감당해야 하는 것은 한국인들이었다. 그들이 할 수 있는 것은 기도하는 것뿐이었다.

모든 기독교 교회는 특별한 행사 때 일본 국기를 게양하고, 국가를 부르며, 국가 충성의 신조를 암송해야 했다. 기독교인들에게 신사참배를 강요하는 상당한 압력이 가해졌다. 어떤 이들은 신사에 가는 것보다 학교가 문을 닫는 것을 더 선호했다. 또 다른 이들은 의식이 종교가 아닌 국가 의식이라는 정부의 보장을 받아들였다.

이 문제에 대해 더 많은 이야기를 쓸 수 있었지만, 점점 더 큰 압력이 교회에 가해지고 있었고 교회가 폐쇄될 위협도 분명히 다가오고 있었다. 교회에 대한 충성심으로 인해 기독교인들은 고통스러운 결정을 내렸지만, 더 큰 변화가 다가오고 있었다.

당시 세계에서 가장 큰 선교지 중 하나였던 평양에서 많은 기독교인이 그들의 마을 신사에서 절하는 것을 거부했고, 일본이 운영하는 감옥에 투옥되었다. 어느 날, 이 수감자들의 가족들에게 그들이 한 감옥에서 도시 외곽의 다른 감옥으로 이송된다는 소식이 전해졌다. 군중들이 모여 도시 거리를 따라 늘어섰다. 그때 불타는 주황색 죄수복을 입은 죄수들의 긴 행렬이 나타났다. 각 죄수는 헬멧처럼 머리를 덮는 독특한 바구니를 쓰고 있었는데, 그 바구니에는 눈높이에 좁은 틈이 있어 볼 수 있었다. 가족들은 비틀거리며 지나가는 죄수들을 보며 누가 누구인지 알아내기 위해 애썼다. 어떤 이들은 동상으로 인해 목발을 짚고 있었다.

"저 사람이 용수리인가?" "저 사람이 삼촌인가?" "아, 저건 기호야-정말 키가 크지!"

죄수들이 지나가자 길가에 모인 군중들 사이에서 점점 웅성거림이 일어났다. 그들이 외친 말은 "포기해! 우리에게 돌아와!"가 <u>아니었고</u>, 점점 더 또렷하게 함께 외쳐졌다.

"굿가찌! 굿가찌!" ("끝까지! 끝까지 진실되게!")

이 격려의 물결을 타고 초라한 무리는 새로운 감옥으로 이동했다. 어떤 이들은 죽음을 맞이하기도 했다.

제24장

몰려드는 구름

1936년 가을, 서울의 마틴 가정은 이상할 만큼 조용해 보였다. 루스는 간호학교에 다니기 위해 미국에 가 있었고, 청년 마가렛은 광주에서 교편을 잡고 있었으며, 에드나와 제럴드는 북쪽 평양외국인학교에 다니고 있었다. 집에는 필리스와 베티만이 남아 그 나날들을 환하게 밝혀주고 있었다.

마기(Margie)라 불리던 청년 마가렛은 여전히 2주에 한 번씩 서울로 돌아와 바이올린 레슨을 받았다. 그녀는 봄에 열릴 서울 음악회를 위한 바이올린 독주회를 준비하고 있었다. 활짝 피었던 다알리아와 화려한 국화 전시도 어느새 지나갔다. 그러던 중, 가족에게 로저스 할아버지가 소천했다는 슬픈 소식이 전해져 왔다. 향년 84세였다. 그의 딸 마가렛(엄마 마가렛을 가리킴)은 흐느끼며 애틋하게 말했다. "아버지는 우리가 돌아오기만을 그렇게 기다리고 또 기다리셨어요." 그녀는 아버지가 한국을 방문했던 일, 그리고 아이들과 함께 보냈던 시간에 대해 그 어느 때보다 깊은 감사의 마음을 느꼈다.

병원에서 스탠은 많은 환자를 돌보고 있었다. 그는 자신을 깊이 감동시킨 한 경험에 대해 이렇게 기록했다. 그는 그것에 "슬픔에 잠긴 어머니"라는 제목을 붙였다.

분주한 진료 중에 슬픈 얼굴의 한 여성이 나를 가로막고 간청했다. 그녀의 19세 학생 아들이 익사하여 그 시신이 큰 한강 바닥에 밤새 누워있는데 내가 그를 다시 살릴 수 있는지 와서 봐 달라고 했다. 그녀가 '어머니'였기에 나는 중요한 환자들을 떠나 그녀와 함께 강 근처 용산경찰서로 갔다. 그곳에서 우리는 22세의 또 다른 학생의 시신을 발견했는데, 그는 그녀의 아들이 아니었다. 아들의 시신을 다시 수색하도록 도와준 후 나는 병원으로 돌아갔다가, 다음 날 아침 다시 불려갔고 이번에는 강가에 모여 있는 외로운 무리를 발견했다. 거센 바람과 비가 몰아치는 폭풍 속, 몇몇 남자들이 급히 지은 짚으로 된 움막 근처에 서 있었고, 그 안에는 창백한 한 시신이 누워 있었으며, 고통에 찬 한 어머니가 지켜보고 있었다. 그 아이는 이미 이틀째 죽은 채 굳어 있었지만, 어머니는 내가 와서 혹시라도 아직 생명이 남아 있는지 확인해 달라고 고집했다. 마침내 생명이 없다는 사실을 받아들이게 되자, 그녀는 이렇게 말했다. "오, 제발 말해주세요. 그 아이의 영혼은 어디로 간 건가요? 아직도 저 강에 머물러 있는 건가요?" 나는 이렇게 말했다. "한 가지는 제가 분명히 알고 있습니다. 그의 영혼은 강에 있는 것이 아니라, 지금 하늘 아버지의 곁에 있습니다."

그녀는 아무 말도 하지 않았고 내가 임시로 세운 움막을 떠날 때, 나는 강을 순찰하며 여러 가지 음식을 뿌리고 있는 배들을 보았다. 강의 혼을 달래기 위한 것이었다. 강가에서는 북을 두드리는 울음소리가 울려 퍼졌고, 북을 치는 사람들은 저승의 불청객 같은 혼령들을 그 소리로 쫓아내려는 것이었다. 병원으로 돌아가던 중, 거리가 멀었기에 소년의 아버지가 물었다. "아내가 선생님 차를 타고 돌아가도 되겠습니까?" 정적이 흘렀다. 들리는 것은 단지, 좁은 계곡길을 저단 기어로 힘겹게 올라가는 작은 포드 자동차의 으르렁거리는 소리뿐이었다. 외딴 산비탈을 지나던 중, 어머니는 내 손을 조심스레 잡고 물었다. "제 아들의 영혼이 하늘 아버지께 갔다는 걸, 어떻게 그렇게 확신하실 수 있죠?" 나는 대답했다. "제가 아는 건 하나뿐입니다. 제가 죽을 때, 분명히 어머니를 다시 보게 될 거라는 것입니다. 어머니는 지금 하늘 아버지 곁에서 평안히 쉬고 계시니까요." 다시 정적이 감돌

앉다. 작은 포드 차의 굉음만이 계곡을 가르며 울려 퍼졌다. 그 후, 우리가 우아한 소나무 아래를 지나갈 때, 그녀는 조용히 말했다. "그 아이가 하늘 아버지 곁에 갔다는 것이 참 기뻐요." 그 말과 함께 그녀의 얼굴에서 고통의 표정이 사라졌고, 언젠가 아들을 다시 만나게 될 미래를 떠올리며 그녀의 눈에는 희망의 빛이 떠올랐다.

"달빛과—비는 멎었다—모든 것이 신선하고 아름답다." 그러나 동대문 근처의 한 불교 사원에서는 광란의 무당이 강의 악령을 달래기 위해 비명 섞인 춤을 추고 있다. 하지만 언덕 아래, 이제 막 만들어진 관 옆에 앉은 어머니는 그 소리를 듣지 못한다. 그녀는 한숨을 쉬며 하늘 아버지 앞에서 다시 아들을 만나게 될 그날을 그리워한다.

이 가엾은 어머니를 위로해줄 수 있는 사람이, 내 어머니셨다면 얼마나 좋았을까라고 나는 간절히 바랐다. 그런 위로는 오직 어머니만이 해줄 수 있었을 것이다. 그리고 나는 그때도, 지금도 깊이 느낀다—사후의 소망, 곧 기독교의 부활의 소망을 알지 못하는 모든 어머니들을 향한 안타까운 마음을.

더 행복한 시간이 찾아왔다. 마틴 가족이 그해 크리스마스 때 상하이에 방문하도록 초대를 받은 것이다. 그 초대는 원산 해변 여름 시절부터 알고 지내던 동양선교회 선교사 가정인 킬보른(Kilbourne)[53]

---

53 (역주) 킬보른 집안은 동양선교회(Oriental Mission Society) 창립과 한국성결교회 성립에 초석을 다진 집안이다. 동양선교회는 미국인 선교사 찰스 카우만(Charles E. Cowman)과 그의 친구 어니스트 킬보른 그리고 일본인 목사 나카다 주지(田中重治)가 도쿄에서 함께 설립한 선교단체로 1901년에 동아시아 지역 선교를 목표로 창립되었다. 1대 어니스트 킬보른(Ernest A. Kilbourne, 1865~1928)은 1907년 한국 최초의 성결교회 설립에 핵심적으로 기여한 미국 출신 선교사로 동양선교회의 창립자 중 한 명이었다. 2대인 에드윈 로우슨(Edvin Lawson, 1891~1980)은 1922년 동양선교회 선교사로 내한하여 1925년 중국 사역을 위해 한국을 떠날 때까지 성서학원 교수·고문·이사를 역임하였다. 그는 한국성결교회의 정치제도를 정비하고 성결교회를 지리적으로 전국적인 교단

가족이 보낸 것이었다. 물론 가족 전체가 갈 수는 없었지만, 엄마 마가렛이 십대인 마기와 에드나, '특히' 에드나와 함께 이 특별한 여행을 가기로 결정했다. 그래서 크리스마스 무렵, 세 사람은 배를 타고 일본으로 건너가 나가사키까지 기차를 타고 이동한 다음, 다시 황해를 건너는 배를 타고 상하이로 갔다. 여행은 험난했고 세 사람 모두 배멀미를 했다. 상하이 부두에서는 짐을 들겠다고 소리치는 '모든' 중국인 쿨리들을 마주했다! 마침내 킬본 가족 전원을 만나게 되어 얼마나 기뻤는지 모른다. 버드 아저씨, 헤이즐 아주머니, 에드, 그리고 쌍둥이 엘머와 어니까지. 누군가가 영어로 말하는 것을 들으니 정말 안심이 되었다!

그들은 동양선교회 구역에 있는 아름다운 킬보른 집으로 데려다 주었다. 그 집은 크리스마스를 위해 장식되어 있었다. 그 후에는 회상, 맛있는 중국 음식, 관광, 그리고 음악의 날들이 이어졌다. 마기는 자신의 바이올린을 가져왔다. 가장 기뻐한 사람은 에드였다. 왜냐하면, 에드나는 원산에서의 여름날부터 그의 여자 친구였기 때문이다. 그들은 연인 사이였고, 몇 년 후 결혼했다. 그 당시 에드나는 아직 고등학생이었고, 에드는 상하이에 있는 세인트존스대학교에서 대학

의 면모를 갖추게 하는데 기여했다. 이후 중국으로 건너가 중국선교를 개척하는데 헌신했다. 부인 헤이즐 윌리암스(Hazel Mae Williams)와 사이에 세 자녀 에드윈(Edwin Williams), 엘머(James Elmer), 어니(Ernie)를 두었다. 에드윈(Edwin Williams Kilbourne, 1917~2015)은 원래 1947년 북경 선교사로 도착했으나 공산군을 피해 광저우로 갔다가 3개월 뒤 1949년 1월 동양선교회 선교사로 내한하였다. 한국전쟁기에 일본에 체류하며 주기적으로 한국을 방문하여 피난민들을 방문하여 한국성결교회와 함께 집회와 전도를 인도했다. 그는 1954년 6월 29일부터 서울신학교 교수로 재직했고, 1959년부터 동양선교회 한국지부 대표를 맡았다. 그의 부인 에드나 마틴(Edna Martin)은 캐나다 장로회 의료 선교사이자 세브란스병원 교수로 재직했던 스탠리 마틴(Stanley H. Martin)의 딸이었다.

1학년에 재학 중이었다. 날이 지나면서, 가족들은 중국 교회들에서 아름다운 크리스마스 예배를 즐겼다.

그들이 방문한 장소 중 하나는 윌로우 패턴 티하우스였다. 이 매력적인 장소는 "구 상하이"라고 불리는 지역에 연못과 다리, 정자가 있는 정원 안에 자리 잡고 있었다. 이 티하우스는 오늘날에도 여전히 인기가 있는 블루 윌로우 도자기의 영감이 된 곳이었다. 그들은 동양의 베니스라 불리는 소주로 짧은 여행을 갔는데, 그곳에서 다윗 시대부터 서 있었던 성벽들을 보았다. 상하이로 돌아와서, 한국에서 온 방문객들을 진정으로 눈부시게 만든 것은 많은 형광등이 켜진 버블링 웰 로드였다. 그들은 그렇게 아름다운 것을 본 적이 없었다!

너무 빨리, 마틴 가족은 다시 집으로 돌아갔고 그들의 바쁜 삶이 다시 시작되었다. 어느 저녁, 스탠은 앉아서 아이들이 노래하는 것을 듣고 있었고, 그들의 어머니는 피아노를 연주하고 있었다. 그는 그 순간을 즐기고 있었지만, 이제는 불길한 예감이 있었다. 의사들은 너무 많은 것을 알고 있고, 심장 전문의인 이 의사는 너무나도 잘 진단할 수 있는 병의 증상들을 알고 있었다. 시간이 지나면서, 스탠은 힘을 아끼기 위해 사무실과 강의 시간을 줄였다. 그는 마흔일곱 살이었다.

1937년 2월 3일, 선교부 서기 버비지(W. Burbidge)가 암스트롱 박사에게 편지를 썼다.

저는 오늘 당신에게 다음과 같은 전보를 보냅니다.

"마틴 박사는 심장 문제로 아프며, 건강상의 이유로 선교부에서 귀국 명령을 받음. 즉시 혼자 출발. 러시아의 엠프레스 오브 러시아(Empress of Russia)호를 통해 출국. 전보로 승인 바람." 저는 함흥 선교부에서 발행되어 선교회의 승인을 받은 순회 서한에서 인용하고 있습니다.

"이 편지는 막 서울에서 돌아온 프레이저(Fraser)와 상의하여 발행하는 것입니다. 그는 그곳에서 마틴 박사와 부인, 그리고 세브란스 병원의 맥라렌 박사와 에비슨 박사와 대화를 나누었습니다. 마틴 박사와 그의 가족의 1937년 여름 휴가는 선교부에서 의결되어 선교본부에서 승인되었습니다. 최근에 마틴 박사의 심장이 평소와 다른 문제를 일으키고 있습니다. 그가 앞으로 6월까지는 스스로 매우 조심해야 하고, 거의 일을 하지 못할 것이고, 선교부 의사들이 조기 출발이 바람직하다고 판단했으니, 동의하는지요?"

귀국 승인이 떨어졌고, 그는 토론토에 있는 누이 메이블(Mabel)의 집으로 가기로 계획을 세웠다. 나머지 가족은 학교가 방학할 때 휴가를 내어 나중에 올 예정이다.

2월 16일, 스탠은 요코하마에서 러시아의 익스프레스오브러시아(Express of Rusia)호에 승선했고, 불확실한 미래를 향해 떠났다. 태평양은 겨울에 종종 폭풍우가 치는데 올해도 예외는 아니었다. 다행히 그는 거친 바다에 익숙하였다. 회색빛으로 출렁이는 파도를 바라보며, 도착할 날을 세어보면서 그는 아주 외로움을 느꼈다. 그가 할 수 있는 것은 오직 하나님을 신뢰하고 가족과 자신이 남겨둔 한국 친구들을 위해 기도하는 것이었다.

배는 브리티시 컬럼비아주 밴쿠버에 도착했고, 스탠은 기차를 타고 캐나다 전역을 가로질러 토론토로 갔다. 캐나다 로키산맥의 아름다움을 보고, 전국에 펼쳐진 눈 덮인 풍경을 보는 것은 상쾌했지만, 기차가 토론토역에 도착했을 때 그는 매우 피곤했다. 거기서 그는 누이 메이블과 암스트롱 박사를 만났다. 그날 바로 의사의 진찰을 받을 계획이었으나, 그는 예약을 하루 이틀 연기해 달라고 요청했다. 그는 나중에 선교본부가 추천한 심장 전문의 팔코너(J. Gilbert Falconer) 박사의 진료를 받게 될 것이다.

암스트롱 박사는 그들을 북부 토론토에 있는 메이블의 집으로 데리고 갔다. 그곳에서 그의 누이는 남향으로 햇볕이 잘 드는 조용한 앞방으로 그를 안내했다. 맞은편에 빈 들판이 있었기 때문이다. 암스트롱 박사는 그들을 떠나며 메이블에게 말했다. "스탠리를 위해 최선을 다할 것입니다." 스탠은 기뻐하며 점차 긴장을 풀기 시작했다. 이제 그가 해야 할 일은 그저 쉬고 기다리는 것이었다.

한국에 있는 마가렛은 스탠, 메이블, 그리고 그들의 선교본부 서기로부터 안심되는 편지들을 받았다. 이제 그녀는 나머지 가족의 여행 계획에 마음을 돌려야 했다.

서울에 주재하고 있던 동양선교회의 존 토머스 목사와 사모는 그녀에게 켄터키 윌모어에 있는 기독교 대학인 애즈베리대학에 대해 이야기 해주었다. 그들은 선교사 자녀들에게 등록금의 50%를 감면해 주고, 학생들이 그곳에서 학비를 스스로 감당할 수 있는 가능성도 높다고 말했다. 서울의 감리교 선교사인 마리온 스토크스(Marion Stokes) 박사 또한 애즈베리대학을 강력히 추천했다. 마가렛은 설득되었고, 윌모어에서 휴가를 보내기로 계획을 세웠다. 또한, 스탠이 사역을 계속할 수 없는 상황이 될 경우, 아이들을 위한 장소도 이곳이 될 수 있음을 그녀는 깨달았다.

5월 24일 고베에서 출항하는 프레지던트 링컨(President Lincoln)호의 승선권이 예약되었다. 그다음 문제는 미국 입국을 위한 이민 서류였다. 마가렛은 미국 시민이었고, 뉴펀들랜드 자치령 출신인 스탠은 영국 여권으로 여행하고 있었다. 서울 주재 미국 영사는 그녀에게 아이들 네 명이 중국에서 태어나고, 한 명은 미국에서, 또 한 명은 한국에서 태어났기 때문에 이들을 어디에 분류해야 할지 사람들의 머리가 복잡해질 거라고 말했다. 그는 그녀에게 아이들 네 명에게 캐나다 여권을 받아보라고 조언했다. 제리는 미국에서 태어났기 때문에 미국 시민이었다. 그녀는 도쿄 주재 캐나다 공사관에 연락했다. 약간의 불안한 기다림 끝에, 특별 허가로 네 아이에게 캐나다 여권이 발급되었다는 소식을 받았다. 또한, 청년 마가렛은 중국에서 태어나 18세 이후 미국에 입국하는 경우였기 때문에 중국 쿼터 번호가 필요했다!

4월, 토론토의 팔코너 박사로부터 스탠의 건강에 관한 반가운 소식이 전해졌다. 그는 "마틴 박사는 이곳에 있는 동안 놀랍고도 기쁜 회복을 보였습니다"라고 썼다. 그는 투시 검사와 심전도 검사 결과와 같은 의학적 검사 내용을 자세히 설명했다. 보고서 말미에는 "휴식, 음식 섭취 증가, 환경의 변화로 그는 크게 호전되었습니다. 그의 심장은 이번 질병의 원인이 아니었습니다. 그는 결국 다시 자기 일을 할 수 있을 것입니다"라고 마무리했다. 새로운 삶의 희망을 안고 스탠은 캐나다를 떠나 롱아일랜드의 린브룩으로 가서 형 윌리엄(William)을 방문하고 가족이 돌아오기를 기다렸다. 그의 형은 전기공학자였고, 제1차 세계대전 당시 뉴펀들랜드 공군의 조종사였다. 두 사람은 어린 시절 시그널 힐에 올라 마르코니의 역사적인 사건, 무선으로 처음 대서양 횡단 신호를 받은 순간을 지켜봤던 추억을 함께 떠올렸다.

한국에서는 스탠이 회복 중이라는 소식이 마가렛의 힘과 용기를 북돋아 주었고, 그녀는 귀국 준비를 이어갔다. 딸 마가렛은 교사 일을 마무리하고, 바이올린 독주회를 열었다. 그녀는 가을에 보스턴에 있는 뉴잉글랜드 음악원에 진학할 계획이었다. 에드나, 제리, 필리스, 그리고 베티도 학교를 마쳤고, 5월 24일 마틴 가족은 무사히 링컨 대통령호에 승선하여 로스앤젤레스를 향해 떠났다. 네 명의 아이들은 13년 동안 미국에 가지 못했고, 막내 베티는 한 번도 미국에 가본 적이 없었다.

가족이 로스앤젤레스에 도착했을 때, 마가렛은 나중에 이렇게 보고했다. "이민국 관리가 마틴 박사가 이미 비쿼터 체류 방문으로 미국에 들어와 있다는 이유로 우리 모두를 '선의로' 입국시켜 주었습니다. 그는 저에게 모든 예의를 다해주었습니다." 한편 스탠은 가족을 기다리기 위해 켄터키로 이동해 있었다. 모두가 켄터키에 도착해 다시 함께 모였을 때, 그것은 그들에게 큰 안도감을 주었다.

스탠은 1937년 6월 19일, 윌모어에서 암스트롱 박사에게 보낸 편지에서 새로운 상황을 이렇게 설명했다.

당신의 편지는 잘 받았습니다. 감사합니다. 우리는 지금 애즈베리대학과 초등학교, 고등학교에서 아주 가까운 언덕 위의 좋은 집에 모두 정착했습니다. 이미 고등학교와 대학교에 다니는 한국 선교사 자녀 중 많은 아이들이 우리를 보러 왔습니다. 이곳에는 한국 관련 사람들이 꽤 많이 모여 있고, 스토크스 박사 부부도 며칠 안에 도착할 예정입니다. 교회 목사님께서 기차역까지 마중 나와 우리 모두를 렉싱턴에서 여기까지 (17마일) 데려다주었습니다. 어제는 장로교 목사님께서 오랫동안 방문하셨습니다. 제 아내와 저는 며칠 내로 경비 내역을 보내드리겠습니다.

애즈베리는 선교에 대해 깊은 관심을 가지고 있습니다. 그들은 매일 아침 경건 프로그램을 방송합니다.

같은 달, 암스트롱 박사는 스탠의 이전 환자 중 한 사람으로부터 한국으로부터 온 편지를 받았다.

한국, 배천(Pai Chun)[54]
1937년 6월 16일

A. E. 암스트롱 박사님께
캐나다 토론토 2지구

친애하는 박사님께

평안하신지요? 실례를 무릅쓰고 이 편지를 씁니다. 제 마음은 그리스도의 종, 마틴 박사님을 통해 저에게 행하신 하나님의 은혜에 대한 감사로 가득 차 있습니다. 그분이 서울 세브란스에 계실 때 저는 많은 도움을 받았습니다. 저는 결핵을 앓고 있었지만, 사람들은 제가 빠르게 회복 중이라고 말합니다. 저는 모든 것을 끝내려 했지만, 때마침 발견되어 상처를 치료받고 목을 그어 과다출혈로 죽는 것을 막을 수 있었습니다.

저는 막 세브란스의 맥라렌(McLaren) 박사에게 마틴 박사님이 제 생명과 영혼을 어떻게 구하셨는지 이야기하고 있었고, 저희 사람들이 그분을 다시 모실 수 있을지 알고 싶었습니다. 우리는 이기적으로 그분의 휴식을 너무 일찍 빼앗고 싶지 않지만, 아, 저희 결핵 환자 한국인들이 얼마나 그분이 필요한지 모릅니다.

그는 우리의 몸을 고쳐주고, 우리를 너무 사랑하여 그를 통해 예수님을 만나게 합니다. 그는 한국인들에게 매우 상냥합니다. 그의 목소리는 예수님의 목소리와 같을 거라고 생각합니다. 한국인들은 그가 목소리를 높이거나 누군가에게 무례한 말을 하는 것을 결코 들어본 적이 없다고 합니다. 맥라렌 박사는 "그는 진정으로 인류에 대한 연민을 가지고 있다."고 말했습니다.

---

54 (역주) '배천'이라는 지명은 선교사 휴양지가 있었던 대천이라고 추측해 볼 수는 있으나, 명확하지 않다.

저는 서울에서 결핵을 앓고 있는 일본인 교사를 만났는데, 마틴 박사가 2년 전에 그녀를 치료했고, 그녀가 나을 때까지 재정적으로도 도왔습니다. 지금 그녀는 예수님의 사랑을 자기 민족에게 전하고 있습니다.

마틴 박사가 떠나있는 동안 서울의 골목길들은 한 친구를 잃었습니다. 그는 집 없는 사람들과 친구가 되어주었고, 배고픈 이들을 먹였으며, 병든 자들을 치료했고, 일하고자 하는 이들에게는 일자리를 찾아주었습니다. 우리 사람들은 그를 너무 사랑해서 그의 사무실에는 한국인들이 준 것 외에는 아무것도 없습니다.

그가 충분히 쉬는 대로 우리 친구를 가능한 빨리 보내주십시오. 하나님은 우리에게 마틴 박사 같은 친구를 인생에 단 한 번만 주십니다.

이렇게 좋은 친구를 주셔서 진심으로 감사드립니다.

저는 더 빨리 편지를 쓰고 싶었으나 오늘에야 주소를 받았습니다.

마틴 박사님을 위해 이곳 사람들이 기도하고 있음을 마틴 박사님께 전해주십시오.

진심을 다하여,
김인호 드림

가을에, 딸 마가렛은 계획대로 보스턴으로 갔다. 뉴잉글랜드 침례교 간호학교에 있는 누이 루스가 가까이 있어 그녀가 큰 도시에 정착하는 데 큰 도움이 되었다. 뉴잉글랜드 음악원 원장인 굿리치(Goodrich) 박사는 마가렛이 시험을 위해 협주곡을 연주할 때 피아노 반주를 해주었다. 그는 해리슨 켈러(Harrison Keller)를 그녀의 바이올린 선생님으로 정하고, 그녀가 음악원 오케스트라에 들어가도록 결정했다. 보통 학생들은 오케스트라에 들어가기 전에 1년간 준비 과정을 거쳐야 했다.

켄터키에서는 에드나, 제리, 필리스, 그리고 베티가 학교를 시작했고, 마틴 가족은 윌모어 생활에 적응해 나갔다. 스탠은 힘을 회복하며 대학과 근처 교회에서 강연을 시작했다. 마가렛은 윌모어에 매우 만족하며 암스트롱 박사에게 열정적으로 편지를 썼다.

우리는 운 좋게도 이 마을 가장자리에 있는 언덕 위에 크고 시원한 집을 갖게 되었습니다. 아이들이 뛰어놀 수 있는 넓은 땅과 충분한 우유와 신선한 공기가 있고, 대학까지는 도보로 단 10분 거리입니다. 건강 측면에서 볼 때 이곳은 제가 기대했던 것보다도 더 좋습니다.

그녀는 가족의 재무 담당자였고, 여행 경비를 단 한 푼도 빠뜨리지 않고 보고했다.

제럴드가 미국 시민 자격으로 들어왔기 때문에 18달러를 절약할 수 있었습니다. 또한, 서울 여행사의 친절로 우리 딸 마가렛은 선교학교 교사 자격으로 미국 철도에서 목회자 요금을 받을 수 있었습니다. 이로 인해 대륙 횡단 운임의 거의 절반을 절약할 수 있었습니다.

11월에 스탠은 선교본부에 편지를 썼다.

이 온화한 기후에서 건강이 좋아지고 있으니 봄까지 여기 머무는 것이 낫다고 생각합니다. 다만, 공부 목적으로 의학 잡지 세 권을 더 받고 싶습니다. 이것이 대학원 공부를 위한 정당한 지출이라면요. (6개월간 의학저널 3권, 15~20달러) 지금 토론토 북쪽으로 간다면, 어머니가 편찮으시고 여동생 집에 방이 없기에 YMCA에서 숙박해야 할 것입니다.

몇 달이 지나서 스탠은 루이빌에서 열린 미국 의학협회 회의에서 연설해 달라는 요청을 받았다. 그는 협회 회장이 참석한 가운데 "중국의 위기"에 대해 연설했다. 그때 그는 많은 연구 기회에 대해서 듣게 되었다.

1938년 2월 4일, 그는 다시 암스트롱 박사에게 편지를 썼다.

한 줄로 보고드립니다—저희 모두 건강합니다. 이 도시는 큰 영적 활동의 중심지였습니다. 저는 M. 스토크스 박사와 함께 이곳에서 일주일 동안 특별집회를 마친 후, 150명의 새로운 해외학생자원봉사자들 앞에서 연설했습니다. 지난주부터 시작된 부흥집회가 지금도 대학과 교회들에서 계속되고 있습니다. 수백 명이 "회심"하거나 변화되었습니다. 저는 집에서 소규모의 학생모임을 갖고 있는데, 이 모든 소년이 그리스도를 위해 나왔습니다.

다음 주에는 사우스캐럴라이나 컬럼비아에서 열리는 서던대학 대학생자원봉사자 대회에서 3일간 연설할 예정입니다. 중국 선교사인 푸저우 출신 퍼시 컬버(Percy Culver) 목사님과 저는 그의 차를 타고 중국 고아들과 난민을 위한 모금 활동을 하고 있습니다. 제가 중국에 있었으면 좋겠습니다.

안부를 전하며,

진심을 다하여,
마틴 드림

추신: 지난 일요일 렉싱턴에 있는 두 곳의 큰 장로교회에서 설교했습니다. 그중 한 교회에는 켄터키대학교 학생 수백 명이 있었습니다.

봄에 마가렛은 선교본부에 편지를 써서 한국으로 돌아가기 위한 태평양 횡단 승선 예약에 대해 알렸다. 그들은 제럴드(16세), 필리스(13세), 베티(11세)를 함께 데려갈 계획이었다. 그녀는 또한 스탠이 중국 푸저우의 컬버 씨와 함께한 여행 경험에 대해서도 더 이야기했다. 그들은 뉴욕시에서 집회를 열고 있었는데, 마침 컬버 목사의 아들 모리스(Maurice) 또는 '프렉스(Frex)'가 유럽에서 퀸메리(Queen Mary)호를 타고 돌아오는 중이었다. 그는 애즈베리 학생 세 명과 함께 1년간 유럽과 성지를 여행했다. 그들은 크로세이더 콰르텟(십자가 사중주)이라 불렸다. 이 젊은이들이 크리스천 선교 연맹 목사인 월터 무어(Walter Moore) 목사의 교회에서 그들의 경험을 나누도록 요청받았을 때, 스탠은 그것을 듣고 있었지만, 그 사중주단의 일원인 무어 목사의 아들 제임스(James Moore)가 자신의 미래의 사위가 될 것이라는 사실은 모르고 있었다.

이후, 스탠과 컬버 씨는 플로리다로 여행을 떠났고, 그곳의 너무 많은 교회에서 설교 요청을 받아 계획보다 2주 더 머물렀다. 당시 세브란스 병원의 은퇴 의사였던 에비슨 박사가 세인트 피터즈버그에서 좋은 인맥을 소개해 주었다. 그들은 중국인을 위한 모금 활동에 좋은 반응을 얻었다. 당시 일본은 중국 본토에서 공포의 통치를 계속하고 있었고, 1938년 1월 상하이에서 1만 명의 사망자 중 7천 명이 어린이였다는 이야기를 들었다.

마가렛은 가족 소식도 전했다. 루시는 간호 훈련 과정의 절반을 마쳤고, 딸 마가렛은 바이올린을 1년 더 공부할 수 있는 장학금을 받을 수도 있고, 그렇지 않으면 에드나와 함께 애즈베리대학에 다니며 바이올린을 가르칠 예정이다.

1938년 4월, 스탠은 선교본부 회의에 참석하고 5월 한 달 동안 의학 공부를 하기 위해 토론토 북쪽으로 여행을 떠났다. 가는 길에 신시내티에서는 송도(현재 개성)의 아이비 병원에 엑스레이 기계를 설치해주었던 리드 박사(Dr. Reid)를 방문했다. 그들은 가장 가까운 친구 사이였다. 그는 또한 롱아일랜드에 있는 형을 다시 찾아 함께한 시간을 소중히 여겼다.

뉴욕에 머무는 동안 그는 북장로교와 북감리교 선교부의 책임자들을 만나 한국에서 들려오는 소식에 대해 우려를 표했다. 그는 한국 상황이 정말 불안정하다고 느꼈다. 그해 여름, 암스트롱 박사는 스탠에게 편지를 보내, 에비슨 박사와의 대화 내용을 전하며 세브란스병원이 문을 닫을 것에 대해 걱정하지 말라고 했다. "우리 선교 병원들은 당신을 절실히 필요로 합니다. 당신은 기쁜 마음으로 귀국을 기대해도 좋습니다. 지금은 한국의 기독교인들이 친구가 필요한 시기입니다."

일본의 선교사들과 기독교 기관들에 대한 압박이 점점 커지는 상황에 대해, 그는 원산에 있는 스탠의 동료 선교사 프레이저(Fraser)의 말을 인용했다. 프레이저는 이렇게 썼다. "수년 동안 우리는 우리 선교부가 경찰의 방문이나 심문에 있어서 다른 선교부들보다 훨씬 덜 괴롭힘을 당한다는 것을 알게 되었습니다. 평양이나 다른 지역에서 온 사람들의 말을 들어보면, 그들 주위에는 항상 형사들이 있고, 하루도 빠짐없이 어떤 형사가 그들의 사무실에 와서 무언가를 알아내려 한다고 합니다. 우리는 그런 일이 전혀 없었습니다. 사실 저는 평균적으로 한 달에 한 번 정도 방문을 받았는데 그마저도 적당한 이유가 있었기 때문입니다."

스탠은 5월 한 달 동안 의학 공부를 마친 후, 에드나의 고등학교 졸업식과 애즈베리대학의 특별 집회에 맞추어 켄터키로 돌아왔다. 루스와 마가렛도 보스턴에서 와서, 가족은 가을에 스탠, 마가렛, 막내 세 자녀가 한국으로 떠나기 전까지 몇 주간의 마지막 시간을 함께 보냈다.

제25장

인생의 황혼기

마가렛과 스탠이 1938년 가을 선교지로 돌아왔을 때 새로운 활력과 새로운 주변 환경을 함께 하게 되었다. 세브란스 병원 단지 내에 선교사 사택이 하나 비게 되었다. "그것은 나에게도, 병원에게도 아주 편리한 일입니다." 스탠은 이렇게 썼다. "택시는 돈을 주거나 애원해도 잡을 수 없고, 휘발유는 제한되어 있고, 새 자동차에 대한 허가도 나지 않습니다. 차를 가져오지 않길 잘했습니다. 전차는 사람들로 꽉 차 있습니다."

아이들은 예전처럼 학교까지 걸어 다녔다. 그들의 생활은 서울외국인학교, 서울연합교회, 그리고 테니스 코트와 작은 수영장이 있던 서울 유니언클럽을 중심으로 돌아갔다. 그 시기는 즐겁고 도전적인 시간이었고, 아이들은 테니스를 잘했고, 원산에서의 여름날의 경험 덕분에 모두 물고기처럼 수영했다. 제리는 바이올린을 시작했고, 베티도 후스 선생님과 함께 바이올린을 배우기 시작했다.

그 시절은 여자들이 교회에 갈 때 모자와 장갑을 여전히 착용했고, 만찬에 초대받으면 저녁 드레스를 입던 때였다. 많은 저녁 식사는 한국인 친구들과 함께했다.

스탠은 암스트롱 박사와 연락을 유지하며 긍정적인 편지를 보냈다.

여기 모든 것이 잘 되고 있고, 일이 많고 기회도 많습니다. 우리는 매우 행복합니다. 우리의 사역과 학교들을 돕기 위한 이야기를 동봉합니다. 함흥에 있는 스콧(Scott) 박사님의 학교와 세브란스 병원 모두 매우 잘 운영되고 있습니다. 제가 지난 24년 동안 본 것 중 가장 좋은 '영적 활기'입니다. 재정도 좋습니다.

이 기사가 『아웃룩 Outlook』에 실릴 수 있도록 해주십시오.

안녕히 계세요.

S. H. 마틴 드림

1939년 4월, 블랙 박사 부부는 선교 사역을 그만두고 선교지를 떠나려고 하고 있었다. 그는 만주에서 세인트 앤드류 병원 사역을 계속해 오던 의사였다. 그는 정치 상황을 좋아하지 않았고, 어린 자녀들이 위험에 처한 것이 걱정되었다. 그의 아버지는 그에게 귀국하라고 재촉하고 있었다. 한국에도 변화의 바람이 불고 있었다.

이 시기에 스탠은 암스트롱 박사에게 이렇게 편지를 썼다.

블랙 박사가 친절히 이 편지를 전해줄 예정입니다. 검열 등의 이유로 우리의 사역에 대해 소식을 전하기가 어렵다는 점을 교회 신문과 사람들에게 알려주기를 바랍니다. 퀸스(Queens)의 제 오랜 친구 월러스 "옵서버"(Wallace "Observer")에게도 전해주세요—우리는 교회 신문을 받지 못하고 있습니다. 경찰 검열관들로부터 두 번의 "금지" 통보를 받았습니다. 저는 1년 동안 교회 신문을 3부 받았습니다. 이상하게도 만주국은 다릅니다. 거기서는 어떤 것이든 허용됩니다. 우리가 받는 『리더스 다이제스트』, 『타임』, 『라이프』 같은 모든 잡지는 3~4페이지씩 잘려나간 채 도착합니다. 많은 책이 금지되어 있습니다. 선교사 그룹 전체에 훌륭한 영적 열기가 있습니다—전국적으로 부흥이 일어나고 있습니다.

세브란스는 잘 운영되고 있습니다. 저는 임상 의학을 3학년과 4학년(졸업반) 학생들에게 가르치고 있습니다. 채플 예배 시간에 특별 연사들도 초청했습니다. 대학들에 대한 압력은 거의 없습니다. 저는 일본어를 공부하고 사용하고 있지만, 복음 전도자들이 그것을 많이 필요로 하는지는 의문입니다. 새로 온 선교사인 로저 콜 넌(Roger Cole Nunn) 부부는 이 사역에 큰 도움이 되고 있습니다. 그들은 <u>훌륭한 그리스도인</u>입니다.

우리는 결핵 환자 사례에서 활동성을 찾아내는 새로운 방법을 발견하여 사용하고 있습니다. 이 내용은 『미국결핵학술지 *American Review of Tuberculosis*』에 발표될 예정입니다. 우리의 결핵 관련 소책자 28,000부가 두 달 만에 판매되었습니다.

당신이 팔코너 박사나 우리 의학위원회의 위원들을 만나게 된다면, 제가 지금 전일제로 진료소에서 일하고 있고—강의와 야간 호출까지 포함해서—의료 활동을 하고 있다고 전해주세요. 우리가 병원 단지에 살고 있어서 특히 편리합니다.

빈곤이 매우 심각합니다. 겨울에는 거지 여섯 명이 세브란스 앞 거리에서 죽었고, 오직 하늘에서 내린 눈으로 덮인 채 나흘 동안 방치되어 있었습니다.

나는 내 친구 윌슨(R. M. Wilson) 박사와 함께 순천 남쪽으로 내려가 그의 한센병 환자 수용소에서 결핵 환자들을 검사했습니다. 스무 명이 '나환자의 천국' 안으로 들어가려고 애쓰고 있었지만, 그들에게는 나병의 흔적이 전혀 없었습니다. 그들은 아무것도 먹을 것이 없고, 살 곳도, 할 일도 없는 바깥에서 사는 것보다 차라리 나병에 걸린 채 그 안에서 사는 것을 택한 것이었습니다.

품질이 우수한 최상급의 쌀은 모두 압수되어 일본과 일본군으로 보내지고, 랑군(양곤)에서 저급 쌀이 수입되고 있습니다. 우리 요리사 정희는 일주일에 두 번, 500명의 사람과 함께 6시간씩 줄을 서고, 열 줌의 보리를 받아옵니다. 처음에는 쌀, 옥수수, 보리였고—그다음엔 쌀과 보리—이제는 보리만 남았습니다. 다른 외국인들과 마찬가지로 우리는 쌀 1파운드를 사기 위해 배급표가 있어야 합니다. 진짜 금으로 된 모든 물품은 우리가 반납해야 합니다. 여성들은 결혼반지를 보관하기 위해서는 사전에 허가를 요청하라는 지시를 영국 영사관으로부터 받았습니다.

우리 병원에서는 퀴닌, 아스피린, 요오드 같은 약품을 구할 수 없습니다—어떤 외국 약도 전혀 없습니다. 우리는 종이 붕대와 종이 드레싱을 사용하고 있습니다. 아편이나 코데인도 없고, 모르핀도 특별 허가가 있어야 아주 조금 쓸 수 있을 뿐입니다. 그런데 일본인들은 중국의 연안 도시들을 수 톤의 아편 유도체로 타락시키고 있습니다.

의료 활동이 매우 어렵습니다. 대체하고 또 대체해야 합니다. 수술 시에는 에테르나 클로로포름을 구할 수 없어서 주로 척추 마취를 사용하고 있습니다.

사랑이 많으신 하나님 아버지께서 우리 모두를 돌봐주시고 계십니다. 우리는 한국 사람들과 함께 조금 고난을 겪는 특권을 누리고 있습니다. 블랙 박사가 떠나는 것이 아쉽지만, 그와 그의 가족은 분명히 하나님의 나라가 해외에 확산되는 데 큰 공헌을 하였습니다.

1939년 6월에 그는 다시 편지를 썼으며, 그 편지는 버브리지(Burbridge) 목사를 통해 보냈다.

우리는 선교본부 회원인 아눕 박사의 방문을 매우 즐거워했으나, 그가 떠난 후에 세 번의 경찰 방문이 있었습니다. 그는 우리 예배당에서 설교했고 우리 사역의 많은 부분을 보았으며, 우리 최고의 사람들을 만났습니다. 나는 이렇게 바쁘고 행복했던 적이 없었습니다. 지금까지 일본인들은 우리를 잘 대해주고 있습니다. 하지만 동양에서 국제 정세가 언제든지 '격화'될 가능성이 있습니다. 영국과 프랑스는 지금 중국 해안가를 따라 전함과 함께 여객선과 화물선을 호위하고 있습니다. 우리는 장파 라디오만 허용 받고 있다. 우리 잡지들은 전체 기사와 페이지가 삭제되었습니다. 몽고메리 워드 카탈로그는 심하게 훼손되었습니다. 신사참배를 거부한 호주장로교 학교들을 폐쇄하라는 압력이 심하게 가해지고 있습니다. 우리 선교회는 조용합니다. 세브란스도 조용합니다. 영적인 분위기는 이보다 더 좋았던 적이 없습니다. 토론토에서 공부한 최 박사와 감리교 선교사 앤더슨(E. W. Anderson)이 각각 회장과 부회장으로 선출되었습니다. 호주장로교의 맥라렌 박사는 집행위원회에 있습니다. 거리의 일본인들은 반외국적이지 않습니다. 기독교인들은 친근합니다. 군인들과 전직 군인들은 반외국적입니다. 그들은 지금 동양의 평화를 세우는 신성한 사명에 이끌리고 있습니다. 그들은 베를린과 로마의 군사 동맹에 축하를 보냈습니다.

우리는 각자의 흥미로운 일로 바쁩니다. 저는 지금 3, 4학년 학생 200명을 대상으로 임상 의학 수업을 계속하고 있습니다. 학생들은 제 수업에 잘 집중하고 흥미를 보입니다. 결핵 환자들에게 좋은 결과를 많이 얻고 있습니다. 결핵 치료에 관한 책을 한국어와 한문으로 쓰고 있습니다. 저희 모두 건강합니다. 제리는 키가 6피트 2인치(약 188cm)입니다. 테니스를 잘 칩니다. 베티, 필리스, 그리고 아내도 건강합니다.

저희는 종종 당신과 암스트롱 부인, 그리고 당신의 어린 딸을 생각합니다. 모두에게 안부를 전합니다.

스탠과 마가렛 마틴 드림

1939년 여름이 다가오자, 그들의 생각은 휴가로 향했고, 동해안의 원산에서 남쪽으로 몇 마일 떨어진 곳에 있는 새로운 휴양지인 화진포로 관심이 모아졌다. 일본인들은 원산의 선교사 여름 휴양지를 공군

비행장으로 징발했지만, 선교사들의 집에 대해서는 보상을 해주었다. 그러나 화진포는 실망시키지 않았다. 이곳은 호수, 근처 산들, 그리고 바다가 한 지역에 어우러져 있었다. 이곳을 처음 방문한 사람들은 선교사 지역사회에게 찬사를 전했다. 몇몇은 봄에 오두막을 지어 여름을 즐길 수 있었다. 마틴 가족도 그 첫 여름에 이곳을 임대할 수 있었지만, 스탠은 그곳에서 새 오두막 건축을 감독하는 것을 즐겼다.

미국에 있는 딸들에게 보낸 편지에 의하면, 그 여름은 대부분 무척 더웠다. 마가렛은 7월에 화진포에서 이렇게 썼다.

무더위가 계속되고 있단다—끔찍할만큼! 아빠는 그 더위에 많이 지치셨고, 어느 밤에는 숨쉬기 힘들어하셨어. 더위가 지나간 후에야 모두가 좀 나아졌단다. 내년 여름에도 이렇게 덥다면 아빠를 다이아몬드 산맥으로 보내야겠어. 나는 별로 많이 먹지 않고 커피만 마시고 아이들이 모자를 잘 쓰는지 지켜봤단다! 필리스와 베티는 건강하고 키도 크고 햇볕에 그을렸어. 둘 다 수영도 잘한단다. 제리는 더운데 얼음 배달부 일을 열심히 했단다. 선교사 자녀 청소년들은 가족들의 아이스박스에 넣을 큰 얼음을 배달하여 돈을 벌기도 했단다. 전기는 없단다. 아빠는 건강히 잘 지내고 있단다. 우리는 6월 18일에 왔는데, 아빠는 8월 20일까지 머무를 계획이란다. 나는 아이들과 9월 3일까지 함께 있을 거야. 나는 가벼운 노젓기용 보트를 가지고 있단다.

그들이 서울로 돌아왔을 때, 아이들은 다시 학교에 다녔고 제리는 고등학교 마지막 학년을 시작했다. 가족은 다음 해 제리가 떠날 날을 몹시 두려워했다. 마가렛은 1939년 크리스마스 밤에 미국에 있는 딸들에게 다음과 같은 편지를 썼다.

우리는 정말 즐거운 크리스마스 날을 보냈단다. 제리가 우리 사진을 찍어주었고, 희순이는 우리가 선물을 다 열고 난 후 트리 옆에서 단체 사진을 한 장 찍어주었지. 우리는 하인들의 아이들을 위해 긴 크리스마스 양말 다섯 개를 준비했단다. 아이들이 고운 한복을 입고 들어와서 트리 주위에 앉았어. 그리고 양말을 열어보았을 때, 그 안에는 견과류, 사탕, 과일, 그리고 작은 선물들이 들어있었지. 아이들의 눈이 휘둥그레졌어. 이 외국식 풍습은 처음 경험하는 거겠지. 정말 즐거운 광경이었단다.

점심은 우리 가족끼리만 조용히 먹었고, 나는 베티와 함께 '다이아몬드' 게임을 한 뒤 조금 쉬었지. 저녁에는 한국 친구들을 초대해 저녁 식사를 했고, 식사 후에는 함께 음악도 연주하고 캐럴도 불렀단다.

12월 30일, 제리와 필리스는 캐럴 아펜젤러(Carol Appenzeller), 폴 헤인즈(Paul Haines), 그리고 이화여전 교사 콘로우(Conrow)와 함께 일주일간 북경 여행을 떠났다. 환율 덕분에 외국인 사회의 많은 사람이 이 기회를 이용해 여행을 다녀왔다.

1940년 새해는 불안하고 두려운 세계 정세 속에서 밝아왔다. 스탠과 가족은 유럽에서의 전쟁과 일본의 극동 침략 상황을 꾸준히 주시하며 그 흐름을 따라갔다.

한국 내에서도 "일본과 조선은 한 나라"라는 구호 아래 극적인 변화들이 일어나고 있었습니다. 조선총독부는 두 나라의 완전한 통합을 목표로 한 정책들을 강제로 시행하기 시작했습니다. 모든 사람에게 일본어의 전면적인 사용이 요구되었고, 학교 교육과정에서는 한국어와 한국 문학이 완전히 제외되었고, 학생들이 한국어를 사용하는 것은 엄격히 처벌받았습니다. 공공건물, 학교, 교회, 심지어 일반 가정집까지도 일본 국기를 게양해야 했습니다. 학교 수업은 국기 앞에서의 경례와 천황의 황궁을 향한 절, 그리고 충성 맹세로 시작되었습니다. 개인들은 한국 이름을 버리고 일본식 이름으로 개명하도록 강요받았습니다.

기독교 단체들은 국제적인 연대를 포기하도록 요구받았고, 한국 교회들은 헌법을 전면적으로 개정하도록 강요받았습니다. 그 결과, 신앙, 양심, 예배, 교회 자치에 관한 조항들은 삭제되었고, 외국인 선교사들의 지위와 사역에 관한 내용도 모두 삭제되었습니다.[55]

마틴 가족의 집은 3월에 성홍열을 앓은 후 계속해서 미열이 있는 열다섯 살 필리스에 대한 걱정이 계속되었다. 5월, 어머니 마가렛은 대학에 있는 딸들에게 편지를 썼다.

필리스는 훨씬 좋아졌고, 빅터 축음기를 틀고 싶어 해서 내가 미칠 지경이란다. 로저스 박사님이 진찰하시고 설파닐아마이드(sulphanilamide)를 권하셔서 호전되었단다. 필리스를 돌보느라 시간이 다 지나간단다. 우리 집 벽을 새로 칠했어. 정말 예쁘게 칠해졌어. 다음 주에는 우리 집에서 선교사 모임이 열릴 예정이란다. 근처에 있는 일본인 집에는 다섯 마리의 화려한 잉어 깃발이 펄럭이고 있다. 다섯 아들을 둔 그 집 여인을 위해 뭔가 해주고 싶구나.

너희들이 너무 그립구나. 지금은 너희들의 편지 외에는 아무것도 없구나. 선교사로서의 부르심을 바꾸고 싶진 않지만, 세월이 흐를수록 그 길은 더더욱 쉽지가 않구나!

학년이 끝나갈 무렵, 가족들의 생각은 제리의 고등학교 졸업 행사에 쏠려 있었다. 제리는 난이도 높은 자이츠(Seitz) 바이올린 협주곡을 연주했고, 졸업 리사이틀에서 독창 두 곡을 불렀다. 그의 아버지는

---

[55] *Canadians in Korea*, Rev. William Scott, p.138.

매우 자랑스러워했다. 제리는 좋은 성적을 거두었고 우등생 명단에도 올랐다. 주니어-시니어 연례 만찬을 위해, 덱스터 루츠(Dexter Lutz) 여사는 제리, 폴 헤인즈(Paul Haines), 밥(Bob)과 찰스 사우어(Charles Sauer) 형제에게 사중창곡 "Sleep, Kentucky Babe"에 맞춰 연습시켰고, 부모들은 그 리허설에 초대되었다. 마가렛은 이렇게 적었다. "그 노래를 들으면서 몇 번이나 울었는지 모른단다. 켄터키에 대한 그리움도 있었고, 곧 떠날 제리를 생각하니 더 그랬어. 제리는 8월 15일 프레지던트 피어스 호를 타고 떠날 예정이란다. 나는 일본까지 함께 가서 배웅할 계획이란다. 배 앞에서는 용감해져야겠지"

제리의 졸업식이 끝나자, 이제 화진포로 떠날 준비를 할 시간이었다. 먼저 열일곱 살 제리와 열두 살 베티가 그곳으로 가기로 결정되었다. 그리고 베티가 여행 중 겪은 작은 모험에 대해 편지로 전해주었다.

1940년 7월 4일
화진포
사랑하는 마기 언니와 에드나 언니에게,

편지를 못 써서 미안해요. 너무 오랫동안 못 썼네요. 하지만 바닷가에서, 그리고 새로운 집에 정착 중이라 편지를 쓰려고 앉는 것도 일이에요. 그래도 그건 변명이 안 되겠죠. 휴! 정말 긴 문장이네요. 그 문장을 읽을 땐 숨 크게 쉬세요!! 우리 집이 지금 역에 있고, 제 바이올린은 큰 트렁크 안에 있어요. 너무 신이 나서 연주할 날이 기다려지지 않아요. 바이올린을 연주한 지 정말 오래됐거든요. 제리 오빠와 저는 가족들보다 먼저 이곳에 와서 집을 열었고, 고양이들도 데려왔어요. 기차 안에서 정말 힘들었어요!! 진저, 크림퍼프, 스노우볼의 엄마 수지가 정말 난리를 피웠어요. 저는 완전히 어쩔 줄 몰랐어요!! 고양이들은 정말 말썽이었어요. 하나가 '야옹' 하면 다음 아이도, 또 그 다음 아이도 순서대로 울기 시작했어요. 마치 노래 연습이라도 하는 것 같았어요. 그러던 중 차 문이 열리고 차장 아저씨가 표를 검사하러 오셨어요. 고양이들은 그전까지는 조용했는데, 아저씨가 우리 칸에 오자마자 무슨 일이 벌어졌을까요? 수지가 어떻게든 바구니에서 빠져나와 침대 가장자리로 걸어가더니 커튼 사이로 고개를 쑥 내밀고 "야옹" 하고 울었어요. 그게 거의 마지막 한 방이었죠. 차장 아저씨는 깜짝 놀라서 뒤돌아보며 일본어로 "닛코?" 하고 묻더라고요. 그건 일본어로 고양이라는 뜻이에요. 그러고는 "쥐? 아니, 고양이?"라고 하시기에 저는 조용히 고개를 끄덕였어요. 이미 수지를 커튼 안으로 끌어들이기엔 늦었고, 그 순간 바구니 안에 있던 삼총사도 합창을 시작했어요. 그 아저씨가 "고양이 더 있어? 많아?"라고 하셔서 저는 조용히 손가락 세 개를 들어 보였어요. 그러자 아저씨가 일본어로, 열차의 끝부분에 있는 방으로 가라고 하셔서 수지를 다시 삼총사와 함께 바구니에 넣고 그 방으로 옮겼어요. 그게 고양이들과 있었던 모든 소동이었어요, 하지만 그것만으로도 충분히 알겠죠!!

오늘은 비가 억수같이 쏟아져요. 비록 오늘이 7월 4일이지만, 아마도 오늘 밤엔 특별한 일이 없을 것 같아요.

모두에게 사랑을 듬뿍 보냅니다.
여러분의 여동생 베티 드림

정치적으로 불확실한 시기였음에도 불구하고 선교사 지역사회는 함께 모이는 여름 일정을 따랐다. 스탠이 매우 존경하던 로저 넌(Roger Nunn) 목사는 캐나다 연합교회의 소식지인 『코리안에코 *Korean Echoes*』에 그 활동을 설명하는 기사를 썼다. 그는 그곳에 있던 모든 캐나다 선교사들을 소개하였고, "그곳의 우리 연합교회 사람들은 세상의 소금이다."라고 끝을 맺었다. 그는 모든 선교단체를 염두에 두고 다음과 같이 썼다.

"이번 여름 화진포에서는 이보다 더 건전하고 활기찬 아이들과

십 대 청소년들을 어디에서도 찾을 수 없다고 말하고 싶다. 수많은 소풍에서나 테니스, 크로케, 수영 등의 토너먼트에서 혹은 어떤 활동이든 간에, 그들은 서로 협력하며 함께 즐거움을 나누는 방식으로 우리 모두에게 본보기가 되었다. 그들은 선교활동의 훌륭한 홍보대사였다."

●

서울에서 온 마틴 가족(고양이 네 마리를 포함)은 전체 인원수를 채웠다. 마틴 가족에게는 좋은 여름이었다. 왜냐하면, 아들 제리가 미국으로 떠나기 전에 그들과 함께 있었기 때문이다. 화진포에 있던 모두는 8월 중순 제리가 요코하마로 떠나고, 미국 대학 교육을 위해 다른 선교사 자녀들과 함께 배를 타게 되었을 때 그를 작별하며 아쉬워했다. 제리가 떠나기 전 마지막으로 한 일 중 하나는 오랫동안 간직해온 바람을 이루는 것이었다. 그것은 매주 열리는 요트 경주에서, 불안정한 돛단배 '스위티파이'를 타고 1등으로 들어오는 것이었다. 그 배는 오전에 한 번 전복되었고, 오후 경주에서는 얌전하게 구는 것이 낫다고 생각한 듯했다. 마틴 박사인 아버지는 이번 여름 동안 많은 시간을 배에서 보내거나 파스텔 그림을 그리며 보냈다.

우리는 해변에서 열리는 종교 집회를 모두 감사했다. 그리고 내 기억에 가장 선명하게 남아 있는 것은 7월의 중대한 시기에 열렸던 목요일 기도회였다. 마틴 박사는 기도를 통해 나타나는 하나님의 능력에 대한 자신의 간증을 하였고, 자신의 경험에서 나온 세 가지 이야기를 들려주며 그 메시지를 강하게 전했다. 찬송가와 많은 선교사들의 열렬한 기도는 그 감동을 더해주었다.[56]

엄마 마가렛이 동행하며 제리가 화진포를 떠나던 날, 많은 이들이 그들을 배웅하러 갔다. 맑은 날이었지만 눈물을 많이 흘렀다. 스탠은

---

56 *Korean Echoes*, Rev. Roger Nunn, Vol. XVII, October 1940.

기차가 출발하는 것을 슬프게 바라보았다. 그런 다음 딸 베티와 필리스가 양옆에서 그를 에스코트하며 그는 천천히 외로운 오두막으로 걸어갔다. 며칠 후, 일본 요코하마에서 마가렛은 부두에 서서 프레지던트 피어스호가 떠나는 것을 지켜보았다. 제리는 배의 선미에 있었다. 제리는 손을 흔들었고 엄마도 손을 흔들며 서로가 보이지 않을 때까지 손을 흔들었다. 마가렛이 화진포로 돌아온 후 가족은 휴가를 마치고 무덥고 시끄러운 서울로 돌아왔다. 모두 바쁜 일정을 다시 시작했다.

가을은 많은 곳에서 아름답지만 한국만큼 아름답고 만족스러운 곳은 없다. 날씨가 점점 시원해지면서 궁궐 안의 황금빛 은행나무와 붉은 단풍나무가 눈부시게 빛났다. 하늘은 매우 맑고 푸르고 밤, 포도, 사과, 그리고 한국 배가 풍성하게 열렸다. 여름의 더위를 지나 상쾌한 시기였다. 제리의 첫 편지가 도착했을 때 모두의 기분이 나아졌다.

제26장
마리포사호 철수

1941년 화진포에서 좋았던 여름이 지나고 마틴 가족과 모든 선교사 지역사회에 두 가지 위기가 동시에 닥치기 시작했다. 스탠은 세브란스 병원에서의 진료와 강의 업무로 복귀했지만, 자신의 건강이 점점 약해지고 있다는 것을 깨달았다. 동시에 미국 국무부는 정치 상황이 점점 더 심각해지고 있다고 경고했다. 그러던 중, 미국인들은 한국을 떠나야 한다는 소식이 전해졌고, 매트슨 해운회사의 선박 마리포사(S. S. Mariposa)호가 11월 16일 인천에 도착하여 미국인을 철수시킬 것이라는 통보가 나왔다. 이는 미국 총영사 게일러드 마샬(Gaylord Marshal)이 내린 지시였다.

플로렌스 머레이[57] 박사는 스탠의 건강 상태에 대해 암스트롱 박

---

57 플로렌스 머레이(Florence Murray, 1894~1975), 캐나다 출생, 캐나다장로회·캐나다연합교회 선교사, 의사. 목사였던 아버지의 목회지에서 프린스 오스 웨일즈대학에 다닐 때 북미학생자원운동 내슈빌대회에 참가하여 해외선교를 결심하게 되었다. 1919년 달하우지대학교 의과대학을 졸업하고, 1921년 캐나다 장로교 선교부의 파송을 받아 한국으로 파견되었다. 첫 사역지로 함경도 원산 지역에 도착하여 세브란스병원 및 선교병원에서 여성과 아동 환자들을 주로 진료했다. 그녀는 간도 용정 제창병원의 의사였던 마틴 선교사가 안식년 휴가를 떠나자 그 자리를 대신하였고, 용정과 회령의 의료사역을 담당했다. 1923년 10월 함흥 제혜병원 원장을 맡았고, 1927년 함남 홍원읍에 한국 최초의 결핵요양소를 설치했으며, 1928년에는 간호원양성소를 개설하였다. 태평양전쟁이 발발하여 1942년 강제 송환되었고, 1947년 7월 이화여대 총창 김활란의

사에게 보고했고, 선교회 협의회는 병가를 권고했다. 병가는 승인되었고, 마가렛은 11월 18일 일본 고베에서 출항하는 '가마쿠라 마루(Kamakura Maru)'호에 가족의 승선을 예약했다. 마가렛은 미국 시민이었지만, 스탠과 세 자녀는 미국 시민이 아니었기 때문에 '마리포사'호에 탑승할 자격이 없었다.

정치적 긴장이 더욱 고조되자, 캐나다 선교사들도 본국으로 귀국할 계획을 세우기 시작했다. 그들은 일본 선박이나 캐나다의 엠프레스호를 택하여 귀국하려 했다. 선교사들은 세 그룹으로 나뉘었다. 첫 번째 그룹은 자녀가 있는 가정과 비교적 업무 공백이 가능한 이들로 구성되었다. 두 번째 그룹은 업무가 계속 유지될 수 있어 한국에 더 오래 머무를 수 있는 이들로 편성되었다. 세 번째 그룹은 최소 4명의 선교사로 이루어졌으며, 마지막까지 남아 가능한 한 사역을 유지하는 역할을 맡기로 했다.

스탠은 1940년 11월 3일, 한국에서의 마지막 날 중 암스트롱 박사에게 다음과 같은 편지를 썼다.

친애하는 암스트롱 박사님께,

저희가 병가로 '귀국하게 되었다'는 전보를 받으셨을 줄 압니다. 이 시점에 떠나게 되어 매우 안타깝습니다. 평소 같았으면 저는 이런 '위기' 상황에 있는 것을 즐겼을 것입니다. 하지만 몸이 마음을 따라주지 않아 가까운

초정으로 다시 내한하여 의료교육에 힘썼다. 한국전쟁 이후 1952년 다시 내한하여 전상자 구호활동에 참여했고, 3월부터 세브란스병원과 대학에서 활동했다. 1959년 11월 캐나다연합교회와 미감리회가 공동으로 재정을 지원한 원주연합기독병원을 창립하고 같은 해 원주 근교 나병 환자촌인 경천원을 설립하였다. 1961년 7월 정년퇴임하였다. 머레이 선교사는 한국의 의료 선교와 여성의료 발전에 크게 기여하였다.

병원까지 마지막 강의를 하러 가는 길도 겨우 걸을 수 있을 정도였습니다. (2시간 반 동안의 강의) 제 모든 것을 쏟아부어 가르쳤고, 마지막에는 "하나님의 은혜 안에 항상 머물기를 바랍니다"라고 마무리했습니다. 학생들(100명)은 모두 자리에서 일어나 인사하고, 박수치고, 저와 악수하며 눈물을 글썽였습니다. 저는 계단을 내려가는 것도 힘겨웠습니다. 이후 이틀 동안은 계속 침대에 누워있었고, 가슴 통증과 불편함으로 교회에도 갈 수가 없었습니다.

저희가 탈 배인 가마쿠라호는 남쪽 항로로 갑니다. 이 시기 북쪽 항로는 매우 험하기 때문입니다. 딸 필리스는 아직도 건강이 좋지 않아, 미국에 도착하면 부비동(축농증) 수술이 필요할 수도 있습니다. 마가렛은 필리스를 치료받게 하려고 보스턴에 데려갈 예정이지만, 베티와 저는 마가렛과 에드나가 애즈베리대학에 재학 중인 남부 켄터키에 머무를 것입니다. 그들은 내년 봄에 졸업할 예정입니다.

저는 가능한 한 추운 날씨를 피하고 싶습니다. 머레이 박사는 제 의무기록과 심장 엑스레이 사진을 보내주었고, 팔코너 박사님과 의료위원회에서도 저의 건강 상태를 알고 있습니다.

지금으로서는 봄까지 완전히 휴식을 취하는 것 외에는 방법이 없다고 생각합니다. 캐나다 국경을 넘는 것조차 감당할 수 없을 정도로 기력이 없습니다. 전쟁 상황 때문에 더 복잡해진 점도 있습니다. 켄터키까지라도 무사히 도착하면 다행일 것입니다. 하지만 저는 저의 <u>25년</u>의 사역을 모두 마쳤습니다.

그러니 저희는 지금 천천히, 조용히 움직이고 있습니다. 주님께서 세상 끝날 때까지 우리와 함께하신다는 약속을 알고 있으니 말입니다.

저희 두 사람의 안부를 전합니다.
진심을 담아,
S. H. 마틴 드림

이 갑작스러운 철수 명령은 선교사들에게 고통과 충격을 안겨주었다. 영사관 당국은 '최소한의 수하물'이라는 말을 반복해서 강조했다. 약 2주 안에 그들은 평생 모은 소중한 물건들을 처분해야 했다.

마가렛은 거실에 앉아 상황을 판단하려 애썼다. 그녀는 나중에 이렇게 말했다. "나는 아름다운 한국산 놋쇠 장식 가구보다는 음악 레슨에 돈을 들인 게 정말 다행이라고 생각했어요. 가구는 전부 두고 가야 했을 테니까요. 하지만 가장 마음 아팠던 건 가족들의 편지 상자였어요. 벽난로 앞에 앉아 몇 통을 읽고는 한 줌씩 꺼내 입을 맞추고는 불 속에 던졌답니다."

마틴 가족이 일본으로 떠날 준비를 하던 중, 미국 영사관을 방문하면서 갑작스럽게 계획이 바뀌게 되었다.

1940년 11월 15일, 프레이저는 암스트롱 박사에게 다음과 같이 편지를 썼다. "마틴 박사와 가족은 결국 내일 미국 선박 마리포사호를 타고 서울을 떠납니다. 미국 영사가 미국 배를 타지 않으면 미국 입국 비자를 발급하지 않겠다고 했기 때문입니다. 마가렛 여사는 미국 여권을 소지하고 있습니다."

그에 따라 준비가 진행되었고, 영국 국적의 마틴 박사와 가족 전원이 11월 16일 출항 예정인 마리포사호에 탑승할 수 있도록 허가를 받았다. 이는 여러모로 최선의 결정이었다. 왜냐하면, 스탠에게는 일본까지의 여정이 복잡하고 무리가 될 수 있었기 때문이다. 마리포사호가 도착 예정이던 인천항은 서울에서 기차로 단 22마일 거리에 있었다.

철수일 당일, 마틴 가족이 서울을 떠날 때, 정희와 그녀의 가족, 그리고 세브란스병원의 많은 의사들, 간호사들, 교회 친구들이 함께 기차를 타고 인천까지 동행했다. 그곳에서 선교사들은 작은 보트에 나뉘어 타고, 바깥 바다에 대기 중이던 큰 배로 옮겨 승선할 예정이었다. 하지만 그 전에 일본 세관 검사를 먼저 통과해야 했다.

미국 부영사 아서 에몬스(Arthur Emmons)의 아내인 에몬스 여사는 부두에 도착했을 때 상황을 이렇게 보고했다. "서울의 총영사관에서는 형식적인 검사만 있을 것이라고 확약받았지만, 실제로는 단 한 명의 세관원이 (이후에 보조가 한 명 더 합류) 승객들의 수하물을 아주 철저하게 검사하면서 지연이 길게 발생했습니다. 그는 주머니 안까지 살피고, 물건 하나하나를 꺼내 꼼꼼히 살폈으며, 심지어 가족사진과 개인적인 사진들까지 찢어버렸습니다."[58]

한국인 친구들은 일본 당국에 의해 줄로 구획된 한 구역으로 몰려가 기다려야 했다. 차가운 바람이 부는 가운데 그들은 몇 시간 동안 서 있었고, 손을 뻗어 작별 인사를 건네며 눈물을 흘렸다. 정희와 그녀의 가족은 마틴 가족을 마지막으로 보기 위해 끝까지 지켜보고 있었다.

수년 후, 한 세브란스 의대의 한 학생이 그날의 일을 회상하며 이렇게 말했다. "인천에서 선교사들과 우리가 강제로 떨어지기 직전에, 마틴 박사님께서 앞으로 나오시더니 자신의 세브란스 의과대학 배지를 가슴에서 떼어 제게 달아주셨습니다."

이 젊은이는 훗날 서울 소년원에서 의사가 되었는데, 이 이야기를 마틴 박사의 딸 마가렛이 소년원을 방문했을 때 들려주었다.

마침내 모든 승객이 승선하자, 마리포사호는 출항 신호를 울렸다. 배가 천천히 항구를 떠날 때, 난간에는 많은 사람이 몰려 있었다. 한국의 해안선이 점점 멀어지는 것을 지켜보며 어떤 생각을 했을지 상

---

[58] *Living Dangerously in Korea*, Donald N. Clark, p.255.

상할 수 있을 뿐이다. 어떤 가족은 서로 헤어졌다. 평생 함께 동역했던 동료와 친구들도 이제 남겨졌다. 멀어져가는 그 땅을 바라보며, 한국의 미래와 하나님의 사역에 대한 걱정이 마음을 무겁게 했다.

시간이 흐르면서 승객들은 점차 일정한 일과에 익숙해졌다. 갑작스럽게 닥친 일들을 이해하려 애쓰며, 슬픔 속에서도 안도감을 느꼈다.

여객선에는 아이들도 많았고, 그들을 위한 오락 프로그램이 마련되었다. 마리포사호는 종일 식사가 제공되고, 영화 상영과 밴드 연주도 있는 호화 여객선이었다. 마틴 가족의 막내인 열세 살 베티와 미국 영사 빌 랭던의 딸인 그녀의 가장 친한 친구 부 랭던은 배 곳곳을 탐험했다. 두 소녀는 어느 날 저녁에는 선장과 함께 저녁 식사를 하기도 했다. 종교 예배가 열렸고 명상을 위한 방도 따로 마련되었다. 라운지에서는 선교사들끼리 진지한 대화가 이어졌다. 정부의 명령에 따라 한국을 떠나온 것이 과연 옳은 일이었는가 하는 고민이 있었다.

충분한 휴식과 선상에서의 좋은 식사 덕분에 스탠은 건강이 조금 회복되어 선교본부에 편지를 쓸 수 있을 정도가 되었다.

SS 마리포사호 선상에서
1940년 11월 28일

친애하는 암스트롱 박사님께,

우리는 서울 근처 인천에서 이 대형 피난민 수송선으로 직접 떠날 기회를 얻게 되었습니다. 약 530명의 선교사들과 함께 관광 클래스에 탑승하게 되었습니다. 세브란스 병원의 수간호사 중 한 명인 로렌스 양이 요코하마에서 일본 경찰에 의해 배에서 끌려 나와 누구와도 말할 기회 없이 호송되어 서울로 보내졌고, 현재 감옥에 수감되어 있다는 소식을 들었습니다. (혐의는 공산주의입니다!!)

이 배 안에서는 많은 고무적인 집회와 회의가 열렸고, 그 자리에서는 선교사들이 겪고 있는 여러 문제와 수많은 시련과 박해에 관한 이야기가 나왔습니다. 또한, 박해 속에서도 변함없는 한국인들의 신앙과 전반적으로 하나님의 놀라운 보호하심에 대한 간증들도 들었습니다.

전시에는 미국과 캐나다 간의 이동이 어렵기에, 또 한국에서 진단받은 대로 따뜻한 기후에서 즉각적인 휴식이 필요하다는 의사의 지시에 따라, 저는 켄터키로 가는 길에 테네시주 내슈빌에서 남장로교 선교부 의료 고문인 브러시 박사(Dr. Brush)의 종합적인 건강검진을 받을 예정입니다. 나를 마지막으로 진찰한 머레이 박사는 우리 선교본부의 의료위원회에 보고할 건강검진 결과를 반드시 받아야 한다고 조언했고, 저는 브러시 박사를 만나 그 진료를 받을 것입니다.

저는 브러시 박사로부터 다가오는 봄에 에드나와 마가렛이 애즈베리대학을 졸업할 때까지 켄터키에서 따라야 할 치료 계획을 받을 것입니다. 한국의 스미스 박사도 서울로 와서 심전도를 찍어주었고, 이를 전달할 예정입니다. 캐나다의 팔코너 박사는 나의 건강 보고에 대한 모든 정보를 가지고 있습니다.

한국을 떠나기 직전에는 혼자서 옷을 입을 수도 없었습니다. 그러나 이 배에서 쉬면서 디지털린과 니트로글리세린 약을 복용한 후 상태가 많이 호전되었습니다.

한국의 친구들과 선교부 소식에 대해 계속 알려주시기를 부탁드립니다.

깊은 감사와 따뜻한 인사를 전합니다.
S. H. 마틴 드림

1940년 12월 4일, 마리포사호가 샌프란시스코에 가까워지자, 스탠과 마가렛은 정확히 25년 전 오늘, 자신들이 캐나다에서 선교지로 향해 떠났던 날이라는 사실을 깨달았다. 하선할 준비를 하며 문화 충격의 물결이 한꺼번에 밀려왔지만, 딸 필리스와 베티가 흥분한 모습을 보며 두 사람은 다시금 용기를 얻었다.

계획은 켄터키 윌모어로 이동하여 그곳에서 기다리고 있는 가족과 친구들을 만나는 것이었지만, 먼저 스탠의 건강검진을 위해 테네시주 내슈빌로 우회하기로 되어 있었다.

내슈빌에서 스탠은 암스트롱 박사에게 다음과 같은 편지를 썼다.

저는 이틀간에 걸친 매우 철저한 건강검진을 막 마쳤습니다. 남장로교 선교부의 검사 담당자인 브러시 박사는 대단히 친절하셨고, 진료비를 받지 않겠다고 하셨으며 청구서도 보내지 않겠다고 하셨습니다. 그는 기꺼이 저희 의료위원회에 보낼 상세한 보고서를 당신을 통해 전달하겠다고 했습니다. 팔코너 박사께서는 예전 기록과 이번 기록을 비교하실 수 있을 것입니다.

브러시 박사는 저와 계속 연락을 유지하고 싶어 하시며, 내년 봄에 다시 검진을 해주겠다고 하셨습니다. 현재로서는 4개월간 완전한 휴식을 취하라는 지시를 받았고, 이후 점차 규칙적인 운동을 늘려가야 한다고 했습니다.

저는 또한 남장로교 선교본부의 총무인 풀턴(Fulton) 박사와 한국에 대해 길고 우호적인 대화를 나누었습니다. 그는 내가 수년간 자국 선교사들에게 해준 일들에 대해 감사의 말을 전했습니다. 그는 저를 위해 수표를 현금화해 주었고, 호텔도 예약해 주었습니다. 브러시 박사께 편지를 쓰실 때 꼭 감사 인사를 전해주십시오.

지금 켄터키 윌모어로 출발합니다.
진심을 담아,
S. H. 마틴 드림

그들이 윌모어에 도착했을 때, 애즈베리대학의 졸업반인 에드나가 그들을 기다리고 있었고, 이전에 만난 많은 친구들도 함께 있었다. 1월에는 우스터에서 학교를 다니던 필리스가 합류했고, 딸 마가렛은 2월에 뉴욕주 나이액으로 가서 에드나와 함께 6월에 대학 과정을 마무리할 예정이었다.

스탠은 지체하지 않고 1940년 12월 9일에 암스트롱 박사에게 보고했다.

긴 여행 이후 피곤하지만 점차 회복되고 있습니다. 요코하마로 보내신 박사님의 편지를 보고 꽤 걱정이 되었습니다. 박사님께서 제가 한국으로 돌아갈 생각이 없는 것으로 오해하신 것 같아 안타깝습니다. 그렇지 않습니다. 저는 제 가족 곁에서 따뜻한 기후 속에서 휴식을 취하고, 브러시 박사의 치료 계획에 따라 요양함으로써 예전처럼 건강을 되찾아 사랑하는 선교지로 돌아갈 수 있기를 바라고 있습니다. 브러시 박사의 보고서를 토대로 토론토의 우리 의료위원회로부터 조언을 듣게 되기를 기쁘게 생각합니다. 브러시 박사의 조언에 따르면, 지금은 4개월의 완전한 휴식 이후 다시 건강 검진을 받기 전까지는 아무것도 계획하거나 할 수 없습니다.

우리의 사역이 한국에서 계속될 수 없는 경우를 대비하여—저는 캐나다에서 일하게 된다면 기쁠 것입니다. 그러니 당신이 언급한 결핵 요양원과 가능한 한 연락을 유지해 주세요. 저는 영국 면허가 있고, 그것과 100달러만 있으면 온타리오 면허를 받을 수 있습니다. 결핵 관련 일은 제가 잘한다고 평가받는 일이고, 또 제가 모든 자격을 갖춘 분야이며, 계속 공부를 이어갈 계획입니다. 우리가 선교를 떠나야 한다고 생각지는 마시고, 길이 열리는 대로 우리가 모두 자기 자리로 돌아갈 수 있도록 함께 기도해 주세요. 제가 쓴 조기 결핵 진단에 관한 논문이 캐나다 의학저널에 실리게 되었고, 편집자로부터 좋은 내용의 편지도 받았습니다. 그 논문은 조기 결핵 환자 260건에 대한 연구였습니다. 이 마을에는 한국과 다른 나라에서 온 장로교 선교사 가족들과 다른 선교사 가족들이 많이 있습니다.

필리스는 지난 3월 성홍열을 앓은 이후로 계속 건강이 좋지 않으며, 부비동 수술을 받아야 할지도 모릅니다. 로렌스 양이 감옥에서 풀려났다는 소식을 듣고 기쁩니다. 영국인인 벤슨 씨는 중국 북부, 장자커우(張家口)에 있는데 7년 형을 받았습니다. 만주의 감옥에는 난방도 없습니다.

제가 조금 회복되면—교회 신문에 글을 쓸 생각입니다.

우리가 윌모어에 살고 있다는 것은 잘된 일입니다. 아이들이 부모와 함께 이 마을에 사는 동안 애즈베리대학에서는 수업료를 절반으로 줄여주기 때문입니다. 애즈베리대학은 휘튼대학 다음으로 선교사 자녀가 가장 많은 학교입니다. 여기에 풀은 푸르고, 저는 친구 집의 현관에 앉아 있었습니다. 그는 애즈베리의 교수인 와이즈먼(Wiseman) 박사입니다.

"지친 손"으로 쓴 이 뒤죽박죽 편지를 용서해 주세요. 그래도 여전히 영국식 손이고, 언젠가는 토론토에서 당신 손을 꼭 잡을 겁니다. 의사들이 허락해준다면 저는 다시 한국으로 돌아가 제 일을 마무리할 수 있을 겁니다.

아놉 박사님과 크랜스턴 양에게 저희 두 사람의 안부를 전해주세요.
진심을 담아,
S. H. 마틴 드림

마틴 가족은 임대할 집을 찾았고, 스탠과 아이들은 그곳에 정착했다. 그런 다음 엄마 마가렛은 그들을 떠나 몇 달 동안 보스턴에서 개인 간호 일을 하러 갔으며, 그동안 스탠은 의사로부터 권고받은 휴식 기간을 보내고 있었다. 그녀는 딸 루시와 함께 지낼 계획이었다.

아들 제리가 오하이오에 있는 우스터대학에서 전학을 오고, 딸 마기가 뉴욕 나약에 있는 나약 선교훈련원(Nyack Missionary Training Institute)에서 돌아오자, 그들은 에드나, 필리스, 베티와 합류해 스탠을 위한 와자지껄하고 활기차며 행복한 가정을 이루었다. 각 자녀는 요리와 다른 집안일을 분담했다. 바이올린과 피아노 음악, 항상 그들에게 매혹적인 라디오, 그리고 끊임없이 들락날락하는 대학과 초등학교 친구들 덕분에 지루할 틈이 없었다.

킬보른 가족은 길 건너에 살았고, 그것은 에드 킬보른과 에드나를 매우 기쁘게 했다. 마기와 에드나는 마지막 학기를 함께 시작했고, 동시에 제리는 본격적으로 의대 준비 과정을 시작했다.

스탠은 미국에서의 의료 활동 가능성에 대비해 비쿼터(non-quota) 비자를 신청했다. 그는 미국 시민이 아니었기 때문에 이 비자가 필요했다. 그는 이를 위해 동료 의사들로부터 필요한 추천서를 받고 있었다.

많은 의사들의 추천서들 가운데, 스탠이 가장 소중히 여긴 것은 리드(W. T. Reid) 박사의 추천서였다. 스탠은 몇 년 전 한국 송도에 있는 리드의 감리교 병원에 엑스레이 기계를 설치한 적이 있었다. 송도는 현재 개성으로 불린다. 두 가족은 원산에서 함께 즐거운 시간을 보낸 적도 있었다.

1941년 1월 27일

저는 스탠리 하빌랜드 마틴 박사와 오랫동안 가까운 개인적 친구로 지내 왔으며, 그를 저의 친구로 여기는 것이 자랑스럽습니다. 그는 진정한 기독교인이며, 이타적인 친절이라는 품성을 갖춘 정말로 보기 드문 사람입니다. 또한, 그는 환자의 안녕을 최우선으로 여기는 진정한 의사입니다. 그는 감사하는 마음 외에는 그의 귀한 의료 서비스에 대해 갚을 길이 아무것도 없는 가난하고 궁핍한 사람들을 위해 자신이 지쳐 쓰러질 정도로 헌신했습니다.

보스턴에 있는 마가렛은 암스트롱 박사에게 다음과 같은 편지를 썼다.

저의 계획은 필리스를 이곳에 데려와 그녀의 부비동 문제 때문에 라헤이 클리닉(Lahey Clinic)에서 진료를 받게 하는 것이었지만, 제가 떠나기 이틀 전에, 필리스가 에드나의 결혼 전에 마지막 몇 달을 함께 보내고 싶다며 간곡히 부탁했습니다. 그래서 그 문제는 그렇게 정리되었습니다.

제 딸 루시는 건강했고, 늘 바쁘게 지내고 있습니다. 간호사 일자리의 전망도 좋습니다. 우리도 전쟁의 영향을 받았다는 것을 실감하지만, 우리 역시 다른 이들처럼 이를 견뎌낼 수 있다고 생각합니다. 스탠이 의사로부터 권유받은 휴식을 다 취하고 나서, 우리가 그가 현장으로 돌아갈 수 있을지 알게 될 때까지는 제가 이곳에서 루시와 함께 일하는 것이 최선으로 보입니다.

제리의 대학 등록금도 내야 하고, 우리는 한 푼이라도 아껴야 할 형편입니다. 그는 의학을 공부하길 원하고 있습니다. 스탠은 휴식 시간이 아닐 때는 대학 도서관을 이용할 수 있고 원하면 대학 행사에도 참여할 수 있습니다. 그는 이곳에서 저에게 재정을 맡아 달라고 부탁했습니다.

그녀의 편지는 최근의 재정 정산 내용으로 마무리되었다. 캐나다 달러와 미국 달러 사이에 환율 문제 때문에 재정 상황은 더욱 복잡해졌다.

한국 원산에서 한국선교부 회계인 프레이저가 1941년 1월 11일자로 마틴 가족에게 편지를 보냈다.

스탠은 충분한 휴식을 취한 후, 어디선가 오랫동안 사역을 계속할 수 있기를 바랍니다. 우리는 이곳에서 매우 조용하게 지내고 있습니다. 사람들이 서둘러 떠나던 시기가 지나가고 나니, 도대체 무슨 일이었나 싶기도 합니다. 다른 선교부들에서도 그렇게 많은 이들이 떠난 것은 안타깝지만, 그 당시에는 지금보다 상황이 훨씬 나빠 보였던 것도 사실입니다.

3월에 스탠은 중국 고아들을 위한 또 다른 모금 여행으로 플로리다에 초대되었다. 그는 최근 안식년 동안 함께 여행했던 별명이 "엉클 퍼츠(Uncle Putts)"인 퍼시 컬버(Percy Culver) 목사와 함께였다. 그는 마가렛에게 이렇게 편지를 썼다.

"우리는 여기서 좋은 성과를 거두었어요. 여기는 북미에서 가장 동정심 깊은 부유층이 모여 있는 중심지예요. 이곳에는 수백 명의 캐나다인이 있어요."

"나는 이제 막 베이유(늪지 같은 강줄기)에 나왔고, 그곳에서 멕시코만 쪽을 바라보고 있어요—두루미, 갈매기, 펠리컨, 야자수, 대나무 등등. 불꽃처럼 피는 덤불, 아름답게 지저귀는 새들, 그리고 당신이 좋아할 만한 모든 것들이 있네요. 나는 요즘 자동차를 위해 기도하고 있어요. 첫째는 당신을 데리고 나가 신선한 바깥 공기와 햇살을 쐴 수 있도록 하고 싶어서이고, 둘째는 아이들을 시골이나 물가로 소풍 데려가고 싶고, 셋째는 내 심장을 살리기 위해서예요."

"일요일에 나무에서 직접 딴 탠저린과 오렌지를 먹었어요. 이 편지에 오렌지꽃, 야자수 잎, 그리고 에덴동산에서 사람들이 사용했을 법한 앞치마 잎(apron leaf)을 동봉합니다. 우리 모두 건강하고, 나는 낮에는 약간 쉬고 있어요—밤에는 바쁘지만 모두 뜻있는 일입니다. 여러분 모두를 생각하고 기도하고 있어요. 그럼 잘 있어요. 사랑을 담아, 스탠"

머레이 박사는 여전히 한국 함흥에 있었고, 스탠의 건강에 관해 캐나다의 암스트롱 박사와 자주 상의했다.

그녀는 1941년 3월 13일자 암스트롱 박사에게 이렇게 썼다.

마틴 박사께서 호전되고 있다는 소식을 들으니 기쁩니다만 그의 경우 완전한 회복은 기대하기 어렵지 않을까 걱정됩니다. 그가 지금 있는 곳에서 가벼운 일을 할 수 있을 만큼만이라도 건강이 회복되기를 바랍니다. 만약 그가 요양원에서 일할 수 있다면, 그것이 그에게 꽤 잘 맞을지도 모르겠습니다.

이 선교지부에서 몇 차례 작별이 있었고, 그것들은 결코 쉬운 이별이 아니었습니다. 이번 일은 훨씬 더 비극적인 일인데, 거의 '붕괴'라는 표현까지 쓰고 싶을 정도입니다. 휴가차 귀국하는 경우처럼 기대감이 있고, 휴식을 잘 취한 이후 다시 일터로 돌아갈 전망이 있는 그런 상황과는 전혀 다릅니다. 만남과 이별은 세상의 이치이고 누구나 겪는 일이지만, 요즘은 오직 이별뿐입니다. 그것은 결코 좋은 일이 아닙니다. 그래도 우리의 마음은 한국 이웃들의 친절로 따뜻해졌습니다. 그동안 알지 못했던 어떤 이들이 거리에서 우리를 멈춰 세우며 기쁨의 외치는 소리를 지르며 말했습니다. "당신들이 모두 떠났다는 소문을 들었는데, 여기 계셨군요! 안 가셨다니 정말 기쁩니다. 이렇게 계셔 주셔서 좋아요."

우리 병원 직원들이 우리에게 제안을 가지고 왔습니다. 만약 우리가 그들과 함께 계속 머무르고, 우리 급여를 위한 자금이 더 이상 나오지 않는다면, 그들이 자신의 급여를 줄여서 우리가 받아야 할 금액을 보전하겠다는 것이었습니다. 물론 우리는 그런 제안에 동의할 수는 없었지만, 그들이 그런 제안을 기꺼이 해주었다는 사실에 감사하고 있습니다.

머레이 박사가 스탠에게 미국에서 일자리를 찾는 것이 좋겠다고 제안했던 일이 거의 즉각 현실이 되었다. 3월, 스탠이 플로리다에서 돌아온 직후, 그의 선교사 의사 친구인 윌슨(R. M. Wilson) 박사로부터 연락이 왔다. 버지니아 리치먼드에 있는 파인 캠프 요양원(Pine Camp Sanatorium)에 일자리가 있다는 소식이었다. 윌슨 박사는 지금 리치먼드 보건국(Richmond Health Department)에서 일하고 있었고, 요양원의 웰촌(Welchon) 박사가 면접을 원하니 스탠에게 와 달라고 요청했다.

스탠은 4월에 기꺼이 그곳으로 여행을 떠났고, 이후 보스턴에 있는 아내 마가렛에게 자세한 서신을 보냈다.

라디오에서는 "Beautiful Dreamer"가 흘러나오고 있어요. 베티는 추리 소설을 듣고 있고, 제리는 큰 안락의자에 앉아 책을 읽고 있고, 마기와 에드나는 마지의 결혼 선물들에 둘러싸인 채 침대에 몸을 웅크리고 있어요. 그 선물 중에는 크레리(T. Delos Crary)가 준 큰 은주전자도 있어요. 마기는 짐에게 편지를 쓰고 있어요.

나는 오늘 종일 가장 고된 버스 여행을 한 후 침대에 누워 쉬고 있었어요. 48시간 동안 겨우 한 시간밖에 자지 못했고, 버스 정류장에서 오렌지 주스와 커피, 토스트만 먹었어요. 웨스트버지니아의 꼬불꼬불한 도로를 지나며, 도로변은 용광로의 불빛으로 불타는 듯했고, 계곡에는 국방 생산의 연기가 가득 차 있었어요. 버스 안에서는 남녀 승객들이 담배를 피우고 씹는 것을 멈추지 않았고, 남자들은 멀미로 맥주와 콜라를 토하고 있는 철없는 여대생들과 농담을 주고받았어요. 정류장에는 듀크대학교 학생들 사이에 해군과 육군 병사들도 섞여 있었는데, 전쟁이 이미 미국 안으로 들어왔다는 것을 보여주는 모습이었어요.

이제 본론으로 들어가자면, 웰촌 박사는 완벽한 남부의 신사예요. 나이는 약 서른여덟 살, 매우 친절한 분이죠. 그가 나를 만난 후, 나를 파인 캠프(Pine Camp) 요양원 주변으로 차로 데려가 주었어요. 그는 나에게 리치먼드에는 현재 간호사 부족 현상이 매우 심각하고, 수년만에 가장 심한 수준이라고 말했어요. 요양원의 간호사들은 졸업 간호사 5명과 수습 간호사(또는 간호학과 재학생) 20명으로 구성되어 있어요. 우리가 요양원을 방문했을 때, 간호사들과 비서들도 간호사 부족 문제를 다시 언급했어요. 환자 수는 약 300명 정도예요.

우리는 30분 정도 차를 타고 돌아다니며 아파트를 알아보았어요. 월세는 비싼데, 가구가 없는 경우 50달러, 가구가 딸린 경우 65달러예요. 웰촌 박사는 나를 위해 6월 1일까지 일자리를 보류해 주겠다고 했고, 비서들에게도 나에게 적합한 집을 찾아보도록 지시했어요.

리치먼드의 주거 지역에 있는 가장 좋은 초등학교 중 하나가 병원에서 도보 5분 거리에 있어요. 고등학교는 거리가 좀 있지만, 병원 차량을 보내줄 수 있고, 버스도 있다고 웰촌 박사가 말했어요. 문제는 내가 5월에 리치먼드로 가서 일을 해서 당신의 여행 경비를 도울 만큼 건강이 회복됐느냐는 것이에요. 지금 내 기분으로는, 여름이 나에게 매우 힘든 시기가 될 것 같아 앞으로 두 달은 더 쉬어야 할 것 같아요.

제27장

빛나는 영광의 해안

아름다운 봄날이었다. 윌모어(Wilmore)의 정원들은 그 어느 때보다도 아름다웠고, 개나리, 레드버드, 배나무가 여기저기서 만개해 있었다. 새들은 노래하고 있었다.

스탠과 딸 마가렛은 햇살 아래 산책을 하고 있었다. 그러다 문득, 스탠은 걸음을 멈추었고, 푸른 눈에 근심 어린 표정으로 마가렛을 내려다보며 말했다. "법칙이 하나 있어야 해!―몸의 기력이 떨어질 때는 일하고 싶은 의지, 계획을 세우는 마음, 어떤 형태의 야망도 같이 떨어져야 한다는 법칙 말이야!"

하지만 그와는 반대로, 마틴 가정은 계획으로 분주하였다. 딸 마가렛의 웨딩드레스는 옷장에 걸려 있었다. 애즈베리대학의 휴즈 오디토리엄(Hughes Auditorium)은 이미 결혼식 장소로 예약되어 있었고, 신부 들러리와 안내 요원에 대한 모든 계획도 완료된 상태였다. 짐의 크루세이더 콰르텟(Crusader Quartet) 멤버 중 세 명과 에드 킬보른이 안내 역할을 맡게 되었다. 신랑의 들러리는 프렉스 컬버(Frex Culver)가 맡기로 했다. 프렉스는 스탠이 선교 여행을 함께 다녔던 퍼시 컬버 목사의 아들이었다. 결혼식 음악과 연주자들도 모두 정해져 있었다. 이와 동시에, 가족 모두에게는 학업적으로도 집중해야 할 마지막 몇 주가 남아 있었다. 마가렛과 에드나는 6월 4일, 결혼식이 열리는 그날 아침에 대학을 졸업할 예정이었다.

그 아침, 결혼식 외에도, 스탠은 가족의 미래와 리치먼드로의 이사에 대해 생각하고 있었다. 이 새로운 도전을 감당할 만큼 충분한 체력이 자신에게 있을까?

엄마 마가렛과 딸 루스는 보스턴에서 결혼식 참석과 준비를 돕고, 리치먼드로의 이사 준비를 하기 위해 왔다. 6월 4일이 되었고, 모든 일이 순조롭게 진행되었다―졸업식, 결혼식, 그리고 피로연까지. 딸 마가렛은 그녀의 남편인 제임스 무어(James H. Moore)와 함께 뉴저지에 있는 새 가정과 교회로 떠났다. 무어는 기독교 선교 연합교회(Christian Missionary Alliance Church)의 목사였다.

제리와 에드나를 제외한 가족들은 막바지 이사 준비를 마치고 버지니아 리치먼드로 떠나 그들의 인생에서 다음 장을 시작하게 되었다. 많은 친구가 여러 면에서 도와주었고, 그들의 이사를 아쉬워했다. 제리는 여름 학기 동안 의대 예과 과정을 수강하기 위해 남았고, 에드나는 신시내티로 가서 에드의 조부모님 댁을 방문했다. 에드의 부모님은 당시 상하이의 전쟁포로 수용소에 있었다.

리치먼드에 도착한 스탠의 가족은 한국에서 함께 선교활동을 했던 친구들, 윌슨 부부(R. M. Wilsons)로부터 성대한 환영을 받았다. 집도 이미 임대되어 있었고, 스탠은 파인 캠프 요양원에서 의료 업무를 시작했다.

그로부터 소식이 도착했는데, 1941년 6월 28일자 스탠이 윌모어에 있는 크레리(Crary) 가족에게 보낸 편지였다.

1410 클레어몬트 애비뉴.
버지니아주 리치먼드

친애하는 크레리 부부께,

당신들의 따님 낸시(Nancy)와 서니(Sunny), 그리고 크레리 여사의 자매분이 저희를 방문해 주셔서 정말 즐거운 시간이었습니다. 그분들은 정말 멋진 분들이십니다. 사람이 건물보다 더 중요하다는 말이 있지요. 저는 그분들을 제 환자 중 가장 신실한 기독교인 중 한 명에게 소개해 드렸습니다. 그 환자분은 이렇게 말했습니다. "당신들이 그리스도인이라는 걸 알 수 있어요. 얼굴만 봐도 느껴져요."

내일은 병원 내 300명의 환자에게 마이크를 통해 주일학교 시간에 말씀을 전할 예정입니다. 밤에는 아이들에게 이야기를 들려주고, 오후 7시 이후에는 아프리카계 미국인 교회 그룹이 와서 찬송가를 부르도록 계획하고 있습니다. 많은 사람이 큰 위로와 도움을 받았다고 말해주었습니다. 그중 세 명의 환자들은 돌아가시기 전에 그리스도를 영접했습니다.

낮에는 덥지만, 밤에는 바닷바람 덕분에 꽤 시원합니다. 지난 토요일에는 제임스타운과 요크타운을 방문했습니다. 그곳의 역사는 정말 흥미롭습니다. 크레리 일행은 모두 건강해 보였고, 그들이 떠나는 걸 보니 너무 그리워지고 고향 생각이 났습니다.

저는 격주로 주말마다 쉬고 주중에는 반나절씩 쉽니다. 근무 시간은 오전 8시 30분부터 오후 4시 30분까지입니다. 식사는 요양원 공급 센터에서 제공되며 음식도 좋습니다. 우리는 이곳의 침례교회와 장로교회에서 새로운 친구들도 만났습니다.

베티는 교회에서 열린 술의 해악을 주제로 한 포스터 대회에서 2등 상을 받았습니다. (편지에는 스탠이 베티가 그린 그림을 따라 그린 스케치도 포함됨) 필리스와 베티는 여름 방학을 즐기고 있어요.

우리는 지금 있는 이 집을 3개월간 유지하면서, 모든 빚을 갚고 다시 켄터키로 돌아가 개업할 수 있기를 바라고 있습니다.

따뜻한 마음을 담아,
S. H. 마틴 드림

7월, 딸 마가렛은 가족에게 편지를 써서, 아빠가 일을 꽤 잘 견디고 있는 것 같다고 전하고 에드나가 다음 주에 그들 곁으로 올 예정이라고 했다. 버지니아 주정부 기관에서는 에드나가 보조 영양사 자리를 쉽게 구할 수 있을 것 같다고 했다. 그 직종에 수요가 있기 때문이었다. 엄마 마가렛과 루스는 개인 간호업무로 바쁘게 지내고 있었다.

윌슨 가족은 마틴 가족과 지속적으로 연락을 주고받았고, 자유 시간의 많은 부분을 함께 보냈다. 에드나도 도착했고 여름은 가족 모두에게 아주 순조롭게 흘러가고 있었다.

7월 23일은 스탠의 51번째 생일이었고, 마틴 가족은 윌슨 가족의 집으로 초대되어 그를 위한 생일 저녁 식사를 함께했다. 다음 날 밤, 1941년 7월 24일 오후 10시에 마가렛은 암스트롱 박사에게 편지를 썼다.

당신의 두 통의 전보와 토론토에 있는 한국 선교사들에게 전보도 받았습니다. 모두의 위로에 감사드립니다.

스탠은 오늘 아침 8시에, 빠르고 평화롭게 하늘나라로 갔습니다. 그는 아침 7시경 라디오 뉴스를 듣고, 저와 함께 커피를 마셨습니다. 오늘은 버지니아 운전면허 시험을 보러 가려고 계획하고 있었습니다. 저는 아침 식사도 다 준비해 두었는데, 베티가 저를 불러 "아빠가 엄마를 찾는다."고 말했습니다. 저는 급히 위층으로 달려가 그를 품에 안고, 넘어지지 않도록 조심스럽게 바닥에 눕혔습니다. 제가 계속해서 "예수님이 당신을 사랑하세요."라고 말하자, 그의 얼굴에 작은 미소가 잠깐 비쳤고, 그는 그렇게 세상을 떠났습니다.

이 편지를 등사해서 한국에서 함께했던 친구들과 친척들에게 보내주세요. 우리는 제임스강(James River)이 내려다보이는 언덕에 위치한 리버사이드 묘지(Riverside Cemetery)에 장지를 정했습니다. 강 건너편에는 프랑스에 있는 뉴펀들랜드 전쟁기념비처럼 청동으로 된 순록 조각상이 서 있습니다. 장례 예배는 한 장로교 목사님이 그의 아름다운 교회에서 토요일 오전 11시에 드리자고 초대해 주셨습니다.

윌슨 박사는 우리 모두에게 큰 힘이 되어주었습니다. 그는 여덟 시에 바로 와 주었지만, 스탠이 이미 세상을 떠난 뒤였습니다. 어젯밤, 우리는 윌슨 박사의 미션 코트(Mission Court) 자택에서 남편의 생일을 정말 기쁘고 행복하게 보냈습니다. 젊은 사람들이 찬송을 부르고 이야기를 나누었습니다. 와이즈먼(Wiseman)(애즈베리대학과 토론토에서 알게 된 캐나다 친구)은 지금 제리와 함께 켄터키에서 차를 몰고 오고 있고, 내일 도착할 예정입니다. 그가 장례 예배를 인도할 예정입니다.

제리는 자기 아빠 생일 축하 전보를 보냈었는데, 그 전보는 어젯밤 스탠의 베개 밑에 있었습니다. 윌슨 박사는 저에게 성급하게 아무 결정도 하지 말고, 지금 머무는 곳에서 당분간 지내며, 무엇이 가장 좋은 선택인지 천천히 결정하라고 조언해 주었습니다.

스탠의 동생 빌(Bill)과 제수씨 로라(Laura), 마가렛(Margaret)과 남편 짐 무어(Jim Moore), 그리고 에드나(Edna)와 에드 킬본(Ed Kilbourne)도 내일 도착할 예정입니다. 이웃들, 그리고 감리교회, 장로교회, 침례교회의 목사님들께서 모두 매우 친절하게 도와주셨습니다. 장례식장을 대신하여 아름다운 교회에서 예배를 드릴 수 있게 되어 깊이 감사드립니다. 와이즈먼 박사가 주관하고, 장로교 목사님이 함께 집례하실 예정입니다.

저는 이 일을 예상하고는 있었지만, 이렇게 빨리 올 줄은 몰랐습니다. 그는 정말 용감했습니다.

주님께서 우리 모두를 크게 붙들어 주셨습니다.

진심을 다하여, 그리고 감사의 마음을 담아,
마가렛 마틴 드림

그를 추모하는 헌사는 한국, 캐나다, 그리고 미국 전역에서 쏟아졌다. 그중 만주 용정에 있는 마가렛의 절친 에드나 힐튼(Edna Hylton)의 말이 가장 잘 표현해 주었다. "그는 약 오십 세였지만, 평균적인 사람이 사는 것보다 최소 세 배는 더 많이 살았다."

KOREAN PAGODA GARDEN

This stone monument was constructed in the Republic of Korea by the alumni of Yonsei University Medical College and shipped to Canada in 1985. It was moved to this site in 1998.

It expresses the great honour and respect in which three early Canadian Christian Medical Missionaries are held for their dedication and service to the people of the Korean peninsula.

Dr. Oliver R. Avison (1860-1956) Born in Yorkshire, England, he was both a graduate of and a teacher at the Toronto School of Medicine, affiliated at the time with Victoria University. He served Korea from 1893-1934 in Seoul, founding Severance Union Medical College and Hospital, and Chosun Christian College, now Yonsei University. His work in Korea was continued by his son, Dr. Douglas Avison, who was born in Pusan in 1893, was trained at the University of Toronto in pediatrics, and served at Severance Hospital until 1940.

Dr. Stanley H. Martin (1890-1941) Born in St. John's, Newfoundland and a graduate of Queen's Medical College, he was designated as a missionary from the Orillia Presbyterian Church. He served Korea from 1916-1940 in Manchuria and in Seoul. He was a pioneer in the field of tuberculosis and was a doctor at Severance Hospital, now Yonsei Medical Center.

Dr. Florence J. Murray (1894-1975) Born in Pictou Landing, Nova Scotia, she served Korea from 1921-1969 in many districts from north-eastern China to Hamheung, Wonju, Seoul and Taegu. She was a doctor at Severance Hospital and started its Medical Records Department.

The garden surrounding the monument honours the Very Rev. Dr. Sang Chul Lee Born in Siberia in 1924 and educated in Korea and Canada, he served as Moderator for the United Church of Canada from 1988-1990 and as Chancellor of Victoria University from 1992-1998.

Further information is available in the United Church of Canada/Victoria University Archives.

캐나다 토론토대학교의 빅토리아대학에 있는 추모탑 근처에 세워진
한국 파고다 가든 표지석

에필로그

공훈상

마틴 부부가 한국 독립운동에 참여한 공로에 대해 공식적인 인정을 처음으로 받은 것은 스탠과 그의 아내 마가렛이 상하이 임시정부로부터 금메달을 받은 것이었다. 이 임시정부는 김구와 이승만이 이끄는 대한민국 임시정부였다. 그들과 함께 선교 사역을 했던 간호사 모드 매키넌(Maud MacKinnon)[59]도 비슷한 메달을 받았다.

1968년, 그의 딸들인 마가렛과 에드나는 서울에서 선교사로 일하고 있었다. 마가렛은 연합감리교 해외선교회(BGM) 소속이었고, 에드나와 그녀의 남편 에드윌(Edwyl)은 동양선교회 소속이었다.

어느 날, 마가렛은 그녀의 아버지가 만주에서 활동하던 시절의 친

---

[59] 모드 매키넌(Maud MacKinnon, 1890~1970), 캐나다 출생, 캐나다장로회 선교사, 간호사. 1915년 캐나다장로회 선교사로 내한하여 성진 제동병원에서 수간호사, 1918년 7월에 열린 원산 연례회의에서 간도 용정선교부에 배속되어 제창병원 수간호사로 근무했다. 1922년 건강문제로 선교사를 사임하고 귀국했다가 건강이 회복되자 사회과학을 공부하고 1929년 선교지로 복귀하여 원산지역을 중심으로 사회복음 계획을 추진했다. 원산지역 시골교회에 복지진찰실(welfare clinics)을 조직하고 정기적으로 방문하여 지도했다. 이 사업은 1,600명의 어머니들이 위생과 영양을 비롯한 일반적인 건강교육을 받아 '보다 건강한 어머니들과 유아들'이 되었다는 긍정적인 평가 아래 선교부의 공식사업이 되었고 선교부의 모든 지역에서 여선교회 소속 선교사들에 의해 진행되었다. 1936년 버비지 목사(Rev. W. A. Burbidge)와 함께 성진에 남녀 농촌지도자 양성을 위해 농촌과사회강습소를 개설하였다. 1937년 4월 원산에도 복음농학강습소를 개설하였다. 1948년 정식으로 선교사에서 은퇴하였다.

구였던 문익환 목사로부터 전화를 받았다. "정부종합청사 2층 독립운동기념과로 가보세요. 일본으로부터 독립투쟁을 위해 한국을 도운 사람들에 대한 자료를 찾고 있어요. 당신의 아버지에 대해 알고 싶어 해요."

두 자매는 즉시 그곳으로 향했다. 그들은 그곳에서 많은 한국 신문 기자들을 만났다. 기자들은 그들을 만나 매우 흥분했고, 그들의 아버지가 만주에서 활동했던 이야기와 활동사진을 보며 크게 감동하였다.

그들의 정보를 받고 나서, 담당 공무원은 이렇게 말했다. "내일 오전 10시에 열리는 제49주년 광복절 기념식에 오세요. 장소는 정부종합청사 건물 앞 야외 대형 무대입니다." 그리고 그는 그들에게 차량 통행을 위한 특별 출입증을 주었다.

다음 날 아침, 마가렛과 에드나는 행사장에 도착했다. 그들은 수백 명의 사람들이 광장에 모여 있는 모습에 놀랐다. 그때 한 남자가 다가와 이렇게 말했다. "박정희 대통령께서 신문에서 당신 아버지 이야기를 읽으셨습니다. 당신들 중 한 사람이 가족을 대표해 단상에 올라가야 합니다." 언니인 마가렛이 가족 대표로 단상에 올라갔다. 그녀는 줄지어 앉은 많은 귀빈과 함께 자리에 앉았다. 에드나는 아래에서 그 모습을 지켜보았다.

마가렛은 이야기를 이어갔다.

"곧 행사가 시작되었어요. 단상에 앉은 우리는 자리에서 일어서야 했죠. 대통령과 그의 아름다운 아내 육영수 여사께서 우리를 한 사람 한 사람씩 인사하며 지나가셨어요. 내 오른쪽에는 중국인이 서 있었어요. 나는 그의 이야기도 듣고 싶다고 생각했어요. 대통령과 영부인이 내 앞에 섰을 때, 나는 고개를 숙여 인사하며 한국어로 말을 건넸어요."

에필로그 **469**

딸 마가렛이 아버지의 훈장을 박정희 대통령으로부터 받고 있다.
왼쪽에는 육영수 여사와 정일권 국무총리가 있다.

"제 아버지께 주신 이 큰 영예에 대해 저희 가족과 함께 감사를 드립니다."

즉시 영부인은 이렇게 말했다. "그 반대입니다. 우리나라가 당신의 아버지께서 우리를 위해 해주신 일에 대해 당신과 당신 가족에게 감사를 드립니다."

박 대통령은 내 손을 잡고 악수를 하고 나서 파란색과 흰색 리본이 달린 큰 금메달 하나를 내 목에 걸어주었다. 그 후 그는 또 다른 큰 금메달을 내 외투에 달아주었다. 그리고 나에게 두루마리 하나를 건네주었다. 그 두루마리와 메달들은 "건국훈장"에 대한 것이었다.

정일권 국무총리는 대통령 옆에 서 있었다. 우리는 서로를 알아보았다. 우리 둘 다 만주의 용정에서 태어났고, 이전에 서울에서 만난 적이 있었다. 그것은 반가운 놀라움이었다.

이와 같은 인정에서 우리 한국 친구들의 자부심과 기쁨은 그들이 자기 나라를 얼마나 사랑하는지, 그리고 어떤 방식으로든 도움을 준 사람들에게 얼마나 감사하는지를 내가 깨닫게 해주었다.

한국 작가 안수길은 『북간도』라는 책을 썼는데, 그 책은 만주에서 고통받던 한국인들의 이야기를 다루었고, 우리 아버지가 그들에게 베푼 의료지원 이야기도 포함되어 있었다. 그 이야기를 바탕으로 극이 만들어졌고, 국립극단에서 공연했다. 에드나와 나는 그 공연 중 하나를 관람했다. 공연 후 우리는 무대로 돌아가 배우들에게 감사 인사를 전했다. 그리고 우리가 그 선교사 의사의 딸들이라고 말했다. 배우들은 놀랐다.

마틴의 자녀들

마틴 부부의 여섯 자녀에 대한 추가 정보가 제공되어야 한다는 제안이 있었다.

맏딸 루스 마틴은 부모가 의료 선교사로 사역하던 만주의 용정에서 태어났다. 그녀의 초기 학교는 서울외국인학교와 평양외국인학교였다. 그녀는 메인주 홀튼에 있는 리커대학에서 1년을 다닌 후, 보스턴의 뉴잉글랜드 침례병원에서 간호사 훈련을 받았다. 1949년, 그녀는 미국 감리교 세계선교본부에 의해 한국 서울의 세브란스 병원으로 선교사로 파견되었다.

그 당시 한국은 전후 시기였고, 병동들은 폐허 상태였다. 그녀가 처음으로 직면한 문제 중 하나는 결핵 환자들을 산모 병동과 분리하는 일이었다. 한국인들은 "그녀는 우리보다 한국어를 더 잘한다!"라고 말했다. 1950년 6월 25일, 공산군 침공은 그녀의 선교활동을 중단시켰다. 이후 그녀는 미국에서 개인 간호사로 살았다.

둘째 딸 마가렛은 용정에서 태어났다. 가족은 1927년에 서울로 이사했다. 그녀는 서울외국인학교에서 고등학교까지 다녔고, 독일인 바이올리니스트인 조셉 후스(Joseph Huss)에게서 바이올린을 배웠다. 그녀는 보스턴에 있는 뉴잉글랜드 음악원에서 1년간 공부했고, 그 후 켄터키의 애즈베리대학에 진학하여 졸업했다. 그녀는 제임스 H. 무어(James H. Moore) 목사와 결혼했다. 그들은 감리교회 소속으로 한국에 파송되었다. 공산당의 침공 이후, 그들은 3년간 필리핀에서 사역했고, 이후 한국으로 돌아왔다. 마가렛의 사역은 필리핀과 한국에서 감리교 여성선교회와 함께 이루어졌다. 한국에서는 소녀 교도소 출신 여성들의 갱생을 위한 사역을 했다. 그녀는 종교극과 일반극을 포함한 연극을 연출했고, 한국에서 셰익스피어 연극도 연출했다. 그녀는 자신의 극단과 함께 홍콩, 대만, 필리핀으로 순회공연을 다녔다. 그녀의 남편 제임스는 한국기독교교회협의회(NCCK) 시청각부 위원장을 맡았다. 그는 감리교 신학교에서 시청각 교육 방법을 가르쳤고 남한 전역에서 기독교 영화를 상영하는 여섯 대의 이동 상영 차량을 운영했다.

셋째 딸 에드나는 "나누(Nanoo)"로 기억되었는데, 이 별명은 언니 마가렛이 지어주었다. 그녀 또한 용정에서 태어났다. 그녀는 대부분의 학업을 서울에서 했지만, 평양외국인학교에서 2년을 다녔고, 그 시기에 루스 벨(Ruth Bell)(후에 빌리 그레이엄의 아내가 된 인물)도 그 학교에 다녔다. 에드나는 선교사의 아들인 에드 킬보른(Ed Kilbourne)과 결혼했다. 에드의 사역에 대한 더 자세한 설명은 뒤에 나오는 '제리의 이야기(Jerry's Story)' 장에 포함되어 있다. 그들은 동양선교회의 선교사로 북경에 파송되었고, 이후 서울로 이동했다. 그들 역시 한국전쟁 당시 공산당의 침공을 피해 탈출했다. 그들이 다시 돌아왔을 때, 에드는 신학교에서 가르치고 지도자의 역할을 했다. 나누는 시각장애인들과 두 곳의 한센병 병원에서 일했다. 그녀는 그들이 담요와 식량을 잘 받고 있는지 확인하였다. 그녀는 서울 세브란스병원에서 한 사역으로 특히 유명해졌다. 그녀는 병원의 환경미화와 위생을 책임졌다. 나누는 직원들에게 특별 유니폼을 입혔고, 그녀 자신도 같은 유니폼을 입었다. 직원들은 자신의 일에 자부심을 가졌고 세브란스 병원은 곧 "서울에서 가장 깨끗한 병원"으로 알려졌다.

제리의 삶은 '제리의 이야기(Jerry's Story)'에서 설명되었다.[60]

가족 중 다섯째인 필리스는 용정에서 태어났다. 그들이 서울로 이사한 후, 그녀는 서울외국인학교를 다니며 고등학교까지 졸업했다. 그녀는 이후 애즈베리대학을 졸업했고, 조지아주 몰트리 출신의 산부인과 의사 월터 해리슨 박사와 결혼했다. 그녀는 아름다운 콘트랄토 음색을 가진 목소리를 지녔고, 지역사회에서 널리 알려졌고 사랑받았다.

마틴 가족의 막내인 베티는 한국 서울에서 태어났다. 그녀는 서울외국인학교와 애즈베리대학을 다녔다. 그녀는 감리교 목사 우드로 스미스(Woodrow Smith)와 결혼했다. 그들은 여러 주의 다양한 교회에서 사역했다. 우디는 한동안 지방감리사로 일했다. 베티는 한동안 중학교에서 교편을 잡았다. 그녀는 그들이 섬긴 교회들에서의 사역을 열렬한 후원자였다.

---

60 (역주) Jerry의 본명은 Gerald Arthur Martin이고, 마틴의 여섯 자녀 중 유일한 아들이었다.

파고다 기념비

세월이 흘렀고, 1984년 마가렛이 아직 서울 선교지에 있을 때 그녀는 이 이야기를 썼다.

"어느 날 저녁 나는 서울 여의도 거리에 서 있었다. 나는 막 KBS 텔레비전에 출연해 아버지에 대해 인터뷰를 했다. 그들은 내게 아버지와 그의 활동사진을 가져오고 1919년 독립운동에서의 역할을 이야기해달라고 요청했다. 그때 가까이에 한국 신사 한 분이 서 있었고 나는 그에게 "여기가 택시 잡기 좋은 곳인가요?"라고 물었다.

그는 나를 바라보며 눈을 크게 뜨고 "마틴 간호사님!"이라고 말했다. 그는 세브란스병원 간호사였던 내 언니 루스를 생각하고 있었다.

나는 "아니에요, 저는 마틴 박사의 둘째 딸 마가렛 마틴 무어입니다. 루스는 제 언니예요"라고 말했다. 나는 그에게 내가 소지하고 있던 커다란 아버지 사진을 보여주었다.

그는 "아니, 그는 세브란스 의학대학에서 제 의학 교수님이셨어요! 제 이름은 유인순입니다"라고 말했다.

그는 매우 흥분했다. 그는 나에게 그의 아파트가 근처에 있으니, 뉴욕, 로체스터 출신의 신경외과 의사인 그의 아들이 곧 미국에서 도착할테니 만나자며 아파트로 함께 가자고 했다. 우리는 그의 아파트로 걸어갔고, 그의 아들이 도착하기를 기다렸다. 그곳에서 우리는 그의 아내 유 여사를 만났고, 그녀는 우리에게 다과를 내어주었다. 유 박사는 자신이 심장과 폐 전문의이며, 아버지처럼 결핵 환자들을 돌보고 있다고 말했다. 그는 또한 플로렌스 머레이 박사가 자신이 캐나다에 유학 갈 수 있도록 도와주었다고 말했다. 그리고 그는 엄숙하게 말했다. "당신도 알다시피, 캐나다 사람들은 그들 국민 중 몇몇 인물들이 한국을 위해 무엇을 했는지 알아야 합니다. 나는 어딘가에 에비슨 박사, 당신의 아버지 마틴 박사, 그리고 플로렌스 머레이 박사를 위한 기념비를 세우고 싶습니다. 어쩌면 그것은 토론토대학교에 세울 수 있을지도 모르겠습니다."

그날 저녁 늦게 유 박사의 아들과 가족이 공항에서 도착했다. 유 박사는 열정적으로 자신의 계획을 아들에게 이야기했다. 아들은 그 구상에 만족해했고, 자신이 세브란스 의대 졸업생으로 구성된 한국인 의사 네트워크와 연락할 수 있는 위치에 있다며, 그들이 이 프로젝트의 자금을 지원하는 데 도움을 줄 수 있을 것이라고 말했다.

얼마 지나지 않아, 나는 서울에 있는 캐나다연합교회의 선교사 돈 어윈(Don Irwin) 목사에게 연락했고, 그에게 이 계획을 이야기했다. 나와 어윈은 연세대학교 의과대학 학장을 만났고, 어윈의 도움으로 세 명의 의사를 기념하는 기념비를 토론토대학교에 세우자는 제안서를 작성했다. 이후, 승낙 편지를 받았다.

1984년 6월, 나는 선교사 사역에서 은퇴했고, 나의 모교인 애즈베리대학이 있는 켄터키주 윌모어로 이사했다. 다음 해, 나는 1985년 10월 19일 토론토대학교의 빅토리아대학에 세워질 파고다(Pagoda) 헌정식에 초청받았다.

내가 캐나다에 도착했을 때는 매우 흥분되는 시기였다. 플로렌스 머레이 박사의 가족들이 있었고, 에비슨 박사의 손녀와 증손자들도 있었다. 나는 마틴 가족을 대표했다. 토론토의 교회들에서 온 많은 한국인, 한국에서 활동했던 전직 캐나다 선교사들과 그들의 친척들, 그리고 관심 있는 다른 친구들이 기념식에 모였다. 한국 대사관의 대표와 대학교 총장이 연설했다. 우리는 10톤 무게의 기념탑과 그것을 캐나다로 운반하는 비용이 세브란스 연합 의과대학의 졸업생들과 현재 연세대 의대 학생들에 의해 모금되었다는 것을 알게 되었다. 그것은 특별한 컨테이너에 실려 바다를 건너 운송되어야 했다.

세월이 흐른 후, 나는 아들 론(Ron), 매형 월터 해리슨(Walter Harrison) 박사, 그리고 그의 손자 콜비(Colby)와 함께 토론토를 여행했다. 우리는 토론토대학교의 연합 단과대학인 빅토리아대학에 있는 캐나다연합교회 기록보관소에서 우리 가족의 역사를 조사하고 있었다. 나는 아버지의 전기를 쓰기 위해 준비하고 있었다. 기록보관소 직원들은 내가 기념탑에 헌정된 의사들 가운데 한 명과 관련이 있다는 사실을 흥미로워했다. 그 추모탑은 그때쯤 이미 캠퍼스의 명물이 되었다.

"그 추모탑이 곧 새로운 장소로 옮겨질 예정이에요," 그들이 말했다.

"아, 그거 흥미롭네요." 우리가 말했다. 그리고 계속해서 우리의 작업을 했다.

다음 날, 내가 기록보관소 도서관에 서 있을 때, 열세 살짜리 콜비가 정문으로 뛰어들어왔다.

"추모탑이 왔어요!" 그가 외쳤다.

"뭐라고?"

나는 무슨 일이 일어났는지 보러 밖으로 나갔고, 거기에는 거대한 10톤짜리 추모탑이 트럭 위에 여러 조각으로 나뉘어 실려 있었다. 대학교 회계관과 건축가가 추모탑을 빅토리아대학 기록보관소 앞의 새로운 위치에 설치하는 작업을 감독하고 있었다.

그들이 내가 기념비에 이름이 새겨진 의사 중 한 명의 딸이라는 이야기를 들었을 때, 그들이 내게 다가왔다. 그때 나는 그들에게 KBS-TV 인터뷰에서 있었던, 한국인 유인순 박사와의 우연한 만남과 그 기념탑이 어떻게 이 대학교에 오게 되었는지를 이야기했다. 그들은 그 기원의 이야기를 거의 알지 못하고 있었고, 그 이야기에 매우 감격하였다.

"오늘 오후 2시 30분에 우리는 빅토리아대학 총장과의 약속이 있습니다. 당신이 그 시간에 그녀의 사무실로 오면, 우리가 당신을 소개해주겠다!"고 그들이 말했다.

그리하여 우리는 친절한 로잔 룬타 총장을 만나게 되었는데, 그녀는 그 이야기에 놀라워했고, 특히 추모탑이 새 위치에 도착하는 바로 그 순간에 우리가 거기에 있었다는 것에 놀라워했다. 그녀는 그것을 하나님의 섭리라고 불렀다. 지금 그곳은 사람들이 차를 운전하거나 걸어 지나가는 분주한 거리 옆이라 사람들이 끊임없이 지나가는 곳이다. 벌써 지나가던 사람들이 감탄의 탄성을 지르는 소리를 들었다. 조용한 회색 석조 대학교 건물들 사이에서 동양적인 매력을 가진 그 기념탑이 정말로 웅장하게 보였다. 그들은 그 주변에 나무와 꽃을 심을 예정이라고 했다. 우리는 한국의 국화인 '무궁화'를 심자고 제안했다. 우리가 새 위치에 자리 잡은 기념비를 바라보며, 지금까지 일어난 모든 일에 감사했고, 무엇보다도 수천 명의 한국인의 생명을 살린 세 명의 의사들에게 하나님께 감사했다.

그 이후, 추모탑 근처에는 세 의사의 업적을 설명하는 정보를 담은 크고 훌륭한 동판이 세워졌다. 그곳은 이제 "토론토대학교 파고다기념비"라고 불리게 되었고 그 추모탑 사진은 인터넷에서도 볼 수 있게 되었다.

1998년 9월 23일, 서울 연세대학교에서 스탠리 하빌랜드 마틴 박사의 생애, 업적, 그리고 그를 기리는 추모식을 거행했다. 이 행사에서는 마틴 박사가 연세대학교 세브란스연합의학전문학교의 교수였다는 점을 고려하여, 그가 한국 정부로부터 받은 훈장과 표창장을 연세대학교 박물관에 기증하는 절차도 진행되었다.

에드나 마틴 킬보른과 그녀의 남편 에드, 그리고 마가렛 마틴 무어와 그녀의 아들 데이비드는 기념품을 전달하기 위해 한국을 방문했다.

토론토대학교 빅토리아대학에 위치한 추모탑
연세대 의과대학 동문들이 선교사 의사들인 O. R. 에비슨 박사, 플로렌스 머레이 박사, 스탠리 H. 마틴 박사를 기리기 위해 기증

추모탑 앞에 선 머레이(Murray), 에비슨(Avison), 마틴(Martin) 가족 구성원들

(마틴 박사의 외아들 제럴드는 아버지의 발자취를 따라 한국인을 위한 의사의 길을 걸었기에 우리는 「제리의 이야기(Jerry's Story)」를 여기에 수록한다.)

제리의 이야기

제럴드 아서 마틴(Gerald Arthur Martin), 미 해군 의무대 소속 중위는 1922년 11월 29일 보스턴에서 태어났는데, 그 당시 그의 선교사 가족은 만주에서의 사역을 마치고 안식년 중이었다. 의사라는 직업과 해군 장교라는 계급이 자연스럽게 풍기는 위엄에도 불구하고, 그는 여전히 모든 친구들에게 "제리(Jerry)"로 불렸다. 제리의 부모인 스탠리 하빌랜드 마틴 박사(Dr. Stanley Haviland Martin)와 마가렛 로저스 마틴(Margaret Rogers Martin)은 캐나다 장로교, 이후에는 캐나다연합교회의 의료 선교사였다. 그들은 처음에는 만주의 용정으로 파송되었고, 그 후 서울로 옮겨졌다. 제리는 네 살 때까지 만주에서 살았고, 그 후 부모가 서울로 옮기면서 그의 어린 시절과 청소년기의 대부분을 한국에서 보냈다. 그의 아버지는 세브란스 병원에서 근무했다. 그래서 실질적으로 제리는 한국에서 성장한 셈이었다. 그는 열여섯 살의 나이에 고등학교를 졸업했다. 이 시기 동안 그는 한국어를 배웠고, 그 한국어 실력은 훗날 해군에서의 그의 업무에 있어 매우 큰 도움이 되었다.

고등학교를 졸업한 후 제리는 오하이오주 우스터에 있는 장로교 계열의 대학인 우스터대학(Wooster College)에 진학했다. 그러나 신입생 과정을 마친 후, 그는 켄터키주 윌모어에 있는 애즈베리대학으로 전학했는데, 그곳은 그의 누나 마가렛과 에드나가 재학 중이던 학교였다. 이 시기에 제리는 의대 예비과정을 시작했고, 1년 후에는 켄터키대학교로 옮겨서 이학사 학위를 목표로 공부를 계속했다. 또한, 애즈베리대학에 재학 중에 그는 훗날 그의 아내가 되는 메릴랜드 출신의 버지니아 스티븐스(Virginia Stevens)를 만났다. 그들은 화학 수업에서 처음 만나 실험실 파트너가 되었다.

그동안 그의 부모님은 한국에서 돌아왔고, 그의 아버지는 버지니아 리치먼드에 있는 파인 캠프 결핵 요양원에서 의사로 근무하고 있었다. 그러던 중, 1941년 7월 24일, 아버지의 사망 소식이라는 비극적인 소식이 리치먼드에서 전해졌다. 이 소식은 가족 모두에게 엄청난 충격으로 다가왔다. 제리는 장례식에 참석했고, 어머니와 자매들과 함께 잠시 시간을 보낸 후, 의학 공부를 계속하기로 결심했다.

그는 버지니아 리치먼드 의과대학에 해군 의료 훈련 프로그램 V-12를 통해 입학하여 1943년 5월 4일부터 1945년 12월 2일까지 훈련받았다. 졸업 후 그는 의학박사 학위를 받고 1943년 5월 5일 미국 해군 예비역 소위로 입대했다. V-12는 가속화된 프로그램이었다. 제리는 나중에 우리에게 웃으며, 학생들이 커피와 아스피린만으로 버텼다고 말했다. 그의 동급생들은 그가 반에서 상위 10명 안에 들었기에 그가 마시는 음료에 뭐가 들어있는지 냄새 맡으려고 줄을 서서 의식을 치르곤 했다. 그들은 그를 "목사님(Parson)"이라 불렀지만, 경멸적인 뜻은 아니었다. 그는 1944년 9월, 메릴랜드주 스트리트에 있는 아내 버지니아 스티븐스의 교회에서 결혼했다. 그들은 그가 의과대학에 다니는 동안 리치먼드에서 1년 넘게 살았다. 버지니아는 재정적으로 돕기 위해 세 개의 어린이집 감독관으로 일했다. 그 후, 제리가 메릴랜드대학교 병원에서 인턴십을 하는 동안 볼티모어의 윈저 힐즈로 이사했다. 버지니아는 이후 볼티모어 공공 여가부에서 근무했다.

혹독한 공부를 하던 중 가끔 제리와 버지니아는 함께 현미경으로 여러 세균을 관찰하곤 했다. 버지니아는 세균들에 대해 훌륭한 스케치를 그렸지만, 이름을 발음하려 할 때 제대로 말하지 못했다. 제리는 그녀의 발음을 듣고 웃었지만, 그 세균들이 그가 가장 잘 기억하는 것들이었다. 그는 시험도 잘 치렀다.

인턴십을 마친 후, 1946년 1월 15일 아나폴리스에서 미 해군 예비역 소위로 임관했다. 그곳에서 그는 해군사관생도 여단의 주치의로 복무하며 다시 제복을 입었다. 버지니아는 자신이 축구팀 선수들과 함께, 그와 여행했다고 말했다. 그는 1947년부터 1948년까지 축구팀 의사로 일했다.

버지니아는 또 다른 활동에 대해 이야기를 하였다. "우리는 아나폴리스에서 요울(yawl)이라는 요트를 타는 것을 즐겼어요. 요울은 돛대가 두 개 있고, 세 개의 돛-앞돛, 주돛, 미즌 돛-이 있어요. 미즌 돛대는 키 뒤쪽에 위치해 있지요. 요울은 '요울 지휘' 자격이 있는 사람이 배에 타지 않으면 정박지에서 이동할 수 없어요." 제리는 해상술 시험을 통과해 '요울 지휘' 자격을 얻었다. 그가 10대 때 타던 '스위티파이' 요트 경험이 이를 준비하는 데 도움이 되었다.

1947년, 그들은 첫째 아들 로버트(Robert)를 얻게 되는 축복을 받았다. 로버트는 메릴랜드대학교 병원에서 태어나 아나폴리스의 집으로 데려가졌다.

아나폴리스를 떠난 후, 제리는 내과 전공 레지던트를 시작하기 위해 다시 메릴랜드대학교 병원으로 돌아갔다. 그들은 메릴랜드주 토우슨(Towson)의 록 레이븐 빌리지(Loch Raven Village)에 있는 타운하우스를 구입했고, 이것이 그들의 첫 번째 집이었다. 그들의 둘째 아들인 제럴드 아서 주니어(Gerald Arthur Jr.)는 1949년 12월에 태어났다. 같은 해, 제리는 해군 예비역에서 미 해군 현역으로 소집 명령을 받았다.

한국전쟁이 발발하자 군 복무 중인 모든 의사에 대한 수요가 급증했고, 마틴 중위는 특히 동양에서 복무하기에 적합한 자격을 갖추고 있었다. 그러나 1950년, 그는 어린 가족을 떠나 함대 역학 부대 제1호(Fleet Epidemiological Unit No. 1)에 배속되어 일본 요코스카로 가야 한다는 소식을 들었을 때, 복잡한 감정을 느꼈다. 해외로 떠나기 전에 그는 캘리포니아대학교의 조지후퍼재단(George Hooper Foundation)에서 역학성 질환에 대한 특별 교육을 받았다.

제리가 일본 요코스카에 도착했을 때, 그의 임무지는 LSIL 1091번 실험실 함정이었다. 이 함정은 극동지역을 휩쓸고 있는 전염병들에 대응하기 위해 특별히 개조된 배였다. 어떤 지역에서 질병이 발생하면, 그 배는 그곳에 정박하고, 제리와 그의 팀은 질병을 진단하고 감염자들을 치료했다. 그의 전문 분야는 모든 종류의 감염병이었다. 이 실험실 함정의 활동 구역에는 한국과 그 주변 지역도 포함되어 있었다.

한국 부산 근해의 거제도 섬에는 약 14만 명의 북한군과 중국군 포로들이 있었다. 이들은 미 육군 병참사령부에서 운영하는 포로수용소에 수용되어 있었다. 또한, 그 수용소에는 수천 명의 한국 민간인 노동자와 본토에서 탈출해 온 많은 피난민이 있었다. 이러한 상황 속에서, 육군 당국은 특별한 역학 훈련을 받은 해군 중위 제럴드 마틴(Gerald Martin)의 파견을 요청했다. 당시 해군 의학연구소 소속 실험실 함정 LSIL 1091호는 거제도 항구에 정박 중이었다. 이곳에서는 흑사병, 콜레라, 이질에 대한 특별 연구가 진행될 예정이었다. 그리하여 제리는 '한미 합동 이질 연구(Co-director of the Joint Dysentery Study)'의 공동 책임자가 되었다. 거제도에서의 제리의 활동은 그의 마음속에 깊이 자리 잡게 되었다. 이는 단순히 해군이나 의학계에 기여한 측면뿐만 아니라, 그가 오랫동안 사랑해 온 한국 국민을 다시 만나 그들의 필요를 돌보고 섬길 수 있었기 때문이다. 그를 향한 한국인들의 사랑도 깊었다. 그의 일부 연구 결과는 『미국의학저널 The American Medical Journal』에 게재되었다.

제리가 처음 거제도에 도착했을 때, 그는 고위 계급의 북한군 포로들이 하위 계급 포로들의 모든 행동을 철저히 통제하고 있다는 사실을 발견했다.

그들은 말하기를, "미국인들의 약을 먹지 마라. 그들은 우리를 죽이려 한다!"

하지만 제리는 병든 이들에게 다가가 친구가 되어주었다. 그는 군용 간이침대에 앉아 웃기도 하고, 농담하기도 하고, 한국어로 노래를 부르며 그들과 함께 시간을 보냈다. 미군 병사들 사이에는 이런 말이 있었다. 어딘가에서 웃음소리와 노래, 손뼉 소리가 들리면, "오! 오늘 마틴이 일하는 곳이 <u>거기야?</u>"라고 말했다.

장티푸스와 이질 외에도 수많은 질병이 있었다. 제리는 필요한 약을 병자들에게 몰래 건넬 수 있었다. 다행히도 신약 클로로마이세틴이 공급되기 시작했다. [그의 아내 버지니아는 이렇게 말했다. "제리는 클로로마이세틴 개발에 참여했고, 그가 내게 캡슐이 든 큰 병을 하나 줬어요. 아직도 가지고 있어요. 라벨에는 '주의: 신약. 연방 법률에 따라 임상 연구용으로만 제한됨. 파크-데이비스사'라고 적혀 있죠. 그때 제리는 메릴랜드 대학병원 인턴이었어요."] 그는 또한 파상풍 환자의 생명을 구한 놀라운 경험에 대해 선임 의사들에게 보고하도록 요청받기도 했다.

치료를 받은 수많은 포로가 건강을 회복하자, 제리의 치료를 막으려 하던 자들은 더 이상 반대하지 못했다. 몇 달이 흘렀다.

거제도에 머무는 동안, 북한 사람들은 미군이 세균전을 벌이고 있다고 비난했다. 그들의 지역에서 어떤 전염병이 발생했던 것이다. 이 질병들을 조사하기 위해, 제리와 세브란스 의대 학생 몇 명은 고무보트를 타고 적진인 북한 원산 근처에 상륙했다. 제리는 유창한 한국어 실력을 바탕으로 만나는 사람들의 신뢰를 얻었고, 자신의 아버지가 세브란스 병원의 선교사 의사였다고 말했다. 그는 병든 사람들을 보여 달라고 요청했고, 환자들을 진찰하고 의학적 검체들을 채취해 나올 수 있었다. 그들은 장티푸스 환자들을 확인했을 뿐만 아니라, 남한에서도 유행하던 "출혈열"도 발견했다. 이 병은 들쥐나 작은 동물들의 털에 있는 진드기를 통해 전염되며, 군인들이 풀숲을 지나다니면서 감염되는 경우가 있었다. 그의 연구 결과는 발표되었고, 이로 인해 세균전 주장을 반박하는 데 도움이 되었다.

안타깝게도, 1951년 봄 적진에서 돌아온 후, 제리는 장티푸스에 감염되었다. 죽음의 문턱에 있던 그 시기, 그는 자신의 기독교 신앙에 대해 가장 분명한 간증을 남겼다. 그는 부산 근처에 정박한 병원선 '리포즈(Repose)'에서 그를 찾아온 매형 에드 킬보른에게 해군 용어로 이렇게 말했다. "에드, 나는 하나님과의 관계를 다 '정리'했어요. 이 시간 동안 하나님은 내게 매우 가까이 계셨어요."

에드 킬보른 목사는 동양선교회 소속 선교사로, 거제도에서 활동하고 있었다. 선교사의 아들로 자란 그는 유창한 중국어(만다린)를 구사했으며, 그곳의 중국인 포로들과도 의사소통 할 수 있었다. 그는 유엔민사원조 극동사령부 민간 정보 교육 서비스가 후원한 교육 프로그램의 일원으로 가장 효율적인 대표자 중 한 명으로 평가받고 있었다.

심각한 병에 걸려 누워있는 제리와 함께 그가 그곳에서 있었다는 사실은 놀라운 일이었다. 회복 후, 제리는 의료진과 포로들로부터 다시 거제도에서의 치료 업무로 돌아오도록 따뜻하게 환영받았다.

그러나 이 시간은 오래 가지 못했다. 1951년 9월 27일, 제리는 혈액은행 물자를 운반하는 항공기를 타고 도쿄로 향하다가 일본 후지산 근처에서 비행기 추락 사고로 생을 마감했다. 비극적인 그의 사망 소식은 메릴랜드에 있던 아내 버지니아와 어린 두 아들, 로비와 제럴드에게 전해졌다. 제리는 당시 스물일곱 살이었고, 그해 11월이면 스물여덟 살이 될 예정이었다. 그와 함께 복무했던 미군 동료들과 그를 알고 있던 포로들은 깊은 충격에 빠졌다. 그들은 한 명의 진정한 친구를 잃었다. 당시 유엔민사원조사령부는 포로수용소에서 일하는 한국인 민간 근로자들을 위한 보건의료센터를 건설 중이었다. 제리는 포로들뿐 아니라 많은 민간인도 치료해 주곤 했다. 이 센터는 병상 50개 규모의 병원을 중심으로, 한쪽에는 약국(조제실), 다른 쪽에는 실험실과 엑스레이 시설이 포함되어 있었다. 그의 친구들과 동료들은 그의 기억을 기리기 위해 무언가 의미 있는 일을 하고 싶어 했다. 그리하여 이 보건센터를 그의 이름으로 명명하기로 결정했다. 미군 전염병학 위원회(Armed Forces Epidemiological Board) 의장인 콜린 M. 맥레오드 박사는 이렇게 선언했다.

"우리는 만장일치로, 우리의 공식 기록에 다음의 추모를 남긴다. 그는 우리 군 의료진 중 가장 영예를 받을 자격이 있는 이들 중 하나였다. 제럴드 A. 마틴 박사. 그의 이름은 위대한 의사이자 고귀한 인간으로서 영원히 존경받게 될 것이다." 그는 미 해군으로부터 전투

'V' 훈장이 포함된 무공훈장을 사후에 수여받았다.

슬픔에 잠긴 일부 북한군 포로들은 이 추모 프로젝트에 참여하길 간절히 원했고, 기념비에 새길 문구를 직접 새겼다. 소위 "적"이라 불리던 이들이 그 비석에 글을 새긴 것이다.

수년이 흐른 뒤, 보건센터 건물들이 태풍에 의해 파괴되었다는 소식이 들렸지만, 기념비석은 여전히 그 자리에 있다는 소식도 함께 전해졌다.

제리의 아내 버지니아는 당시 교사로 일하고 있었는데, 이 소식을 듣자, 직접 한국에 가서 그 기념비석을 찾아야겠다고 결심했다. 그녀는 제리의 누나인 마가렛 무어가 당시 한국 서울에서 감리교 선교사로 사역 중이었고, 자신을 도와줄 수 있을 것이라 생각했다. 마가렛의 남편인 제임스 H. 무어 목사도 오랜 기간 한국에서 선교사로 일했으나, 1967년, 20년간의 사역을 마치고 세상을 떠난 상태였다.

이후의 이야기는 마가렛이 이어서 전한다.

버지니아가 한국에 도착했을 때, 우리는 그녀에게 제리의 어린 시절의 장소를 많이 보여주었다. 우리가 살았던 캐나다 선교사 사택, 우리가 모두 다녔던 정동의 옛 서울외국인학교 부지, 아름다운 한국의 궁궐들과 시장들을 함께 둘러보았다. 우리는 심지어 기차를 타고 북쪽에 있는 화진포까지 데려갔다. 그곳은 제리와 가족이 몇 번의 여름을 보냈던 장소였다. 그곳에서 그는 그의 보트 '스위티파이(Sweetie Pie)'를 타고 항해를 즐기곤 했다. 버지니아는 이 모든 장소를 즐겁게 둘러보았지만, 내가 종종 "당신이 꼭 하고 싶은 일이 있다면, 무엇인가요?"라고 물을 때마다

그녀는 늘 이렇게 말했다. "저는 꼭 거제도에 가고 싶어요."

매번 그녀가 그렇게 말할 때마다 나는 걱정이 되었다. 왜냐하면,

나도 거제도에 가본 적이 없었고, 어떻게 가야 할지도 몰랐기 때문이다. 거제도는 한국 반도 근처, 부산 근방의 섬이라는 것만 알고 있었다. 예전에 캐나다 선교사 간호사들이 거제도로 여행한 이야기를 들은 적이 있었다. 그들은 부산에서 작은 한국 배를 탔는데, 그 배는 생선 냄새가 나고, 물 위에서 코르크처럼 흔들리며 긴 시간을 항해한다고 했다. 그 훌륭한 간호사들, 뷰라 번즈(Beulah Burns)와 에이다 샌델(Ada Sandell)은 제리가 있을 때 "세브란스 임시병원"에서 일하고 있었다.

나는 부산에 가서 호텔에 머무르리라 생각했는데, 우리가 아는 감리교 친구들, 제프(Jeff)와 셜리 제프리(Shirley Jeffery) 부부가 부산에서 사역 중이었고, 그들은 휴가 중이었기 때문이었다. 우리는 거제도로 떠나는 배가 출항하는 부두를 찾아야 했다. 그리고 긴 항해를 해야 했다. 거제도에서는 한국 여관을 찾아야 하고, 바닥에서 잠을 자야 할 것이다. 무엇보다 포로수용소 지역과 그 비석을 찾는 데 도와줄 사람이 아무도 없을 거라는 것이 가장 큰 걱정이었다!

어느 날 우리는 내 친한 친구 김정희 방 여사 댁에 저녁 초대를 받았다. 그녀는 한국기독교교회협의회(NCCK) 가정생활부 총무였고, 그녀와 남편 모두 유창한 영어를 구사했다. 맛있는 저녁 식사를 하던 중, 그들은 버지니아에게 물었다. "우리나라 어디를 가보셨나요?"

버지니아는 자신이 방문한 모든 장소를 이야기했지만, 마지막엔 이렇게 말했다. "하지만 저는 꼭 거제도에 가서 제 남편의 기념비를 찾아야 해요!" 이 말을 듣자마자 방 여사는 자리에서 벌떡 일어나 전화를 걸었다. 몇 분 뒤, 그녀는 한 장의 종이를 들고 돌아왔다. 그 종이에는 부산행 기차 시간표와 거제도로 가는 두 종류의 여객선 출항 시간이 적혀 있었다.

그리고 그녀는 말했다. "출발 날짜와 시간 정해지면 이 번호로 내 친구 최 여사에게 전화하세요." 우리는 깜짝 놀랐고, 집으로 돌아가 바로 출발 계획을 세웠다.

서울엔 바람이 거세게 불고 있었지만, 나는 부산행 비행기 표를 예약했다. 그리고 거제도의 최 여사에게 전화를 걸어 일정을 알렸다.

그러자 그녀가 말했다. "오늘은 오지 마세요. 날씨가 나빠서 배가 뜨지 않을 거예요." 그래서 나는 비행기 예약을 취소했다.

며칠 후, 뜻밖의 전화가 감리교 사무실에서 걸려왔다. 제프리 선교사 부부가 휴가를 마치고 내일 돌아오는데, 부산으로 가기 전날 밤 우리 집에 머물 수 있겠느냐는 연락이었다. 나는 당연히 그들을 맞이했고, 기쁜 마음으로 집에 모셨다. 우리가 거제도로 갈 계획이라는 말을 듣고 그들도 매우 기뻐하며 기꺼이 도와주겠다고 약속했다. 이 얼마나 다행스러운 일이었는지! 나는 다시 거제도의 최 여사에게 전화를 걸어 새로운 계획을 알려주었다. 다음 날, 버지니아와 제프리 부부는 함께 비행기를 타고 부산으로 향했고, 우리는 그날 밤 제프리 부부 댁에서 머물렀다. 다음 날, 제프리 선교사의 한국인 친구가 우리를 데리고 거제도로 가는 여객선을 찾아주었다. 우리는 그 부분이 가장 걱정되었는데, 부두에 도착하고는 할 말을 잃을 정도로 놀랐다! 그곳에는 냉방 시설과 컬러 TV까지 갖춘 아름다운 수중익선이 우리를 기다리고 있었던 것이다. 바다는 잔잔했고, 우리는 편안하게 2시간도 채 되지 않아 거제도에 도착했다. 배 안의 사람들은 우리에게 이 수중익선은 불과 두 달 전부터 운항을 시작했다고 말해주었다.

큰 키의 한국 남성이 부두에서 우리를 맞이했다.

그는 영어로 물었다. "당신이 마가렛 마틴 무어 여사입니까?" 우리가 "네, 맞습니다"라고 대답하자 그는 말했다. "서울에서 오늘 연락을 받았습니다. 오신다고 해서 기다리고 있었습니다. 저를 따라오세요."

곧 우리는 지프차에 올라탔고, 아름다운 풍경이 펼쳐진 섬의 도로를 따라 달렸다. 차는 언덕길을 올라 마침내 멋진 건물들이 모여 있는 곳에 도착했다. 우리는 그곳이 '애광원'이라는 이름의 장애아동을 위한 복지 센터임을 알게 되었다. 이곳은 서울에서 내가 아는 친구들이 후원하고 있는 곳이었다. 운전해 준 최 선생님은 우리를 게스트하우스로 안내했다. 거기서 우리는 활짝 웃으며 인사하는 김인순 여사를 만났다. 그녀는 게스트하우스의 주인이자 우리의 호스트였다. 우리는 2층의 손님방으로 안내받았고, 방에는 쌍둥이 침대가 놓여 있었으며 창문 밖으로는 항구가 내려다보였다. 나중에 알게 된 사실이지만, 김인순 여사는 이화여자대학교 가정학과를 졸업했으며 나는 그곳에서 기독교학과 교수로 재직한 적이 있었다.

그날 저녁 식사 시간에 우리는 제리와 포로수용소에 관한 이야기, 그리고 아버지께서 만주와 서울에서 하셨던 일들에 대해 나누었다. 그 과정에서 우리는 최 씨가 내가 태어난 용정의 캐나다연합교회 선교부에서 사역했던 캐나다 선교사 윌리엄 스콧 박사에게 영어를 배웠다는 사실을 알게 되었다. 그는 나의 부모님이 속한 선교 교단의 일원이었다. 최 씨는 훌륭한 영어로 나와 버지니아에게 자신이 함흥에서 피난 온 이후로 포로수용소가 있던 시절부터 거제도에 있었다고 말해주었다. 그는 미국인 의사를 위한 기념비가 있다는 이야기를 들은 기억이 있다고 했지만, 지금도 그것을 찾을 수 있을지는 모르겠다고 했다. 우리는 실망했지만, 그는 다음 날 그것을 찾으러 가보자고 말했다.

다음 날 아침, 우리는 잔잔한 비가 내리는 가운데 지프를 타고 출발했다. 회색빛 바다가 옆에 펼쳐진 도로를 따라 구불구불 달려 한 긴 골짜기로 내려갔다.

"오른쪽이 포로수용소 묘지가 있던 곳입니다," 그가 말했다.

거기엔 거친 흙바닥의 벌판만이 있을 뿐이었다. 나중에 들은 이야기로는 시신들이 모두 파묻혀 있다가 북측으로 이장되었다고 했다. 그리고 우리는 작은 돌다리에 도착했다.

"여기가 포로수용소의 시작 지점, 검문소였습니다."

그곳에서 우리는 평평한 넓은 논을 바라보았다. 사방은 낮은 언덕들로 둘러싸인 큰 대접 모양의 지형이었다.

"전쟁 중에 이곳에 약 14만 명의 포로들이 있었습니다."

우리는 그곳을 지나 바닷가 길을 따라 달렸고, 갑자기 최 선생님이 지프를 멈췄다. 그는 한동안 앉아서 생각에 잠기더니, 지프를 몇 피트 앞으로 몰고 다시 멈췄다. 말없이 그는 지프에서 뛰어내리더니 도로 옆 둑을 기어올라갔다. 미끄러운 진흙 때문에 6피트쯤 미끄러져 내려갔지만, 몸을 잡고 다시 올라갔다. 그리고는 나무 사이로 사라져버렸다. 버지니아는 지프에서 곧바로 뛰어내려 그를 따라갔다. 비옷과 모자를 입고 있어서 민첩하게 움직일 수 있었다. 나는 우산을 들고 있어서 좀 더디게 따라 올라갔다. 진흙탕 둑을 오르기란 결코 쉬운 일이 아니었다. 그때, 버지니아의 목소리가 들려왔다.

"그가 찾은 것 같아요!"

나는 서둘러 걸었지만, 가파르고 바위투성이인 협곡을 건너야 했다. 그 순간, 숲속에서 한 젊은 한국 청년이 나에게 다가왔다. 그는 곧장 나에게 와서 나를 도와주었다. 노란 셔츠를 입고 있었고, 비가 오고 있음에도 젖지 않은 것을 보고 나는 놀랐다.

"좋은 폴리에스테르구나"라고 생각했다. 게다가 그는 외국인인 나를 전혀 낯설어하지 않아 또 한 번 나는 놀랐다.

나는 지금도 그의 갈색 엄지손가락이 바람에 흔들리는 철조망을 꾹 눌러 내가 펜스를 넘을 수 있도록 도와준 장면을 기억하고 있다. 버지니아도 나중에 그 청년이 자신도 도와주었다고 말했다.

갑자기 앞이 탁 트인 공터가 나타났고 거기서 나는 큰 회색 돌 앞에 서 있는 버지니아를 보았다. 그녀는 몸을 숙여 비석의 글귀를 읽고 있었고, 나는 이곳이 바로 그곳임을 알았다. 그 비석 뒤로는 병원이 있었던 자리인데, 지금은 어린 녹색 벼가 바람에 흔들리는 논만이 펼쳐져 있었다. 우리는 비와 함께 눈물을 흘리며 비석의 글귀를 읽었다. 이끼가 일부를 덮고 있었지만, 우리는 그 글을 또렷이 읽을 수 있었다.

제럴드 A. 마틴 기념
보건센터
미 해군 의무부 소속
제럴드 A. 마틴 중위를
기억하며 이곳에 바칩니다.
그는 1951년 9월 27일,
대한민국을 위해 생명을 바쳤습니다.
유엔한국민간원조위원회

최 씨는 우리 모습을 사진으로 담고 있었고, 몇 분이 지났다. 그때 노란 셔츠를 입은 그 청년이 나에게 한국말로 말을 걸었다.

"이 땅은 평탄하게 다져질 것이고, 여기에 뭔가를 지을 거예요."

"아, 그렇습니까?" 내가 대답했다.

우리는 계속해서 비석을 살펴보았다. 잠시 후, 나는 그 젊은이에게 도와준 것에 대해 고마움을 전하려고 돌아섰다. 그런데 그는 없었다. 말 한마디 없이 사라진 것이다. 한국 예절상, 모임에서 먼저 떠나야 할 때는 "실례하지만 먼저 가겠습니다."라고 말하고 떠나야 한다.

그때 최 씨가 우리를 몇 마일 떨어진 작은 마을에 있는 섬의 도지사를 만나러 데려갔다. 우리는 큰 건물 안으로 안내받아 내부 사무실로 들어갔다. 버지니아와 나는 들어갔고, 최 씨는 문가에 서 있었다.

그가 말했다. "중요한 손님을 모셔왔습니다. 소개해 드리고, 그분들의 이야기를 들려드려도 되겠습니까?"

도지사는 큰 책상 뒤에 앉아 있었고, 그의 머리 위에는 전임 지도자들의 사진들이 걸려 있었다. 그가 고개를 들어 최 씨의 말을 들었.

"이분은 무어 부인입니다. 우리 한국 사람들을 위해 일했던 의사의 딸이십니다. 그분의 형제도 여기 거제도에서 포로들과 함께 일했던 의사였으며, 우리나라를 위해 희생하셨습니다. 이분은 우리나라를 위해 돌아가신 의사의 부인인 마틴 부인입니다."

이 말을 듣고 도지사는 일어나 우리에게 다가와 악수를 나누었다. 그의 태도는 완전히 달라졌다. 그는 우리를 테이블에 초대했고, 커피를 주문했다. 최 씨는 우리 이야기를 더 자세히 전했다. 특히 버지니아가 추모비를 찾고 싶어 했고, 그날 아침 우리가 그것을 찾았다는 사실을 말했다. 최 씨가 비석 근처에서 우리를 맞이했던 젊은 남자와 그 땅이 평탄하게 다져져 무언가가 지어질 것이라는 말을 전하자, 도지사는 놀라워했다.

"이런 계획에 대해서는 들어본 적이 없습니다."라고 말했다. 이런 중요한 소식을 도지사가 모르는 것은 이례적인 일이었다.

"하지만 만약 그렇게 된다면, 우리는 추모비를 새롭고 아름다운 장소로 옮길 것입니다."

그는 우리에게 아름다운 엽서와 여러 기념품을 주었고, 이제 떠날 시간이 되었다.

우리가 떠날 때 도지사는 건물 정문까지 우리를 배웅해 주었다. 우리는 많은 직원이 책상에 앉아 있는 넓은 공간을 지나갔다. 우리가 지나갈 때 모든 직원이 일어나 인사를 했다.

비를 맞으며 도지사는 손을 흔들며 우리가 차를 타고 떠나는 모습을 바라보았다.

우리는 다시 '애광원'으로 돌아갔고, 그곳에서 뜻밖의 환영을 받았다. 우리가 없는 사이, 우리의 여주인이 계단의 모든 단마다 작은 그릇에 가드니아 꽃을 놓아두었다. 우리는 가드니아 향기가 가득한 방으로 올라갔다. 여주인은 특별한 날이면 제리가 항상 버지니아에게 가드니아 꽃을 가져다주었다는 사실을 알지 못했다. 그 향기는 축복이었다.

"그럼 노란 셔츠를 입은 남자는 어쩌죠?" 우리 한국 친구들이 이야기를 듣고 물었다.

"모르겠어요." 내가 대답했다. "하지만 그도 축복이었어요."

슬픈 여행이 될 줄 알았던 이 여정은 축복으로 가득 찼다. 하나님의 놀라운 도우심으로 우리는 거제도로 순례를 갔고, 제리의 기념비를 찾았다.

제리와 아들 롭   미국 해군 예비역 중위 제랄드 마틴

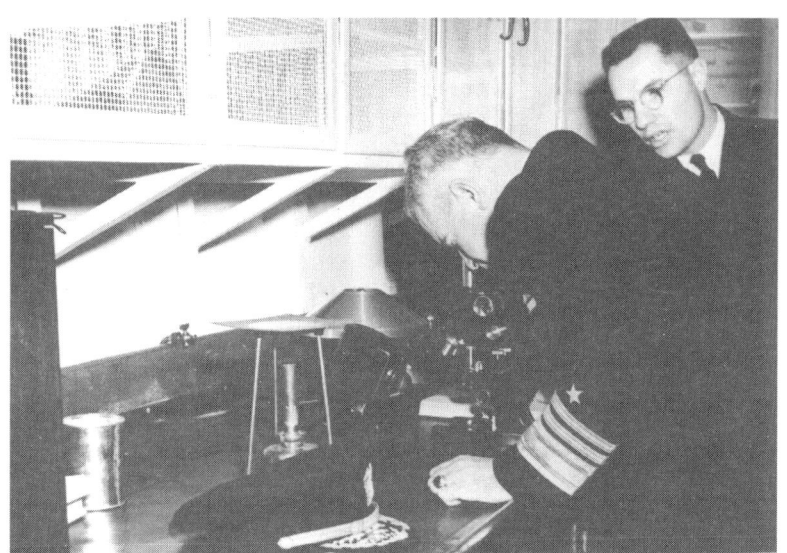

1950년 일본 요코하마, 실험실 선박 LSIL에서 해군 제독과 함께 한 제리

저자

마가렛 마틴 무어(1919~2018)

선교사, 극작가, 교사. 1919년 1월 4일 용정 출생, 스탠리 H. 마틴 박사와 마가렛 R. 마틴의 둘째 딸. 나중에 가족은 한국 서울로 이사했고 마가렛은 서울 외국인학교에서 고등학교를 마쳤다. 그녀는 뉴잉글랜드 음악원에서 바이올린을 공부했고, 애즈베리 대학에서 영문학 학사 학위를, 켄터키 대학에서 연극 예술 석사 학위를 취득했다. 마가렛보다 먼저 부모님, 다섯 명의 형제 자매, 그리고 사랑하는 남편 제임스 H. 무어 목사가 세상을 떠났다(1967). 그녀는 다섯 아들 데이빗(조앤), 빌(샤론), 론(이본), 앨런(캐시), 케빈을 남겼다. 1948년, 제임스 목사와 그녀는 연합감리교회 세계선교위원회에 의해 한국 선교사로 파송되었다. 마가렛은 한국감리교 여성선교회, 청소년 비행 재활과 함께 일했고, 이화여자대학교와 한국의 3개 신학교에서 기독교 드라마를 가르쳤다. 그녀는 극단 가교의 다리(The Bridge)를 연출했다. 그녀의 '평화의 왕자 그리스도의 삶'에 대한 그림자극은 한국의 모든 교도소와 한국 및 동남아시아 전역의 수백 개의 교회에서 공연되었다. 마가렛은 셰익스피어 희곡을 한국어로 번역한 팀을 이끌었고, 국립극장에서 그녀가 제작한 당신이 원하는 대로(As You Like It)는 올해의 최우수 연극 부문에서 한국의 토니상과 동등한 상을 받았으며, 최우수 연출가를 수상한 최초의 여성이자 최초의 외국인이었다. 그녀는 1984년 선교 현장에서 은퇴했으며, 아버지의 삶을 담은 책 *Martin of Manchuria: A Torch in the Storm*을 2015년에 출간했다.

번역자

성신형

숭실대학교 베어드학부대학 부교수, 한국기독교문화연구원 선임연구원이다. 『윌리엄 베어드』 프로파일 번역에 함께 참여(2016)했으며, 『함일돈』 선교사의 자서전을 번역하였고(2017), 에니 베어드 선교사의 『개화기조선 선교사의 삶』을 번역(2019)하였다. 그 외에도 한국기독교윤리 관련 논문을 다수 발표하였다.

마은지

숭실대학교 사학과 강사, 전 한국기독교문화연구원 HK+연구교수, 영국 켄트대학교 방문교수를 지냈다. 저서로 『킨슬러 선교사의 사진자료집: 성경구락부 활동』(2024), 『내한선교사 킨슬러 가족의 한국에서의 삶』(2025)가 있고, 『킨슬러 선교사의 한국선교 기록』(1947~1970)(2025)을 번역하였다. 그 외에도 내한선교사에 관한 논문을 다수 발표하였다.

권요한

서울여자대학교 영어영문학과 조교수, 권세열(Francis Kinsler) 선교사의 손자, 런던대학교 로열할러웨이에서 석사와 박사 학위를 받았으며, 현재 서울여대에서 영미문학과 영어를 가르치고 있다. 숭실대학교 한국기독교문화연구원 연구원으로 활동하고 있으며, 2017년 『권세열 그리고 조선의 풍경』에 참여했고, 선교사 역사, 문서와 사진연구에 관심을 갖고 있다.

숭실대학교 한국기독교문화연구원 번역총서 1
만주의 마틴: 폭풍 속의 햇불

2025년 10월 20일 초판 1쇄 펴냄

저자　마가렛 마틴 무어
역자　성신형·마은지·권요한
발행인　김흥국
발행처　보고사

책임편집　이찬형
표지디자인　김규범

등록　1990년 12월 13일 제6-0429호
주소　경기도 파주시 회동길 337-15
전화　031-955-9797
팩스　02-922-6990
메일　bogosabooks@naver.com
　　　http://www.bogosabooks.co.kr

ISBN 979-11-6587-925-9　94910
　　　979-11-6587-924-2　94080 (세트)
ⓒ 성신형·마은지·권요한, 2025

정가 35,000원
사전 동의 없는 무단 전재 및 복제를 금합니다.
잘못 만들어진 책은 바꾸어 드립니다.